Ludwig Massmann
Der Ruf in die Entscheidung

Beihefte zur Zeitschrift für die alttestamentliche Wissenschaft

Herausgegeben von
Otto Kaiser

Band 324

Walter de Gruyter · Berlin · New York
2003

Ludwig Massmann

Der Ruf in die Entscheidung

Studien zur Komposition, zur Entstehung und Vorgeschichte, zum Wirklichkeitsverständnis und zur kanonischen Stellung von Lev 20

Walter de Gruyter · Berlin · New York
2003

Gedruckt auf säurefreiem Papier,
das die US-ANSI-Norm über Haltbarkeit erfüllt.

ISBN 3-11-017644-0

Bibliografische Information Der Deutschen Bibliothek

Die Deutsche Bibliothek verzeichnet diese Publikation in der Deutschen Nationalbibliografie; detaillierte bibliografische Daten sind im Internet über <http://dnb.ddb.de> abrufbar.

Printed in Germany
Einbandgestaltung: Christopher Schneider, Berlin
Druck und buchbinderische Verarbeitung: Hubert & Co., Göttingen

Vorwort

Die vorliegende Studie ist die zum Teil stark überarbeitete Neufassung meiner Dissertation, die im Sommersemester 1997 von der Evangelisch-Theologischen Fakultät der Ruprecht-Karl-Universität in Heidelberg angenommen wurde. Mein Dank gilt zunächst meinem Doktorvater, Herrn Prof. Dr. Manfred Weippert, der die Arbeit erkenntnisfördernd begleitete, ohne seinem Doktoranden die wissenschaftliche Freiheit zu nehmen. Die von ihm häufig zusammen mit Herrn Prof. Dr. Hans-Peter Mathys durchgeführten Doktorandenkolloquien waren voller Diskussionen und gaben Anregungen, die das Buch ganz wesentlich prägten. Keinesfalls unerwähnt bleiben darf auch Frau Dr. Helga Weippert, die Frau meines Doktorvaters. Nicht nur dass sie ein gastliches Haus führte und die Doktoranden ihres Mannes stets mit großer Wärme empfing. Auch als herausragende Wissenschaftlerin des Alten Testaments half sie durch viele Gespräche und Kritik. Herr Prof. Dr. Manfred Oeming (Heidelberg) hat sich spontan bereit erklärt, das Zweitgutachten zu erstellen. Auch dafür mein ganz besonderer Dank.

Einige Jahre vergingen, in denen es mir nicht möglich war, das vorliegende Buch in einem Verlag zu veröffentlichen. Nicht der einzigste Grund dafür war der Abschluss meiner juristischen Ausbildung. Somit erforderte diese Veröffentlichung nicht nur die Erstellung einer Druckvorlage, sondern darüber hinaus auch die Auseinandersetzung mit einer fortgeschrittenen Forschungslage.

Frau Prof. Dr. Dipl. Psych. Christa Schäfer-Lichtenberger (Bethel) und Herr Prof. Dr. Eckart Otto (München) standen mir mit ihrer Kompetenz während dieser Überarbeitung und der Entstehung der Druckvorlage in vielen Gesprächen zur Seite. Ihre Unterstützung ging weit über das Fachliche hinaus. Dafür an beide mein ganz herzlicher Dank.

Viele Menschen, die ich nicht alle aufführen kann, haben zum Gelingen dieses Unternehmens beigetragen. Nennen möchte ich Frau Ulrike Merkel (Offenburg), Frau Charlotte Armborst (Kaiserslautern), Frau Nadine Fischer (Karlsruhe), Frau Claudia Forner (Heidelberg) sowie last but not least Herrn Dr. Klaus Beckmann (Homburg/Saar), die mir in vielen theologischen und außertheologischen Dingen über manche Engpässe hinweghalfen.

Herrn Prof. Dr. Otto Kaiser (Marburg) und dem Verlag Walter de Gruyter danke ich für die Aufnahme dieser Arbeit in die BZAW.

Karlsruhe, im März 2003
Ludwig Massmann

Inhaltsverzeichnis

0. Einleitung

In den letzten Jahren haben die alttestamentlichen Rechtstexte wieder vermehrt die Beachtung der wissenschaftlichen Diskussion erfahren. Zu den drei großen alttestamentlichen Rechtssammlungen, dem Bundesbuch, dem Deuteronomium und dem Heiligkeitsgesetz erschien in den vergangenen Jahren eine Reihe verschiedener Veröffentlichungen[1]. Neben einem rechtshistorischen Interesse kommt Weiteres hinzu: Zum einen geht es um die Frage nach ethischen Konsequenzen für unsere Zeit. Wie können in einer wertpluralen Gesellschaft Werte gesellschaftlich verbindlich gemacht werden?[2] Diese Frage fordert auch die Theologie und damit die Bibelwissenschaften zu einer Antwort heraus. Auch scheinen die in der hebräischen Bibel angebotenen Werte mit unserem Verständnis von Richtig und Falsch in manchen Fällen, wie dem von Lev 20, nur schwer vereinbar. Kann es denn z. B. richtig sein, dass Homosexualität unter Männern wirklich als so verwerflich gilt, wie es Lev 18 und 20 behaupten?[3] Ja, widerstrebt es nicht völlig unserem Verständnis von Menschenwürde und Recht, dass es Texte gibt, die für in unseren Augen geringfügige Vergehen — wenn wir diese denn überhaupt als Vergehen ansehen — den Tod des Delinquenten fordern? Wir sehen, ein solcher spröder Text wie Lev 20 verlangt gelesen und interpretiert zu werden. Zumindest aber ist es notwendig, sich Rechenschaft über das zu unserem völlig andere hinter diesem Text stehende Wirklichkeitsverständnis abzulegen.

Ferner ist die Beschäftigung mit den alttestamentlichen Rechtssammlungen von daher notwendig, weil sie für eine literaturhistorische Rekonstruktion des sie enthaltenden Pentateuchs wichtig sind. Hatte Wellhausen versucht, mit dem Zusammenhang zwischen Kultgesetzgebung des Deuteronomiums und der so genannten Joschija-Reform diese Aufgabe zu lösen, so zeigte sich in der weiteren Forschung, dass dies eine zu schmale Basis für eine überzeugende Hypothesenbildung darstellte. Zu Recht urteilt Otto: „Vielmehr bedarf es einer besseren Äquivalenz für die Kultgesetze in ihrer Bedeutung für die Neuere Urkundenhypothese, das eine insgesamt breitere Basis hat, und dieses Äquivalent ist in der Fortschreibungsgeschichte der Rechtsüberlieferung von Bundesbuch, Deutero-

---

[1] Zu den beiden erstgenannten Rechtssammlungen vgl. Grünwaldt, 1999, S. 1, Anm. 1. Zum Heiligkeitsgesetz Lev 17-26 sind vor allem die beiden 1999 erschienenen Monographien von Ruwe, 1999, und Grünwaldt, 1999, zu nennen, daneben eine ganze Anzahl von Beiträgen von Otto, auf die im Folgenden eingegangen werden wird.

[2] Otto, 1994, S. 25f.

[3] Dazu Otto, 1996.

nomium, einschließlich des Dekalogs, Priesterschrift und Heiligkeitsgesetz zu finden"[4]. Dies gilt aber in der Regel auch, wenn man nicht der Neueren Urkundenhypothese, sondern einer anderen Theorie zur Pentateuchentstehung folgt. Alle diese Probleme begegnen uns bei der Lektüre von Lev 20. Versucht der Ausleger mit diesem Text in guter wissenschaftlicher Praxis umzugehen, so wird er Fragen aufwerfen, die einem auch bei anderen Texten aus Lev 17-26 wieder begegnen werden. Unter diesem Aspekt rechtfertigt sich die vorliegende Untersuchung als eine Art Probegrabung in die Welt der biblischen Rechtstexte.

Soweit wir sehen, war Lev 20 bislang noch nicht Gegenstand einer selbstständigen Untersuchung[5]. Dennoch kam dieser Text immer wieder in den Blick der Forschung. In der Regel geschah dies im Rahmen eines Kommentars über das ganze Buch Levitikus oder im Zusammenhang mit der Erforschung eines größeren Abschnittes innerhalb dieses Buches, nämlich der Kapitelgruppe Lev 17-26. Denn dahinter vermuten viele Forscher eine eigenständige literarische Größe, das sog. „Heiligkeitsgesetz", wobei es allerdings sehr unterschiedliche Positionen gibt, was darunter im Einzelnen zu verstehen sei.

Bei der Interpretation besonders dieser häufig als Heiligkeitsgesetz[6] bezeichneten Kapitelgruppe Lev 17-26 können wir methodisch verschiedene Ansätze erkennen: Ein Weg geht vorwiegend literarkritisch vor. Typisch sind hierfür einige Entwürfe, die kapitelweise die einzelnen Texte analysieren, um z. B. eine Hypothese über die Entstehung und Schichtung des sog. „Heiligkeitsgesetzes" zu erhalten (so z. B. Kilian[7]; Feucht[8]; Elliger[9]), oder – von einem solchen Ergebnis ausgehend – Aussagen über das Verhältnis des Heiligkeitsgesetzes zum Deuteronomium (und zur Priesterschrift) zu erarbeiten (Cholewinski[10]; Braulik[11]; Otto[12]), oder auch, um die Wahrscheinlichkeit der Existenz bzw. Nicht-

---

4 Otto, 1999, S. 125-137, Zitat auf S. 129.

5 Wohl aber andere Einzelkapitel des Buches Leviticus, wie z. B. Jagersma, 1972, über Lev 19; Wefing, 1979, über Lev 16 und Seidl, 1982, über Lev 13 und 14. Vgl. zur Literatur über Lev 19; 25 auch Otto, 1994a, S. 243 und 249.

6 N. B. ist die Bezeichnung „Heiligkeitsgesetz" für die Kapitel Lev 17-26, abgesehen davon, wie man zu Fragen der Existenz oder Nichtexistenz eines solchen Rechtskorpus oder auch zu dessen Umfang steht, schlechterdings falsch: Denn bei Lev 17-26 handelt es sich um einen *Teil des Buches Levitikus* und um *nichts anderes*. So kann man korrekt z. B. nur fragen; ob sich *hinter* Lev 17-26 vielleicht ein solches Rechtsbuch verbirgt.

7 Kilian, 1963. Den Text Lev 20 behandelt er auf S. 65-84.

8 Feucht, 1964. Jedenfalls im ersten Teil seiner Untersuchung arbeitet Feucht dezidiert literarkritisch, weshalb es uns berechtigt erscheint, ihn zu dieser Gruppe zu zählen. Besprechung der Literarkritik von Lev 20 auf S. 34-37.

9 Elliger, 1966, Lev 20 auf S. 263-277.

10 Cholewinski, 1976, Redaktionskritik von Lev 20 auf S. 55-65; Besprechung des Verhältnisses zum Dtn auf S. 279-287; 297-299.

11 Braulik, 1997.

12 z. B. Otto 1994a, S. 240-242, 1999.

existenz eines solchen ursprünglich selbstständigen Heiligkeitsgesetzes zu eruieren (Sun[13]).

Ein zweiter Zugangsweg ist durch einen *formgeschichtlichen* Ansatz gekennzeichnet: Abgesehen von Autoren, die sich lediglich für die in Lev 20 vorkommenden Gesetze oder andere Gesetzesformeln interessieren und bei denen Lev 20 als Ganzes nicht in den Blick kommt (z. B. Alt, Wagner[14]), denken wir hierbei an Ausleger, die versuchen, eine Gattung für Lev 17-26 (oder jedenfalls für einen Teil der Texte) aus dieser Kapitelgruppe zu erarbeiten und deren Sitz im Leben zu bestimmen. So nahm Reventlow[15] an, bei Lev 17-26 handle es sich um ein vorexilisches gottesdienstliches Dokument, näher, um eine Art Agende, die bei einem Bundesfest in Sichem eine Rolle gespielt habe[16]. Diese Hypothese verlor im Verlauf der Diskussion spätestens mit der Ablehnung dieses Festes jegliche Grundlage. Schulz hingegen interpretierte Lev 20 im Zusammenhang des von ihm aus dem Prohibitivrecht abgeleiteten Todesrechts als Teil eines aus Lev 18-20 bestehenden Formulars eines besonderen Gerichtsverfahrens[17]. Damit die Torgerichtsbarkeit der Ortsgemeinde zu einem Todesurteil hätte gelangen können, hätte sich die profane Rechtsgemeinde zunächst als kultische Rechtsgemeinde konstituieren müssen. Lev 18-20 habe dann das Formular eines solchen Todesgerichtsverfahrens dargestellt und eben in einem solchen Verfahren seinen Sitz im Leben gehabt. Dem hat Gerstenberger[18] energisch widersprochen, indem er betonte, dass besonders die in Lev 20 häufig gebrauchten מות יומת-Formulierungen überhaupt keine Rechtssätze darstellten. Stattdessen schloss er auf ein gottesdienstliches Dokument aus nachexilischer Zeit: „In Lev 20 reden Prediger vor der Gemeinde, sie kündigen denen, die religiöse Gebote verletzen, die Strafe Gottes an, die völlig ins Ermessen Jahwes gestellt ist.“[19] Daraus ergibt sich dann die redaktionsgeschichtliche Fragestellung, die von den Einzelteilen hin zum Ganzen fragt und von dort die Intention eben auch des letztendlich Gewordenen hinterfragt. Hier sind exemplarisch wiederum Cholewinski sowie Otto und Grünwaldt[20] zu nennen.

Ein weiterer Zugangsweg ergibt sich schließlich aus der Betrachtung, welche Stellung Lev 20 innerhalb des größeren Ganzen des kanonisch gewordenen Pentateuchs oder jedenfalls der priesterlichen Komposition des Pentateuchs ein-

---

13 Sun, 1989, Abhandlung von Lev 20 auf S. 220-261.

14 Alt, 1934, S. 308-313, Wagner, 1972, S. 16-31. Beide Autoren kommen auf Lev 20 im Zusammenhang der von ihnen angenommenen מות יומת-Reihe zu sprechen, von der sich nach ihrer Meinung in Lev 20 ein Teilstück befinden soll.

15 Reventlow, 1961. Abhandlung Lev 20 auf S. 78-91.

16 Vgl. Reventlow, 1961. Vgl. besonders die Thesen S. 30.

17 Schulz, 1969. Vgl. besonders S. 130-162.

18 Gerstenberger, 1993a, S. 17-20; 1993, S. 261-278, besonders S. 275-278.

19 Gerstenberger, 1993a, S. 17.

20 Grünwaldt, 1999.

nimmt. Ein solcher Zugang liegt seit den Untersuchungen von Wagner und Blum[21] nahe. Letzterer deutete an, dass Lev 20 innerhalb der Makrostruktur des Buches Levitikus besonders exponiert sei[22]. Dieser Zugangsweg ist allerdings noch nicht konsequent und in die Tiefe gehend beschritten worden. Von daher erscheint uns gerade auch dieser Weg neue, wichtige Beobachtungen auch für das Verständnis von Lev 20 vermitteln zu können.

Als anderer, noch wenig begangener Weg, der aber in dieser Studie wichtig sein wird, ist der der sozialwissenschaftlichen Fragestellungen zu nennen. Diese Annäherungsweise ist vor allem durch soziologische und anthropologische Fragestellungen gekennzeichnet[23].

In Anknüpfung und Abgrenzung zu diesen Wegen der Interpretation wollen wir durch diese Untersuchung zu einem tieferen Verständnis von Lev 20 gelangen. Dabei interessieren uns besonders drei Punkte, die als erkenntnisleitendes Interesse im Hintergrund dieser Studie stehen:

a) Wie, unter welchen Voraussetzungen und mit welchen Interessen entstand Lev 20? Wir interessieren uns also besonders für die Verfasser, für deren Leitinteressen, für deren literarische Arbeitsweise und deren institutionellen Ort. Diese Fragestellung kann u. E. nicht getrennt werden von der Frage nach der Entstehung des Pentateuchs insgesamt.

b) Als zweites interessiert uns das Wirklichkeitsverständnis, das hinter diesem Text steht. Hier kommt vor allem auch der sozialwissenschaftliche Ansatz zur Geltung.

c) Schließlich ist auch die Stellung von Lev 20 innerhalb der Makrostruktur des Pentateuchs in seiner Gesamtheit oder doch zumindest in dessen ersten vier Büchern zu bestimmen. Gibt es Zusammenhänge, die über den Text Lev 20 hinausweisen und die dann in das Verstehen des Textes selbst wieder einfließen können?

Von daher rechtfertigt sich auch die Beschränkung der Untersuchung auf Lev 20. Es handelt sich hierbei um eine Interpretation von Lev 20 und um eine Fallstudie eines biblischen Rechtstextes, bei der die verschiedenen Fragestellungen miteinander verbunden werden. Wir wollen versuchen, den Text in seiner geschichtlichen Gewordenheit zu verstehen.

Bei der konkreten Untersuchung des Textes, in der wir diese Leitfragen aufgreifen werden, erweist sich folgender Weg als angemessen:

Da jede exegetische Arbeit am Pentateuch (wie auch jede andere biblische Exegese) sich innerhalb eines bestimmten einleitungswissenschaftlichen Bezugsrahmens vollzieht, haben wir über diesen, da er nicht als selbstverständlich vorausgesetzt werden kann, zunächst Rechenschaft abzulegen (Kapitel 1). Eine

---

21 Wagner, 1974, S. 312-314; Blum, 1990.

22 Blum, 1990, vor allem S. 318-325.

23 Mit dieser Zugangsweise ist vor allem der Name Douglas verbunden.

weitere Vorarbeit zur Auslegung, und dennoch bereits ein Teil derselben, ist die Definition des Untersuchungsgegenstandes. Denn allein die Aussage, diese Untersuchung handele über den Text Lev 20, ist zu unpräzise. Vielmehr haben wir uns selbst und dann dem Leser über die Abgrenzung des Textes, über die Textkritik, wie auch über die Einteilung des so definierten Textes in Einzelsätze, Auskunft zu geben, da alle nun folgenden Schritte sich genau auf diesen so bestimmten Text zurückbeziehen (Kapitel 2).

Auch die beiden nächsten Kapitel gehören eng zusammen. In diesen versuchen wir, ein synchrones (Kapitel 3) wie ein diachrones (Kapitel 4) Textprofil von Lev 20 zu zeichnen. Die Reihenfolge dieser beiden Kapitel ist im Übrigen zwingend: Erst genaueste Kenntnis der Jetztgestalt des Textes erlaubt, Aussagen über seine Entstehung zu machen. U. E. sind die meisten literarkritischen Fehlschlüsse auf das Fehlen einer vorangegangenen sorgfältigen synchronen Strukturanalyse zurückzuführen[24]. Mit Kapitel 4 schließt sich zugleich ein erster Kreis zu Kapitel 1, in welchem wir nach dem einleitungswissenschaftlichen Bezugsrahmen für unsere Interpretation fragten. Es gilt nämlich hier u. a. zu zeigen, dass unsere Hypothese von der Entstehung des Pentateuchs sich mit unserer Annahme von der Genese von Lev 20 sinnvoll verbinden kann.

Wiederum ein enger zusammengehöriges Paar bilden die nun folgenden Kapitel 5 und 6: Diese nehmen die Ergebnisse der Untersuchungen der beiden vorangehenden Kapitel auf. Ziel beider Kapitel ist es, den Graben der Geschichte, der uns von der Vorstellungswelt von Lev 20 trennt, bewusst zu machen. Zunächst betrachten wir die durch die Redaktionskritik als ursprünglich herausgearbeiteten (Rechts-)Sätze, die Lev 20 zugrunde lagen, und versuchen, diese formgeschichtlich zu verorten. In diesem Zusammenhang erscheint es als notwendig, nach einem kulturanthropologischen Bezugsrahmen für die Interpretation dieser Sätze zu suchen. Dabei kommt das Wirklichkeitsverständnis, das hinter diesen Sätzen steht, in den Blick. Denn wenn wir die Erkenntnis, dass ein gewaltiger historischer Abstand zwischen damals und heute besteht, ernst nehmen, dann erscheint es als wahrscheinlich, dass die Menschen, die zur Zeit der Abfassung dieser Sätze lebten, diese in völlig anderer Weise verstehen konnten als wir. So sind wir der Ansicht, dass gerade diese Überlegung bei der Deutung der sog. „Todessätze" von Lev 20 nicht oder zumindest nicht im notwendigen Maße berücksichtigt worden ist und es von daher zu Fehlinterpretationen kam.

Im ersten Teil von Kapitel 6 versuchen wir die Vorgeschichte der Lev 20 zugrunde liegenden Vorlagen zu rekonstruieren. Methodisch gehen wir auch hier vor allem formgeschichtlich, darüber hinaus auch überlieferungsgeschichtlich,

---

24 Anders aber Cholewinski, 1976, und Sun, 1989. Beide Autoren bieten zunächst eine synchrone Analyse der Struktur und setzten diese bei einer dann folgenden diachronen Analyse voraus. Insofern sind diese Arbeiten für uns methodisch richtungsweisend.

vor[25]. Wir fragen nach dem Werdegang von Lev 20, nach seinen Tradentenkreisen und seinen institutionellen Orten, von den ältesten erreichbaren Vorlagen bis hin zum priesterschriftlichen Text[26]. Im zweiten Teil des Kapitels interessiert uns die rezeptiv-produktive Weise, in der die priesterlichen Bearbeiter Lev 20 komponierten. Dabei steht die Frage nach der Neuinterpretation des vorgegebenen Materials durch die priesterliche Schule im Vordergrund. Zugleich hat dieses Kapitel implizit eine Kontrollfunktion gegenüber der Redaktionskritik in Kapitel 4, zeigt doch die historisch orientierte Synthese in diesem Kapitel, ob das Ergebnis der Analyse in der Redaktionskritik zu einer auch hier sinnvollen Arbeitshypothese geführt hat. Schließlich haben diese beiden Kapitel eine weitere sie verbindende Gemeinsamkeit: Der Text Lev 20 ist weithin durch eine formelhafte Diktion geprägt. Wir verfolgen von Kapitel 5 an, welches die literarisch ältesten Formeln zum Gegenstand hat, die Entwicklung dieser formelhaften Sprache. Anders ausgedrückt: Wir versuchen den Bedeutungsgehalt der einzelnen uns in diesem Text begegnenden Formeln an ihrem jeweiligen Platz in der Entstehungsgeschichte des Textes zu erheben und ihre traditionsgeschichtlichen Bezüge im Zusammenhang mit der jeweiligen Entstehungsstufe zu erhellen.

In den nächsten beiden Kapiteln weitet sich der Blick über die Texteinheit von Lev 20 auf die Stellung dieses Kapitels innerhalb des Pentateuchs aus. Zunächst fragen wir in Kapitel 7 nach dem formelhaften Gut, welches aus der Feder der priesterlichen Bearbeiter in Lev 20 eingetragen wurde. Deswegen führt dieses Kapitel in gewisser Weise die beiden vorangegangenen Kapitel weiter. Hier soll es aber gerade nicht um Formgeschichte im klassischen Sinne gehen. Nahm diese nämlich bei den kleinsten Einheiten ihren Ausgangspunkt und fragte, deren jetzigen Kontext bewusst ausblendend, nach deren ursprünglichem Sitz im Leben, so geht es uns hier um eine kanonische, d. h. gerade auf den jetzigen Kontext bezogene Auslegung dieser Formeln. Wir untersuchen, wie der *kanonische* Rezipient diese Wendungen verstehen konnte und sollte. Die Rekonstruktion eines Sitzes im Leben außerhalb des jetzigen Kontextes ist bei diesem Arbeitsschritt hingegen gerade nicht intendiert. Vielmehr geht es uns darum, zu zeigen, mit welchen Themen diese Wendungen im Kontext des Pentateuchs regelmäßig verbunden sind, und welche Verbindungen sie zu anderen Stellen

---

[25] Wenn man nicht sogar die Überlieferungsgeschichte als bloße Erweiterung der Formgeschichte begreifen will, was von daher nahe liegt, dass beide Methoden ihren Ansatzpunkt bei der kleinsten erreichbaren Einheit haben und damit im diametralen Gegensatz zur Literarkritik stehen, die nach den ältesten erreichbaren Quellen fragt.

[26] Wenn wir in dieser Arbeit von „Priesterschrift" sprechen, meinen wir nicht – wie in der Forschung zumeist üblich – eine durchlaufende Quellenschrift im Sinne der Urkundenhypothese. Vielmehr wollen wir mit diesem Begriff allgemein die aus priesterlicher Tradition stammenden Texte des Pentateuchs bezeichnen, ohne jedoch mit diesem Ausdruck a priori ein Urteil über die literarische Eigenschaft und die Entstehung dieser Pentateuchschicht abzugeben.

innerhalb des Pentateuchs herstellen. Geht es uns hier darum, dieses formelhafte Gut mit Blick auf den jetzt vor uns liegenden Text in seiner kanonischen Endgestalt zu verstehen, so ist es dennoch auch hier notwendig, die diachrone Schichtung des Pentateuchs sorgfältig im Auge zu behalten. Denn nach unserer im Verlauf dieser Arbeit bis dahin gewonnenen Überzeugung legt die jüngere Schicht die ältere interpretierend aus. In Kapitel 8 wollen wir schließlich versuchen, die Stellung des gesamten Textes von Lev 20 innerhalb seines Kontextes im Pentateuch – oder wenigstens innerhalb der Sinaierzählung – zu begreifen. Ziel dieses Arbeitsschrittes soll es sein, den größeren thematischen Zusammenhang aufzuzeigen, innerhalb dessen Lev 20 steht und zu verstehen ist. Auch von daher fällt noch einmal ein wesentliches Licht auf den Aussagegehalt unseres Textes.

Eine exegetische Nachbereitung soll das Ganze abschließen (Kapitel 9). Hier wollen wir nach religionsgeschichtlichen Zeitbezügen und dem theologiegeschichtlichen Kontext fragen und daraus einen Ansatz zum theologischen Verständnis von Lev 20 entwickeln.

1. Exegetische Vorüberlegung: Die einleitungswissenschaftlichen Voraussetzungen unserer Untersuchung im Rahmen der neueren Forschungsgeschichte

Wie wir im Folgenden sehen werden, erlaubt die jetzige Forschungslage nicht, unreflektiert ein bestimmtes exegetisches Modell über den Textbereich, zu dem auch Lev 20 gehört, vorauszusetzen. Vielmehr besteht die Notwendigkeit, vor Beginn der eigentlichen Untersuchung dieses Textabschnittes deren einleitungswissenschaftliche Voraussetzungen zu klären. Dabei sind zwei Probleme zu bedenken: Zum einen gehört Lev 20 zu einem größeren Abschnitt des Buches Levitikus, der in der Nachfolge August Klostermanns gern als Heiligkeitsgesetz bezeichnet wird. Daran, dass hinter dem Textabschnitt Lev 17-26 ein ursprünglich selbstständiges Gesetzeskorpus bestanden hat, bestehen aber Zweifel. Ebenso ist für diese Untersuchung wichtig zu klären, ob die Pentateuchschicht, nämlich P, in die diese Texte eingefügt worden sein sollen, eine ursprünglich selbstständige Quelle gewesen ist. Gerade dies wird aber neuerdings von einer Reihe von Auslegern bestritten. Dadurch wird letztendlich die ein Jahrhundert als Paradigma der alttestamentlichen Forschung fast unumstritten anerkannte Urkundenhypothese[1] in Frage gestellt oder sogar offen abgelehnt.

1.1 Forschungsgeschichte von Lev 17-26

1.1.1. Forschungsgeschichtlicher Überblick

Durch eine Reihe sprachlicher und sachlicher Eigentümlichkeiten setzt sich der Textbereich Lev (17)18-26 von dem ihn umgebenden priesterschriftlichen Kontext als enger zusammengehöriger Abschnitt ab. Wie aber lässt sich diese Beobachtung im Hinblick auf das Verhältnis dieses Komplexes zu den ihn umgebenden priesterlichen Abschnitten erklären? Im Verlauf der Forschungsgeschichte wurde diese Frage mit im Wesentlichen vier verschiedenen Modellen beantwortet.

---

1 Vgl. Massmann, 1998.

a) Das Heiligkeitsgesetz als Urkunde.

Nach dieser Position geht der heutige, kanonische Pentateuchabschnitt Lev 17-26 auf ein ehemals selbstständiges Rechtsbuch zurück, welches im Anschluss an A. Klostermann[2] in der Regel als Heiligkeitsgesetz bezeichnet wird. Es handele sich dabei also um eine ehemals selbstständige Quelle (Siglum H) oder Urkunde[3]. Grundgedanke dieses Modells ist, dass jedenfalls das Gros des Textbestandes von Lev 17-26 auf eine ältere, mit Bundesbuch und Deuteronomium vergleichbare, ursprünglich selbstständig existierende und von der Priesterschrift völlig unabhängig entstandene Gesetzessammlung zurückzuführen sei.

b) Das Heiligkeitsgesetz als priesterliche Ergänzung zur Priesterschrift.

Nach einer anderen Ansicht geht der Abschnitt Lev 17-26 auf eine Sammlung von Rechtssätzen zurück, die mit Blick auf die bereits vorliegende Priesterschrift verfasst worden sei und diese korrigieren und ergänzen sollte. Die Gemeinsamkeit mit dem ersten Modell besteht in der Annahme, dass verschiedene Verfassergruppen für die sprachlichen und sachlichen Unterschiede verantwortlich seien. Auch der Unterschied zur vorangegangenen Position ist deutlich: Lev 17-26 hat nach der hier behandelten Hypothese nie eine Existenz als eigenständiges Rechtsbuch gehabt.

c) Lev 17-26 als integraler Bestandteil der Priesterschrift.

Dieses Modell geht davon aus, dass Lev 17-26 von Anfang an Bestandteil der priesterlichen Schicht gewesen sei. Die beobachteten sprachlichen und sachlichen Unterschiede ließen sich aus der Stellung von Lev 17-26 innerhalb des Gesamtaufrisses des Pentateuchs erklären. Damit unterscheidet sich dieses Modell von den beiden vorangegangenen Modellen dadurch, dass in P wie in Lev 17-26 dieselben Verfassergruppen am Werk gewesen seien. Folgt man dieser Hypothese, wird man aber nur noch sehr bedingt oder, um Missverständnisse der eigenen Aussageabsicht zu vermeiden, am besten gar nicht mehr von einem Heiligkeitsgesetz sprechen dürfen.

d) Lev 17-26 als Aneinanderreihung relativ unverbundener Einzeltexte.

Auch hier kann eigentlich nicht mehr von einem Heiligkeitsgesetz gesprochen werden. Setzt man aber beim vorangehenden Modell noch eine planmäßige, über den einzelnen Abschnitt hinausgehende Komposition voraus, so nehmen Vertreter dieses Modells an, dass die einzelnen Texte mehr oder minder planlos aneinander gefügt wurden.

Auch wenn die Bezeichnung „Heiligkeitsgesetz" erst auf August Klostermann zurückgeht, so war es als erster Graf, der bereits im Jahre 1866 glaubte, hinter dem Abschnitt Lev 17-26 ein älteres, ursprünglich eigenständiges Gesetzeskorpus sehen zu können. So bestände das Buch Levitikus aus zwei Teilen, nämlich einem Opfer-, Priester- und Reinigungsgesetz (Lev 1-16) und einer „durch Eigenthümlichkeiten im Ausdrucke und in gewissen Formeln ausgezeichnete[n] Gesetzessammlung C. 18-26, welche schon vorher ein Ganzes gebildet zu haben und als solches, wenn auch mit einzelnen Zusätzen erweitert, aufgenommen worden zu sein scheint"[4]. Ausdrücklich nennt Graf die Formeln מקרב עמיה והכרתה הנפש ההוא, אני יהוה אלהיכם,מקדשכם אני יהוה. Bei der Bestimmung des Umfanges dieser Gesetzessammlung ging Graf von drei Vermutungen aus: Zunächst setzten Segen und Fluch in Lev 26,3-45 eine längere Reihe von Ge-

---

2 Klostermann, 1893, S. 385.

3 Strack, 1898, S. 43-53, bezeichnet H expressis verbis als eine Hauptquelle des Pentateuch und stellt H damit als fünfte Urkunde in eine Reihe neben J E D P.

4 Graf, 1866, S. 75.

setzen voraus, zu welcher sie den Abschluss bildeten. Dann hätten 18,2-5 die Funktion einer allgemeinen Einleitung zu dem gesamten Gesetz. Schließlich seien 24,1-9.10-23 spät, d. h. erst im Stadium der Zugehörigkeit dieser Sammlung zum Pentateuch, eingefügt worden. Somit gelangte Graf zu der Annahme, dass die ursprüngliche Gesetzessammlung Lev 18-23; 25-26 umfasst habe. Zugleich beobachtete Graf „auffallende Übereinstimmungen in Gedanken und Sprachgebrauch mit Ezechiel“[5] und schloss von daher auf dessen Verfasserschaft. Infolgedessen datierte Graf diese von ihm postulierte Gesetzessammlung in die frühexilische Zeit. Diese Hypothese Grafs wurde in der Folgezeit von vielen Auslegern aufgenommen und weitergeführt. Zum Teil erfuhr das Modell auch einschneidende Korrekturen.

Mit seinem 1874 erschienen Buch „Das vorexilische Buch der Urgeschichte Israels und seine Erweiterungen“ führte Kayser die Beobachtungen Grafs weiter. Er rechnete als erster mit der Möglichkeit, dass der Anfang der rekonstruierten Gesetzessammlung bereits in Lev 17 vorliegen könnte. Ausgangspunkt der Überlegungen von Kayser war seine Beobachtung, dass sich innerhalb des Abschnittes Lev 17-26 die sprachlichen und sachlichen Eigenheiten der Priesterschrift[6] mit denen einer anderen Quelle mischten[7]. Dies zeigte er zunächst für die Texte Lev 18-20; 26, in denen nach seiner Meinung die sprachlichen Eigenschaften dieser von ihm angenommenen „anderen Quelle“ in ganz besonderem Maße zu beobachten seien[8]. Von diesen Textbereichen übertrug er seine Beobachtungen auch auf Abschnitte innerhalb von Lev 17; 21-25[9]. Als Bestätigung der Richtigkeit seiner Hypothese, dass in Lev 17-26 eine zweite Urkunde neben der Priesterschrift verarbeitet sei, setzte er die einzelnen Stücke jener Quelle zusammen und konstatierte, dass sich dabei „ein ordentlich gegliedertes Buch“[10] ergebe, welches in seinem Aufriss mit dem Bundesbuch vergleichbar sei[11]. Die Frage nach dem Verfasser dieses so rekonstruierten Gesetzbuches beantwortete Kayser ganz im Anschluss an Graf:

„Was Zeitalter und Verfasser dieses Buches betrifft, so hat Heinrich Graf (p. 81 sq.), die gewiss richtige Ansicht aufgestellt, dass es nur aus der Feder Ezechiels geflossen sein kann. ... In der That begegnen uns hier nicht allein dieselben Anschauungen, Interessen und Gebote wie bei Ezechiel, sondern überall auch die eigenthümliche Ausdrucksweise dieses Propheten.“[12]

---

5 Graf, 1866, S. 81.

6 Wie zu seiner Zeit üblich bezeichnete Kayser diese als „Elohimurkunde“ bzw. spricht er vom „Elohisten“.

7 Kayser, 1874, S. 64f.

8 Kayser, 1874, S. 65-69.

9 Kayser, 1874, S. 69-78.

10 Kayser, 1874, S. 78.

11 Kayser, 1874, S. 79.

12 Kayser, 1874, S. 176f.

In seinem zuerst 1877 erschienenen Aufsatz „Ezechiel und das Heiligkeitsgesetz“[13] überprüfte Klostermann die von Graf und Kayser vertretenen Hypothese. Dabei sah er das von ihnen angenommene Gesetzeswerk nicht ausschließlich nur in Lev 18-26 eingearbeitet: So wollte „der Verfasser des Pentateuch ... ein Geschichtsbuch schreiben, in welchem die einzelnen Gesetze und die Gruppe von Vorschriften, welche in Israel mündlich und schriftlich tradiert wurden, an derjenigen Stelle der Erzählung erschienen, welche ihren Ursprung begreiflich machte“[14]. Von daher rechnete Klostermann damit, dass das ursprüngliche Gesetz bei der Einarbeitung in den Pentateuch aufgesprengt wurde und seine Überreste nun an verschiedenen Stellen in Exodus, Levitikus und Numeri erschienen[15]. Die auffälligen Besonderheiten von Lev 18-26 erklärte er damit, dass dort die Sprengstücke des ehemaligen Gesetzbuches in besonderem Maße konzentriert vorkämen und diese von daher dort am deutlichsten zu erkennen seien[16].

Ferner bestritt Klostermann die Verfasserschaft Ezechiels. Zwar gebe es auffallende Bezüge zwischen der Sprache Ezechiels und des Heiligkeitsgesetzes. Jedoch seien diese nicht in allen Teilen von Lev 18-26 zu beobachten und kämen in den verschiedenen Teilen der Gesetzessammlung auch nicht gleichmäßig vor. So erklärte er diesen Zusammenhang damit, dass aufgrund seiner priesterlichen Bildung Ezechiel „jene Gesetze als altüberliefertes Gut kannte und durch Erinnerung an sie seinen Ausdruck absichtlich und unwillkürlich bestimmen ließ“[17]. Schließlich wies Klostermann darauf hin, dass manche Übereinstimmungen möglicherweise aus der antiken Gepflogenheit entstanden seien, wonach Parallelstellen und Ähnlichkeiten häufig an den Rand geschrieben worden seien und bei der weiteren Tradierung des Textes in den jeweiligen Textbestand gelangt sein könnten. Von daher stellte er die von Graf (und Kayser) vorgeschlagene relative Chronologie auf den Kopf, indem er annahm, dass nicht etwa Ezechiel der Verfasser des Heiligkeitsgesetzes sei, sondern dass vielmehr Ezechiels Werk vom Heiligkeitsgesetz beeinflusst worden sei und von daher aus einer Zeit vor Ezechiel stammen müsse[18].

---

13 In: Zeitschrift für lutherische Theologie von Delitzsch und Guericke, 1877, S. 401ff.; da uns diese leider nicht zugänglich war, zitieren wir hier nach Klostermann, 1893, S. 368-418.

14 Klostermann, 1893, S. 375.

15 So außerhalb von Lev 18-26 in Ex 6,6-8,12; 12,12b; 31,13ff.; Lev 11,43-45; Num 3,12.13; 10,8-10; 15,38-41; vgl. Klostermann, 1893, S. 377.

16 Klostermann, 1893, S. 374-377. Damit steht Klostermann also in diametralem Gegensatz zu Kayser, welcher ja gerade die Geordnetheit des von ihm aus Lev 17-26 destillierten Gesetzbuches hervorhob.

17 Klostermann, 1893, S. 379.

18 Klostermann, 1893, S. 379-418.

Auch das von Kuenen verfasste Einleitungswerk[19] befasst sich mit dem Abschnitt Lev 17-26: Wie die von uns vorgestellten früheren Autoren nimmt auch Kuenen an, dass hinter diesem Textbereich ein älteres priesterliches Gesetz stehe. Als dieses in den gegenwärtigen Zusammenhang gestellt worden sei, sei es mit anderen priesterlichen Gesetzen verbunden oder zumindest in deren Sinne überarbeitet worden. Dabei formuliert er aber diese Hypothese auf dem Hintergrund eines mittlerweile differenzierteren Bildes der diachronen Schichtung der Priesterschrift[20]: „Wenn wir diese ältere Gesetzgebung durch P^1 bezeichnen und dementsprechend die mit Gen I,1-II,4 beginnende historisch-legislative Schrift P^2, deren spätere Erweiterung und Umarbeitung P^3, P^4 u. s. w. nennen, so ist, nach obiger Annahme, in Lev XVII-XXVI P^1 mit Abschnitten im Sinne des P^2 und seiner Nachfolger verbunden oder wenigstens in dieser Richtung modificirt worden."[21] Die Richtigkeit seiner Hypothese geht für Kuenen u. a. hervor:

„... 3) aus dem Umstande, dass in Lev XVII,1-XXVI,2 neben den Eigentümlichkeiten von P^1 bisweilen auch Merkmale von P^2, P^3 u. s. w. sehr deutlich zum Vorschein kommen, sowohl in selbständigen Abschnitten als auch in kleineren Zusätzen zu P^1.
4) aus dem gegenseitigen Verhältnis von P^1 einer- und P^2, P^3 u. s. w. andererseits, das kaum eine andere Auffassung zulässt als die, dass P^1 ein älteres Stadium der priesterlichen Gesetzgebung repräsentirt."[22]

An anderer Stelle setzt sich Kuenen im Zusammenhang mit der Datierung dieses Gesetzbuches mit der ursprünglich von Graf vorgeschlagenen Verfasserschaft Ezechiels auseinander, die er, wie auch schon Klostermann, bestreitet[23]. Dies begründet er durch Vergleiche zwischen P^1 und dem Buch Ezechiel: So werde beispielsweise P^1 Mose zugeschrieben, während sich Ezechiel gerade nicht dieser Form bediene. So lasse dieser in Ez 40-48 JHWH selbst die Ordnung der wiederhergestellten Theokratie verkünden[24]. Als ein anderes Beispiel für die Beobachtungen Kuenens sei genannt, dass im Gegensatz zu Ez in Lev 17-26 nirgends von den Leviten gesprochen werde, während Ezechiel seinerseits

---

19 Kuenen, Historisch-Critisch Onderzoek naar het ontstaan en de verzameling van de boeken des Ouden Verbonds I, Amsterdam, 2. Aufl. 1885. Von uns wird die autorisierte deutsche Ausgabe von Th. Weber, Erster Theil. Erstes Stück, Leipzig 1887, und Erster Theil. Zweites Stück, Leipzig 1890, verwendet.

20 Auch darin zeigt sich der Fortgang der Forschungsgeschichte, dass Kuenen hier bereits von Priesterschrift spricht und diese mit dem bis heute gebräuchlichen Siglum P bezeichnet. Dabei verwendet er das Siglum P^1 für das hinter Lev 17-26 stehende Gesetz, da er dieses für älter als die nach unserem heutigen Sprachgebrauch so bezeichnete priesterliche Grundschicht (Pg) hält.

21 Kuenen, 1887, S. 84.

22 Kuenen, 1887, S. 84f.

23 Kuenen, 1890, S. 264-275.

24 Kuenen, 1890, S. 273.

zwar zwischen Priestern und Leviten, nicht aber zwischen den Priestern und dem Hohenpriester unterscheide[25].

Wenn aber so die Annahme der Identität des Verfassers von P^1 und Ezechiel hinfällig werde, so sei neu nach der Datierung von P^1 zu fragen. Kuenen nimmt im Gegensatz zu Klostermann an, dass das Ezechielbuch älter sei als P^1. Kuenen sieht dafür im Wesentlichen drei maßgebliche Gründe[26]:

a) Die Festsetzungen Ezechiels in Ez 40-48 erklärten sich am besten, wenn man davon ausginge, dass zur Zeit der Abfassung dieses Textes die priesterlichen Torot noch nicht kodifiziert gewesen seien.

b) Dem entspreche die Annahme, dass einzelne Vorschriften von P^1 ein jüngeres Stadium repräsentieren als vergleichbare Gebote bei Ezechiel.

c) Schließlich ließe Lev 26,3-45 darauf schließen, dass der Autor dieses Textes eine längere Exilszeit hinter sich habe als dies bei Ezechiel der Fall sein könne.

In seiner „Composition des Pentateuch" befasste sich schließlich auch Wellhausen mit der Gesetzessammlung Lev 17-26[27]. Auch er rechnete mit einer hinter diesen Kapiteln stehenden älteren Gesetzessammlung. Diese stände dem Priesterkodex näher als dem jehovistischen Geschichtswerk, habe aber dennoch so große Differenzen zur Priestergrundschrift[28], dass es keinesfalls ursprünglich zu dieser gehört haben könne. Diese Gesetzessammlung sei älter als die Priesterliche Grundschrift. Der Redaktor des Priesterkodex habe sie an dieser Stelle aufgenommen, verarbeitet und „materiell ergänzt". Als wichtigstes Argument für diese Behauptung diente ihm „ein ziemlich manierierter religiös-paränetischer Ton, der gar nicht mit Q stimmt", und der sämtliche Kapitel in Lev 17-26 durchziehe. Dabei rechnete Wellhausen damit, dass der Verfasser dieser Gesetzessammlung seinerseits z. T. ältere Vorlagen aufgenommen habe[29]. Wellhausen versuchte seine Ansicht in der Weise darzulegen, dass er Lev 17-26 Kapitel für Kapitel besprach. Dabei brachte er sprachliche und sachliche Differenzen von Lev 17-26 zur Priestergrundschrift als Argumente für seine Ansicht vor. Wir wollen uns auf zwei Beispiele beschränken: a) Wellhausen sah eine sachliche Differenz zwischen diesem Text und Q in Bezug auf das Thema Schlachtung und Opfer. So lasse Q die Patriarchen nicht opfern, gestatte aber die Schlachtung ausdrücklich in den noachitischen Geboten, während Wellhausen annahm, dass dies auch für das kultische Israel gelten solle. Ferner sei in Lev

25 Kuenen, 1890, S. 274.

26 Kuenen, 1890, S. 275.

27 Wellhausen, 1899, S. 149-172.

28 Wellhausen, 1899, S. 135, unterschied zwischen einer älteren priesterlichen Grundschrift Q als Kern und dem Priestercodex, worunter er das gesamte priesterliche Material einschließlich der Kultgesetze verstand. Diese Unterscheidung braucht uns hier jedoch nicht zu interessieren. Uns genügt, dass das so genannte Heiligkeitsgesetz auch nach Wellhausen eine eigene Gesetzessammlung darstellte, die ursprünglich nicht zum priesterschriftlichen Material gehörte, sondern erst sekundär in dieses eingeschaltet wurde.

29 Wellhausen, 1899, S. 149f.

7,22-27 (Q) die Schlachtung als profaner Akt vorausgesetzt, der an jeder Stelle verrichtet werden könne und nicht im Zusammenhang mit dem Altardienst stehe[30]. Nach Lev 17 indessen habe jede Schlachtung als Opfer und zwar ausschließlich am Heiligtum zu erfolgen. Profanschlachtungen seien ausdrücklich verboten. b) Wichtig für Wellhausen bei der Beurteilung der jeweiligen Quellenzugehörigkeit war das Argument der quelleneinheitlichen Sprache: Allgemein spricht er, wie wir schon erwähnt haben, von dem „religiös-paränetischen Ton, der gar nicht mit Q stimmt". So beurteilte er Lev 18: „Die Unterschiede von Kap. 18 gegen Q sind allgemein anerkannt. Man beachte namentlich die jener Schrift völlig fremde Formulierung der Gesetze in der singularischen Anrede an das Volk V.7-23. Auch die Einfassung V.1-5. 24-30 hat zwar manches, was an das Deuteronomium, aber nichts, was an Q erinnert; hier (und in V.20-23) finden sich im Gegenteil die durchgehenden Eigentümlichkeiten des Corpus am meisten vereinigt."[31] Ausdrücklich berief Wellhausen sich in seiner Ablehnung der Autorschaft Ezechiels für das Lev 17-26 zugrunde liegende Gesetz auf Nöldeke und Kuenen[32]. In diesem Zusammenhang kommt er kurz auf das Verhältnis dieses Gesetzes zu den anderen Pentateuchquellen zu sprechen: So hielt er Lev 17-26 von den jehovistischen Gesetzen für abhängig und nahm an, dass das Heiligkeitsgesetz, ähnlich wie das Deuteronomium, mit Blick auf diese gesammelt wurde. Damit stelle dieses Gesetz ein dem Bereich der priesterschriftlichen Tradition nahestehendes Pendant zum Deuteronomium dar. Aufgrund der Nähe zum Priesterkodex sei dann die Sammlung vollständig in diesen aufgenommen worden[33]. Mit dieser kurzen Betrachtung des Beitrages von J. Wellhausen schließen wir unsere Übersicht über die Anfänge der Hypothese ab, die eine eigene Urkunde, nämlich ein ursprünglich selbstständiges Heiligkeitsgesetz hinter der Jetztgestalt von Lev 17-26 vermutet. Dieses Modell beherrschte fast genau hundert Jahre die wissenschaftliche Diskussion und wurde während dieser Zeit als einigermaßen gesichertes Ergebnis betrachtet[34], wenn auch innerhalb

---

30 Wellhausen, 1899, S. 151.

31 Wellhausen, 1899, S. 153.

32 Wellhausen, 1899, S. 168: Neben Kuenen nannte Wellhausen Nöldeke, Untersuchungen zur Kritik des Alten Testaments; in deren ersten Teil, „Die s. g. Grundschrift des Pentateuch", u. a. literarkritische Probleme um Lev 17-26 besprochen wurden. Auch Nöldeke vermutete hinter Lev 17-26 ein ursprünglich selbstständiges Gesetzbuch und gehört also zu den Vertretern der ersten hier zu besprechenden Meinungen (vgl. Nöldeke, 1869, S. 62-71). Um aber unsere Darstellung der forschungsgeschichtlichen Entwicklung in Bezug auf Lev 17-26 nicht zu sehr auszudehnen, verzichten wir darauf, die Position Nöldekes hier weiter zu skizzieren.

33 Wellhausen, 1899, S. 168 f.

34 Man vergleiche dazu etwa die gängigen Einleitungen (z. B. Weiser, 1963, S. 128; Eißfeldt, 1964, S. 310-318; Smend, 1989, S. 59-62), Kommentare (z. B. Noth, 1962, S. 109f.) sowie einschlägige Monographien (z. B. Reventlow, 1961, Kilian, 1963, Feucht, 1964, Kornfeld 1952, Joosten, 1996) und Aufsätze (z. B. Elliot-Binns, 1955, Thiel, 1969).

dieses Hypothesengebäudes über viele Probleme keine Einigkeit erzielt werden konnte.

Im Jahre 1966, also genau ein Jahrhundert nach dem Erscheinen der grundlegenden Arbeit von Graf, erfuhr die wissenschaftliche Diskussion eine grundsätzliche Veränderung. In seinem Kommentar über Levitikus erschütterte K. Elliger die bislang Alleingeltung beanspruchende Annahme eines ursprünglich selbstständigen Heiligkeitsgesetzes[35]. Ihm zufolge gab es keinen jemals selbstständigen Grundbestand dieser Kapitel. Vielmehr sei das „Heiligkeitsgesetz“ von vornherein zum Zwecke der Ergänzung der priesterschriftlichen Gesetzgebung konzipiert worden. Methodisch arbeitete Elliger dezidiert redaktionsgeschichtlich. So stellt sich ihm der heutige, kanonische Text von Lev 17-26 im Wesentlichen als Ergebnis der Arbeit von vier Bearbeitern dar, welche Elliger mit den Sigla Ph^{1}, Ph^{2}, Ph^{3}, und Ph^{4} kennzeichnet. Dabei waren Ph^{1} und Ph^{3} im Wesentlichen Sammler, Ph^{2} und Ph^{4} jeweils deren Redaktoren. Im Folgenden illustrieren wir diese Hypothese, indem wir den von Elliger angenommenen Verlauf der Entstehung dieses Textbereiches in groben Zügen und an exemplarischen Sachverhalten nachzeichnen:

Ph^{1} sei als eigentlicher Initiator dieser Sammlung anzusehen. Bereits vorhandene Vorlagen habe er in der Absicht zusammengestellt, eine Ergänzung zu der schon bestehenden Sinaigesetzgebung der P^{G} zu schaffen. Ziel dieser Tätigkeit sei es gewesen, „ohne die Heilsbedeutung jenes von Jahwe ja befohlenen Apparates zu schmälern, nun auch die Gemeinde in ihrem außerkultischen Leben auf ihre Verantwortung für den Bestand und das Funktionieren des Gottesbundes“[36] hinzuweisen. Es ging Elliger also um die Betonung des Korrespondenzverhältnisses „von actio dei und reactio hominum“[37]. Als Umfang dieser ersten Sammlung glaubt Elliger (in dieser Reihenfolge!) zu erkennen: Lev 25,1-6aα.819.23-31.35-41a.43.44a.46bβ.47abαβ.48.49b.50a.54f.; 17,1-4.8aβ-10a. 11aα.13.14aαβ; 18,1-4.(6?).7-17a*(17b-20.22f.?).24.30; 19,1-4.11-18.26-36; 26,1-13 (außer 5a.6b.8.10.).15.16aαβ Anfang; 17.19f.25aαβ.30b-33a (außer 32bβ). 37b.38.46. Ph^{1} habe also den Grundbestand Lev 25; 17-19; 26 (in dieser Reihenfolge) zusammengestellt und in die Priesterschrift (P^{G}) eingefügt. Diese erste Sammlung habe in Ph^{2} ihren Redaktor gefunden. Dieser habe in die nun entstandene Sammlung ergänzend und korrigierend eingegriffen. Einige Beispiele für die Mutmaßungen Elligers sollen dies erläutern. So habe Ph^{2} im Blutgesetz Lev 17 den entsprechenden Ph^{1}-Text durch 10b und 11aβγb.12 ersetzt und durch 14aγδb erweitert. In Lev 18 habe er V.5.25-29 eingesetzt. Auch stamme die paränetische Formel Lev 19,19aα, der Lev 19 seine Zweigliedrigkeit verdanke, von diesem Redaktor, der in diesem Kapitel noch ein weiteres spezielles Gebot (Lev 19,19 Rest) sowie den paränetischen Abschluss Lev 19,37 ein-

35 Elliger, 1966, S. 16-20.

36 Elliger, 1966, S. 16.

37 Elliger, 1966, S. 16.

fügte[38]. Darüber hinaus habe Ph^2 auch eigene Gesetze beigesteuert, nämlich Lev 21,1-15; 20 (wiederum in dieser Reihenfolge)[39]. Durch die Tätigkeit des Sammlers Ph^1 und seines Redaktors Ph^2 sei somit der Grundbestand von Lev 17,1-21,15; 25f. entstanden, der auch durch spätere Weiterbearbeitungen in seinem wesentlichen Kern unverändert geblieben sei[40]. Die Erweiterung dieser Sammlung zu ihrem jetzigen Umfang sei im Wesentlichen das Werk des Sammlers Ph^3 und seines Redaktors Ph^4. Der Unterschied zwischen Ph^1 und Ph^3 bestände im Interesse des Letzteren an kultisch-priesterlichen Angelegenheiten, welches in dieser Form der Ph^1-Redaktion nicht zugeschrieben werden könne. So habe dieser Sammler hinter Lev 21,1-15 das Gesetz über die Tauglichkeit zum Priesteramt (21,16-24) angefügt, wobei Ph^3 Lev 20 von seiner bisherigen Stelle nach Lev 21,15 an seinen später kanonisch gewordenen Ort vor Lev 21 umgestellt habe[41]. Ebenfalls auf das Konto dieses Redaktors gehe die Einfügung des Gesetzes über die Tauglichkeit der Opfertiere (Lev 22,17-24) und schließlich auch des Grundbestandes des Festkalenders Lev 23[42]. Ähnlich wie die Arbeit des Redaktors Ph^2 sei auch die von Ph^4 als erweiternd, korrigierend und ergänzend zu beschreiben. So habe er beispielsweise in Lev 23* einen ursprünglichen Abschnitt über das Wochenfest bis auf dessen Einleitung V.9.10aα gestrichen und ihn durch einen neuen Abschnitt, Lev 23,9-21*, ersetzt[43]. Ferner habe er mit Lev 22,1-16 ein drittes Priestergesetz und mit Lev 22,26-30 einige Opferregeln beigesteuert und den von ihm als Einheit empfundenen Komplex mit der Paränese Lev 22,31-33 abgeschlossen. Als letztes Beispiel für die von Elliger angenommene Tätigkeit dieses Redaktors nennen wir das Gesetz über Leuchter und Schaubrottisch (Lev 24,1-9) und die kurze Erzählung über den Gotteslästerer (Lev 24,15b-22)[44]. Mit der Sammlung und Überarbeitung durch die Redaktoren Ph^3 und Ph^4 habe Lev 17-26 im großen Ganzen seine jetzige Gestalt erhalten, auch wenn Elliger noch mit kleineren späteren Zusätzen rechnet[45].

Mit diesem Modell erklärte Elliger Lev 17-26 als späteren Beitrag zur Priesterschrift, der aus einer Tradition stamme, welche in kritischer Nähe und sympathisierender Distanz zur Priesterschrift stehe. Dabei sei die Redaktionsarbeit in praktisch zwei Schüben erfolgt. Der erste von ihnen, den die Redaktionen Ph^1 und Ph^2 geleistet hätten, sei vom Interesse an der Verantwortung der Gemeinde für das Bewahren des Gottesbundes geleitet gewesen. Unter diesem Aspekt hätten die Redaktoren P^G mit der Einfügung dieser Gesetzessammlung zu ergänzen beabsichtigt. Der zweite Redaktionsschub (Ph^3/Ph^4) sei dann wieder ver-

[38] Elliger, 1966, S. 17.
[39] Elliger, 1966, S. 17f.
[40] Elliger, 1966, S. 18.
[41] Elliger, 1966, S. 18.
[42] Elliger, 1966, S. 19.
[43] Elliger, 1966, S. 19.
[44] Elliger, 1966, S. 19.
[45] Elliger, 1966, S. 20.

mehrt an kultisch-priesterlichen Themen interessiert gewesen und habe von daher vor allem die Priestergesetze und den Festkalender eingefügt, ohne dabei den bereits bestehenden Bestand von Ph^1 und Ph^2 in größerem Maße anzutasten. Das Entscheidende an dieser Arbeit ist nicht nur, dass Elliger die Möglichkeit aufzeigte, dass ein selbstständiges Heiligkeitsgesetz vielleicht nie existiert hat. Darüber hinaus rief er mit der Idee, dass das Heiligkeitsgesetz zur Ergänzung und Korrektur der Priesterschrift geschrieben sein könnte, den Gedanken einer inneralttestamentlichen Exegese auf den Plan.

Diese Vorstellung wird von Alfred Cholewinski konsequent durchdacht. Wie Elliger hielt auch er das sog. „Heiligkeitsgesetz" für eine Sammlung, die speziell für den Einsatz in einer priesterlichen Grundschicht zusammengestellt wurde. In seiner 1976 erschienenen Dissertation „Heiligkeitsgesetz und Deuteronomium" setzte er sich zum Ziel, das Verhältnis zwischen beiden Gesetzeskorpora zu bestimmen. Kernfrage seiner Arbeit war, warum und wofür dem Deuteronomium im Heiligkeitsgesetz eine neue Gesetzessammlung entgegengestellt worden sei, und ob und wenn ja, worin zwischen beiden Sammlungen Verbindungen bestünden. Grundvoraussetzung seiner Arbeit war die Annahme, dass das Heiligkeitsgesetz jünger als das Deuteronomium sei. Unter diesen Vorzeichen untersuchte er im ersten Teil seiner Arbeit die Entstehungsgeschichte von Lev 17-26. Diese sei gekennzeichnet durch eine umfangreiche und sehr vielschichtige Redaktionsarbeit:

Zunächst rechnete Cholewinski mit fünf Redaktionen (H1; H2; H3; H4; H5), welche unabhängig voneinander jeweils kleine Gesetzessammlungen aus zum Teil vorgegebenem Material zusammengestellt hätten.

a) H1 habe Spuren seiner Tätigkeit nur bei dem Verbot jeglicher profaner Schlachtung (Lev 17,3-9) hinterlassen[46].

b) H2 habe eine „Grundordnung des israelitischen Lebens", nämlich eine Ordnung des sexuellen (Lev 18,6-23), des sozialen (Lev 19,11-18) sowie des kultischen Lebens (Lev 19,26-28.30) verfasst[47].

c) H3 habe nach und nach in drei Phasen eine kultische Gesetzgebung erstellt, deren Kern in Lev 21,1-15 und in dem ihm ursprünglich folgenden Kapitel Lev 20 vorgelegen habe. Eine spätere Erweiterung in Lev 21,16-24 sei direkt an Lev 21,1-15 angehängt worden, was Anlass gewesen sei, Lev 20 an seinen jetzigen Ort vor die Priestergesetze Lev 21 zu stellen[48].

d) H4 habe die Festordnung in Lev 23,4-8.23-25.33-38 zusammengestellt[49].

e) H5 sei Urheber des ersten Entwurfes der Sabbat- und Jobeljahrgesetzgebung in Lev 25,3.4aαb.5a.8-9a.11aα(?).13-17a.25a.35-37.39-41.43-44a.46bβ.47.53b gewesen[50].

---

46 Cholewinski, 1976, S. 132.

47 Cholewinski, 1976, S. 132f.

48 Cholewinski, 1976, S. 133f.

49 Cholewinski, 1976, S. 134.

Die zentrale Redaktion bezeichnete Cholewinski mit dem Siglum HG. Diese habe die fünf ihr vorliegenden Gesetzessammlungen zu einer einzigen zusammengefügt, habe dabei in diese korrigierend eingegriffen und sie in die HG ebenfalls vorliegende priesterliche Grundschrift eingefügt. Letzteres anzunehmen war Cholewinski deshalb möglich, weil er HG als ein besonders auffälliges Merkmal u. a. „die Abhängigkeit von der Pg-Literatur, doch mit einer kritischen Einstellung“[51], zuschrieb. Von daher musste er die Entstehungszeit von Lev 17-26 entgegen der zu seiner Zeit üblichen Meinung im Wesentlichen – wie auch Elliger – nach der Abfassung von Pg ansetzen. Denn durch die von ihm aufgezeigte Abhängigkeit der HG-Redaktion von Pg und insbesondere wegen deren polemisch-kritischen Einstellung zu mancher ihrer Gedanken sah Cholewinski die Annahme von Elliger bestätigt, dass Lev 17-26 als Ergänzung zu Pg konzipiert wurde: „Die Pg war in einem wichtigem Punkt aus der bisherigen israelitischen Theologie ausgebrochen. Das Sinaiereignis wurde hier nicht mehr als Bund angesehen; konsequenterweise fand am Sinai keine Verpflichtung auf irgendein Gesetz statt (abgesehen von dem göttlichen Befehl, das heilige Zelt aufzustellen und dort den religiösen Gottesdienst einzurichten). Eben diese Pg-Ansicht scheint das Hg beseitigen zu wollen, indem es dem Sinaiereignis seinen Charakter als Bundesschließung zurückgibt und sich selbst als Zeichen dieses Bundes versteht. Zu diesem Zwecke muß es aber von vornherein als ein Einschub in die Pg konzipiert worden sein.“[52]

Dieses Modell komplizierte sich noch einmal durch die Annahme Cholewinskis, dass H3 und H4 bereits vor der Bearbeitung durch HG für den Einbau in die Pg-Schrift konzipiert wurden. So rechnete Cholewinski also damit, dass H3 und H4, d. h. Lev 20*-22*, zunächst als Nachtrag zu Ex 25*-Lev 9* existiert habe[53]. Wenn mit der HG-Redaktion auch die Gestalt von Lev 17-26 im Wesentlichen in der Form erreicht worden sei, wie sie uns heute in ihrer Jetztgestalt begegnet, so bedeutete sie doch nicht den Abschluss der Arbeit. Vielmehr ließen sich noch die Hände einiger weiterer Redaktoren erkennen. Bei der letzten, von Cholewinski als P-Redaktion bezeichnet, habe es sich um eine spätpriesterliche Redaktion gehandelt, „die das schon fertige Heiligkeitsgesetz der späteren Ps-Literatur anzupassen versuchte“[54]. Dieser letzten Redaktion sei z. B. Lev 17,15-16 der auffällige Ausdruck כל־עדת (Lev 19,2a), aber auch das ganze Kapitel Lev 24 zu verdanken. Dieses Ergebnis der Untersuchung der Entstehungsgeschichte von Lev 17-26 bildete die Grundlage für die Bestimmung des Verhältnisses zwischen eben diesem Text und dem Deuteronomium. Grundthese Cholewinskis

50 Cholewinski, 1976, S. 134f.
51 Cholewinski, 1976, S. 138.
52 Cholewinski, 1976, S. 138f.
53 Cholewinski, 1976, S. 337.
54 Cholewinski, 1976, S. 141.

ist, dass das Heiligkeitsgesetz zur Ergänzung und Korrektur des Deuteronomiums geschaffen wurde:
a) HG habe die Sammlung Lev 17-26 zusammengestellt, um das Deuteronomium fortzuschreiben, zu ergänzen und zu korrigieren. Für diese Annahme spräche, dass jedes der HG-Redaktion zuzuschreibenden Gebote ein Pendant im Deuteronomium habe und dieses eben nicht nur wiederhole, sondern stets ergänze oder korrigiere.
b) Noch vor ihrer Bearbeitung durch die HG-Redaktion seien die Einzelsammlungen H1 und H5 bereits mit einer solchen Ergänzungsabsicht auf das Deuteronomium hin verfasst worden. So verbiete beispielsweise Lev 17,3-9 (H1) die in Dtn 12,15 freigegebene Profanschlachtung[55].
c) Auch diejenigen Einzelsammlungen, für die selbst keine Ergänzungsabsicht nachzuweisen sei (H2, H3, H4), seien doch für ihre Aufnahme in das Heiligkeitsgesetz durch die HG-Redaktion in einer solchen Ergänzungsabsicht überarbeitet worden. So seien z. B. der liturgische H4-Kalender (Lev 23*), der u. a. die Ordnung von Passa-, Mazzot- und Laubhüttenfest geregelt habe, bei seiner Aufnahme in das Heiligkeitsgesetz durch die HG-Redaktion überarbeitet worden, um die nach deren Meinung in Dtn 16 bestehenden Ungenauigkeiten aufzuhellen[56]. Fassen wir das Ergebnis der Untersuchung Cholewinskis zusammen: Eine HG-Redaktion habe die Sammlung Lev 17-26 mit einer doppelten Ergänzungsabsicht komponiert. Zum einen sollte, wie schon Elliger annahm, diese Sammlung in Pg eingebaut werden, damit diese ergänzt und korrigiert werde. Zum anderen sollte Lev 17-26 aber auch als ein neues Gesetzeskorpus die Gesetzgebung des Deuteronomiums fortführen.

Auch I. Knohl vertrat in seinem 1987 erschienenen Aufsatz „The Priestly Torah Versus the Holiness School: Sabbath and the Festivals“ eine Auffassung, die es berechtigt erscheinen lässt, ihn in der Nähe der Positionen Elligers und Cholewinskis zu sehen. So nahm er an, dass in Lev 17-26 neben der Priesterschrift (für ihn: PT für Priestly Torah) eine zweite, dort besonders deutlich zu erkennende Quelle verarbeitet sei, die er als Holiness School (HS) bezeichnete. Die Nähe zu den beiden erstgenannten Autoren ergibt sich für uns daraus, dass Knohl HS für jünger als PT hält. Dies führte er in diesem Aufsatz am Beispiel von Lev 23 aus. Diese relative Chronologie ergibt sich für ihn aus einem Vergleich zwischen den Festkalendern Lev 23 und Num 28-29. Während er Num 28-29 ausschließlich als PT-Text ansieht, nimmt er für Lev 23 an, dass dieses Kapitel teils aus PT und teils aus HS stamme. Dies ergebe sich daraus, dass Lev 23 solche Abschnitte enthalte, die sich von den entsprechenden Abschnitten in Num 28f. nur durch das Fehlen von Opfervorschriften unterschieden. Dieser Unterschied entspräche der unterschiedlichen Intention des jeweiligen Kalenders. Während nämlich Lev 23 die Termine der einzelnen Feste mitteile, ginge

55 Cholewinski, 1976, S. 320.
56 Cholewinski, 1976, S. 323f.

es in Num 28-29 um die an den Festen darzubringenden Opfer. Demnach gehörten diese Abschnitte von Lev 23 zu derselben Quelle wie der Opferkalender in Numeri, nämlich zu PT[57]. Anders verhielte es sich hingegen mit solchen Abschnitten in Lev 23, die sich deutlich von „the wellmeasured style of PT"[58] unterschieden und von Ritualen sprächen, welche im Opferkalender unerwähnt blieben[59]. Weil diese Abschnitte mit der Wendung „Ich bin JHWH, euer Gott", einer charakteristischen Formel von HS, endigten, sei es richtig, diese Abschnitte auch HS zuzuweisen[60]. Dann kommt Knohl auf die Priorität von PT zu sprechen: Die einfachste Erklärung für das Mehr an Ritualen in den HS-Abschnitten von Lev 23 sei, dass HS eine fortgeschrittenere und differenziertere Stufe des Kultes im Vergleich zu PT repräsentiere. Von daher seien die HS-Abschnitte in Lev 23 in einen älteren PT-Kalender nachgetragen worden. HS sei also jünger als PT. Die stilistischen Besonderheiten von HS seien nicht nur innerhalb von Lev 17-26 zu beobachten, sondern ließen sich auch an anderen Stellen belegen. Knohl versuchte diese Beobachtung damit zu erklären, dass HS nicht allein für die Gestalt von Lev 17-26 verantwortlich sei, sondern dass es sich hierbei um eine Schule handle, die eine abschließende Überarbeitung des gesamten älteren, priesterlichen Materials vorgenommen habe. Dabei beurteilt er diese „Holiness School" als eine Schule, deren theologische und rituelle Vorstellungen sich stark von denen derjenigen Schule unterscheiden, die hinter der Entstehung von PT, also der Priesterschrift, gestanden habe. Dabei gehe der Abstand zwischen diesen beiden Schulen so weit, dass Knohl die von ihm postulierte „Holiness School" als dritte neben der priesterlichen und der deuteronomistischen Schule betrachtet[61]. In seinem Levitikus-Kommentar folgt Milgrom in weiten Teilen Knohl, doch lehnt er den Begriff „school" für den hinter der Quelle H stehenden Autorenkreis ab. Vielmehr seien 95% des H-Materials Produkt einer einzigen Generation, die radikal die priesterlichen Gedanken abgeändert habe[62].

---

57 Es handelt sich nach Knohl, S. 67, Anm. 4, um die Abschnitte bezüglich des Passa- und Mazzotfestes (Lev 23,5-8), des ersten Tags des siebten Monats (23,23-25) und des Laubhüttenfestes (23,33-36).

58 Knohl, 1987, S. 68.

59 Es handelt sich dabei nach Knohl, S. 68, Anm. 5, um die Abschnitte bezüglich der Erstlingsfrüchte und des Wochenfestes (Lev 23,9-22) und um den zweiten Abschnitt über das Laubhüttenfest (Lev 23,39-43). Aus zwei Schichten hingegen bestände der Abschnitt über den Versöhnungstag.

60 Knohl, 1987, S. 68.

61 Knohl, 1987, S. 67; mittlerweile identifiziert Otto diese Schicht mit der „Pentateuchredaktion". Dabei ist aber wichtig, dass Knohl die „Holiness School" zumindest in ihren prägenden Anfängen als älter als das Deuteronomium betrachtet. Dies hat zur Folge, dass er im Gegensatz zu Cholewinski und Otto nicht mit einer Rezeption des Deuteronomiums durch die Pentateuchredaktion rechnen kann.

62 Milgrom, 2000, 1345.

Für diejenigen, die ein vom priesterschriftlichen Kontext abzuhebendes, aber nicht ursprünglich selbstständiges, Heiligkeitsgesetz annehmen, ist die Frage wichtig, wie sich dieses zu den übrigen Gesetzeskorpora des Pentateuchs verhält. In der Regel wird davon ausgegangen, dass das so definierte Heiligkeitsgesetz jünger als das Deuteronomium und dieses wiederum jünger als das Bundesbuch ist. Eine Ausnahme davon bildet die Forschung von Braulik. Er sieht Abhängigkeiten jedenfalls eines Teiles des Deuteronomiums vom Heiligkeitsgesetz[63].

Besonders intensiv hat sich E. Otto mit dem so genannten Heiligkeitsgesetz und seinen Beziehungen zum Bundesbuch und zum Deuteronomium auseinandergesetzt. Dabei führt er die Linien, die Cholewinski aufgezeigt hat, weiter aus. Für E. Otto dient das Heiligkeitsgesetz „dem schriftgelehrten Ausgleich der divergierenden Gesetzeswerke des Pentateuch und ist nachexilisches Dokument einer sich innerbiblisch formierenden Halakha, die die Einheit des Gotteswillens den Differenzen in der Tora zum Trotz aufweisen will“[64]. Wichtig für seinen Ansatz ist das „paränetische Fachwerk“ in Lev 18,1-5.24-30; 19,1-4; 20,7f.22-27; 22,9.31-33; 25,18f.38.42a.55, 26,1f., das dtr. und P-Motive zu einer Konzeption vereint und redaktionell strukturiert[65]. Es sei deutlich zu erkennen, dass die Redaktion des Heiligkeitsgesetzes nicht nur das Deuteronomium im Blick gehabt habe, sondern ebenso das Bundesbuch wie die Priesterschrift einer kritischen Sichtung unterworfen hätte[66]. Dies zeige sich nicht nur in den paränetischen Abschnitten, sondern auch in den Einzelbestimmungen[67]. Da also in Lev 17-26 Bundesbuch, Priesterschrift wie auch Deuteronomium ausgelegt würden, sei dieser Abschnitt ein Werk des Pentateuchredaktors. Somit hängt die Ansicht Ottos über das Heiligkeitsgesetz eng mit seiner Auffassung über die Entstehung des Pentateuchs zusammen.

Die Hypothese, wonach Lev 17-26 auf andere Verfasser als die Autoren der Priesterschrift zurückgehe, hat in der Forschung zunächst weitgehend Anerkennung gefunden[68]. Die wenigen Ausleger, die diese Hypothese ablehnten und Lev 17-26 als ursprünglichen Bestandteil der Priesterschrift ansahen, fanden in der wissenschaftlichen Diskussion kaum Beachtung. Dies änderte sich erst, als man das bis dahin praktisch allgemein anerkannte Paradigma (etwa ab Mitte der siebziger Jahre unseres Jahrhunderts) in Frage stellte. Dennoch verdienen auch die früheren Bestreiter der Hypothese eines Heiligkeitsgesetzes Beachtung, zumal ein Teil ihrer Argumentation noch bei den heutigen Kritikern dieses Modells eine Rolle spielt.

---

63 Braulik, 1997.

64 Otto, 2000, Sp. 1570.

65 Otto, 2000, Sp. 1570.

66 Otto, 1994, 242.

67 Otto, 1994, 241.

68 So konnte Mathys, 1986, S. 82, noch sagen: „Daß die Kapitel Lev 17(18)-26 ... ein selbständiges Korpus bilden, ist heute in der Forschung communis opinio.“

Den ersten gewichtigen Widerspruch gegen die Annahme eines hinter Lev 17-26 stehenden selbstständigen Gesetzes erhob der jüdische Bibelwissenschaftler David Hoffmann. In seinem, auf seine am damaligen Berliner Rabbinerseminar gehaltenen Vorlesungen zurückgehenden Kommentar „Das Buch Leviticus“[69], verband er, jedenfalls ansatzweise, den traditionellen jüdischen Grundsatz von der göttlichen Herkunft der Bibel[70] mit der durch die Urkundenhypothese herausgebildeten Vorstellung, der Pentateuch sei aus mehreren Urkunden zusammengesetzt. Jedoch nahm Hoffmann, im Unterschied zu den der Urkundenhypothese folgenden Autoren, welche den Urkunden jeweils verschiedene Verfasser zuschrieben, an, dass alle diese Urkunden von Mose empfangen, in einzelne Megillot niedergeschrieben und ohne eigenmächtige Änderung des göttlichen Wortes ebenfalls von Mose und wiederum nach göttlichem Plan zur Gesamttora zusammengefügt worden seien[71]. Von diesen allgemeinen Voraussetzungen her bestreitet Hoffmann die Existenz eines hinter Lev 17-26 stehenden ursprünglichen Heiligkeitsgesetzes mit zwei Argumentationen: Zum einen will er nachweisen, dass zwischen den Texten in Lev 17-26 und Texten außerhalb dieses Bereiches logische Zusammenhänge bestehen. Wenn aber Texte inner- und außerhalb von Lev 17-26 sich gegenseitig voraussetzen und erklären, dann kann es sich bei dem als Heiligkeitsgesetz bezeichneten Text nicht um eine gegenüber der Priesterschrift[72] selbstständige Quelle handeln. Wir nennen einige Beispiele:

a) So seien die 1.) Speisegesetze Lev 11 bereits auf das Heiligkeitsgesetz bezogen (vgl. Lev 11,43-45; 20,25)[73]. 2.) Das Sabbatgebot in Ex 31,12-17 habe genau wie das entsprechende Gebot Lev 19,3 die Heiligung Israels zum Ziel[74]. 3.) Das Gesetz über das Passa-Opfer Lev 12 bedürfe der Ergänzung durch Lev 17: Das in Ägypten gegebene Gebot, das Passa in den Häusern zu schlachten, könne nicht so verstanden werden, dass auch in der darauf folgenden Zukunft das Passa ein in jedem Haus darzubringendes Opfer sein solle. In Lev 23,5-8 werde das Passa mit den anderen Festopfern zusammengestellt, woraus deutlich hervorgehe, dass das Passa an derselben Stelle wie alle anderen Opfer dargebracht werden solle. Von daher müsse aber Lev 17, wie für alle Opfer, auch für das Passa gelten, woraus hervorgehe, dass auch das Passa nur am Eingang des Offenbarungszeltes geschlachtet werden dürfe[75].

b) Ferner lehnte Hoffmann die These von einem ursprünglich selbstständigen Heiligkeitsgesetz deshalb ab, weil die von der Forschung als für Lev 17-26 her-

---

69 Hoffmann, Das Buch Leviticus, Erster Halbband Lev I-XVII, 1905 und Zweiter Halbband Lev XVIII-Ende, 1906.

70 Hoffmann, 1905, S. 1-9.

71 Hoffmann, 1906, S. 2.

72 Tatsächlich gebraucht Hoffmann das Siglum Pg z. B. 1906, S. 4f.

73 Hoffmann, 1906, S. 5.

74 Hoffmann, 1906, S. 5.

75 Hoffmann, 1906, S. 7.

ausgestellten sachlichen und sprachlichen Charakteristika auch außerhalb von Lev 17-26 vorkämen. So fände sich an verschiedenen Stellen von Pg der Gedanke, dass Gott inmitten von Israel geheiligt werden wolle (Lev 10,3; Num 20,12; 27,14; Deut 32,51). Dies entspräche aber der Forderung des Heiligkeitsgesetzes in Lev 22,32[76]. Ähnliches könne auch für die Vorstellung gelten, dass Gott mitten in Israel wohne (vgl. Ex 25,8; Lev 16,16; 26,11)[77].
c) Schließlich sei die für das Heiligkeitsgesetz angeblich charakteristische Vortragsweise auch an anderen Stellen außerhalb dieser Kapitel belegt. Hoffmann denkt hier an Wendungen wie איש איש, אני יהוה, נשא עון. In der Tat trifft Hoffmann hier auf eine erhebliche Schwierigkeit, die die Befürworter der Existenz eines Heiligkeitsgesetzes nur mit der Zuhilfenahme weiterer Annahmen erklären können. So tauchten einzelne Teile des ursprünglichen Gesetzeskorpus an anderen Stellen des Pentateuchs als in Lev 17-26 auf[78]. Solchen Auslegern wirft Hoffmann vor, dass sie „dabei bloß einer vorgefassten Meinung zu Liebe Zusammengehörendes von einander ... sondern."[79]

Eine weitere, frühe Ablehnung der Hypothese eines hinter Lev 17-26 stehenden Heiligkeitsgesetz legte 1912 B. D. Eerdmans in seinen „Alttestamentlichen Studien IV" vor. Zunächst sei eine Gesetzessammlung, wie sie hinter Lev 17-26 vermutet werde, ihren Umrissen nach überhaupt nicht zu erkennen. So gebe es keinen Anhaltspunkt dafür, dass mit Lev 17,1 ein neues Gesetzbuch beginne: Denn formelhafte Einleitungen zu einzelnen Sammlungen wie Lev 17,1 kämen bereits häufig in Lev 1-16 vor und stimmten gerade mit denjenigen Formeln nicht überein, mit denen gewöhnlich selbstständige Gesetzessammlungen eröffnet würden (vgl. Ex 21,1; Dtn 12,1). Zum anderen sei eine innere Ordnung, wie sie für ein derartiges Gesetzeskorpus zu erwarten sei, nicht erkennbar[80]. Die häufig vorgetragene Datierung des Heiligkeitsgesetzes in die Exilzeit sei ebenfalls kaum haltbar, denn ein Hinweis auf das Exil sei nirgends ersichtlich. Die dafür gern herangezogenen Stellen Lev 18,24f.; 20,22-24 seien nicht einschlägig, da sie seiner Meinung nach gerade voraussetzten, dass die Exilierung noch nicht stattgefunden habe[81]. Wie Hoffmann weist auch Eerdmans darauf hin, dass angebliche sachliche und sprachliche Eigenschaften von Lev 17-26 auch in anderen Teilen des Pentateuchs vorkämen. So würden nur in Lev 19-22 Gebote mit dem Hinweis auf die Heiligkeit JHWHs motiviert, während diese Art der Begründung in Lev 17; 18; 23-25 fehle, umgekehrt aber diese Art der Motivierung auch außerhalb von Lev 17-26 zu beobachten sei. Dasselbe lasse sich auch für den als spezifisch für diesen Textbereich geltenden Sprachgebrauch anführen:

76 Hoffmann, 1906, S. 6.
77 Hoffmann, 1906, S. 7.
78 So z.B Klostermann, 1893, S. 374-377.
79 Hoffmann, 1906, S. 6.
80 Eerdmans, 1912, S. 83.
81 Eerdmans, 1912, S. 84f.

Wendungen wie „Ich bin JHWH“ tauchten eben auch außerhalb dieses Abschnittes auf.

Neben Hoffmann und Eerdmans vertraten immer wieder einzelne Autoren wie Küchler[82] und Clamer[83] die Auffassung, dass es sich beim sog. „Heiligkeitsgesetz“ tatsächlich um einen integralen Bestandteil der Priesterschrift handle[84]. Jedoch blieb diese Auffassung zunächst ohne Einfluss auf den „mainstream“ der wissenschaftlichen Diskussion. Dies änderte sich erst in den siebziger Jahren des 20. Jahrhunderts. Dass nun eine Offenheit auch gegenüber dieser These einsetzte, ist wohl vor dem Hintergrund zu sehen, dass zur damaligen Zeit eine allgemeine Neuorientierung in der Pentateuchforschung einsetzte, bei der die Quellenscheidung und in deren Zusammenhang die Neuere bzw. Neueste Urkundenhypothese in Frage gestellt wurde und vermehrt eine Suche nach neuen Denkmodellen begann.

So bedeutete der von Volker Wagner 1974 vorgelegte Aufsatz „Zur Existenz des sogenannten ‚Heiligkeitsgesetzes‘“[85] nicht zuletzt methodisch einen Neuanfang, insofern nun die Komposition der Sinaigesetzgebung in ihrer Makrostruktur in den Blick kam, wenngleich Wagner sich hierbei streng auf deren priesterschriftliche Bestandteile beschränkte. Zunächst fragte Wagner, „ob die Gliederung der Kapitel Lev 17-26 – wie bei einem früher einmal eigenständigen Korpus zu erwarten – in sich geschlossen oder etwa nur Teil eines größeren Ganzen ist ...“[86]. Aufgrund zweier Beobachtungen stellte er dann fest, dass Lev 17 tatsächlich einen Neuansatz bedeute: Denn zum einen würden in Lev 17 Handlungen beschrieben, die ihrem Täter den weiteren Verbleib in seinem עם unmöglich machten, so dass JHWH diesen entweder selbst ausschließen werde (so Lev 17,10) oder seinen gewaltsamen Ausschluss befehle (Lev 17,4.9)[87]. Dieses Thema setze sich in den folgenden Kapiteln bis einschließlich Lev 20 fort. Zum anderen sei in den Lev 17 folgenden Kapiteln häufig von טמא und טהר die Rede. Deshalb hält Wagner das Kapitel Lev 17 für den Anfang eines neuen Abschnittes, der zunächst den Bereich bis Lev 20 umfasse. Sein Thema sei die irreparable Unreinheit durch: a) fehlerhaft geschlachtete Tiere (Lev 17), b) unerlaubten Geschlechtsverkehr (Lev 18), c) Zusammenbringen von unvereinbaren Dingen und Handlungen (Lev 19), d) Handlungen, die im geltenden Recht mit dem Tode bestraft werden (Lev 20)[88].

Durch das Thema „Unreinheit“ sei dieser Abschnitt eng mit Lev 11-15 verbunden. Bei letzterer Kapitelgruppe gehe es allerdings nicht um irreparable,

---

82 Küchler, 1929.

83 Clamer, 1946.

84 Jagersma, 1972, S. 6, nennt darüber hinaus noch Noordtzij, Het boek Levitikus, Kampen 1940, sowie Gispen, Het boek Leviticus, Kampen 1950.

85 Wagner, 1974, S. 307-316.

86 Wagner, 1974, S. 308.

87 Wagner, 1974, S. 309.

88 Wagner, 1974, S. 310.

sondern um reparable Unreinheit. Aber auch die beiden Kapitel Lev 21f. sprächen von טמא und טהר. Da hier aber ausschließlich von der Verunreinigung von Priestern und Opfertieren die Rede sei, setzten sich diese beiden Kapitel jedoch deutlich vom vorhergehenden ab. Aufgrund dieser Überlegungen fasste Wagner Lev 11-22 unter dem Thema „Kultische Unreinheit“[89] zusammen. Hinsichtlich der weiteren priesterlichen Sinaigesetzgebung kam Wagner zu dem Schluss, dass dieses Thema nur einen Bestandteil innerhalb der umfassenden Darstellung des JHWH-Kultes ausmache, die die gesamten gesetzlichen Abschnitte von Ex 25-Lev 26 umfasse. Diese habe insgesamt folgende Gliederung[90]:

Thema I:	Bauplan und Inventar des מקדש (Ex 25–31).
Thema II:	Rituale (Lev 1–7).
Thema III:	Kultische Unreinheit (Lev 11–22).
Thema IV:	Kalendarisches (Lev 23–25).

Aufgrund der von ihm angenommenen Makrostruktur gelangte Wagner zur Ablehnung der Hypothese eines sekundär in die priesterliche Sinaigesetzgebung eingefügten, ehemals selbstständigen Heiligkeitsgesetzes. Als Gründe dafür führte er an: a) Bei dem mit Lev 17 erfolgten Neuansatz handele es sich um eine Untergliederung niederen Grades. b) Auffallend sei hingegen die scharfe Zäsur zwischen Thema III und IV, welche mitten durch das von vielen angenommene Heiligkeitsgesetz gehe. c) Lev 26 sei für die Kapitel Lev 17-25 allein ein zu gewaltiger Ausklang. d) Schließlich sei es unwahrscheinlich, dass ein vorgefundenes Korpus sich so nahtlos in die große Darstellung des JHWH-Kultes habe einbauen lassen.

Auch E. Blum lehnte in seinen 1990 erschienenen „Studien zur Komposition des Pentateuch“ die Aussonderung von Lev 17-26 aus einer priesterlichen Grundschrift (von Blum mit K^P bezeichnet) ab. In diesem Zusammenhang setzte er sich mit der Begründung dieser Hypothese auseinander: Dabei reduzierte er zunächst die diese stützende Argumentation auf ein einziges tragendes Argument[91], nämlich auf den von Wellhausen so bezeichneten „religiös-paränetischen Ton“ (Wellhausen, Composition S. 150), und setzte hier mit seiner Kritik ein. Denn nur unter der methodischen Prämisse einer quelleneinheitlichen Sprache könnten stilistische Beobachtungen zu einer literarkritischen Ausscheidung von Lev 17-26 aus dem priesterlichen Kontext führen. Gegen diese methodische Voraussetzung meldete Blum jedoch seine Bedenken an: So dürfe das Vorkommen der Paränesen nicht isoliert von ihrem Kontext betrachtet werden. Vielmehr beständen Zusammenhänge zwischen den Paränesen und den mit ihnen verbundenen Themata. So wies Blum u. a. darauf hin, dass die

89 Wagner, 1974, S. 312.
90 Wagner, 1974, S. 314.
91 Blum, 1990, S. 319.

Mahnung „Und du sollst dich fürchten vor deinem Gott“ (Lev 19,14.32; 25,17.36.43) mit dem Schutz von (sozial) Schwachen (Behinderten, Alten, ökonomisch Abhängigen) verbunden werde, und „daß die so deuteronomisch klingende Erinnerung an die Knechtschaft in und die Herausführung aus Ägypten gerade in Kap 19 (V.34.36) und 25 (V.38.42.55)“[92] vorkommen. Als Ergebnis seiner Beobachtungen zum Gebrauch der Paränesen stellte Blum fest: „Solche Beobachtungen zur Verteilung der Paränesen ... zeigen jedenfalls, daß die Tradenten ihre > Ausrufungszeichen < und Hervorhebungen weder wahllos noch schematisch gesetzt haben, sondern orientiert an den Inhalten und dem vorgegebenen Material.“[93] Diese Folgerung bedeutete für ihn, dass der in Lev 17-26 belegte Stil als Argument für eine eigene Quelle, d. h. für ein ehemals selbstständiges Heiligkeitsgesetz, ausscheide. Vielmehr sei er aus der kompositorischen Logik der priesterlichen Sinaigesetzgebung zu erklären: Denn die paränetischen Formulierungen seien nur dort zu erwarten, wo es um das bewusste Verhalten des Einzelnen gehe. Dem entspräche das Vorkommen eines paränetischen Abschnittes am Ende von Lev 11 (11,44f.), da es in diesem Kapitel um Speisegebote gehe, welche ihrer Natur nach bewusste Observanz verlangten. Von daher nehme es nicht Wunder, wenn solche paränetischen Formulierungen in den darauf folgenden Kapiteln Lev 12-15 fehlten, da diese von willentlich nicht vermeidbaren Verunreinigungen handelten, während in den Kapiteln Lev 17-26, die ihrerseits von willentlichem Verhalten handelten, uns wiederum Paränesen begegneten. Blum weiterführend kann Crüsemann sogar davon sprechen, dass die Entsprechung von Bundesbuch und Deuteronomium nicht das Heiligkeitsgesetz, sondern die Priesterschrift als solche sei[94]. Wichtig ist auch die Position von Mary Douglas. Sie versucht, so der Titel ihres Buches, „Leviticus as Literature“ zu lesen[95]. Innovativ ist ihr Versuch, die Komposition dieses Buches mit Hilfe von kulturanthropologischen Beobachtungen zu erklären. So zeigt sie u. a., dass es in der antiken Rhetorik möglich war, aus mnemotechnischen Gründen einen Text nach dem Plan eines Bauwerkes zu gestalten[96]. Übertragen auf Levitikus will sie die Anordnung der Texte dieses Buches aus dem Grundriss des zuvor dargestellten Tabernakels ableiten. Dieses bestand aus äußerem und innerem Vorhof und dem Allerheiligsten. Sie nimmt nun an, dass die beiden erzählenden Texte (Lev 8-10; 24,10-23) die beiden Schranken („screens“) zwischen den jeweiligen Bezirken darstellten. Dementsprechend sieht sie Levitikus in drei Abschnitte untergliedert (Lev 1-7; 11,11-24,9; 25-27).

---

92 Blum, 1990, S. 320.
93 Blum, 1990, S. 321.
94 Crüsemann, 1992, S. 326.
95 Douglas, 1999.
96 Douglas, 1999, S. 196.

Von dieser Annahme her kann sie ein von P zu unterscheidendes Heiligkeitsgesetz nicht erkennen[97].

E. Gerstenberger und J. Blenkinsopp stehen für die Gruppe von Auslegern, die in Lev 17-26 eine mehr oder minder planlos aneinandergereihte Sammlung von Einzeltexten sehen. So lehnt Gerstenberger die These eines wie auch immer gearteten Heiligkeitsgesetzes ab. Dies folgt aus seiner Sicht der Entstehung des Buches Levitikus. In seinem Kommentar fragt er provokativ: „Levitikus – ein Buch?“[98] Er geht davon aus, dass das Buch Levitikus, jedenfalls in seinem zweiten Teil ab Lev 16, nicht auf planvolle literarische Gestaltung, sondern auf eine mehr zufällige Traditionsbildung im Rahmen gottesdienstlichen Textgebrauchs zurückgehe[99]. Ähnlich rechnet J. Blenkinsopp damit, dass der Abschnitt Lev 17–26 nicht auf eine planvolle Komposition zurückgehe, sondern eine Aneinanderreihung einiger ursprünglich nicht zusammengehöriger Einzelstücke darstelle. Dabei betrachtet er die paränetischen Abschnitte als deren jeweiligen Abschluss. Eine weitergehende Verbindung zwischen diesen Abschnitten vermag er nicht zu erkennen. Bei fortlaufender Rezeption der Abschnitte werde der Leser jedoch des Zusammenhangs zwischen dem Beachten der ethischen und rituellen Gesetze und dem Besitz des Landes gewahr. Der Stimmung und Sprache nach erinnern die paränetischen Schlussabschnitte an das Deuteronomium. Daneben bestehen Anknüpfungen an Ezechiel und P. Von daher schließt Blenkinsopp auf eine sehr späte Abfassungszeit[100].

1.1.2. Eigene Stellungnahme: Die unserer Untersuchung zugrunde gelegte Position

Alle vier Modelle werden bis heute in der Forschung vertreten. Dennoch lassen sich von vornherein zwei Positionen ausscheiden: Zum einen hat es sich gezeigt, dass das Buch Levitikus als Ganzes eine planvolle Komposition darstellt. Deshalb kann es nicht sachgemäß sein, zu behaupten, bei Lev 17-26 handele es sich lediglich um eine zufällige Aneinanderreihung von einzelnen Lese- und Predigtstücken. Dies zeigt auch die von E. Otto erkannte Strukturierung von Lev 17-26 anhand der paränetischen Abschnitte. Otto charakterisiert diese als „redaktionelles Fachwerk paränetischer Rahmenstücke“[101]. Es handele sich dabei um ein geschlossenes Gefüge. Innerhalb dieser Rahmentexte zeigt sich ein andauernder Gedankenfortschritt. Ferner werden wir in dieser Untersuchung

---

97 So fehlt in ihrem Register auch der dann zu erwartende Begriff „Holiness Code“ (vgl. Douglas, 1999, S. 275).

98 Gerstenberger, 1993, S. 2.

99 Gerstenberger, 1993, S. 16f.

100 Blenkinsopp, 1992, S. 224.

101 Otto, 1994, S. 237.

zeigen, dass bereits die Redeeinleitungen, mit der jeder einzelne Abschnitt dieses Textbereichs eingeleitet wird, ganz bewusst größere Textgruppen zusammenstellen. Die Kapitel 17-26 bilden eine systematische Gesamtstruktur, bei der ein enger Bezug der einzelnen Texte untereinander vorliegt.

Ebenso kann es nicht richtig sein, dass ein ursprünglich vom übrigen Pentateuch selbstständiges Rechtsbuch hinter Lev 17-26 steht[102], denn die Forschungen besonders von Cholewinski und Otto haben gezeigt, dass dieser Textabschnitt andere alttestamentliche Stellen, vor allem, aber nicht nur, aus dem Deuteronomium auslegt, ergänzt und korrigiert. Demnach kann das Heiligkeitsgesetz kaum jemals als unabhängiges Rechtsbuch existiert haben. Vielmehr müssen bei dessen Abfassung immer auch andere Pentateuchtexte im Blick gewesen sein. Das heißt also, dass die Texte Lev 17-26 von Anfang an zum Einsatz in den Pentateuch bestimmt gewesen sein müssen oder zumindest jedenfalls bestimmte Pentateuchtexte voraussetzen. Somit sind die Bezüge zwischen Lev 17-26 und verschiedenen anderen Pentateuchtexten außerhalb dieser Kapitel so eng, dass es als angemessen erscheint, wenn Otto von einer „inneralttestamentlichen Schriftauslegung“ [103] spricht.

Von daher muss Lev 17-26 entweder zum Zwecke des Einsatzes in P zusammengestellt worden sein, um eben bereits vorhandene Texte zu ergänzen, oder Lev 17-26 war immer ein integraler Bestandteil von P.

Zwei wichtige neuere deutschsprachige Veröffentlichungen zum Heiligkeitsgesetz folgen jeweils einer der beiden Meinungen[104]. Im Grunde geht es darum, ob die hier beobachtete Schriftauslegung und -fortführung einer oder zwei Tradentengruppen zugeschrieben werden kann. Für die Annahme eines von der priesterlichen Schicht zu unterscheidenden Heiligkeitsgesetzes wurde zum einen auf eine in Lev 17-26 zu erkennende Makrostruktur verwiesen. Wie die beiden übrigen alttestamentlichen Rechtsbücher, Bundesbuch und Deuteronomium, besäße auch das Heiligkeitsgesetz eine Einleitung in Form eines Altargesetzes (Ex 20,22-26; Lev 17; Dtn 12) und endete mit Segen und Fluch (Ex 23,20-33; Lev 26; Dtn 28). Doch sind die das Heiligkeitsgesetz umfassenden Kapitel in viel stärkerem Maße in das Buch Levitikus bzw. die Sinaigesetzgebung eingebunden als etwa das Bundesbuch. Dies zeigt sich schon in den formelhaften Einleitungen der Gottesreden (וידבר יהוה אל־משה לאמר), die jeden Abschnitt von Lev 17-26 einleiten. Diese begegnen uns nämlich auch bei nicht zu Lev 17-26 gehörenden gesetzlichen Abschnitten. Somit ist anzunehmen, dass diese Einleitungen, unterstellt, Lev 17-26 sei eine von P zu unterscheidende Größe, eine ursprünglich dem Heiligkeitsgesetz fremde Größe und erst für den Einbau in die Sinaierzählung eingefügt worden waren. Doch wird unsere

---

102 So aber Grünwaldt, 1999, S. 381.

103 Zum Beispiel Otto, 1994a, S. 242, vgl. auch Otto, 1999c.

104 Grünwaldt, 1999 folgt der Meinung nach der H von P zu unterscheiden ist, was Ruwe, 1999, bestreitet.

Untersuchung zeigen, dass diese Redeeinleitungen eine wichtige, gliedernde Funktion innerhalb dieses Pentateuchabschnittes haben und aus diesem nicht wegzudenken sind[105]. Ist es aber richtig, dass die Redeeinleitungen ursprünglicher Bestandteil auch von Lev 17-26 waren, so liegt es nahe, auch anzunehmen, dass dann dieser Textbereich von Anfang an zu P gehörte. Diese Vermutung wird bestätigt, wenn man feststellt, dass Lev 17-26 einen festen kompositorischen Platz innerhalb des Buches Levitikus bzw. der Sinaigesetzgebung hat. Dann erklären sich auch zwei weitere Schwierigkeiten: Zum einen ist dann der große Segens- und Fluchabschnitt Lev 26 nicht allein auf die Kapitel 17-26, sondern auf die ganze Sinaigesetzgebung oder jedenfalls auf das Buch Levitikus zu beziehen. Ebenso muss nicht mehr das Fehlen eines Anfanges festgestellt werden. Denn wo es kein Heiligkeitsgesetz gibt, existiert auch nicht dessen Beginn. Dazu passt dann auch die Unterschrift: „Dies sind die Satzungen, Vorschriften und Gesetze, die JHWH auf dem Berge Sinai durch Mose zwischen sich und den Israeliten eingesetzt hat." (Lev 26,46). Wenn man aber das Heiligkeitsgesetz als notwendigen Teil der Makrostruktur von Levitikus verstehen will, so erscheint ein weiteres Argument für die Existenz eines von anderer Seite als P verfasstes Heiligkeitsgesetz als nicht mehr zwingend. Für Wellhausen war der paränetische Tonfall des Abschnittes Lev 18-26 ein wichtiges Indiz für eine von P zu unterscheidende Quelle. Das Argument der quelleneinheitlichen Sprache ist im Grunde aus der Quellenscheidung erwachsen. Kann es nicht aber eine andere Erklärung für eine vielleicht nur scheinbar uneinheitliche Sprache geben? Blum und Crüsemann bejahen es. Wenn nämlich Lev 17-26 einen festen, aus der Komposition von Sinaigesetzgebung bzw. Levitikus nicht heraustrennbaren Platz innehat, dann muss die Möglichkeit in Betracht kommen, dass der auffällige paränetische Ton eben aus der Komposition heraus zu erklären ist. Hier, wo nun also das ethische Verhalten der Israeliten unter dem Bund in den Blick kommt, macht eigentlich Paränese auch nur Sinn. Ferner kann Blum so auch das Auftauchen ähnlicher paränetischer Wendungen in Lev 11,43-45 erklären. Denn geht es in Lev 12-15 um unvermeidbare Unreinheit, so ist Gegenstand von Lev 11 „Verunreinigungen, die der einzelne durch sein Verhalten meiden kann und soll, ja bei denen es wesentlich auf bewußte Observanz ankommt"[106]. Damit ist aber dies das einfachere Modell, um das sich außerhalb von Lev 17-26 befindliche Textmaterial zu erklären, was – unter Zugrundelegung der Annahme der quelleneinheitlichen Sprache – eigentlich zum sog. Heiligkeitsgesetz gehören würde. Aus diesen Gründen halte ich die Annahme, dass es sich bei Lev 17-26 um einen integralen Bestandteil der Priesterschrift handelt, für die bessere Arbeitshypothese.

---

105 Ruwe, 1999, S. 57-64.

106 Blum, 1990, S. 323.

1.2 Die literarische Eigenart der Priesterschrift

1.2.1. Hinführung

Alle vier Modelle, die die literarische Eigenart von Lev 17-26 zu erklären suchen, lassen sich in ihrem Kern auf eine Verhältnisbestimmung dieses Textbereiches zur priesterschriftlichen Pentateuchschicht reduzieren. Bereits von daher kommt die Frage nach der literarischen Eigenschaft dieser Schicht in den Blick. Noch dringlicher stellt sich diese Frage, nachdem wir dargelegt haben, warum wir Lev 17-26 als integralen Bestandteil der Priesterschrift betrachten. Da es uns bei dieser Frage nicht primär um eine vollständige Erklärung der Pentateuchentstehung geht, können wir diese Frage auf eine Verhältnisbestimmung zwischen den priesterlichen und nichtpriesterlichen Texten begrenzen. In diesem Abschnitt unserer Untersuchung werden wir zwei alternative Modelle vorstellen, die das Verhältnis zwischen der Priesterschrift und den nichtpriesterlichen Texten zu beschreiben versuchen. Eine Möglichkeit, die literarische Eigenschaft der Priesterschrift zu erklären, ist Bestandteil eines Modells, das die Forschung in der Regel als Neuere bzw. Neueste Urkundenhypothese bezeichnet[107]. Nach diesem Modell ist die Priesterschrift eine von mehreren, ursprünglich selbstständigen, z. T. nebeneinander existierenden Quellenschriften, welche in mehreren Redaktionen miteinander verknüpft wurden. Diesem stellen wir das mehr überlieferungs- und kompositionsgeschichtlich orientierte Modell von E. Blum entgegen. Dass wir aber gerade diese beiden Modelle einander gegenüberstellen, muss von uns kurz gerechtfertigt werden. Die Wichtigkeit des unter der Bezeichnung Neuere Urkundenhypothese bekannten Modells ergibt sich daraus, dass es die alttestamentliche Forschung in diesem Jahrhundert praktisch vollständig beherrscht hat[108]. Manche durch diese Hypothese gewonnene Erkenntnis wird auch in Zukunft unaufgebbar sein. So schreibt O. Kaiser über die Wirkung dieser Hypothese auf die heutige Diskussion zu Recht: „Unser heutiges Verständnis von der Entstehung des Pentateuch steht in Anknüpfung und Widerspruch unter dem Vorzeichen der Neueren Urkundenhypothese.“[109] Das Modell von E. Blum haben wir deshalb als exemplarisches „Gegenmodell“ ausgewählt, weil es zum einen aufgrund seiner inneren Geschlossenheit ein hohes Maß an Überzeugungskraft besitzt und zum anderen unseren eigenen Erfahrungen mit den priesterschriftlichen Texten einen für die Interpretation unserer Beobachtungen einigermaßen evidenten Bezugsrahmen bietet. Dementsprechend werden wir an das Modell von Blum anknüpfen, es aber nicht vollständig

---

[107] Bei unserer Untersuchung spielt die Abgrenzung zwischen diesen beiden Varianten der Urkundenhypothese keine Rolle und wird deshalb von uns auch nicht berücksichtigt.

[108] Vgl. Massmann, 1998.

[109] Kaiser, 1984, S. 50.

übernehmen können[110]. Statt der Urkundenhypothese erscheint uns ein Modell einleuchtender zu sein, das die Pentateuchentstehung im Wesentlichen als Ergebnis von Traditions- und Auslegungsprozessen begreift[111].

1.2.2. Entfaltung

1.2.2.1. Forschungsgeschichtlicher Überblick

Mit den Namen Graf, Kuenen und vor allem Wellhausen ist diejenige Ausprägung der „Neueren Urkundenhypothese" verbunden, die für den wissenschaftlichen Diskurs des 20. Jahrhunderts entscheidend werden sollte[112]. Hatte Hupfeld, der Begründer dieses Modells, die Priesterschrift (bei ihm der „ältere Elohist") noch als die älteste Quellenschrift eingeordnet, so ist dagegen für die endgültige Fassung dieser Hypothese die von Graf erarbeitete Annahme der Priesterschrift als jüngster Quellenschrift charakteristisch. Hinter der Quellenscheidung dieser Autoren stand ein primär historisches Interesse: Ziel des Unternehmens war es letztlich, durch Scheidung und Datierung der angenommenen Quellen ein den Erfordernissen historischer Wissenschaften gerecht werdendes Bild der Geschichte Israels zu gewinnen[113]. Dieses Modell ist – standardisiert[114] – folgendermaßen darzustellen:

a) Dem Pentateuch lägen vier ursprünglich selbstständige Hauptquellen zugrunde, welche mit den Sigla J (Jahwist); E (Elohist); D (Deuteronomium) und P (Priesterschrift) bezeichnet werden.

---

110 Darüber hinaus hat Blum im Zusammenhang mit diesem Modell die Entstehung der Tora mit der These von Frei, 1984, von der Gepflogenheit der persischen Reichsautorisation lokalen Rechts in Zusammenhang gebracht. Dies hat sich in neueren Veröffentlichungen niedergeschlagen: so bei Albertz, 1992, S. 495-535; Knauf, 1994, S. 172f; ders., 1998.

111 Nur hinweisen kann ich auf die Studie von Wynn-Williams, 1997. Hier hat er einen Vergleich eben dieser beiden literaturhistorischen Modelle anhand der Jakob-Esau-Erzählung Gen 25,19-33,17 vorgelegt. Dabei kommt er zu dem Urteil, dass sich die beiden Modelle analog den Modellen der modernen Physik zur Beschreibung eines Elektrons verhalten: Diese kann das Elektron entweder als Teilchen oder als Welle beschreiben (S. 252). Dies spiegelt die Schwierigkeit wieder, die ich mit einer Entscheidung für das eine oder andere Modell hatte.

112 Vgl. Kraus, 1982, S. 275.

113 Vgl. dazu Kraus, 1982, z.B. S. 242-274; ferner Smend, 1989, S. 106.

114 Wir versuchen hier sozusagen das Grundprinzip und die klassische Ausformung dieses Modells herauszuarbeiten. Denn ähnlich wie bei den Hypothesen im Zusammenhang mit dem Heiligkeitsgesetz gibt es auch hier keine völlig einheitlichen Hypothesen. Vielmehr bestehen oft gravierende Unterschiede, auch zwischen den Autoren, die gewöhnlich mit derselben Hypothese in Verbindung gebracht werden. In den von uns vorgetragenen Daten sind wir vor allem Smend, 1989, S. 47-59, 82-109, und Kaiser, 1985, 90-138, sowie Schmidt, 1985, S. 47, gefolgt. Jedoch verzichten wir im Folgenden auf Einzelnachweise.

b) Der Quellenumfang ist im Einzelnen wie folgt anzugeben:
- J: Gen 2,4b-Num 24,24 (oder Ri 2,5)[115]
- E: Gen 15 (oder Gen 20)-Num 24,19 (oder Jos 24)
- P: Gen 1,1-Dtn. 34,7-9[116]

Aus der Quelle D stamme praktisch das gesamte Deuteronomium. Hierbei handle es sich nicht um eine eigentliche Erzählquelle, sondern vielmehr um ein Gesetzbuch in Gestalt einer Abschiedsrede Moses'.

c) Gemäß dem historischen Interesse der Begründer dieses Modells war die Bestimmung des Alters[117] und der Herkunft dieser Quellen wichtig:
- J: Mitte 10-Mitte 9. Jh. v. Chr. -Südreich („salomonische Aufklärung")
- E: 770-722 v. Chr. -Nordreich
- P 6.-5. Jh. v. Chr. -Jerusalem
- D: 2. Hälfte des 7. Jh. v. Chr. -Südreich

d) Die vier Hauptquellen selbst seien nicht aus einem Guss. Vielmehr könne man in ihnen ältere und jüngere Schichten sowie eine Reihe ursprünglich selbstständiger Stücke, wie z. B. das Bundesbuch (Ex 21,23-23,19), das Heiligkeitsgesetz (Lev [17]18-26) oder den Jakobssegen (Gen 49,1-27) unterscheiden.

e) Die Verbindung der einzelnen Quellenschriften sei durch Redaktionen erfolgt.

aa) Die erste Stufe jenes Redaktionsprozesses habe die Vereinigung von J und E durch R^{JE} gebildet. Dabei habe dieser Redaktor den J-Text nahezu lückenlos verwendet, während er den E-Text nur zur Ergänzung heranzog. Damit versucht man auch dessen als Schwierigkeit empfundenen fragmentarischen Charakter zu erklären. Da die Kompilation dieser beiden Quellen äußerst geschickt vorgenommen wurde, spricht man von deren Ergebnis (seit Wellhausen) auch gerne als von dem Jehovisten (JE). Diese Redaktion habe nach 722 v. Chr. im Südreich stattgefunden.

bb) Eine weitere Stufe dieses Redaktionsprozesses stellte die Einbindung des Deuteronomiums dar, bei der auch kleinere Retouchen in JE selbst vorgenommen wurden (z. B. Gen 26,5).

cc) Die entscheidende Redaktion, welcher der Pentateuch im Wesentlichen seine heutige Gestalt verdankt, war die Vereinigung von JED mit der von Hause aus selbstständigen Erzählung P durch die Redaktion R^P. Dieser Redaktor fügte das nun entstehende Erzählungswerk dergestalt zusammen, dass P dessen Grundlage bildete und diese aus JED ergänzt wurde. Von daher wird auch häufig von P als der Grundschrift (Pg) gesprochen.

Diese Grundhypothese erfuhr im Laufe der Zeit eine Vielzahl von Veränderungen, welche wir im Einzelnen hier nicht nachzeichnen können[118]. In der Folge wurde die Urkundenhypothese schließlich als solche in Frage gestellt, und viele Ausleger suchten nach neuen Erklärungsmodellen für die Entstehung des Pen-

---

115 Letzteres häufig nach Mayer, 1881. Letztendlich hängen die Vermutungen über das Ende der jeweiligen Erzählquelle davon ab, ob man – wie z. B. Wellhausen und die meisten seiner Nachfolger – unter Einbeziehung des Josuabuches von einem Hexateuch sprechen will oder ob man, was z. B. auch die Arbeit Noths über das Deuteronomistische Geschichtswerk (Noth, 1957) nahe legt, den Umfang dieser Quellen auf den Pentateuch beschränken will.

116 In der jetzigen Diskussion hat sich allerdings ergeben, dass die Befürworter der Urkundenhypothese dahin tendieren, das Ende von P bereits in der Sinaierzählung zu suchen.

117 Vgl. dazu auch die Gegenüberstellung verschiedener, z. T. erheblich voneinander abweichender Datierungsversuche der verschiedenen Quellenschriften bei Kraus, 1982, S. 374-375.

118 Vgl. aber z. B. Rendtorff, 1988, S. 166-170.

tateuchs[119]. Für unsere Untersuchung ist vor allem wichtig, dass die Behauptung einer ursprünglich selbstständigen Existenz der Priesterschrift fraglich wurde. Rendtorff zeigte z. B., dass es in der Genesis kaum möglich sei, aus den dort ausgrenzbaren priesterlichen Texten einen durchlaufenden Erzählfaden zu rekonstruieren[120]. So entstand seit etwa den siebziger Jahren unseres Jahrhunderts eine Reihe von Entwürfen, die sich mehr oder minder von den Prämissen der Urkundenhypothese distanzierten. Um eine solche neue Konzeption handelt es sich bei dem von E. Blum entworfenen Modell von der Entstehung des Pentateuchs. Mit seinen beiden Monographien „Die Komposition der Vätergeschichte" (1984) und „Studien zur Komposition des Pentateuch" (1990) legte Blum zwei Arbeiten vor, in denen er dieses Modell entwickelte. Deren Grundprinzip sieht in der Jetztgestalt des Pentateuchs das Ergebnis eines geschichtlichen Kompositions- und Überlieferungsprozesses. Dabei habe es zwei Stadien auf dem Weg zur Tora gegeben, in welchen jeweils eine bestimmte, selbstständige Pentateuchkomposition vorlag.

a) Deren erstes Stadium bezeichnet Blum als die vorpriesterliche Komposition KD. Diese setzte das Deuteronomistische Geschichtswerk im Sinne von M. Noth voraus. Unter Aufnahme älterer Überlieferungskomplexe, wie der Vätergeschichte, der Plagenerzählung, der vorpriesterlichen Sinaiperikope und anderer Traditionen, sei ein Erzählwerk entstanden, das einen Bereich von den Vätern bis zum Beginn des Deuteronomistischen Geschichtswerkes umfasst habe (wobei sich KD-Bearbeitungen noch am Ende des Dtn nachweisen ließen). Thema dieser Komposition sei JHWHs Selbstbindung an sein Volk[121]. Damit werde die „Offenheit auf den anschließend bis zum Exil reichenden Geschehensbogen"[122] verständlich: „Die Zerstörung des Tempels und das Exil bedeuten zwar ein furchtbares Gericht, aber gewiß nicht das Ende Israels."[123]
b) Die zweite, priesterliche Komposition (KP) habe niemals selbstständig neben KD gestanden. Vielmehr stelle auch KP eine eigenständige Komposition dar, welche aber KD vollständig in sich aufgenommen habe. Von daher charakterisiert Blum auch in Abweisung anderer Modelle die priesterliche Schicht mit der Überschrift „Weder ‚Quelle' noch ‚Redaktion'"[124]. Mit KP habe der Pentateuch durch die Vorschaltung der bis dahin selbstständigen Urgeschichte und durch die Einschaltung größerer und kleinerer erzählender sowie vor allem gesetzlicher Partien einen neuen Aufriss und Hand in Hand damit besonders auch ein neues thematisches Gefälle erhalten: Es gehe nun um die Beziehung JHWHs zu seiner Schöpfung. Die Sinnkohärenz dieser Komposition stellt Blum unter der Überschrift „Gottesnähe als Leitthema" dar: Die anfänglich vollkommene Gemeinschaft Gottes mit den Menschen sei durch den Einbruch der Gewalttat empfindlich gestört worden. Mit Abraham setze JHWH einen Neuanfang, der in der partiellen Restitution des kultischen Israels einen Höhepunkt finde. Hier begegne uns eine unmittelbare, durch den Kult vermittelte Nähe des heiligen Gottes, welche ein entsprechendes mit „Heiligung" umschriebenes Korrespondenzverhalten Israels verlange.

---

119 Vgl. dazu Schmid, 1986, S. 1ff.
120 Rendtorff, 1977, S. 112-142.
121 Vgl. Blum, 1990. S. 189.
122 Blum, 1990, S. 111.
123 Blum, 1990, S. 189.
124 So Blum , 1990, als die Überschrift des ersten Kapitels des zweiten Teils seiner Studie (S. 29-285).

c) Mit KP liege der Pentateuch in etwa in seiner kanonisch gewordenen Form vor. Doch sei KP noch nicht mit dessen Jetztgestalt völlig gleichzusetzen. Vielmehr seien dieser Stufe des Pentateuchs noch eine Reihe verschiedener Zusätze und Erweiterungen sowohl aus dem Umkreis deuteronomistischer wie priesterlicher Tradenten hinzugefügt worden. Für unsere Untersuchung können wir diesen letzten Punkt jedoch vernachlässigen.

d) Auch Blum bietet eine historische Einordnung dieser von ihm vorgeschlagenen Kompositionen. So sieht er einen Zusammenhang zwischen der Entstehung der Tora und der von P. Frei so bezeichneten „Reichsautorisation" der Achämeniden.

„Dabei handelt es sich um die Anerkennung von Normen lokaler Körperschaften durch Instanzen der zentralen Reichsverwaltung, welche diese Normen gleichsam zu lokal gültigem Reichsrecht erhebt und damit den betreffenden lokalen Gruppen eine beschränkte Autonomie einräumt."[125] Von daher spricht Blum davon, dass der Pentateuch bzw. sein durch KP repräsentierter Hauptbestand „von der persischen Verwaltung als für das Ethnos der Juden gültige Reichsrecht autorisiert worden" sei[126]. Dabei glaubt Blum, dass beide Kompositionen nicht völlig isoliert voneinander entstanden seien. Vielmehr müssten beide Kompositionen jeweils als Werk gesellschaftlich relevanter Gruppen gesehen werden, die unter der Möglichkeit bzw. dem Zwang der Reichsautorisation, zu einem Konsens zu kommen, gezwungen gewesen seien: „Diese einzigartige dialogische Komposition repräsentiert einen inner-jüdischen Kompromiß, welcher die Notwendigkeit einer Konsensfindung ebenso abbildet wie deren Grenzen."[127]

1.2.2.2. Eigene Stellungnahme: Die unserer Untersuchung zugrunde gelegte Position

Der Grundgedanke des überlieferungsgeschichtlich orientierten Modell Blums ist für unsere, dieser Untersuchung zugrunde zu legende Hypothese von der Entstehung des Pentateuchs richtungweisend: Eine vorpriesterliche Pentateuchkomposition sei in einem priesterlichen Kompositionsprozess unter Hinzufügung von neuem Textmaterial in eine neue, priesterliche Komposition integriert worden. Der Pentateuch in seiner jetzigen Gestalt verdankt also seine Entstehung nicht einem stufenweisen Kompilationsvorgang mehrerer ursprünglich selbstständiger Urkunden, sondern ist, jedenfalls im Wesentlichen, das Ergebnis eines schriftgelehrten Überlieferungsprozesses. Von diesem Ausgangspunkt her und unter Aufnahme von Gedanken von M. Weippert[128] und R. Rendtorff[129] ergibt sich für uns folgendes Bild der priesterlichen Kompositionsarbeit: Nachexilischen, priesterlichen Kreisen lag eine nichtpriesterliche Komposition vor. Ihr ursprünglicher Inhalt umfasste eine Geschichtserzählung, welche bei den Vätern (Gen 12*) einsetzte und die beim Zusammenbruch der judäischen Monarchie (2. Kön 25*) endete. Ob die priesterlichen Tradenten es selbst waren, die – wahrscheinlich aus liturgischen Gründen – den vorpriesterlichen Urpentateuch von den folgenden Geschichtsbüchern abtrennten, oder ob ihnen von

[125] Blum, 1990, S. 346.
[126] Blum, 1990, S. 356.
[127] Blum, 1990, S. 358.
[128] Weippert, 1974, vor allem S. 441.
[129] Rendtorff, 1977, 166-169 und 1992, 170-173.

Anfang an bereits nur noch dieser Textbereich vorlag, brauchen wir für den Zweck unserer Untersuchungen nicht zu klären. Wir halten jedoch die erste Alternative für wahrscheinlicher. Denn nur im Textbereich des späteren Pentateuchs sind priesterliche Texte zweifelsfrei nachzuweisen[130]. Damit hat sich die von uns zu beschreibende Kompositionsarbeit ausschließlich nur dort abgespielt. Für das Verständnis des Überlieferungsprozesses bis hin zum priesterlichen Pentateuch ist es zunächst wichtig, dass dem Textbestand des von uns postulierten nichtpriesterlichen Protopentateuchs ein besonderer Wahrheitsanspruch, eine besondere Bedeutung, ja sogar religiöse Dignität zugeschrieben wurde[131]. Dies hatte zur Folge, dass jedenfalls der einmal vorhandene Wortlaut nicht mehr verändert werden durfte. Dennoch beschränkte sich die Tradierung dieses Textbestandes nicht auf dessen bloße Weitergabe. Vielmehr veränderten die priesterlichen Tradenten von ihnen als schwierig, anstößig oder gar als unerträglich empfundene Textaussagen, indem sie ihnen neue Texte zur Seite stellten. Die als problematisch empfundenen Texte erfuhren durch einen neuen Sinnzusammenhang eine korrigierende Interpretation. Als ein Beispiel für diese Art der Neuinterpretation vorgefundener Texte durch die priesterliche Weitertradierung kann Gen 26,34f.; 27,46-28,9 dienen. Beide priesterlichen Stellen rahmen den vorpriesterlichen Text Gen 27,1-45 und interpretieren ihn dadurch zugleich neu. Dieser Text berichtet, wie Jakob den für Esau bestimmten Erstgeburtssegen erschleicht. Der betrogene Esau beschließt daraufhin, Jakob zu töten, sobald ihr Vater Isaak gestorben sei (Gen 27,41). Als Rebekka dies erfährt, schickt sie, um dies zu vermeiden, Jakob zu ihrem Bruder Laban nach Haran. Zugleich verspricht sie Jakob, ihn wieder von dort holen zu lassen, sobald sich der Zorn Esaus gelegt habe. Denn, so ihre Begründung: „Warum soll ich euch beide an einem einzigen Tag verlieren?" (Gen 27,45b). Die Motivation der dann ab Gen 28,10ff. (ebenfalls vorpriesterlich) berichteten Reise Jakobs nach Haran ist damit klar: Er flieht vor der (wohl als verständlich angesehenen) Rache seines Bruders Esau. Soweit die vorpriesterliche Überlieferung. Der Text Gen 27,1-45 wurde von den priesterlichen Tradenten gerahmt. Die beiden priesterlichen Rahmenteile Gen 26,34f. und Gen 27,46-28,9 sind durch das Stichwort לקח אשה eng aufeinander bezogen. Esau hat eine fremde Frau, nämlich Judith, die Tochter eines Hetiters, geheiratet (Gen 26,34). Jakob soll dagegen eine Frau aus der Sippe Abrahams nehmen. Auch ist die Rolle wichtig, die die Priesterschrift Rebekka zuschreibt. Sie ist es, von der der Anstoß ausgeht, dass Jakob keine fremde Frau heiraten solle: „Sollte Jakob eine Frau von den Hetitern heiraten, so eine Tochter des Landes, was habe ich dann noch vom Leben?" (Gen 27,46b).

130 Anders aber bei denjenigen Auslegern, die eher einer Hexateuchhypothese zugeneigt sind, wie z. B. Weiser 1963, S. 133, und Eißfeldt, 1964, S. 335-339.

131 Dass diesen ersten fünf Büchern eine besondere Bedeutung zugemessen wurde, ist wahrscheinlich auch der Grund dafür gewesen, dass sie überhaupt abgeteilt wurden. In diesem Sinne urteilt auch Rendtorff, 1992, S. 173: „Die Abtrennung geschah offenbar in bewußter Absicht auf Grund der besonderen Bedeutung, welche die von Mose empfangene und weitergegebene ‚Tora' inzwischen gewonnen hatte."

Ein letzter wichtiger Punkt ist, dass Jakob nach der priesterschriftlichen Rahmung auf Wunsch seiner Eltern und mit dem Segen Isaaks von dannen zieht. Aus diesen drei Beobachtungen lässt sich die Intention der priesterlichen Rahmung deutlich erkennen. Es geht um die Rechtfertigung des Handelns von Rebekka und Jakob: Da Esau eine fremde Frau heiratete, war Jakob zum Erschleichen des Erstgeburtssegens berechtigt, ebenso Rebekka zur Anstiftung dazu. Esau war eine nach Ansicht der priesterlichen Tradenten anstößige Mischehe eingegangen. Von daher war Rebekka darüber mit Recht bestürzt (Vgl. Gen 27,46b). Damit aber erscheint ihre Initiative, durch Täuschung Jakob den Erstgeburtssegen zu verschaffen, entschuldigt. Denn durch die Mischehe hat Esau das Recht auf den Erstgeburtssegen der Patriarchen verwirkt. Land und Nachkommenschaft kommen nur den Nachkommen aus einer *orthodoxen* Ehe zu. Rebekka erscheint damit nicht mehr als eine zwielichtige Anstifterin eines plumpen Betrugs innerhalb der eigenen Familie, sondern als Bewahrerin und Retterin des reinen Israels. Ebenso war die Reise zu Laban nicht mehr, wie es nach Darstellung des vorpriesterlichen Textes aussah, die schimpfliche Flucht eines unehrenhaften Mannes. Vielmehr handelte es sich dabei um eine von seinem Vater Isaak angeordnete und mit seinem Segen bedachte, ja „um eine geradezu offizielle Sendung durch das Oberhaupt der Familie“[132] mit dem Ziel, eine Mischehe zu vermeiden und eine Frau aus der eigenen Sippe zu heiraten[133]. Somit wird durch den Rahmen, den die priesterlichen Tradenten um die ihnen vorliegende Erzählung von der Erschleichung des Erstgeburtssegens legten, diese Überlieferung in einen völlig neuen Sinnzusammenhang gestellt, ohne dass in den bereits vorhandenen Text eingegriffen wurde[134].

Aus einer für die priesterliche Auffassung völlig inakzeptablen Überlieferung über Jakob, den Stammvater der Israeliten, entstand eine für sie annehmbare Darstellung[135].

---

132 Boecker, 1992, S. 53.

133 Zu den Hintergründen des Mischehenverbotes vgl. Diebner/Schult, 1975.

134 Es handelt sich hierbei um eine Art Midrasch-Exegese; wie sie Willi, 1972, S. 53ff.; für die Chronikbücher wahrscheinlich gemacht hat. Der Unterschied dazu besteht im Grunde nur darin, dass hier der Midrasch in den ausgelegten Text direkt eingetragen wurde.

135 Ausleger, die insofern der neueren Urkundenhypothese verpflichtet sind, als sie die Priesterschrift als durchlaufende Quelle betrachten, sehen zwar auch Gen 26,34f. und Gen 27,45-28,9 als zusammengehörig an, da beide Stücke unbestritten zur Priesterschrift gerechnet werden. Sie müssen dann aber fragen, warum eine spätere Redaktion Gen 26,34f. von Gen 27,45ff. abgetrennt habe. Die hier z. B. von Boecker, 1992, S. 41, vorgetragene Lösung des Problems erscheint wenig überzeugend, spiegelt aber sehr gut die bei Anwendung dieses Paradigmas entstehende Problematik wider: „Schwierig ist die Frage zu beantworten, warum eine spätere Redaktion die beiden Verse von ihrem ursprünglichen Kontext abgetrennt und an diese an sich ‚unpassende‘ Stelle plaziert hat. Der Grund dafür kann in der Altersangabe von V. 34 liegen. Verbindet man sie mit der ebenfalls priesterschriftlichen Angabe von 25, 26b, so ergibt sich, daß Isaak zur Zeit der Heirat seines Sohnes Esau 100 Jahre alt war. Das aber ist eine Feststellung, die als Vorbereitung auf Gen 27,1-45 sehr gut geeignet ist, erscheint doch Isaak dort als hochbetagter, ja dem Tode naher Greis.“

Über korrigierende und interpretierende Erweiterungen hinaus führten die priesterlichen Tradenten auch in größeren Ergänzungen neue theologische Themen ein, die sich dann wiederum als Interpretamente in Bezug auf die Gesamtkomposition auswirken. So stellten sie der mit den Vätergeschichten beginnenden vorpriesterlichen Komposition die wohl zunächst selbstständig existierende Urgeschichte[136] (Gen 1*-11*) voran und erweiterten damit den Horizont der Gesamtkomposition um den universalen Aspekt der Weltschöpfung. Ein weiteres wichtiges Thema, das die priesterlichen Tradenten einführten, ist das der umfassenden Darstellung des JHWH-Kultes (Ex 25-31; 35-40; Lev 1-26)[137], um welche die vorpriesterliche Sinaierzählung (Ex 19*-24*; 32*-34*) praktisch auf den heutigen Umfang erweitert wurde. In diesem Zusammenhang erfolgte der Einbau der priesterlichen Gesetzgebung, wobei diese Gesetze ihrerseits wiederum eng mit dem Kult verbunden gedacht wurden. Mit solchen Erweiterungen ergänzten und interpretierten die priesterlichen Tradenten innerhalb ihres Schulbetriebes die ihnen vorgegebenen Texte, ohne diese in ihrem Wortlaut selbst zu ändern: Dabei fügten sie dieses und jenes, Übernommenes und Eigenes zu jener neuen, großen Komposition zusammen, die sich in ihrem Aufriss und Umfang der kanonischen Tora annäherte, ohne aber, wie Blum mit Recht betont, mit dieser bereits identisch zu sein. In dieses Bild passen schließlich auch die Beobachtungen Cholewinskis, dass nämlich weite Teile von Lev 17-26 als Ergänzung und Korrektur des deuteronomischen Gesetzes verstanden werden müssen.

Die Evidenz unseres Modells ergibt sich nicht zuletzt daraus, dass der von uns dargelegte Weg von der vorpriesterlichen zur priesterlichen Komposition vergleichbar ist mit dem praktischen Umgang mit den als heilig, d. h. als grundlegend erachteten Schriften in den Buchreligionen. Diese Schriften sind aufgrund der ihnen zugeschriebenen Dignität unantastbar. Eine Abänderung dieser Schriften ist gleichbedeutend mit der Abkehr von einer solchen Religion überhaupt. Von daher ergibt sich das Problem, wie diese schriftlichen und unveränderbaren Glaubensgrundlagen angesichts einer sich stets ändernden Wirklichkeitserfahrung der Gläubigen auch in gewandelten Lebenssituationen weiter Sinn vermitteln können. Die Anpassung dieser schriftlichen Glaubensgrundlagen an die jeweilige Lebenswirklichkeit der Gläubigen erfolgt im Wesentlichen durch Auslegung, d. h. durch Kommentierung dieser Schriften. Jede Auslegung stellt somit einen Transmissionsriemen zur je und je neu erfahrenen Welt dar[138].

---

136 Vgl. dazu Crüsemann, 1981.

137 Bezieht man die religiösen Traditionen aus der Umwelt des Alten Testaments mit ein, dann wird deutlich, dass Weltschöpfung und Kult miteinander in engster Beziehung zu denken sind und die priesterlichen Tradenten wahrscheinlich das eine nicht ohne das andere eingefügt hätten. Tatsächlich lassen sich für die priesterliche Überschreibung kompositorische Beziehungen zwischen Tempelbau und Schöpfung nachweisen (vgl. z. B. Blum, 1990, S. 306-312; Albertz, 1992, S. 531).

138 Vgl. dazu A. und J. Assmann, 1987.

Bei kanonisch gewordenen Schriften wird die Kommentierung immer außerhalb der kommentierten Werke überliefert. In unserem Falle handelt es sich bei den vorpriesterlichen Texten zwar nicht um eigentlich kanonische Texte, aber um solche, die bei den priesterlichen Tradenten in so hohem Ansehen standen, dass diese sie in ihrem Wortbestand regelmäßig nicht mehr verändert haben[139]. Von daher ist das Vorgehen der priesterlichen Tradenten zu verstehen, welche die ihnen vorliegenden Texte dadurch neu interpretierten, dass sie ihre Zusätze in den bereits bestehenden Text einfügten und diesen gewissermaßen dadurch überschrieben. Es handelt sich also um eine schriftgelehrte, innerbiblische Schriftauslegung. Als institutioneller Ort für eine solche Arbeit kommt unseres Erachtens nur eine priesterliche Schule[140] in Betracht, deren Haupttätigkeitsphase wir am zweiten Tempel in Jerusalem vermuten[141]. Ob diese Tradierung aber,

---

139 Im Gegensatz zu dem, was Willi, 1972, S. 53ff., für die Chronikbücher angenommen hat, nämlich dass diese die bereits in kanonischem Ansehen stehenden Königsbücher kommentiert hätten, war der nach unserer Auffassung den priesterlichen Tradenten vorliegende Text noch nicht bis zur kanonischen Geltung anerkannt. Es dürfte sich dabei eher um eine „Semikanonizität" gehandelt haben. Von daher der unterschiedliche Umgang: Die Kommentierungen des Chronisten zu den Königsbüchern erfolgte außerhalb von ihnen in einem separaten Werk, eben in den beiden Chronikbüchern. Dagegen schrieben die priesterlichen Tradenten ihre Interpretamente noch in den auszulegenden Text selbst hinein.

140 Zur Existenz von Schulen in Israel vgl. Lemaire, 1981. Ausdrücklich rechnet er mit einer „Ecole sacerdotale" (S. 68-70). Ähnlich wie Lemaire sehen wir einen Zusammenhang zwischen einem solchen Schulbetrieb und der Entstehung alttestamentlicher Schriften. Die Existenz eines Schulbetriebes in Israels der Königs- und Exilszeit bestreitet hingegen Golka, 1983.

141 Die Diskussion dieses institutionellen Ortes tut für unser Unternehmen hier nichts zur Sache. Der Vollständigkeit halber wollen wir aber dennoch die wesentlichen Gründe, von denen her wir eine solche Traditionsausformung innerhalb eines solchen Schulbetriebes annehmen, kurz nennen: a) Aus 2. Kön 22,8 geht hervor, dass religiöse Überlieferungen im Tempel aufbewahrt und, so kann man weiter vermuten, dort auch tradiert wurden, wenn eine Überlieferung nicht aus speziell priesterlicher Tradition stammte. Unsere Ansicht wird an diesem Punkt auch durch den Hinweis von Knauf, 1994, S. 233, dass an Tempeln neben priesterlichem Berufswissen auch prophetische Traditionen weitergegeben wurden, gestützt. b) Es ist anzunehmen, dass ein priesterlicher Schulbetrieb auch nach der Exilierung der priesterlichen Leitungselite in Babylonien weitergeführt wurde. c) Ein größerer priesterlicher Schulbetrieb ist dann gerade auch am zweiten Tempel wahrscheinlich, denn priesterliches Berufswissen musste an die jeweils nachfolgende Priestergeneration weitergegeben werden. An kleineren Heiligtümern kann dies in der Weise geschehen sein, dass ein Schüler bei einem Priester (oder besser: dem Priester) dieses Heiligtums famulierte. Dies erinnert, worauf auch Golka, 1983, S. 265, hinweist, an die Berichte über die Erziehung des jungen Samuel am Ladeheiligtum zu Schilo (1. Sam 1-3). Die Vorbereitung des Priesternachwuchses für den Tempeldienst am Zentralheiligtum in Jerusalem dürfte wohl bedeutend größere fachliche Ansprüche gestellt haben. Zudem hatte der Jerusalemer Tempel bedeutend mehr Personal als der Tempel in Schilo. Von daher ist bei ersterem ein größerer Schulbetrieb wahrscheinlich und ist schließlich als Fortsetzung des exilischen Schulbetriebes anzusehen. d) Sodann dürfte der zweite Tempel nicht nur ein Ort des Opfer-, sondern auch des Wortgottesdienstes gewe-

wie Blum vermutet, im Zusammenhang mit der Gepflogenheit der persischen Reichsautorisation steht, erscheint uns zweifelhaft[142]. Worin wir uns gegen Blum jedenfalls abgrenzen, ist, dass wir den priesterlichen Text nicht für einen wie auch immer gearteten Kompromisstext zwischen verschiedenen innerjüdischen Parteien betrachten, wie es ja gerade die These von der Tora als Produkt einer „Reichautorisation" nahe legen würde[143]. Vielmehr handelt es sich bei dieser Gestalt des Pentateuchs um eine mehr oder minder autoritative, (post)priesterliche Setzung[144]. Ich glaube nicht, dass sich bei der Gestaltung des Pentateuchs ein Kompromisstext, wie ihn Blum vermutet, ergeben hat. Vielmehr verdankt der Pentateuch seine Endgestalt und seinen einzelnen Entwicklungsstufen einer fortwährenden Weiterschreibung, verstanden als inneralttestamentliche Schriftauslegung. Letztendlich sollten ältere Texte weiterinterpretiert und, vor allem im Falle von Widersprüchen der verschiedenen älteren Texte, diese nach Möglichkeit ausgeglichen werden[145]. Dies ergibt sich auch aus folgender Überlegung zur Datierung der einzelnen Stufen der Pentateuchentstehung: Blum rechnet mit einer großen zeitlichen Nähe von KD und KP. Die deuteronomisch-deuteronomistische Komposition habe die priesterliche Komposition geradezu herausgefordert[146]. Dies halten wir nicht für wahrscheinlich. Als Ursprung und Kern der Genese des Pentateuchs betrachten wir das Deuteronomium, welches wir im Zusammenhang mit der in 2.Kön. 22f. berichteten Reform des Königs Josia (~622 v.Chr.) sehen[147]. Für das Deuteronomistische Geschichtswerk machte Soggin[148] eine Entstehung nach 561 v.Chr. in Kreisen der von Nebukadnezar deportierten Oberschicht wahrscheinlich. Von daher liegt es nahe, die wohl nur wenig später erfolgte Ausweitung um den deuteronomisch-deuteronomistischen Protopentateuch auch noch für die Zeit vor dem Kyrosedikt (538 v.Chr.) anzunehmen. Damit ist aber der vorpriesterliche Proto-

---

sen sein. (Vgl. allerdings erst für den herodianischen Tempel die neutestamentlichen Berichte vom Lehren Jesu und der Apostel im Tempel z. B. Mt 21,13; Lk 2,41-52; Apg 3,11-26). Trifft dies zu, dann ist an diesem Ort auch die Ausbildung der im Gottesdienst verwendeten Texte zu erwarten. Wir können leider diese Vermutung hier nur grob skizzieren und tun dies nur deshalb, um unsere prinzipielle Auffassung von der Entstehung der Priesterschrift zu illustrieren.

142 Mittlerweile dürfte aber die These von Frei, 1996, erstmals vorgetragen im Jahre 1984, von der persischen Reichsautorisation sehr fraglich geworden sein (vgl. Wiesehöfer, 1995; Ahn, 2001, Sp. 309-311, Reinmuth, 2001).

143 Blum, 1990, S. 358.

144 Anders aber z. B. Knauf, 1998, S. 118-126, der von einem „Synchron- oder Diskursmodell" (S. 122) spricht.

145 So z. B. Otto, 1994a, S. 240-242; 1999.

146 Blum, 1990, S. 345.

147 So z. B. auch Crüsemann, 1987, S. 63.

148 Soggin, 1975, Sp. 3-8. Jedoch ist die Lokalisierung der Entstehung des DtrG strittig. So nehmen manche Autoren an, z. B. Smend, 1989, S. 124-125, Albertz 1992, S. 399, im Wesentlichen im Gefolge Noths, 1943, S. 110, Anm. 1, dass die Verfasser des DtrG in Juda tätig waren.

pentateuch noch in babylonischer Zeit entstanden. Blum hingegen sieht ja auch die Entstehung dieses Werkes erst im Zusammenhang mit der persischen Herrschaft. Die Abtrennung des Protopentateuchs von dem gesamten Geschichtswerk und seine rezeptiv-produktive Tradierung im priesterlichen Schulbetrieb wird auf jeden Fall einen größeren Zeitraum in Anspruch genommen haben. Diese Arbeit ist aber als autoritative Auslegung des Protopentateuchs sicher auch in Abgrenzung und Korrektur von anderen Verstehensmöglichkeiten zu sehen und weist auch zeitgeschichtliche Bezüge auf. So hat Utzschneider[149] gezeigt, dass sich in einer Bearbeitungsschicht der sinaitischen Heiligtumstexte die Situation des Wiederaufbaus des Tempels widerspiegelt. Den spätesten Zeitpunkt für den Abschluss der priesterlichen Weiterschreibung des Pentateuchs sehen wir in der in Esr 7-8 überlieferten sog. „Mission des Esra" (zwischen 458 und 398 v. Chr.)[150]. Der endgültige Abschluss der „literarisch produktiven Wieterschreibung der Tora[151] ist sicher erst mit dem Beginn des Hellenismus anzusetzen[152]. Diese Überlegungen lassen es aber geraten erscheinen, den priesterlichen Pentateuch nicht als Kompromisstext anzusehen, sondern als autoritative priesterliche Setzung, welche als einzig wahre Interpretation wohl vor allem auch abweichende Auslegungen des deuteronomisch-deuteronomistischen Protopentateuchs endgültig abwehren und unterdrücken sollte[153].

1.3. Zusammenfassung: Die unserer Untersuchung zugrundegelegten einleitungswissenschaftlichen Voraussetzungen

Einleitungswissenschaftliche Grundlage unserer Untersuchung von Lev 20 ist die Auffassung, dass Lev 17-26 integraler Bestandteil der Priesterschrift ist und dass weder ein ursprünglich selbstständiges Gesetzbuch in diesen Textbereich hineingearbeitet wurde, noch dass Lev 17-26 als ergänzender und korrigierender Nachtrag zu P komponiert und sekundär eingesetzt wurde. Die Priesterschrift selbst stellt sich für uns als ergänzende und korrigierende, d. h. als kommentierende Weiterschreibung eines selbstständigen, vorpriesterlichen (Proto-)Pentateuchtextes dar, dem bereits eine besondere religiöse Dignität, eine Art Semi-

---

149 Utzschneider, 1988, S. 296-297.

150 Das Gesetz, welches nach dieser Stelle Esra promulgiert haben soll, so richtig Crüsemann, 1987, S. 70, „kann man nicht einfach mit der Tora Israels, etwa der von Neh 8, gleichsetzen (Rendtorff, 1984), m. E. davon aber auch nicht völlig von ihr trennen".

151 Crüsemann, 1987, S. 70.

152 So auch Crüsemann, 1987, S. 70.

153 An dieser Stelle müssen wir abbrechen, da die in diesem Zusammenhang aufkommenden Fragen für unsere Interpretation von Lev 20 nicht von Bedeutung sind und eine weitergehende Erörterung uns von unserem Thema wegführen würde.

kanonizität, zugeschrieben wurde. Dabei ist die Arbeit der priesterschriftlichen Schule primär als Neuinterpretation[154] der ihr vorliegenden schriftlichen Überlieferung zu verstehen[155].

---

154 Den Begriff „Neuinterpretation" haben wir von G. v. Rad, 1960, z. B. S. 343-356, übernommen. V. Rad meinte damit, dass alte Überlieferungen in späteren geschichtlichen Etappen Israels eine neue Bedeutung erhielten, indem sie in einen neuen Zusammenhang gestellt wurden und so Israel wieder eine Sinndeutung seiner Existenz ermöglichten. Während aber v. Rad den Begriff der Neuinterpretation auf die gesamte heilsgeschichtliche Tradition Israels durch die Jahrhunderte bezog, meinen wir mit diesem Begriff lediglich das Prinzip des Umganges der priesterschriftlichen Schule mit dem literarisch Vorgegebenen.

155 Ebenfalls kann ich in dieser Studie keine eigene Quellenscheidung vorlegen. Ich folge, wenn nichts anderes ausdrücklich vermerkt, der Hexateuch-Synopse, Eissfeldt, 1983. Dabei werten wir vereinfachend L, J, E als vorpriesterlich, P als priesterlich.

2. Der Gegenstand unserer Untersuchung: Ermittlung der Textbasis

2.1. Anfang und Ende der Texteinheit

„Und JHWH sprach zu Mose: Und zu den Israeliten: Du sollst sagen[1]:“ (Lev 20,1.2a). Mit solchen, diesen beiden Sätzen ähnlichen, stereotypen Wendungen werden im Buch Levitikus regelmäßig Texte eingeleitet, die die Rezipienten als Gottesrede verstehen sollen. Diese Einleitungsformel einer Gottesrede ist im Buch Levitikus bis zu Lev 20 bereits an 21 Stellen belegt[2]. Auch im vorliegenden Fall markiert diese Formel den Beginn einer neuen sprachlichen Einheit. Der Schluss der Einheit ergibt sich aus dem erneuten Auftauchen der Formel in Lev 21,1. Auch an dieser Stelle markiert die Wendung einen Neuanfang. Dementsprechend umfasst die von uns zu untersuchende Texteinheit den in der BHS als Lev 20 bezeichneten Text[3].

---

1 Mit dieser Übersetzung versuchen wir, die Struktur des zusammengesetzten Nominalsatzes wiederzugeben. Nur am Rande und der Vollständigkeit halber weisen wir darauf hin, dass die Annahme des zusammengesetzten Nominalsatzes in der hebräischen Sprache von manchen Forschern, so z. B. Richter, 1980, S. 10, Anm. 22, bestritten wird. Jedoch liegt auf dem ersten Wort des Satzes eine besondere Betonung, so dass es gerechtfertigt erscheint, auch wenn in einem Satz dem Nomen eine konjugierte Verbform folgt, diesen Satz dennoch als Nominalsatz zu bewerten (so z. B. Schneider, 1989, S. 160f.). So sind wir der Auffassung, dass jeder Satz, bei dessen erstem Hauptwort es sich um ein Nomen handelt, ein Nominalsatz vorliegt, egal, ob eine finite Verbform an späterer Position folgt oder nicht. Ein Verbalsatz liegt dementsprechend dann vor, wenn das erste Hauptwort durch eine finite Verbform dargestellt wird.

2 1,1; 4,1; 5,14.20; 6,1.12.17; 7,22.28; 8,1; (10,6 Mose an Aaron); 11,1; 12,1; 13,1; 14,1.33; 15,1; 16,1; 17,1; 18,1; 19,1.

3 Die Notwendigkeit dieses Arbeitsschrittes ergibt sich aus der Tatsache, dass die Einteilung der Bücher des TNK nicht originär ist, sondern auf die Arbeit von Stephan Langton (um 1200 n. Chr.) zurückgeht. Diese wurde dann in die 1517 gedruckte Rabbinerbibel übernommen und findet sich seitdem in den meisten Ausgaben des TNK (so nach Zenger u. a., 1995, S. 27-28. Zenger u. a., 2001, enthält diesen Hinweis nicht mehr).

2.2. Zur Textkritik

Textgrundlage unsere Untersuchung von dem gerade abgegrenzten Text Lev 20 ist die Textform, wie sie der Biblia Hebraica Stuttgartensia[4] vorliegt. Dieser Text basiert seinerseits auf dem Codex Leningradensis (Leningrad–MS B–19 A), der gemäß seiner eigenen Datierung zwischen 1008 und 1010 n. Chr. geschrieben wurde[5]. Dabei handelt es sich um die „älteste datierbare Handschrift der vollständigen hebräischen Bibel"[6]. Diese stellt ihrerseits „eine genaue Abschrift des ehemals in der Synagoge der Sephardim zu Aleppo aufbewahrten Musterkodex des Ben Ascher aus der Mitte des 10. Jh."[7] dar. Sie repräsentiert den masoretischen Texttypus. Dieser gilt allgemein als sehr zuverlässige Überlieferung des Textes der hebräischen Bibel. Deshalb ist in dem Falle, in welchem ihm abweichende Lesarten gegenüberstehen, in der Regel dieser der Vorzug zu geben, es sei denn, der masoretische Text erscheint aus sprachlichen oder sachlichen Gründen als unmöglich oder jedenfalls bedenklich, und andere, nichtmasoretische Lesarten, als sinnvoll, ohne aber offensichtlich eine Konjektur zu sein. Nur in diesem Fall wird man den masoretischen Text nach diesen anderen Lesarten zu korrigieren haben[8]. Gemäß dieser prinzipiellen Erwägungen haben wir die in der BHS und BHK angegebenen Varianten durchgesehen. Von einer detaillierten Erhellung der Textgeschichte von Lev 20 haben wir bewusst abgesehen, da diese den Umfang unserer Arbeit gesprengt hätte, zumal damit eine eingehende Abklärung des Verhältnisses zwischen den verschiedenen außermasoretischen Texttypen von Nöten gewesen wäre[9]. Von daher kann Ziel dieses Abschnittes nur sein, den möglichst ursprünglichen masoretischen Texttyp als Grundlage der weiteren Arbeit zu gewinnen.

Nach kritischer Durchsicht der einzelnen Varianten sehen wir keinen Anlass, von dem uns vorliegenden Text der BHS abzuweichen. Sämtliche Varianten lassen sich als Schreibvarianten (z. B. V.21a **Q** hat היא statt MT הוא) oder bewusste sprachliche oder sachliche Änderungen (SamP liest מבית anstatt מבני in sekundärer Angleichung an Lev 17,3.8.10[10]) erklären. So folgt auch die von uns eingesehene Literatur zu Lev 20, insofern sie überhaupt verwertbare Aussagen

4 4. Aufl. 1990.

5 Vgl. Würthwein, 1988, S. 182.

6 Kahle zitiert von Elliger, Rudolph, Vorrede zur BHS, S. III.

7 Eissfeld, 1964. S. 938.

8 Jedoch ist anzumerken, dass auch der masoretische Texttypus selbst keine völlig einheitliche Lesart darstellt. So ergaben Untersuchungen u. a. von Hempel, 1930, S. 190 – 196, und Gese, 1957, dass sich in der masoretischen Handschriftenüberlieferung noch Spuren abweichender Textformen erhalten haben.

9 Dazu umfassend Tov, 1997.

10 So Sun, 1989, S. 226.

zur Textkritik bietet, im Allgemeinen dem MT[11]. Eine wichtige Ausnahme bildet nur die Erklärung zu V 10 a:

10 aα ואיש אשר ינאף את־אשת איש
10 aβ אשר ינאף את־אשת רעהו

Ganz allgemein wird in der Forschung davon ausgegangen, dass die Wortfolge V. 10 a[α]β איש אשר ינאפף את־אשת als Dittographie, d. h. als versehentliche Doppelschreibung, nicht zum ursprünglichen Wortbestand des Textes gehört habe und von daher zu streichen sei[12]. Da wir im Gegensatz dazu auch hier am Text der BHS festhalten, haben wir dies gegen die ganz große Mehrheit der Ausleger zu verteidigen. Gegen die Annahme, dass V.10a אשר ינאפף את־אשת איש als Dittographie aus dem ursprünglichen Textbestand auszuscheiden sei, spricht zunächst der Befund, dass sämtliche wesentlichen Textzeugen, so sämtliche masoretischen Manuskripte, SamP, TargO, LXX (Majuskel), Vulg den vollständigen Wortlaut wie BHS lesen. Ein Fehlen der hier fraglichen Wortfolge weisen lediglich in Minuskel geschriebene LXX-Manuskripte auf. Deren Wert als Textzeugen ist jedoch aufgrund ihres geringen Alters[13] als nicht sehr hoch zu beurteilen. Auch lässt sich die Auslassung dieser Wortfolge in diesen Manuskripten leicht als Vereinfachung erklären. Trifft dies zu, so wäre dem von BHS mitgeteilten Wortlaut als lectio difficilior der Vorzug zu geben. Für diese Erklärung spricht eine weitere Beobachtung: Einige wenige (d. h. zwischen drei und zehn) masoretische Handschriften; LXX, Peschitta, sowie ein paar Targumhandschriften nach Sperber, Targum Pseudo-Jonathan und Vulg schließen den zweiten אשר-Satz (bzw. dessen Übersetzungsäquivalent) mit einer Kopula an den vorhergehenden Satz an. Wir interpretieren diese Beobachtung in der Weise, dass wir annehmen, dass diejenigen Schreiber bzw. Übersetzer die jeweilige Kopula aus dem Grund hinzufügten, um die beiden relativischen Sätze syntaktisch eindeutig einander zuzuordnen und somit leichter verständlich zu machen. Daraus ergibt sich zum einen, dass die Kopula als lectio probabilior sekundär ist, zum anderen, dass schon die antiken Abschreiber und Übersetzer die Doppelheit der Relativsätze als problematisch empfanden. Von daher ist es richtig, den gesamten von BHS gebotenen V.10a als zum ältesten erreichbaren Textbestand zu zählen.

---

11 So hat Sun in seiner Untersuchung, 1989, S. 226-234, eine dementsprechende, detaillierte Erklärung der Varianten von Lev 20 geboten, die wir, bis auf seine Erklärung der Textgestalt von V.10, im großen Ganzen als einleuchtend akzeptierten und uns dementsprechend zu eigen gemacht haben.

12 So Bertholet, 1901, S. 71; Baentsch, 1903, S. 402 f.; Noth, 1962, S. 125; Elliger, 1966, S. 264; Kornfeld, 1983, S. 80; Sun, 1989, S. 229f; Gerstenberger, 1993, S. 261, anders aber M. Fishbane, 1985; S. 169, Levine, 1989, S. 137.

13 Nach Würthwein, 1988, S. 84, kamen Minuskelhandschriften erst ab dem 9. Jh. n. Chr. in Gebrauch.

Die im Kontext Lev 20,9-21 auffällige Verdoppelung der Protasis ist also nicht von der Textkritik her als versehentliche Dittographie, sondern von der Literarkritik her als (erläuternde) Glosse zu erklären[14]. Um deutlich zu machen, dass es sich hier nicht um ein eigentliches textkritisches Problem handelt, wollen wir die Literar- und Textgeschichte von Lev 20,10a noch einmal kurz rekapitulieren: Die Hand eines späten Interpolators fügte in den Text את־אשת איש מות יומת ואיש אשר ינאף die weiteren Worte רעהו אשר ינאף את־אשת ein, um den allgemeinen Ausdruck אשת איש zu spezifizieren[15]. Dies geschah in einem Stadium, das nur literarkritisch zu beurteilen ist, denn sämtliche Textfamilien weisen die Doppelung der Protasis auf. Jedoch wurde schon in einem frühen Stadium der Textüberlieferung das unverbundene Nebeneinander der beiden Protasissätze als schwierig empfunden, so dass eine ganze Reihe von Abschreibern eine Konjunktion einfügte. Im Mittelalter änderten dann einige Abschreiber von LXX den ihnen vollständig vorliegenden Text, indem sie die erste Protasis tilgten, wahrscheinlich in der irrigen Annahme, damit eine fehlerhafte Dittographie zu korrigieren.

2.3. Einteilung von Lev 20 in Einzelsätze und Übersetzung

Nachdem wir in den beiden vorangegangenen Arbeitsschritten sowohl den Textumfang wie den Textbestand unserer Untersuchung definiert haben, erfolgt eine erste Strukturierung dieses Textes durch Abgrenzung der Einzelsätze. Wir legen nun also Rechenschaft darüber ab, welche Worte oder welche Folge von Worten wir als Einzelsätze zu begreifen haben. Diese Abgrenzung der Einzelsätze ist die Voraussetzung jeder weiteren Arbeit am Text[16]. Jedoch erweist sich dieser Arbeitsschritt in vielen Fällen, so auch hier, als schwierig und bedarf bereits auf Satz- und Satzfügungsebene einer eingehenden syntaktischen Untersuchung. Von diesem Arbeitsschritt an richtet sich die Bezeichnung der Sätze von Lev 20 nicht mehr nach MT, sondern nach unseren, zusammen mit der Transkription und Übersetzung erfolgenden Satzeinteilung.

---

14 Damit ist auch der Vorschlag von G. Quell im kritischen Apparat der BHS, die strittige Wortfolge als Dittographie zu streichen, abzulehnen.

15 Diese Überlegung stellte richtigerweise auch M. Fishbane, 1985, S. 169, an. Dabei denkt er jedoch, dass die zweite Protasis 10aβ eine restriktive Interpretation der Aussage der ersten Protasis enthält. Das in Lev 20,10aα enthaltene generelle Verbot des Ehebruchs werde auf den Tatbestand des Ehebruchs mit der Frau des Nächsten, was Fishbane mit der Frau eines Israeliten gleichsetzt, reduziert. Dieser These stehen wir so jedoch zurückhaltend gegenüber: Denn das Wort רע braucht nicht zwangsläufig einen Israeliten zu meinen (vgl. Kühlewein, 1993, Sp. 789 und vor allem, sehr differenziert, Mathys, 1986, S. 29-39).

16 Vgl. Richter, 1971, S. 82-85, und Richter, 1980, S. 7.

2.3.1. Zur Satzeinteilung in Lev 20

Die theoretische Frage, wie man einen Satz definieren kann, können wir in dieser Untersuchung nicht erörtern. Eine befriedigende Lösung dieses Problems ist uns im Übrigen bislang nicht bekannt geworden[17]. Dennoch darf eine Satzeinteilung nicht willkürlich sein. So ist in der Regel zunächst davon auszugehen, dass ein Satz aus mehreren Satzgliedern, auch Syntagmen genannt, besteht. Dabei ist das Prädikat das ranghöchste, da es für den Satz unentbehrlich ist. Zugleich gehen wir davon aus, dass jeder Satz genau ein Prädikat enthält und für den Satz eine Zuordnung von Prädikat und Subjekt konstituierend ist[18]. Die hier vorgelegte Satzeinteilung ist für den Leser in den meisten Fällen evident. Dennoch bleiben in Lev 20 einige Unsicherheiten in der jeweiligen Satzabgrenzung. In diesen Fällen müssen wir die von uns getroffenen Entscheidungen nachvollziehbar machen.

Dies betrifft vor allem die Frage nach der Satzabgrenzung bei den mit den Phrasen איש אשר / איש איש / אשה / איש או אשה / נפש beginnenden Versen[19]. Hier ist zu fragen, wie weit der z. B. mit איש beginnende Satz reicht. Eine Antwort darauf verlangt nach einer genauen syntaktischen Analyse. Eine Satzgliederung von Lev 20 hat bereits Richter im Rahmen seiner BH^t vorgelegt[20]. Jedoch können wir, wie wir sogleich zeigen werden, seinen Vorschlägen nicht folgen und somit seinen Versuch nicht als Grundlage unserer Untersuchung übernehmen. Für die Darstellung des Problems benutzen wir als Ausgangsbeispiel den Anfang von V.15. Richter[21] kommt bei der uns interessierenden Wortfolge zu folgender Satzeinteilung:

15a ואיש
aR אשר יתן שכבתו בבהמה
a מות יומת

Richters Verständnis dieser Satzfügung geht aus dieser Einteilung deutlich hervor. Das satzeinleitende ואיש sei als syntaktisches Subjekt aufzufassen, zu dem der Satz מות יומת als Prädikat gehöre. Der zwischen beiden kongruenten Satztei-

17 So bekennt Richter, 1980, S. 3f., über die Definition des Satzes: „Allerdings läßt sich deren Struktur (d. h. der Sätze) nicht aus den Morphemen und Wortgruppen ableiten. Vielmehr wird sie durch ein theoretisches Urteil bestimmt, das sich auf eine Reihe von Kriterien stützt. Dabei hängt die Definition des Satzes von der Wahl der Kriterien ab." Richtig erscheint es von daher für den praktischen Gebrauch, da diese Untersuchung ja auf anderes aus ist, Schneider, 1989, S. 159, zu folgen: „Trotz vieler Definitionsversuche fehlt eine sprachwissenschaftlich befriedigende Definition dessen, was ein Satz ist. Wir wissen aber intuitiv, was ein Satz ist, und das genügt, um grammatisch praktikable Aussagen zu machen."

18 Richter, 1980, S. 66.

19 V. 2.6.9.10.11.12.13.14.15.16.17.18.20.21.(27).

20 BH^t 2, S. 546-556.

21 BH^t 2, S. 552f.

len eingeschobene, mit אשר eingeleitete Relativsatz stelle eine attributive Näherbestimmung zu איש dar. Von daher ist, folgt man Richters Anschauung, diese Satzfügung folgendermaßen zu übersetzen: „Und ein Mann, der seinen Beischlaf einem Tier gewährt, wird unbedingt getötet“. Diese Erklärung erscheint in den Fällen von V.2.9.15 als möglich. Analog dazu lässt sich auch der jeweilige Anfang der Satzfolgen V.11.20 erläutern: So könnte beispielsweise die entsprechende Wortfolge in V.11 eingeteilt werden:

11a ואיש
aR אשר ישכב את־אשת אביו
a ערות אביו גלה

„Und ein Mann, der mit der Frau seines Vaters schläft, hat die Scham seines Vaters aufgedeckt.“ Bei der Übertragung dieser Lösung auf die übrigen entsprechenden Stellen von Lev 20 entstehen jedoch Schwierigkeiten. Betrachten wir z. B. den Beginn von V.12:

ואיש
אשר ישכב את־כלתו
מות יומתו

Das Problem ist leicht zu erkennen: Wenn ואיש syntaktisches Subjekt und יומתו מות das dazu gehörige Prädikat wäre, dann bestände zwischen beiden Satzteilen aufgrund fehlender Kongruenz bereits im Bezug auf den Numerus eine syntaktische Spannung. Das Ganze wäre als Anakoluth zu interpretieren. Noch komplizierter wird die Frage nach der Abgrenzung des ersten Satzes in V.14:

ואיש
אשר יפח את־אשה ואת־אמו
זמה הוא
באש ישרפו אתו ואתהן

Auch hier fehlt die Kongruenz zwischen dem einleitenden איש und dem einzig als dessen syntaktische Fortsetzung in Betracht kommenden Satz אתו ואתהן באש ישרפו. Eine denkbare Möglichkeit der Erklärung wäre, diese Satzfügung als zusammengesetzten Nominalsatz zu erklären: Für V.12 sähe dies folgendermaßen aus: Thema dieses zusammengesetzten Satzes wäre, dessen Rhema. „Und ein Mann, der mit seiner Schwiegertochter schläft: Beide sollen unbedingt getötet werden.“ Diese Erklärung hat allerdings den Nachteil, dass sie einen Anakoluth einschließt. Richter, der die Annahme eines zusammengesetzten Nominalsatzes ablehnt[22], schlägt indes vor, die Eingangsphrase ואיש אשר ישכב את־כלתו als Pendens aufzufassen, מות יומת als dessen zugehörigen Satz. Den in der Satzfolge

22 Richter, 1980, S. 10f., und ibidem Anm. 22.

V.14 uns begegnenden Satz זמה הוא interpretiert Richter als Parenthese[23] zwischen Pendens und zugehörigem Satz[24]. Diese beiden Versuche, den Umfang des mit ואיש eingeleiteten Satzes zu bestimmen, erscheinen dem stereotypen Charakter dieser Satzfolgen unangemessen, da praktisch jede Satzfolge in ihrer syntaktischen Struktur anders zu deuten wäre. Eine einleuchtende Erklärung müsste hingegen jede dieser Satzfolge mit derselben Erklärung hinreichend beschreiben. In diesem Falle wäre darüber hinaus auch die wissenschaftstheoretische Forderung, ein Phänomen mit möglichst wenigen Annahmen zu erklären, erfüllt.

Auf eine solche Möglichkeit hat uns M. Weippert[25] in einer brieflichen Äußerung hingewiesen: In unserem Ausgangsbeispiel, der Satzfolge V.15, kommen wir nach unserer ihm folgenden Auffassung zu folgender Satzeinteilung:

ויאיש
אשר יתן שכבתו בבהמה
מות יומת

Die Satzgrenze des mit ויאיש eingeleiteten Satzes fällt mit dem Ende des אשר-Satzes zusammen. Dies setzt voraus, dass man den Satz ויאיש אשר יתן שכבתו בבהמה als einen einpoligen Nominalsatz auffasst, dessen Kernsatz ויאיש lautet, welcher durch den nachfolgenden אשר-Satz näher bestimmt wird. Dieser Spezialfall des Nominalsatzes enthält in der Regel eine Existenzaussage[26]. Im vorliegenden Falle wird also zunächst nichts Weiteres als איש ausgesagt: „Und es gibt einen Mann". Der nachfolgende Attributsatz bestimmt diesen näher: „Und es gibt einen Mann, der seinen Beischlaf einem Tier gewährt." Alle nachfolgenden Sätze sind nun von diesem Satz syntaktisch unabhängig. Ein solcher, einer Satzreihe vorangehender Nominalsatz kann modal aufgefasst werden: „Indem ein Mann da ist, der ..." Da sich dieser Satz nun auf eine potentielle Zukunft richtet, ist auch ein temporaler Nebensinn wahrscheinlich zu machen: „Wenn einmal ein Mann da ist, der ..." Diese Erklärung ermöglicht es, sämtliche dieser stereotypen Wendungen in gleicher Weise syntaktisch zu erklären und dementsprechend jeweils die gleiche Satzgliederung des mit איש beginnenden Satzes zu erreichen. Eine einzige Abweichung ist in V.27 festzuhalten:

ואיש או אישה
כי־יהיה בהם אוב או ידעני
מות יומתו

Dieser Vers gebraucht כי, wo die anderen Satzfolgen אשר haben. Im Gegensatz zu den אשר-Sätzen handelt es sich hier um einen Bedingungssatz: „Es gibt einen

23 So expressis verbis Gross, 1987, S. 24, Anm. 72.
24 Vgl. BH^{t} 2, S. 552, vgl. auch Gross, 1987, S. 119.
25 Brief vom 10.8.1994.
26 Vgl. dazu Bartelmus, 1994, S. 45.

Mann oder eine Frau. Wenn sie in sich einen Toten- oder Wahrsagegeist haben, ...“ Der darauf folgende Satz 27c ist dann der Aussagesatz.

Unser Lösungsvorschlag hat den Vorteil, dass er erlaubt, sämtliche dieser stereotypen Wendungen in gleicher Weise syntaktisch zu erklären und so zu einer einheitlichen Satzabgrenzung zu gelangen. Unserer Ansicht nach bietet er die einfachste Erklärung dieses sprachlichen Phänomens und ist deshalb vorzuziehen[27]. Man könnte jedoch dieser Ansicht entgegenhalten, dass es fraglich sei, ob man einem einzelnen Wort oder einer Wortgruppe, wie sie uns in den איש אשר-Phrasen begegnen, in dieser Weise den syntaktischen Wert eines vollständigen Satzes zuerkennen dürfe. Denn, wie eingangs erwähnt, ist in der Regel die Fügung Prädikat-Subjekt für einen Satz konstituierend[28]. Eine solche Polarisierung fehlt hier jedoch. Dennoch lässt sich anhand weiterer, vergleichbarer syntaktischer Erscheinungen innerhalb der hebräischen Bibel aufweisen, dass unsere Auffassung sinnvoll ist[29]. So beginnt etwa das Joelbuch mit folgender Satzfügung[30]:

[A] דבר־יהוה
[B] אשר היה אל־יואל בן־פתואל

[A] muss hier den syntaktischen Wert eines selbstständigen Satzes haben. Eine den entsprechenden Satzfügungen in Lev 20 vergleichbare mögliche Fortsetzung dieses Satzes nach dem אשר-Satz ist nicht denkbar, da mit V.2 etwas völlig Neues beginnt. Bei [A] kann es sich also nur um einen einpoligen Nominalsatz handeln[31]. Die Satzfügung ist also korrekt folgendermaßen zu übersetzen:

[A] (Dies hier ist) Wort JHWHs,
[B] welches erging an Joel, den Sohn des Petuel.

Dass schließlich diesen einpoligen Nominalsätzen wirklich Satzqualität zukommt, ist schließlich am Beispiel von Dtn 18,19 zu belegen[32]:

---

27 Denn die Sprache richtet sich bekanntermaßen nicht nach der Grammatik, sondern Grammatik ist der Versuch, Sprache wissenschaftlich, d. h. allgemeingültig zu beschreiben. Dann ist aber immer die grammatische Lösung, die ein sprachliches Phänomen am einfachsten beschreibt, die richtige.

28 Vgl. Richter, 1980, S. 66; gleiche Bedenken äußert auch Bartelmus, 1994, S. 45, obwohl er sie dann letztendlich auch ablehnt.

29 Derartige Sätze ließen sich eventuell einfacher als „elliptische“ bezeichnen. So z. B. Schneider, 1989, S. 160: „Eingliedrige Sätze ... lassen sich als elliptische Sätze beschreiben, in denen das erste, selbstverständliche Glied (deutsch ‚es‘) ausgelassen ist“.

30 Ähnlich auch: Jer 1,1; Hos 1,1; Am 1,1; Mi 1,1; Hab 1,1; Zeph 1,1.

31 Bisweilen treten solche einpoligen Nominalsätze in der Funktion von Überschriften auch ohne אשר-Satz auf (z. B. Ob 1,1a).

32 Weitere Beispiele (Zusammenstellung nach Liedke, 1971, S. 141): Jos 2,19; 7,14b.15; Ri 7,4; 1Sam 17,25. Möglicherweise ist die verbale Phrase als Stileigentümlichkeit des deuteronomisch-deuteronomistischen Traditionskreises zu erklären.

[A] והיה האיש
[B] ... אשר לא־ישמע אל־דברי

Die verbale Konstruktion von [A] zeigt, dass dieser Ausdruck als Satz verstanden werden soll. Auf der Bedeutungsebene besteht kein Unterschied. Zwischen den Formulierungen והיה האיש und ואיש liegt die Differenz zwischen beiden Formulierungsmöglichkeiten praktisch allein auf der syntaktischen Ebene: Im ersten Fall liegt anstelle einer nominalen eine verbale Existenzaussage vor:

[A] Und es wird (vielleicht einmal) den Mann geben,
[B]der nicht hört auf meine Worte.

Damit kommen wir zum Ergebnis dieses Abschnittes: Die mit ואיש u. ä. eingeleiteten Sätze umfassen genau dieses Wort und stellen im Kernsatz einen einpoligen Nominalsatz dar, der auf semantischer Ebene eine Existenzaussage enthält. Der folgende אשר-Satz bildet zum Satzkern איש einen diesen näher bestimmenden Attributsatz. Sämtliche diesem Attributsatz folgenden Sätze sind dieser Satzfügung gegenüber syntaktisch selbstständig. Auch in Vers 27 handelt es sich bei der Wortgruppe איש או אשה um einen einpoligen Nominalsatz. Der mit כי eingeleitete Konditionalsatz leitet hingegen eine konditionale Fügung ein, deren erster Aussagesatz מות יומתו darstellt[33].

---

33 Eine weitere Unklarheit, die wir, da sie nicht strittig ist, nicht ausführlich behandeln, besteht in den Wortfolgen innerhalb der V.12 und 13 bezüglich der jeweiligen Satzzugehörigkeit des Wortes שניהם. Zunächst zu V.12: Hier lautet die in Sätze zu gliedernde Wortfolge: תבל עשו מות יומתו שניהמם. Die Frage lautet nun, ob שניהמם als semantisches Objekt auf מות יומתו oder vielmehr als Subjekt auf תבל עשו zu beziehen ist. Aufgrund des Vergleiches mit der vorhergehenden Satzfolge V.11, in welcher der Satz יומתו שניהם eindeutig belegt ist, entscheiden wir uns dementsprechend im Sinne der ersten Alternative. שניהם ist also als semantisches Objekt auf מות יומתו zu beziehen und nicht mit תבל עשו zu verbinden. Ein ähnliches Problem begegnet uns in der Satzfolge V.13: Hier findet sich die Wortfolge: תועבה עשו שניהם. Hier stellt sich die Frage, ob die Satzgrenze zwischen עשו und שניהם oder zwischen שניהם und מות יומתו zu ziehen ist. Hier ist die zweite Alternative wahrscheinlicher, da in den übrigen Satzfolgen in Lev 20, wenn sie den Satz מות יומת aufweisen, diesem niemals ein Wort oder eine Wortgruppe voransteht.

2.3.2. Einteilung in Einzelsätze und Übersetzung[34] von Lev 20

1a	וידבר יהוה אל־משה לאמר	Und JHWH sprach zu Mose:
2a	ואל־בני ישראל תאמר	Und zu den Israeliten: Du sollst sagen:
b	איש איש מבני ישראל ומן־הגר הגר בישראל	Wenn es einmal irgendeinen Mann gibt, sei er von den Israeliten oder von den Fremden, der wohnt in Israel[35],
bR	אשר יתן מזרעו למלך	der von seinen Nachkommen dem Molech gibt:
c	מות יומת	Getötet wird er unbedingt.
d	עם הארץ ירגמהו באבן	Das Volk des Landes[36]: Sie werden ihn steinigen.
3a	ואני אתן את־פני באיש ההוא	Und ich selbst: Ich werde mein Angesicht richten gegen diesen Mann.
b	והכרתי אתו מקרב עמו	Und ich werde ihn ausmerzen aus der Mitte seines Volkes.
c	כי מזרעו נתן למלך	Denn von seinen eigenen Nachkommen hat er dem Molech gegeben,
cI1	למען טמא את ־מקדשי	um mein Heiligtum zu verunreinigen
cI2	ולחלל את־שם קדשי	und um meinen heiligen Namen zu entweihen.
4a	ואם העלם יעלימו עם הארץ את־עיניהם מן־האיש ההוא	Und wenn das Volk des Landes wirklich seine Augen vor diesem Mann fest verschließt,
aI1	בתתו מזרעו למלך	wenn dieser von seinen Nachkommen dem Molech gibt,
aI2	לבלתי המית אתו	indem sie ihn nicht töten,
5a	ושמתי אני את־פני באיש ההוא ובמשפחתו	so werde ich selbst mein Angesicht richten gegen diesen Mann und gegen seine Sippe.

34 Selbstverständlich stellt die Übersetzung immer erst das abschließende Ergebnis der Exegese eines Textes dar. Von daher wäre eine solche erst am Ende unserer Untersuchung zu erwarten. Der Übersichtlichkeit halber haben wir uns aber entschlossen, die Übersetzung, wiewohl sie erst aufgrund der Auslegung des Textes gewonnen wurde, doch bereits an dieser Stelle vorzulegen.

35 Singgemäß ist, wie die weitere Untersuchung ergeben wird, an dieser Stelle mit dem Fremden der Proselyt gemeint. Vgl. dazu vor allem Bultmann, 1992, S. 190-212.

36 Hier ist unter dem Volk des Landes die Gemeinde zu verstehen.

b	והכרתי אתו ואת כל־הזנים אחריו	Und ich werde ihn und alle, die hinter ihm dreingehurt haben,
bI	לזנות אהרי המלך	um hinter dem Molech drein zu huren,
b	מקרב עמם	aus der Mitte ihres Volkes ausmerzen.
6a	והנפש	Und wenn es einmal eine Person gibt,
aR	אשר תפנה אל־האבת ואל־הידענים	die sich an die Totengeister und die Wahrsagegeister wendet,
aRI	לזנות אחריהם	um hinter ihnen drein zu huren:
b	ונתתי את־פני בנפש ההוא	So werde ich richten mein Angesicht gegen diese Person.
c	והכרתי אתו מקרב עמו	Und ich werde sie ausmerzen aus der Mitte ihres Volkes.
7a	והתקדשתם	So erweist euch als heilig.
b	והייתם קדשים	und bleibt heilig.
c	כי אני יהוה אלהיכם	Denn ich bin JHWH, euer Gott.
8a	ושמרתם את־חקתי	Und haltet meine Satzungen.
b	ועשיתם אתם	Und befolgt sie.
c	אני יהוה מקדשכם	Denn ich bin JHWH, der euch heiligt.
9a	כי איש איש	Ja gewiss, wenn es einmal irgendeinen Mann gibt,
aR	אשר יקלל את־אביב ואת־אמו	der verflucht (hat) seinen Vater und seine Mutter:
b	מות יומת	Getötet wird er unbedingt.
c	אביו ואמו קלל	Seinen Vater und seine Mutter: Verflucht hat er (sie).
d	דמיו בו	Sein Blut bleibt bei ihm.
10a	ואיש	Und wenn es einmal einen Mann gibt,
aRI	אשר ינאף את־אשת איש	der die Ehe bricht mit der Frau eines (anderen) Mannes;
aRII	אשר ינאף את־אשת רעהו	der die Ehe bricht mit der Frau seines Nächsten:
c	מות יומת הנאף והנאפת	Getötet werden sie unbedingt, der Ehebrecher samt der Ehebrecherin.
11a	ואיש	Und wenn es einmal einen Mann gibt,
aR	אשר ישכב את־אשת אביו	der mit der Frau seines Vaters schläft:

b	ערות אביו גלה	Die Scham seines Vaters: Er hat (sie) aufgedeckt.
c	מות־יומתו שניהם	Getötet werden beide unbedingt.
d	דמיהמ בם	Ihr Blut bleibt bei ihnen.
12a	ואיש	Und wenn es einmal einen Mann gibt,
aR	אשר ישכב את־כלתו	der mit seiner Schwiegertochter schläft:
b	מות־יומתו שניהם	Getötet werden beide unbedingt.
c	תבל עשו	Eine Schandtat: Sie haben (sie) verübt.
d	דיהמ בם	Ihr Blut bleibt bei ihnen.
13a	ואיש	Und wenn es einmal einen Mann gibt,
aR	אשר ישכב את־זכר משכבי אשה	der so mit einem Mann schläft wie man mit einer Frau schläft:
b	תועבה עשו שניהם	Eine Greueltat: Begangen haben sie (sie) beide.
c	מות יומתו	Getötet werden sie unbedingt.
d	דמיהמ בם	Ihr Blut bleibt bei ihnen.
14a	ואיש	Und wenn es einmal einen Mann gibt,
aR	אשר יפח את־אשה ואת־אמו	der eine Frau samt deren Mutter heiratet:
b	זמה הוא	Eine Scheußlichkeit ist dies.
c	באש ישרפו אתו ואתהן	Im Feuer: Man verbrennt ihn und jene.
d	ולא־תהיה זמה בתוככם	Und es darf keine Scheußlichkeit in eurer Mitte einreißen.
15a	ואיש	Und wenn es einmal einen Mann gibt,
aR	אשר יתן שכבתו בבהמה	der seinen Beischlaf einem Tier gewährt:
b	מות יומת	Getötet werden soll er unbedingt.
c	ואת־הבהמה תהרגו	Und auch das Tier: Ihr sollt (es) töten.
16a	ואישה	Und wenn es einmal eine Frau gibt,
a	אשר תקרב אל־כל־בהמה	die sich einem Tier nähert,
aRI	לרבעה אתה	um sich begatten zu lassen:
b	והרגת את־האשה ואת־הבהמה	Und so sollst du töten die Frau und das Tier.
c	מות יומתו	Getötet werden sie unbedingt.
d	דמיהם בם	Ihr Blut bleibt bei ihnen.

17a	ואיש	Und wenn es einmal einen Mann gibt,
aR	אשר יקח את־אחתו בת־אביו או בת־אמו	der seine Schwester heiratet, die Tochter seines Vaters oder die Tochter seiner Mutter:
b	וראה את־ערותה	Und er sieht ihre Scham.
c	והיא־תראה את־ערותו	Und sie: Sie sieht seine Scham.
d	חסד הוא	Schande ist es.
e	ונכרתו לעיני בני עמם	So werden sie vor den Augen der Söhne ihres Volkes ausgemerzt.
f	ערות אחתו גלה	Die Scham seiner Schwester: Er hat (sie) entblößt.
g	עונו ישא	Seine Schuld: Er wird (sie) tragen.
18a	ואיש	Und wenn es einmal einen Mann gibt,
aR	אשר־ישכב את־אשה דוה	der mit einer Frau während ihrer Menstruation schläft:
b	וגלה את־ערותה	Und er entblößt ihre Scham.
c	את־מקרה הערה	Ihren Quell: Er hat (ihn) aufgedeckt.
d	והוא גלתה את־מקור דמיה	Und sie: Entblößt hat sie die Quelle ihres Blutes.
e	ונכרתי שניהם מקרב עמם	So werden sie beide aus der Mitte ihres Volkes ausgemerzt.
19a	וערות אחות אמך ואחות אביך לא תגלה	Und die Scham der Schwester deiner Mutter und der Schwester deines Vaters: Du wirst (sie) nicht entblößen.
b	כי את־שארו הערה	Gesetzt den Fall, wer seine eigenen Blutsverwandte entblößt:
c	עונם ישאו	Ihre Schuld: Sie müssen (sie) tragen.
20a	ואיש	Und wenn es einmal einen Mann gibt,
aR	אשר ישכב את־דדתו	der mit seiner Tante schläft:
b	ערות דדו גלה	Die Scham seines Onkels: Er hat (sie) entblößt.
c	חטאם ישאו	Ihre Sünde: Sie werden (sie) tragen.
d	ערירים ימתו	Als Kinderlose: So werden sie sterben.
21a	ואיש	Und wenn es einmal einen Mann gibt,

a	אשר יקה את־אשת אחיו	der die Frau seines Bruders heiratet:
b	נדה הוא	Unreinheit ist dies.
c	ערות אחיו גלה	Die Scham seines Bruders: Er hat (sie) aufgedeckt.
d	ערירים יהיו	Als Kinderlose: So werden sie sein.
22a	ושמרתם את־כל־חקתי ואת־כל־משפטי	So beachtet alle meine Gesetze und Rechte.
b	ועשיתם אתם	Und befolgt sie.
c	ולא־תקיא אתכם הארץ	So wird euch nicht ausspeien das Land,
cR	אשר אני מביא אתכם שמה	in das ich selbst euch hineinführen werde,
cR I	לשבת בה	damit ihr dort wohnen werdet.
23a	ולא תלכו בחקת הגוי	Und wandelt nicht in den Gesetzen des Volkes,
aR	אשר־אני משלח מפניכם	das ich vor euch vertreiben werde.
b	כי את־כל־אלה עשו	Denn alles dies: Sie haben (es) getan.
c	ואקץ בם	Und so habe ich mich vor ihnen geekelt.
24a	ואמר לכם	Und so habe ich zu euch gesprochen:
b	אתם תירשו את־אדמתם	Ihr: Ihr sollt ihren Boden in Besitz nehmen.
c	ואני אתננה לכם	Und ich selbst: Ich werde ihn euch geben,
cI	לרשת אתה	damit ihr ihn in Besitz nehmt,
c	ארץ זבת חלב ודבש	ein Land, in dem Milch und Honig fließt.
d	אני יהוה אלהכם	Nur ich bin JHWH, euer Gott,
dR	אשר־הבדלתי אתכם מן־העמים	der euch unterschieden hat von den Völkern.
25a	והבדלתם בין־הבהמה הטהרה לטמאה ובין־העוף הטמא לטהר	So unterscheidet zwischen dem reinen und unreinen Vieh und zwischen den unreinen und reinen Vögeln.
b	ולא־תשקצו את־נפשתיכם בבהמה ובעוף ובכל	Und verunreinigt euch nicht selbst mit dem Vieh und den Vögeln und allem,
bR1	אשר תרמש האדמה	was auf dem Erdboden kriecht,

bR2	אשר־הבדלתי לכם	was ich für euch unterschieden habe,
bR2I	לטמא	damit ihr es als unrein behandelt.
26a	והייתם לי קדשים	Und seid mir heilig.
b	כי קדוש אני יהוה	Denn heilig bin (nur) ich, JHWH.
c	ואבדל אתכמ מן־העמים	Und ich habe euch von den Völkern unterschieden,
cI	להיות לי	damit ihr mir gehört.
27a	ואיש או־אשה	Und wenn es einmal einen Mann oder eine Frau gibt.
b	כי־יהיה בהם אוב או ידעני	Wenn sich in ihnen ein Totengeist oder ein Wahrsagegeist befindet,
c	מות יומתו	Getötet werden sie unbedingt.
d	באבן ירגמו אתם	Mit dem Stein: Steinigen wird man sie.
e	דמיהם בם	Ihr Blut bleibt bei ihnen.

3. Die synchrone Textwahrnehmung: Lev 20 in seiner Endgestalt

3.1. Erste Annäherung: Struktur auf Satz- und Satzfügungsebene

3.1.1. Vorüberlegung

Nachdem wir in einem ersten Schritt den Text in Einzelsätze aufgegliedert haben, fragen wir nun, wie sich diese einzelnen Sätze zueinander verhalten. Es ist also zu untersuchen, welche Sätze untereinander verbunden sind und zwischen welchen Sätzen Einschnitte bestehen. Auf diese Weise gelangen wir zu einer Gliederung des Textes in einzelne Abschnitte. Methodisch geschieht dies aufgrund semantischer Beobachtungen: So gibt es sprachliche Erscheinungen, die auf weitere Sätze vor- oder zurückverweisen. Andere sprachliche Elemente wirken als Unterbrechung. So nennt z. B. Richter folgende Verbinder und Trenner: „Als Verbinder wirken die folgenden Elemente: Als Rückverweiser die enklitischen Personalpronomina (ePP), als Vorweiser etwa Imperative (Imp), Fragen, Zwecksätze, ferner das in mehreren Sätzen gemeinsame Subjekt (S) oder Objekt (O) oder Dativobjekt (DO), die Aufnahme eines Objektes aus dem vorhergehenden Satz als Subjekt, eines Subjektes als Objekt, eines Objektes als Dativobjekt. Als Trenner von Satzreihen wirken Subjektswechsel (SW) ohne Objektaufnahme und das Aufhören von Rückverweisern."[1] Andere Autoren nennen z. T. weitere Kriterien[2], wobei jeweils eine Interdependenz mit den jeweiligen hermeneutischen Ansätzen zu beobachten ist[3].

---

1 Richter, 1971, S. 86.

2 Z. B. behandelt Berger, 1991, S. 12-27, verbindende Elemente unter dem Stichwort „Textkohärenz", trennende unter dem Stichwort „Gliederungsmerkmale", wobei er vor allem auf die Trenner eingeht. Wichtig sind auch die Ausführungen Schneiders, 1989, S. 234-268, die sich speziell auf das Biblische Hebräisch beziehen. Beide trennen zwischen Form und Inhalt weniger streng als Richter.

3 Diese unterschiedlichen Ansätze zu verfolgen wäre sehr reizvoll, vor allem da diese Arbeit eine intensive Auseinandersetzung mit diesen Problemen begleitet hat, ist doch die Methode immer von der Hermeneutik abhängig. Allein, diese Probleme darzustellen, würde den Rahmen dieser Untersuchung sprengen.

3.1.2. Analyse

Die oben diskutierte Phrase אשר (u. ä.) איש ist in Lev 20 an insgesamt fünfzehn Stellen belegt[4]. Bei dem Nomen איש handelt es sich um einen Begriff allgemeinsten Inhalts. Von daher ist der Rezipient auf zusätzliche Informationen angewiesen. Das Nomen hat also kataphorische Funktion[5]. Eine erste, aber nicht ausreichende Näherbestimmung wird mit dem dieses Nomen erläuternden Relativsatz gegeben. Alle auf diese Satzfügung folgenden Sätze weisen – wie auch schon der Relativsatz selbst – auf das erste Nomen, d. h. auf איש zurück. Da aber auf dieses Nomen nur zurückverwiesen wird, dieses aber seinerseits nur kataphorische, jedoch keinerlei anaphorische Funktion hat, wirkt dieses Nomen zugleich als Trenner gegenüber dem vorangehenden Text und hat von daher die Funktion, einen Abschnitt zu eröffnen. Durch die Rückverweise auf das den jeweiligen Abschnitt eröffnende Nomen verbinden sich diese dem Nomen folgenden Einzelsätze zu Sequenzen. Eine solche Sequenz endet durch endgültiges Ausbleiben von neuen Rückverweisern. Wir wollen dies an Satz 9a-d erläutern:

9a	כי־איש איש
aR	אשר יקלל את־אביו ואת־אמו
b	מות יומת
c	אביו ואמו קלל
d	דמיו בו

Bei איש איש handelt es sich um ein kataphorisches Element. Darauf wird zum einen durch mit איש איש kongruente enklitische Personalpronomina in der 3. sg. m. in den Sätzen aRcd und zum anderen dadurch, dass איש איש in den Sätzen aRb weiter Subjekt bleibt, zurückverwiesen. Eine solche Sequenz stellt eine kleine, in sich geschlossene Einheit dar. So ergeben sich fünfzehn solcher Einheiten in Lev 20[6] mit zum Teil jedoch sehr unterschiedlichem Umfang und Aufbau. Die Sequenzen in 2-6.9-18.20-21 sind durch den Partikel ו untereinander verbunden. Die einzelnen Sequenzen sind also zu Abschnitten verkettet. Dem entspricht, dass jeweils das erste Glied dieser Ketten (2b.9a) die Geminatio איש איש aufweist, wodurch wohl jeweils der Beginn eines Abschnittes markiert ist.

Innerhalb dieser Sequenzkette fällt jedoch die Satzfolge 19a-c aus dem Rahmen: Diese wird auffallenderweise nicht mit der איש אשר-Phrase eingeleitet. Zudem wechselt die Person vom neutralen Stil der 3 sg. m. zur direkten Anrede an die zweite Person. Dadurch bildet die Satzfolge 19a-c eine Zäsur innerhalb der

---

4 2b.6a.9a.10a.11a.12a.13a.14a.15a.16a.17a.18a.20a.21a.

5 Vgl. Schneider, 1989, S. 247.

6 2b-5b.6a-c.9a-d.10a-b.11a-d.12a-d.13a-d.14a-d.15a-c.16a-d.17a-g.18a-e.20a-d.21a-d. 27a-e.

Sequenzkette 9-21[7]. Jedoch wird auch die kleine Einheit 19a-c durch ein ו-copulativum in die übergeordnete Sequenzkette hineingestellt. Von daher stellt 9a-21e einen zusammenhängenden Abschnitt dar, zu dem eindeutig auch 19a-c hinzuzurechnen ist. Schließlich bildet die Sequenz 27a-e, wie aus dem Kontrast zu dem ihr vorausgehenden, völlig anders organisierten Abschnitt 22-26 ersichtlich, einen eigenen selbstständigen Abschnitt. Somit sind in Lev 20 drei Abschnitte zu erkennen, die wesentlich durch die mit איש אשר eingeleiteten Sequenzen charakterisiert sind. Diesen drei Abschnitten stehen zwei syntaktisch völlig anders gebildete Abschnitte gegenüber (7a-8c.22a-26c). Kennzeichnend für diese ist die vorherrschende Anrede in der 2.m. pl. Diese Anrede und das Fehlen von Rückverweisern auf die jeweils letzte vorangehende, durch die Phrase איש אשר charakterisierte Sequenzeinleitung, sind als deutliche Trenner zu werten[8]. Von daher erscheinen diese Passagen gegenüber den sie umgebenden drei Abschnitten als von diesen abgehobene, deutlich eigenständige Abschnitte.

3.1.3. Ergebnis: Erste Grobgliederung

Aufgrund dieser nur auf syntaktischen Beobachtungen beruhenden Analyse kommen wir zu folgender Grobgliederung des von uns zu untersuchenden Textes.

I. Redeeinleitung 1a + 2a

II. Gottesrede 2b-27e

1. Sequenzabschnitt 1 2b-6c
2. Anrede 2. m. pl. 7a- 8c
3. Sequenzabschnitt 2 9a-21d
4. Anrede 2. m. pl. 22a-26c
5. Sequenzabschnitt 3 27a-e

---

7 Bei diachroner Betrachtung wird deshalb gerne angenommen, dass 19a-c erst nachträglich in den schon bestehenden Text eingefügt wurde. (vgl. z. B. Elliger, 1966, S. 264, 268; Noth, 1962, S. 130). Auf diesen diachronen Aspekt einzugehen, ist hier noch nicht der Ort. Wir werden aber zu diesem Problem im weiteren Verlaufe der Untersuchung einen eigenen Lösungsvorschlag vorstellen.

8 Auf den Wechsel der Person als möglichen Trenner weist Berger, 1991, S. 23, ausdrücklich hin: Berger spricht in diesem Zusammenhang von einem „Mittel der Textgliederung" (S. 2).

3. 2. Zweite Annäherung: Struktur auf Wortebene

3.2.1. Vorüberlegung

In diesem Arbeitsschritt versuchen wir, eine Struktur des Textes unterhalb der Satzebene zu erkennen. Ziel ist es, die Bedeutungsebene des Textes herauszuarbeiten. Möglicherweise findet sich hier auch der Zusammenhang zwischen den Sequenzabschnitten und den Abschnitten, die sich durch die Anrede an die zweite Person charakterisieren. Ein solcher Zusammenhang war ja auf der Satzebene noch nicht zu erkennen. Er wäre aber dann gegeben, wenn sich zeigen ließe, dass beide im vorangegangenen Arbeitsschritt erkannten Typen von Abschnitten sich einem semantischen Zusammenhang zuordnen ließen.

Auf die Bedeutung der semantischen Tiefenstruktur eines Textes macht zu Recht Berger aufmerksam: „Den literarischen Kontext hat man bisher durch Verflechtung der Sätze untereinander, durch die Technik der Satzverknüpfung und Textabgrenzung zu beschreiben versucht. Doch es gibt eine Kontextualität, die gewissermaßen quer zu den Sätzen und literarischen Formen liegt. Diese Kontextualität ist semantisch organisiert, nicht als Satzgeflecht, sondern als Wortgeflecht. Wir nennen diese Wortverbindungen ‚semantische Felder'. Unter ‚Feld' verstehen wir einen abgrenzbaren Bereich, in dem sich mehrere zusammengehörige Elemente befinden. Semantische Felder sind mehr oder weniger konventionelle Wortverbindungen."[9] Im Rahmen unserer Untersuchung sind dem Versuch, die semantische Ebene des Textes herauszuarbeiten, natürlich Grenzen gesetzt. Auch gilt es, die Übersichtlichkeit zu wahren. Unsere Arbeit beschränkt sich deshalb lediglich auf diejenigen Lexeme, von denen wir annehmen, dass sie für die semantische Tiefenstruktur des Textes von entscheidender Bedeutung sind.

3.2.2. Analyse

3.2.2.1. Die semantische Tiefenstruktur des Sequenzabschnittes 9a-21d: Das Wortfeld „unrein"

Innerhalb des Abschnittes 9a-21d heben sich einzelne Wörter aufgrund ihrer Zugehörigkeit zu einer bestimmten semantischen Klasse deutlich von ihrem Kontext ab und sind so für den Rezipienten Aufmerksamkeitserreger: Es handelt sich dabei um die Worte תבל (12c), תועבה (13b), זמה (14b), חסד (17d), עון (17g.19c), חטא (20c), נדה (21b). Diese Wörter sind als abstrakte Nomina zu klassifizieren. Sie bezeichnen Abstrakta, genauer, gedanklich Existierendes. Dagegen ist der übrige Kontext durch Nomina, die Konkreta bezeichnen, charakteri-

---

[9] Berger, 1991, S. 138.

siert[10]. Für unser Interesse ist entscheidend, dass alle die Abstraktnomina zum Wortfeld „unrein" gehören: So ist das Wort תבל außer in 12c nur noch an einer weiteren Stelle im TNK belegt (Lev 18,23b). Beide Mal kommt das Wort im Kontext sexueller Betätigungen vor. So geht es in Lev 18,23a um das Verbot männlicher, in 18,23b um das weiblicher Sodomie: „Mit welchem Tier auch immer: Du sollst keinen Geschlechtsverkehr mit ihm haben, um dich mit ihm zu verunreinigen. Und eine Frau soll sich nicht vor ein Tier hinstellen, um sich begatten zu lassen. Eine Schandtat (תבל) ist es." Das erste Verbot wird mit dem Hinweis auf die sich dadurch ergebende Unreinheit, das zweite mit der Qualifizierung als תבל begründet. Aufgrund der dabei entstehenden engen Kontextualität ist die Zugehörigkeit des Wortes תבל zum Wortfeld „unrein" erkennbar.

Die Wurzel חסד begegnet uns in zwei verschiedenen, einander gegensätzlichen Bedeutungen. Ob es sich bei diachroner Betrachtung dabei um zwei verschiedene Wurzeln handelt, die aufgrund zufälligen Gegensinns zusammengefallen sind, oder ob es sich um verschiedene Bedeutungsentwicklungen einer Wurzel handelt, braucht hier nicht entschieden zu werden[11]. Neben der nominalen Bildung erscheint diese Basis nur sehr selten in verbaler Gestalt. Auch dort sind die konträren Bedeutungen dieser Wurzel verfolgbar. So bedeutet die Verbalwurzel im tD-Stamm soviel wie „sich liebreich erweisen"[12], im D-Stamm/akt. hingegen soviel wie „beschimpfen, schmähen, tadeln"[13]. Als Nomen bedeutet diese Wurzel etwa soviel wie Güte, Gnade, Treue[14]. Daneben hat dasselbe Lexem auch eine seltene, im TNK nur an zwei Stellen belegte negative Bedeutung, etwa im Sinne von „Schande, Schmach". Diese negative Bedeutung kommt, neben dem Beleg hier in Lev 20,17d, auch in Prov 14,34 vor. Dort wird חסד mit חטאת des Volkes gleichgesetzt. In beiden Fällen legt sich die Zugehörigkeit des Lexems in dieser Bedeutung zum Wortfeld „unrein" nahe.

Das Wort נדה ist im TNK an 30 Stellen belegt[15]. Nach der Beobachtung von Milgrom und Wright begegnet uns dieses Wort in drei Bedeutungsnuancen, nämlich als menstruelle Unreinheit, Unreinheit im allgemeinen Sinne und in der Bedeutung von Reinigung[16]. Im Zusammenhang der Sequenzabschnitte macht nur die Bedeutung von allgemeiner Unreinheit Sinn. Auf jeden Fall aber ist auch dieses Lexem dem Wortfeld „unrein" zuzurechnen. Der Begriff תועבה ist

---

10 Klassifizierung nach Willmes, 1991 S. 39.

11 Vgl. dazu die Nachweise bei Stoebe, 1984, Sp. 600.

12 2. Sam 22,26; Ps 18,26.

13 Prov. 25,10; Sir 14,2.

14 Im TNK 245-mal.

15 So nach Zählung der bei Lisowsky-Rost, 1966, aufgeführten Belege. Auch Paschen, 1970, S. 27, zählt 30 Belege. Abweichend zählen Milgrom/Wright, 1986, Sp. 250-254, lediglich 29 Belege (252).

16 Milgrom/ Wright, 1986, Sp. 252.

117-mal im TNK belegt[17]. Auch dieses Wort begegnet uns regelmäßig im Bereich des Wortfeldes „unrein". So kommt dieses Wort allein viermal in Lev 18,24-30 vor[18]. Leitwurzel dieses Abschnittes ist טמא. Sein Thema ist die Warnung an die Israeliten vor Verunreinigung[19]. Auch das Wort זמה gehört in den semantischen Bereich der Unreinheit. Im TNK ist es an 28 Stellen belegt. Als typisch erscheint der Gebrauch von זמה in Ez 16,43bβ. Hier begegnet uns זמה in engstem Bedeutungszusammenhang mit תועבה: „Und hast du nicht Scheußlichkeit (הזמה) neben allen deinen Greueltaten (תועבתיך) verübt?"

Alle bisher besprochenen Lexeme sind untereinander partiell synonym, d. h. im Prinzip austauschbar, ohne dass eine große Sinnveränderung eintritt. Alle diese Begriffe könnten im Deutschen mit dem Oberbegriff Unreinheit wiedergegeben werden. Diesem Bedeutungsgehalt entsprechen im Hebräischen in etwa die verschiedenen Ableitungen der Wurzel טמא. Einen viel geringeren Grad der semantischen Kohärenz zu diesen Lexemen haben die Begriffe עון und חטא. Diese beiden ihrerseits partiell synonymen[20] Wörter können wir eher als Assoziationen[21] zum Begriff der Unreinheit verstehen. Ihre Verbindung zu diesem Wortfeld lehrt z. B. Lev 18,25a: „Und das Land wurde unrein. Und ich ahndete seine Schuld (עונה) an ihm." Wahrscheinlich kann Unreinheit, wird sie wissentlich begangen, als Schuld bzw. Sünde interpretiert werden.

Alle soeben erwähnten Begriffe begegnen uns im Kontext der Sequenzen. Thema der Sequenzen ist die jeweils in der Einleitung genannte Handlung. Somit lässt sich der Abschnitt 9-21, auch wenn keineswegs jede der Sequenzen einen solchen Begriff enthält, als ein Katalog von Handlungen begreifen, die Unreinheit bewirken. Eine solche Wirkung wird in Bezug auf JHWH in 3c expressis verbis ausgesprochen. In dieser Sequenz geht es um jemanden, der von seinem Samen dem מלך gibt. Dies tue er, so 3c, um das Heiligtum JHWHs zu verunreinigen und dessen heiligen Namen zu entweihen. Jedoch scheint sich uns die von den Handlungen ausgehende Verunreinigung vor allem auch auf ihren Täter und sein Tatobjekt zu beziehen. Dies wird deutlich durch das Vorkommen der Begriffe עון und חטאה, die durch enklitisches Personalpronomen immer (auch) auf den Täter selbst und fast regelmäßig auch auf sein Tatopfer

---

17 So auch Gerstenberger, 1984, 1051; Koehler-Baumgartner, 1953, S. 102, zählt hingegen nur 112 Belege.

18 18,26.27.29.30.

19 Auch Gerstenberger, 1984, Sp. 1052, nennt u. a. נדה und זמה als zum Wortfeld von תועבה gehörig.

20 Zum Begriff der partiellen Synonymität vgl. Berger, 1991, S. 144: „Wichtig ist, daß Synonymität oft nicht Identität, sondern leichte Verschiedenheit bedeutet." Auf die große Nähe beider Begriffe weist auch Koch, 1986, Sp. 1166f., vor allem in Bezug auf die Psalmen, hin. Ähnlich beobachtet Zimmerli, 1954, 1-26, S. 10, die große inhaltliche Nähe beider Begriffe.

21 Im Anschluss an Berger, 1991, S. 145, definieren wir: „Assoziationen nennen wir Wörter, die zwar mit einer gewissen Regelmäßigkeit in semantischen Feldern ... begegnen, bei denen aber kein sehr enger inhaltlicher Bezug zu bestehen scheint."

zurückverweisen. Folglich geht es in den Sequenzen um Handlungen, die Unreinheit bewirken. Damit aber ist die Struktur der Sequenzabschnitte auf der Wortebene durch das Wortfeld „unrein" gegeben.

3.2.2.2. Die semantische Tiefenstruktur des Abschnittes 7a-8c: Das Wortfeld „heilig"

In diesem Abschnitt ist die Wurzel קדש an drei Stellen belegt und erscheint als Leitwurzel. In 7b ist diese Basis als Nomen, in 8b und c als verbales Derivat im tD-Stamm bzw. D-Stamm/akt. belegt[22]. Die Grundbedeutung dieser Wurzel ist „heilig". Diesen Zustand umschreibt das Adjektiv, das Nomen bezeichnet „Heiliges", „Heiliger" u. dgl. Die verbale Bedeutung ist von der jeweiligen Stammesmodifikation abhängig. Die Doppelungsstämme, zu denen sowohl der D- wie der tD-Stamm gehören, zeichnen sich semantisch gegenüber dem G-Stamm dadurch aus, dass sie stets Handlungen im engeren Sinne, jedoch keinen Zustand oder Vorgang ausdrücken[23]. Der D-Stamm hat bei intransitiven Verben faktitive Bedeutung, bei verba stativa, wie den von der Basis קדש abgeleiteten Verbmanifestationen, kann die Stammesmodifikation darüber hinaus auch deklaratorische bzw. ästimative Bedeutung besitzen[24]. Demnach hat קדש im D-Stamm/akt. etwa die Bedeutung „jemanden bzw. etwas zu einem Heiligen machen, zu einem Heiligen erklären, jemanden bzw. etwas für einen Heiligen halten". Der tD-Stamm bezeichnet die reflexive Entsprechung zum D-Stamm und in seltenen Fällen unmittelbar zum G-Stamm[25]. Dementsprechend besagt die verbale Basis קדש im tD-Stamm in etwa soviel wie „sich selbst heiligen, sich selbst zum Heiligen machen, sich selbst zum Heiligen erklären, sich selbst für heilig erklären"[26]. In 7a dürfte die Bedeutung aufgrund des Kontextes dieses Abschnittes eingrenzbar sein. Das in 8ab verlangte Einhalten der Gebote JHWHs dürfte Inhalt der in 7ab ausgedrückten Forderungen sein. Somit kann man für den Satz 7a (והתקדשתם) eine rein ästimative bzw. deklaratorische Bedeutung ablehnen. Vielmehr heiligen sich die Angesprochenen selbst, indem sie die Gebote des Sprechers halten. Als angemessene, mögliche Übersetzung dieses Satzes ergibt sich von daher etwa: „So erweist euch selbst als heilig." Die Aussage des Satzes 7b והייתם קדשים lässt sich dann prägnant mit einem durativen Akzent wiedergeben: „Und bleibt heilig."[27] Gemeint ist damit, dass die

---

22 Darüber hinaus sind Stammesmodifikationen auch im G-Stamm, N-Stamm, D-Stamm/pass. sowie im H-Stamm akt. und pass. (vgl. dazu Kornfeld, 1989, Sp. 1185f.; sowie Kellermann, 1985, S. 697f.) belegt.

23 Bartelmus, 1994, S. 123.

24 Richter, 1978, S. 77.

25 Bartelmus, 1994, S. 128.

26 Vgl. dazu Kornfeld, 1989, Sp. 1185f.; Kellermann, 1985, S. 697f.

27 So auch Elliger, 1966, S. 263 und 274.

Angesprochenen die Gebote jetzt und künftig halten sollen. Damit gehört aber zu dem hier vorgestellten Wortfeld „heilig" auch das Halten der Gebote JHWHs. Genauer formuliert muss man sagen, dass das Halten der Gebote JHWHs partiell synonym zur verbalen Basis von קדש im tD-Stamm verwendet wird.

3.2.2.3. Die semantische Tiefenstruktur von 22a-26c und die Beziehung zwischen dem Wortfeld „unrein" und dem Wortfeld „heilig"

Wenn die Rede vom Halten der Gebote JHWHs in das weitere Umfeld der Heiligkeitsaussagen gehört, dann kann man sagen, dass das Thema der Heiligkeit von Anfang an im Abschnitt 22a-26c vertreten ist. Denn 22ab enthalten wiederum eine Aufforderung zum Halten der Gebote JHWHs. Die Basis קדש selbst begegnet uns als Adjektiv jeweils in zwei Belegen am Ende dieses Abschnittes. Von diesen Heiligkeitsaussagen wird ein Block umschlossen, in welchem gehäuft die zum semantischen Feld „Unreinheit" gehörenden Worte טמא und טהור sowie die Wurzel שפץ im Dt-Stamm auftreten. Diese Basis ist als Verb in der Hebräischen Bibel nur in diesem Stamm belegt und zwar an sechs Stellen[28]. Die Bedeutung dieser Wurzelmanifestation ist in der Regel als „kultisch, unrein, verabscheuen" anzugeben[29]. Wenn zu dieser Verbbasis das semantische Objekt נפש tritt, so an den beiden Stellen Lev 11,43; 20,25, nimmt das Verb eine faktitive und reflexive Bedeutung an, „sich selbst als kultisch verabscheuenswert machen"[30]. Daneben ist eine nominale Form belegt, die soviel wie „Abscheuliches" oder „Greuel" bedeutet[31]. Regelmäßig werden die Ableitungen dieser Wurzel im Zusammenhang mit dem Thema der unreinen Tiere verwandt[32]. Ausgehend von diesen Beobachtungen lässt sich eine Aussage zu dem Verhältnis der beiden semantischen Felder, nämlich dem Feld „Unreinheit" und dem der „Heiligkeit", formulieren. Wenn, wie in diesem Abschnitt, die Mahnung zur Heiligkeit neben der Warnung vor Verunreinigung steht, dann kann man annehmen, dass Heiligkeit und Unreinheit als semantische Opposition aufzufassen sind: Was unrein ist, kann nicht heilig sein und was heilig ist, ist nicht unrein. Diese Auffassung bestätigen auch die beiden parallelen, an Satz 3c angeschlossenen, Infinitive:

I 1 למען טמא את־מקדשי
I 2 ולחלל את־שמ קדשי

---

28 Lev 11,11.13.43; 20,25; Dt 7,26; Ps 22,25.

29 Koehler-Baumgartner, 1953, S. 1009; auch Gesenius-Buhl, 1915, S. 862, nennt eine entsprechende Bedeutung.

30 Koehler-Baumgartner, 1953, S. 1009.

31 Gesenius-Buhl, 1915, S. 862; Koehler-Baumgartner, 1953, S. 1009.

32 Ausnahme: Lev 7,21; Dtn. 7,6; Ps 22,25.

Die im zweiten Infinitiv vorkommende Wurzel חלל stellt einen Gegenbegriff zur Wurzel קדש dar. Dabei verhalten sich beide Wurzeln in etwa so wie die Wurzel טמא zur Wurzel טהר. In der ersten Infinitivkonstruktion erscheint jedoch statt חלל ein von der Wurzel טמא gebildeter Infinitiv als Gegenbegriff zu einer Bildung von der Wurzel קדש. Folglich kann also טמא als Opposition zu קדש erscheinen.

3.2.3. Ergebnis und Zusammenschau

Diese Untersuchung hat gezeigt, dass das Wortfeld „unrein" und das Wortfeld „heilig" in Lev 20 nicht unvermittelt nebeneinander auftreten. Vielmehr stehen sie sich als gegensätzliches Paar gegenüber, bilden also eine semantische Opposition. An dieser Stelle ist aber eine Präzisierung notwendig: Diese Gegensätzlichkeit ist keinesfalls so zu verstehen, als seien der direkte Gegenbegriff zu heilig, also die Wurzel חלל, und Begriffe aus dem Wortfeld „unrein" beliebig austauschbar. Zunächst ist darauf hinzuweisen, dass קדש und חלל auf der einen und טהר und טמא auf der anderen Seite jeweils einander ausschließende Begriffsinhalte haben. Dies zeigt deutlich auch Lev 10,10. Danach soll Aufgabe der Priester sein: ולהבדיל בין הקדש ובין החל ובין הטמא ובין הטהור.

An dieser Stelle können wir an die Erkenntnisse von Wenham und Jenson bezüglich dieser beiden Begriffspaare anknüpfen, die unsere Auffassung bestätigen und ergänzen. Jenson beschäftigte sich mit den Heiligkeitsvorstellungen der Priesterschrift, wobei er besonders die Differenzierung der Heiligkeit in unterschiedlichen Stufen thematisierte. In diesem Zusammenhang untersuchte er das Wortfeld „Heiligkeit", unter welches er eben diese vier Begriffe קדש, חלל, טהר, טמא erfasst. Die Beziehungen dieser Begriffe untereinander kann er mit folgendem Schema darstellen: (Schema nach Jenson)[33].

טמא	טמא	טהר	קדש	קדש קדשים
sehr unrein	unrein	rein	heilig	hochheilig

Die weit auseinanderliegenden Begriffe bilden die gegensätzlichen Pole. Zwischen beiden liegt der Begriff der Reinheit. Problematisch ist jedoch, dass der eigentliche Gegenbegriff zur Wurzel קדש, nämlich die Wurzel חלל, nicht berücksichtigt ist und so der Eindruck entsteht, als drücke die Wurzel טמא das direkte Gegenteil der Bedeutung der Wurzel קדש aus. Die Wurzel חלל bezieht aber Wenham in seine Überlegungen über das Verhältnis der beiden Begriffspaare, nämlich קדש und חלל auf der einen und טמא und טהר auf er anderen Seite, mit ein:

---

33 Jenson, 1992, S. 44.

„In Hebrew thinking everything was either clean or unclean, holy or common. ... Everything that is not holy is common. Common things divide into two groups, the clean and the unclean. Clean things became holy, when they are sanctified. But unclean objects cannot be sanctified."[34]

Etwas ist also nicht dann zwangsläufig unrein, wenn es profan, d. h. nicht heilig ist. Denn טהר und קדש auf der einen wie טמא und טהר auf der anderen Seite sind grundsätzlich nicht austauschbar. Ein einfaches Beispiel bestätigt uns die Richtigkeit dieser Hypothese: Tiere können rein oder unrein sein (Satz 25ab; vgl. auch Lev 11; Dtn 14,3-21b). Dennoch ist mit der Aussage, dass ein Tier rein ist, noch nicht gesagt, dass dieses Tier heilig ist. Richtig erscheint es vielmehr, im Anschluss an Jenson, zu formulieren, dass Reinheit notwendige, aber nicht hinreichende Voraussetzung für Heiligkeit ist[35]. Wenn also „Heilig" und „Unrein" semantische Oppositionen darstellen, so liegt eben darin auch der Zusammenhang zwischen den Sequenzabschnitten und den in der 2. pers. formulierten Abschnitten.

3.3. Am Text entlanglaufende Einzelanalysen der Abschnitte: Einzelgliederungen und literaturwissenschaftliche Deskription

Nachdem der Text Lev 20 abgegrenzt, in Einzelsätze unterteilt und in einzelne Abschnitte und kleine Einheiten untergliedert wurde, ist nun die sprachliche Gestalt des Gesamttextes zu beschreiben. Wir gehen von der bis jetzt erarbeiteten Gliederung des Textes in Einzelabschnitte aus und werden dem Text folgend dessen Struktur untersuchen und die wichtigsten sprachlichen Erscheinungen beschreiben.

3.3.1. Satz 1a.2a: Die Einleitung einer Gottesrede

Der Text Lev 20 beginnt mit den beiden eng zusammengehörenden Sätzen 1a. 2a. Bei Satz 1a handelt es sich um eine Erzählung, was daraus ersichtlich ist, dass dieser Satz als Verbalsatz mit einer Verbalform im wa-Yiqtol beginnt וידבר יהוה אל־משה לאמר. Inhalt dieser Erzählung ist, dass JHWH zu Mose gesprochen habe. Der Text wird dadurch in die Sinaierzählung eingegliedert. Das makrosyntaktische Signal לאמר und der Übergang zum Yiqtol in 2a signalisieren den Übergang zu einer wörtlichen Rede[36]. Von daher handelt es sich ab Satz 2a um das Zitat einer JHWH-Rede. Bei Satz 2a selbst handelt es sich um einen zusammengesetzten Nominalsatz mit stark verbalem Charakter: Mose wird aufge-

---

34 Wenham, 1979, S. 19.

35 So mit Recht Jenson, 1992, S. 53.

36 Vgl. Schneider, 1989, S. 195.

fordert, zu den Israeliten zu reden (תאמר [Jussiv]). Der nachfolgende Text soll als das verstanden werden, was den Israeliten auszurichten Mose aufgetragen sei. Auffällig ist, dass Satz 2a von einem ו-copulativum eingeleitet wird: „תאמר ואל־בני ישראל". Hier stellt sich nun die Frage, was dieses ו konkret bedeutet, d. h. welcher Text mit welchem Text durch diese Kopula in Verbindung gebracht werden soll. Die Satzfügung 1a.2a können wir schematisch folgendermaßen darstellen: Redeeinleitungssatz endend mit לאמר + ו-cop. + Satz. Im gesamten TNK ist diese Satzfügung an dreizehn Stellen belegt[37]. Davon finden sich neun Belege im Pentateuch, die alle zur Priesterschrift zählen[38]. Alle übrigen Belege finden sich bei Ezechiel[39]. Mit Ausnahme von Num 20,3 erscheint JHWH als eigentlicher Sprecher. Die Bedeutung dieses ו wird deutlich bei einem Vergleich mit Gen 9,1-17: Dieser Textblock besteht aus zwei JHWH-Reden. Die hier zu untersuchende ו-Einleitung findet sich in der Einleitungsphrase der zweiten Rede (Gen 9, 8-9). In beiden Reden erscheinen Noah und seine Söhne (d. h. alle Menschen) als Adressaten. Während aber Gegenstand der ersten Rede die Gesetze für die neue, nachsintflutliche Welt, also die grundlegende Verpflichtung für die gesamte Menschheit sind, so ist das Thema der zweiten Rede die Selbstverpflichtung JHWHs gegenüber seiner gesamten Schöpfung. Unsere Hypothese lautet, dass das ו die Inhalte beider Reden zueinander in Beziehung setzen soll. Dabei ist insbesondere zu beachten, dass das hebräische ו einen größeren Bedeutungsumfang als unser deutsches „und" besitzt. So kann es nicht nur Gleichgeordnetes, sondern auch Gegensätzliches miteinander verbinden[40]. Somit entspricht es nicht nur dem deutschen „und" sondern auch dem deutschen „aber". Im Falle von Gen 9,8 soll das ו die beziehungsvolle Gegensätzlichkeit der beiden Gottesreden zum Ausdruck bringen und zugleich deren Verbindung bewirken: Die Menschen sollen also die eine, der Sprecher (Gott) aber die andere Verpflichtung übernehmen. Ähnlich ist auch das ו in Lev 20,2a zu beurteilen: Die durch ו bewirkte Verbindung besteht nicht zur Redeeinleitung 1a. Vielmehr soll es als Einleiter des ersten Satzes der Gottesrede Lev 20 eine Verbindung zur vorausgegangenen Gottesrede Lev 19 und möglicherweise zu Lev 18 herstellen[41].

---

37 Zählung und nachfolgende Aufstellung nach Sun, 1989, 220 Anm. 1.

38 Gen 9,8-9; Ex 30,17-18.22-23; 31,12-13; Lev 20,1a.2a; Num 3,11-12; 9,1-2; 18,25-26;20,3. Nicht berücksichtigt ist bei dieser Aufstellung Lev 7,28-29, da das ו hier nur von Sam; LXX, nicht hingegen von M bezeugt ist.

39 Ez 21,23-24; 22,1-2; 27,1-2; 37,15-16.

40 Gesenius-Kautzsch, 1962, S. 506f., Schneider, 1989, S. 249.

41 Ähnlich Levine, 1989, 136. Jedoch will Levine das besagte ו nur als Verbinder zur Rede Lev 18 gelten lassen. Dies ist aber vom sprachlichen Befund her kaum wahrscheinlich zu machen.

3.3.2. Der erste Sequenzabschnitt 2b-6c

3.3.2.1. Die Sequenz Satz 2b-5b: Der Molechdienst

In der Analyse des Aufbaus dieser Sequenz folgen wir im Wesentlichen Cholewinski[42]. Um unsere Analyse übersichtlich zu gestalten, stellen wir zunächst den Aufbau der Sequenz in Form einer Gliederung voran:

I. Block 1: Der Fall des Molechdieners und seine Folgen 2b-3b
  [A] Menschliches Handeln 2b-2d
    a) Adressatenkreis 2b
    b) Verbrechen: Molechdienst 2bR
    c) Allgemeine Straffolge: מות יומת
    d) Spezifizierung: Steinigung durch den עם הארץ 2d
  [B] Göttliche Reaktion:
    Doppeltes Handeln JHWHs 3a-3b
Begründung 3c
II. Unterfall: Untätigkeit des עם הארץ 4a-5b
  [A´] Menschliches Nicht-Handeln: 4a-aI2
  [B´] Göttliche Reaktion:
    Doppeltes Handeln JHWHs 5a-b.

Die Sequenz besteht aus den beiden parallelen Blöcken I und II (2b-3b.4-5b) mit den beiden sich jeweils entsprechenden Gliedern [A], [A´] und [B], [B´]. Zwischen den Blöcken I und II steht Satz 3c, der um zwei Infinitivkonstruktionen (3cI1 und 3cI2) erweitert ist, und der, wie Cholewinski richtig beobachtet hat, „den Aussagekern zu bilden scheint, um den sich alles übrige dreht“[43].

Satz 2b zeigt nach der Geminatio איש איש eine Erweiterung: איש איש wird durch die Apposition מבני ישראל ומן־הגר הגר בישראל näher bestimmt. Die Ausführlichkeit der Beschreibung des Kreises der Adressaten hat die Funktion, diesen genau zu definieren. Das Folgende soll nicht für alle Menschen generell, sondern nur speziell für alle Menschen in der Kultsphäre Israels, d. h. für Israeliten und Proselyten, gelten[44]. Wenn im weiteren Verlauf des Textes Lev 20 die 2bbR analogen, sequenzeinleitenden Phrasen von איש, אשה oder נפש reden, so ist wiederum der hier definierte Adressatenkreis mitzuhören. Der 2b folgende,

---

42 Cholewinski, 1976, S. 55-56.

43 Cholewinski, 1976, S. 56.

44 Vgl. dazu Bultmann, 1992, S. 191-192. In dieser, von Bultmann als „Inklusionsformel“ bezeichneten Wendung stehe der גר dem genuinen Israeliten in kultischer Hinsicht als gleichberechtigt gegenüber. Von daher sei mit גר hier der Proselyt gemeint. Das erste Element dieser Formel, das wiederholte איש איש diene als Ausdruck der Totalität und zur Umschreibung des Begriffs jeder, alle. Das zweite und dritte Element מבני ישראל bzw. מן־הגר הגר בישראל umgrenzen diesen Geltungsbereich durch die vollständige Beschreibung der Gesamtgröße Israel.

mit אשר eingeleitete, Attributsatz 2bR charakterisiert die in 2b bezeichnete Person durch deren Handlung.

Die Konsequenz der in 2bR thematisierten Handlung wird in 2c mit מות יומת beschrieben. Der Inf. abs. in Kontaktstellung zur Verbform gleicher Basis soll der Aussage dieser Verbform besonderen Nachdruck verleihen[45]. Die finite Verbform יומת (H-Stamm/pass.) hat passivische Bedeutung. Innerhalb der Satzgrenzen ist mangels weiterer Informationen eine hinter diesem Passiv stehende, handelnde Person nicht erkennbar. Im zusammengesetzten Nominalsatz 2d taucht jedoch als handelndes Subjekt der עם הארץ auf. Dieser ist als vorangehendes *mubtada*-Subjekt stark betont. Das Prädikat dieses zusammengesetzten Nominalsatzes ist durch einen Verbalsatz realisiert und enthält die Spezifizierung der vorausgehenden, sehr allgemeinen Formel מות יומת: Das Volk des Landes ist es, das den Täter steinigen soll.

Mit Satz 3a beginnt das zweite Glied [B] des ersten Teiles dieser Sequenz. Zu diesem Glied gehört darüber hinaus noch der folgende Satz 3b. War das erste Glied durch den streng neutralen Stil der 3. pers. sowie durch die Realisierung aller Subjekte und Objekte durch menschliche Personen und Personengruppen gekennzeichnet, so ändert sich dies mit Satz 3a.: „Und ich: Ich werde wenden mein Angesicht gegen diesen Mann“. Semantisches Subjekt dieses zusammengesetzten Nominalsatzes, wie auch des folgenden Verbalsatzes, ist das göttliche Ich. Durch die Voranstellung des sPP 1. sg. als *mubtada*-Subjekt des zusammengesetzten Nominalsatzes wird die Opposition zwischen den Gliedern [A] und [B] unterstrichen. Diese Hervorhebung wird auf phonetischer Ebene noch verstärkt durch die dreifache Alliteration des Aleph: ...ואני אתן את־. Damit wird dem Volk des Landes (= Kollektiv) das Ich JHWHs (= einer) betont gegenübergestellt.

Satz 3c wird mit der Partikel כי eingeleitet und gibt dem Satz kausale Bedeutung. Begründet wird das in Satz 3ab angekündigte persönliche Einschreiten JHWHs[46]. Der hier dargestellte Grund, dass nämlich der Täter von seinen Nachkommen dem Molech gegeben habe, wird durch die Verwendung des Qatal als Faktum der Vergangenheit beschrieben. Dieses Faktum wird durch zwei Infinitivkonstruktionen adverbiell näher bestimmt. Die erste der beiden Infinitive wird mit der Konjunktion למען eingeleitet und hat von daher finalen Sinn[47]. Dementsprechend hat auch der mit ו syndetisch beigeordnete und mit ל eingeleitete folgende Infinitiv finalen Sinn. Der Betreffende habe also so gehandelt, um das Heiligtum JHWHs zu verunreinigen und den heiligen Namen JHWHs

---

45 So z. B. Irsigler, 1978, S. 80.

46 Dem entspricht im Übrigen die von W. Gross herausgearbeitete Regel, wonach der kausale כי-Satz regelmäßig Aussagen vorausgeht, die er begründen soll (Gross, 1991, S. 102f.).

47 Vgl. z. B. Gesenius-Buhl, 1915, S. 446f.; Brockelmann, 1956, §107lγ ; Richter, 1980, S. 198, Anm. 742.

zu entweihen[48]. Diese Beobachtung kann nicht anders interpretiert werden, als dass der Text davon ausgeht, der Täter habe genau gewusst, dass sein Handeln zu solcher Unreinheit führe, und habe dies gerade darum getan. Der eigentliche Grund für das persönliche Eingreifen JHWHs liegt also darin, dass der Täter mit seiner Tat JHWHs Heiligtum und seinen heiligen Namen angegriffen hat. Wer von seinen Nachkommen dem Molech gibt, hat sich also wissentlich gegen JHWH selbst vergangen. Der Satz 3c steht dabei kompositorisch im Zentrum dieser Sequenz, ohne dabei zu einem der beiden Blöcke I oder II zu gehören.

Mit Satz 4a beginnt der zweite Block dieser Sequenz (4a-5b). Dieser Satz selbst wird durch die Hilfswortfügung ואם eingeleitet. Damit wird 4a als Konditionalsatz gekennzeichnet. Somit steht dieser Satz zu den folgenden Sätzen 5ab im Verhältnis von Bedingung und Folge. Der zweite Block insgesamt hat innerhalb der Sequenz die Funktion eines Unterfalles[49]. Dieser Unterfall behandelt die Konstellation, dass das Volk des Landes seiner Pflicht zur Steinigung des Täters nicht nachkommt. Das konditionale Verhältnis zwischen 4a und den beiden nachfolgenden Sätzen ist näher wie folgt zu bestimmen: Bei 4a und 5ab handelt es sich um Verbalsätze. Somit drücken diese eine Handlung aus[50]. Satz 4a auf der einen wie 5ab auf der anderen Seite entsprechen sich dabei auf der logischen Ebene. Tritt der in 4a genannte Sachverhalt ein, dann auch das in 5ab dargestellte Ereignis[51]. 4a beschreibt die Bedingung, wonach das Volk des Landes seine Augen vor dem Täter verschließt. Diese Aussage ist durch zwei Infinitivkonstruktionen adverbiell näher bestimmt: Bei der ersten der beiden Infinitivkonstruktionen בתתו מזרעו למלך handelt es sich um eine temporale Näherbestimmung des Prädikates[52]. Zugleich soll auch eine Potentialität ausgedrückt werden. Inhaltlich wird die durch 2bR thematisierte Tathandlung wiederholt. Dem entspricht, dass, wie Cholewinski[53] richtig beobachtet hat, 4a deutliche Entsprechungen zu [A] (2b-3b) aufweist. Wir bezeichneten deshalb Satz 4a auch als [A']. So ist zunächst hier wie dort der Stil neutral. Darüber hinaus entsprechen sich jeweils vier Ausdrücke gegenseitig:

---

48 Aufgrund der Partikel למען scheidet ein konzessiver Sinn der Infinitivkonstruktionen aus (So aber B. Levine, 1989, S. 136: „ ... and so defiled My sanctuary and profaned My holy name").

49 Dem entspricht im Übrigen die formgeschichtliche Einsicht, dass in kasuistischen Rechtssätzen der Hauptfall in der Regel mit כי, jeder Unterfall mit אם eingeleitet wird (so auch Rendtorff, 1983, S. 96, vgl. z. B. Ex 21,18f.; 22,6f.).

50 Vgl. Michel, 1960, S. 178.

51 Dem entspricht die Beobachtung in Bezug auf die Konditionalsätze von Michel, 1960, S. 188, wonach zwei Yiqtol nebeneinander in der Regel ein „korrespondierendes Eintreten" bezeichnen: „wenn die eine Handlung eintritt, tritt auch die andere ein." Aufgrund der von uns unterstellten Nähe von Yiqtol und w-Qatal sind wir der Ansicht, dass sich diese Beobachtung Michels auch auf den vorliegenden Sachverhalt übertragen lässt.

52 So mit Recht Jenni, 1992, Nr. 3668, S. 326. Er übersieht jedoch das hier mitschwingende Moment der Potentialität.

53 Cholewinski, 1976, S. 56.

2bR אשר יתן מזרעו למלך	4aI1 בתתו מזרעו למלך
2c מות יומת	4aI2 לבלתי המית אתו
2d עם הארץ	4a עם הארץ

Die durch 2bR thematisierte Tathandlung, nämlich das Geben von Nachkommen an den Molech, hat jedoch durch 3c eine Tiefendimension erfahren. Die Tat soll demnach geschehen sein, um die Heiligkeit JHWHs zu entweihen. Trotz dieser Tiefendimension hat das Volk des Landes gerade das nicht getan, was es hätte tun müssen, nämlich den Täter zu töten. Stattdessen haben die Leute des Landes ihre Augen beharrlich verschlossen. Das Prädikat dieses Verbalsatzes ist durch den Inf. abs. derselben Verbbasis in Kontaktstellung zur finiten Verbalform verstärkt, um der Schwere des Versäumnisses der Leute des Landes Ausdruck zu verleihen.

Das zweite Glied dieses Blockes [B´] (5ab) beschreibt die Reaktion JHWHs auf diesen Unterfall. Auch in diesem Falle wird JHWH eingreifen (w-Qatal). Ebenso entspricht dieses Glied stilistisch dem entsprechenden Glied des ersten Blockes [B] (3a-b). Auch hier tritt das göttliche Ich hervor, wodurch sich dieses Glied vom vorhergehenden, in neutralem Stil verfassten Glied deutlich unterscheidet. Darüber hinaus entsprechen sich beide Blöcke in ihren Redewendungen:

3a ואני אתן את־פני באיש ההוא	5a ושמתי אני את־פני באיש ההוא
3b והכרתי אתו מקרב עמו	5b והכרתי אתו ...מקרב עמו

JHWH wird also sein Angesicht gegen diesen Mann wenden (5a) und ihn aus der Mitte seines Volkes ausmerzen (5b). Dabei wird aber JHWHs Strafhandeln gegenüber Satz 3a-3b auf die Verwandtschaft des Täters (5a) und auf alle die ihm folgten, um ebenfalls dem Molech zu dienen, ausgeweitet, so dass hier die soziale Dimension des Sachverhaltes zum Tragen kommt. Darüber hinaus besteht diese Dimension auch insofern, als der Täter aus der Mitte seines Volkes ausgemerzt werden soll. Dem entspricht die Definition des möglichen Adressatenkreises dieser Sequenz (2bR), wonach nur derjenige Täter sein kann, der zur Gemeinde Israels gehört, sei es als גר oder als Israelit. Denn inmitten des heiligen Volkes soll es niemanden geben, der durch vorsätzliches Handeln unrein geworden ist und der das Heiligtum JHWHs und seinen heiligen Namen entweiht hat.

3.3.2.2. Die Sequenz Satz 6a-c: Befragung von Toten- und Wahrsagegeistern

Durch 6ab wird eine neue Sequenz eingeleitet. Als Variation wird der einpolige Nominalsatz 6a durch das Nomen נפש verwirklicht. Der Grund hierfür liegt auf der Hand: Der Text stellt sich vor, dass die in 6aR beschriebene Handlung, das Befragen von Toten- und Wahrsagegeistern, von Frauen und Männern verwirklicht werden könne[54]. In der Fortführung dieser Sequenz wird nur von der Reaktion JHWHs gesprochen: Diese Reaktion JHWHs entspricht der in der vorhergehenden Sequenz: Richten des Gesichtes gegen den/die TäterIn und Ausmerzung aus der Mitte ihres/seines Volkes. Von daher erscheint diese Sequenz mit der vorhergehenden als eng zusammengehörig. Darüber hinaus spricht auch die Rede vom „Hinterdreinhuren" (vgl. 5b) für eine enge Kohärenz. Bemerkenswert erscheint, dass hier nur von der Reaktion JHWHs die Rede ist, nicht mehr aber vom geforderten Tun der Menschen. Vermutlich handelt es sich hier um eine rhetorisch-stilistisch begründete Kürzung[55]. Der Text will die Quantität der Anführung der vorausgegangenen Sequenz meiden.

3.3.3. Der erste paränetische Rahmenabschnitt: Die geforderte Heiligung der Gemeinde (Satz 7a-8c)

Dieser Abschnitt hebt sich aufgrund einer anderen syntaktischen Struktur vom Kontext ab. Durch die Modifikationen des Nominalsatzkerns אני יהוה (7c.8c) kann dieser Abschnitt in zwei Strophen gegliedert werden[56].

והתקדשתם
והייתם קדשים
כי אני יהוה אלהיכם

ושמרתם את־חקתי
ועשיתם אתם
אני יהוה מקדשכם

So entspricht die erste Strophe Satz 7a-c, die zweite den Sätzen 8a-c. Jeweils zwei Verbalsätze, deren Prädikate in der 2. m. pl. w-Qatal stehen und Aufforderungen an die Adressaten enthalten, gehen dem jeweiligen אני יהוה-Satz voraus. Dieser hat die Funktion, die Aufforderungen zu begründen. Bei den Prädikaten von 7ab handelt es sich um Zustandsverben, bei denen von 8ab um

[54] Dem entspricht, dass in 27ab, wo es um den komplementären Sachverhalt geht, ausdrücklich in Satz a von Frauen und Männern die Rede ist.

[55] Ähnlich B. Levine, 1989, S. 137: "Furthermore, verses 2-4, which deal with similar offenses, also stipulate the death penalty. It is likely, therefore, that verse 6 is abbreviated."

[56] Auch Ruwe, 1999, S. 71-74, hält die Formel אני יהוה für ein wichtiges Gliederungsmerkmal.

Handlungsverben. Beide Strophen stellen einen zusammenhängenden Gedanken dar: Durch die Ableitung von der Wurzel קדש entsteht eine zyklische Komposition (Kernbegriff: Heilig). In der ersten Strophe geht es um die Heiligkeitsforderungen JHWHs an die Israeliten. JHWH ist der Gott Israels. Die zweite Strophe interpretiert Heiligkeit als Handlung, nämlich als Halten der Gebote JHWHs. JHWH seinerseits heiligt die Israeliten.

3.3.4. Der zweite Sequenzabschnitt (Satz 9a-21d)

3.3.4.1. Struktur und literaturwissenschaftliche Deskription

Dieser Abschnitt besteht aus dreizehn, von uns Sequenzen genannten, kleinen Einheiten. Diese haben zwei konstitutive Elemente: Es handelt sich dabei um einen einpoligen, mit איש etc. gebildeten Nominalsatzkern, der jeweils durch einen mit אשר eingeleiteten Attributsatz erweitert und spezifiziert ist. Dieser Satzfügung korrespondiert stets eine mit Yiqtol oder w-Qatal verbal ausgedrückten Straffolgebestimmung. Außer diesen, die Sequenzen konstituierenden Elemente, taucht in den kleinen Einheiten noch eine Reihe weiterer, teils nominal, teils verbal formulierter, Sätze auf. Zumeist handelt es sich dabei um stereotype, formelhafte Wendungen, die fast ausschließlich im neutralen Stil der dritten Person abgefasst sind. An einigen Stellen wird diese Form durch direkte Anrede in der zweiten Person durchbrochen[57]. Der Wechsel der Personenmorpheme von der dritten (besprochenen) zur zweiten (angesprochenen) Person hat erhöhte Aufmerksamkeit des Rezipienten zur Folge. Er fühlt sich direkt betroffen. Gleichzeitig wird der Katalog auch formal stärker in den Gesamtduktus von Lev 20, nämlich in die direkte Anrede an die Israeliten, einbezogen. Zudem binden einzelne, kurze, konstatierende Sätze den Katalog auch auf der Wortebene stärker in den Gesamtzusammenhang von Lev 20 ein. Es sind dies die Verbalsätze תבל עשו (12c) und תועבה עשו שניהם (13b) sowie die drei Nominalsätze זמה הוא (14b); חסד הוא (17d) und נדה הוא (21b).

Der Satz 9a wird mit der Partikel כי eingeleitet. Diese zeigt hier den konditional-temporalen Sinn des nachfolgenden, erweiterten einpoligen Nominalsatzes an[58]. Der Satz selbst ist mit der Wortfügung איש איש realisiert. Die Geminatio hat die makrosyntaktische Funktion eines Eröffnungssignals für den folgenden Abschnitt. Die Eröffnung wird auch auf phonetischer Ebene durch die dreifache Alliteration von Aleph und Schin zum Ausdruck gebracht (איש איש אשר).

---

57 Satz 14d.15c.16b.19a.

58 Ein kausaler Sinn, wie ihn Noth, 1962, S. 129, vermutet, scheidet aus. Auch kann כי hier nicht die Funktion eines Verbinders zu 8c haben, wie es Heinisch, 1935, S. 93, annimmt, da, wie Gross gezeigt hat, temporale und konditionale כי-Sätze nicht den Folgesätzen folgen, sondern ihnen vorangehen (vgl. Gross, 1991, S. 113).

Jede neue Sequenz schließt sich an die vorangehende mit einem ו-copulativum an. So entsteht eine Kette von Sequenzen. Die Sequenzkette kann weiter strukturiert werden. Dies ermöglichen vor allem die unterschiedlichen Straffolgeformulierungen. So umfasst ein erster Block die Sequenzen 9-16. Ihnen gemeinsam ist die Sanktion מות יומת. Eine Ausnahme innerhalb dieses Blockes bildet die Sequenz V.14. Sie hat anstelle des allgemeinen מות יומת eine Spezifizierung dieser Straffolgebestimmung. Ähnlich spezifiziert Satz 2d מות יומת als Steinigung. Eine erste Zäsur entsteht in der Sequenz V.17. Hier ist anstelle von מות יומת eine andere Straffolgebestimmung belegt. Für diese ist charakteristisch, dass es sich bei ihr um einen Verbalsatz handelt, dessen Prädikat durch die Basis כרת im w-Qatal des N-Stammes realisiert ist (17e). Die Sequenz V.18 hat dieselbe Straffolgebestimmung (18e). Beide Sequenzen bilden von daher einen eigenen Abschnitt innerhalb der gesamten Sequenzkette.

Auch die beiden letzten Sequenzen V.20 und V.21 bilden mit der Straffolgebestimmung, die von Kinderlosigkeit spricht, einen eigenen kleinen Paragraphen. Die mit einem Prohibitiv gebildete Sequenz V.19 stellt die stärkste Zäsur innerhalb dieser Sequenzkette dar. Dabei ist zu beachten, dass auch dieser Prohibitiv mittels ו-copulativum in den Sequenzabschnitt integriert ist und also von der Kohärenz dieses Abschnittes mit umfasst wird. Anstelle der bisherigen Einleitung der Sequenzen mittels der איש אשר-Satzfügung begegnet uns hier also ein Prohibitiv. Der Wechsel vom neutralen Stil der dritten Person zur direkten Anrede bedeutet für den Rezipienten ein starkes Aufmerksamkeitssignal, da er nun plötzlich persönlich angesprochen wird. Bisher konnte er in Zuhörerhaltung die Darstellung des Falles und die jeweilige Straffolgebestimmung in jeder einzelnen Sequenz verfolgen. Nun wird er direkt angesprochen, wodurch sich ein persönlicher Bezug zu seiner eigenen Existenz ergibt. Er ist es, an den sich jede einzelne Sequenz – und eben nicht nur die Sequenz 19 – warnend wendet. Dabei legen sich die beiden נכרת-Sequenzen V.17 und V.18 zusammen mit den beiden ערירים-Sequenzen 20-21 wie ein Ring um den Prohibitiv V.19, so dass diese fünf Sequenzen zusammen einen eigenen Abschnitt ergeben[59]. Dem entspricht im Übrigen auch die Beobachtung, dass uns nur in diesen letzten fünf Sequenzen die drei mit ישא gebildeten Wendungen begegnen[60].

---

59 Auch Elliger, 1966, S. 266 f., teilt den Abschnitt 9-21 in die beiden Teile 9-16 und 17-21 auf.

60 17g (sg.); 19c.20c (pl.).

3.3.4.2. Gliederung

Ausgehend von dieser Analyse lässt sich folgende Gliederung dieser Sequenzkette wagen:

1. Acht מות יומת-Sequenzen 9a-16d
    1.1. Elternfluch 9
    1. 2. Ehebruch 10
    1.3. Sexueller Verkehr mit der Frau des Vaters 11
    1.4. Sexueller Verkehr mit der Schwiegertochter 12
    1.5. Männliche Homosexualität 13
    1.6. Heirat von Frau und deren Mutter 14
    1.7. Sodomie (m) 15
    1.8. Sodomie (w) 16

2. Weitere Sequenzen
    2.1. Zwei נכרת-Sequenzen
        2.1.1. Heirat der Stiefschwester 17
        2.2.2. Sexueller Verkehr mit Menstruierender 18
    2.2. Prohibitiv: Kein Verkehr mit blutsverwandter Tante 19
    2.3. . Zwei ערירים-Sequenzen 20-21
        2.3.1. Sexueller Verkehr mit der Tante 20
        2.3.2. Heirat der Frau des Bruders 21

3.3.5. Der zweite paränetische Abschnitt 22a-26c: Israel als heiliges Volk

3.3.5.1. Gliederung

Auch hier empfiehlt es die Übersichtlichkeit, zunächst unsere Gliederung des Abschnittes voranzustellen.

1. Aufforderung zum Halten der Gebote 22a-23aR
    1. 1. Aufforderung zum Halten der Gebote JHWHs 22a-cRI
    1. 2. Warnung vor dem Befolgen der Gesetze eines anderen Volkes 23a-aR

2. Rückschauende Begründung 23b-26cI
    2. 1. Ausgangsthese: Die Völker taten solche Dinge 23b
    2. 2. JHWHs Antwort darauf 23c-26cI
        2. 2. 1. JHWHs Antwort an die Völker: Abwendung 23c
        2. 2. 2. JHWHs Antwort an Israel: Zuwendung 24a-26cI
            2. 2. 2. 1. Landverheißung 24a-dR
            2. 2. 2. 1. Erinnerung an gegebene Landverheißung 24a-c

2. 2. 2. 2. Begründung für anderes Verhalten JHWHs gegen die Völker 24d-dR

2. 2. 3. Konsequenz für Israel aus der Zuwendung JHWHs 25a-26c: Bewahrung der Heiligkeit

2. 2. 3. 1. Bewahrung der Reinheit 25a-25bR2I

2. 2. 3. 2. Heiligung 26a-cI

2. 2. 3. 1. Heiligkeitsforderung an Israel 26a

2. 2. 3. 2. Begründung 26b-cI

3.3.5.2. Struktur und literaturwissenschaftliche Deskription

Der gesamte paränetische Abschnitt ist zweiteilig: Im ersten Teil wird das geforderte Verhalten der Israeliten dem Verhalten eines anderen Volkes gegenübergestellt. Im zweiten Teil wird das Schicksal dieses Volkes mit dem Israels kontrastiert, und es werden die sich von daher für Israel ergebenden Konsequenzen dargestellt. Der erste Teil besteht aus zwei sich entsprechenden Gliedern, nämlich der Aufforderung, den Geboten JHWHs zu folgen (22a-cRI), und der Warnung vor anderen Geboten (23a-aR). Dabei beachte man die Entsprechungen:

22a So beachtet alle meine Gebote. 22b Und befolgt sie. 22c So wird euch nicht ausspeien das Land, 22cR in das ich euch führen werde, 22cRI damit ihr dort wohnt.	23a Und wandelt nicht in den Gesetzen des Volkes, 23aR das ich vor euch vertreiben werde.

Die Sätze 22ab fordern dazu auf, den Geboten JHWHs zu folgen. Beide Sätze entsprechen dem Satz 23a, welcher dazu auffordert, nicht den Bräuchen eines anderen Volkes zu folgen. So stehen sich jeweils als Einleitungen der beiden Glieder die Gebote JHWHs und die Gebote eines fremden Volkes gegenüber. Ebenfalls parallel angelegt sind die beiden partizipialen, mit אשר eingeleiteten, Attributsätze 22cR und 23aR. Die Partizipien sind jeweils mit dem vorangestellten, selbstständigen Personalpronomen der ersten Person JHWHs verbunden und ersetzen so eine finite Verbform. Dies bewirkt, dass JHWH, gerade auch in der jeweils gegensätzlichen Handlung, sowohl gegenüber Israel wie auch gegenüber dem anderen Volk, als der *eine* Handelnde betont wird: Sowohl das Hineinführen Israels in das Land wie die Vertreibung des anderen Volkes aus diesem Land ist allein auf die Wirksamkeit JHWHs zurückzuführen. Mit Satz 23b beginnt ein neuer Unterabschnitt. War 22a-23bR durch Nachzeitigkeit charakterisiert, d. h. war die Perspektive des Sprechers auf die Zukunft ausgerichtet („Ihr sollt..."), so ergibt sich aus dem Tempusübergang von w-Qatal/Yiqtol zu Qatal/wa-Yiqtol ein Wechsel von der vorschauenden zur rückschauenden Perspektive. Derartige Tempusübergänge bedeuten in der Regel einen hohen Aufmerksamkeitseffekt für den Rezipienten, so dass es berechtigt erscheint, hier eine Zäsur anzunehmen. Satz 23b wird durch die Partikel כי eingeleitet. Dadurch sollen die gerade vorausgegangenen Forderungen begründet werden. Deshalb und wegen der rückschauenden Perspektive bezeichnen wir folglich den hier beginnenden Teil als rückschauende Begründung[61]. Begründet wird die angekündigte Vertreibung des anderen Volkes: „Denn alles dies: Sie haben es getan." Dabei ist את־כל־אלה auf die in Lev 20 bereits besprochenen Handlungen zu beziehen, die die Unreinheit ihres Täters (und z. T. ihres Opfers) verursachen (2-6.9-21). Damit sind aber gerade diese Handlungen mit den חקת הגוי (23a) gleichzusetzen. Bei den beiden anschließenden Sätzen 23c und 24a handelt es sich um Verbalsätze, deren Prädikat jeweils im wa-Yiqtol verwirklicht ist. Beide Sätze haben auf Satzfügungsebene gleiche Funktion: Sie drücken die logische Folge der in 23c konstatierten Handlungen aus. Beide Sätze beschreiben die Antwort JHWHs (=1. sg.) auf diese Handlungen. In 23c geht es um die Antwort JHWHs an das andere Volk, dessen Handlungen in 23b konstatiert wurden: „Und ich habe mich vor ihnen geekelt." In 24a ist die Rede von der Antwort JHWHs an Israel: „Aber zu euch habe ich gesagt." Damit wird das Folgende als Zitat einer in der Vergangenheit bereits gehaltenen JHWH-Rede gekennzeichnet. Ein sicheres Signal, an welchem Punkt dieses Zitat endet, ist nicht ersichtlich. Am wahrscheinlichsten ist es, dass das Zitat mit dem erweiterten אני יהוה endet. Dabei wird auf bereits ergangene, als dem Rezipienten bekannt vorausgesetzte Verheißungen angespielt. Dadurch erscheint der Hörer quasi in der Rolle eines Zeugen, wodurch das Gesagte bekräftigt und seine Evidenz erhöht wird[62]. Satz 24b verspricht zunächst, dass Israel ihren Boden (אדמתם), d. h. den des anderen Volkes, in Besitz nehmen wird. Bei Satz 24c handelt es sich hingegen um einen zusammengesetzten Nominalsatz, dessen vorangestelltes Subjekt ואני wiederum JHWH als Handelnden hervorhebt: „Und ich: Ich werde ihn (d. h. den Boden 24b) euch geben ..." Die Infinitivkonstruktion 24cI hat dabei finalen Charakter: JHWH gibt Israel das Land, *damit* Israel dieses in Besitz nimmt. Das Handeln JHWHs zielt also auf ein Handeln Israels.

Der nun folgende Nominalsatz 24d ist asyndetisch an den vorausgehenden Satz 24c angefügt. Wir sind der Ansicht, dass dieser Satz mit den beiden mit im w-Qatal realisierten Verbalsätzen Satz 23c und 24a korrespondiert. Diese hatten die Funktion, jeweils die sich aus den in 23b konstatierten Handlungen folgenden Konsequenzen zu beschreiben. So stellten sie die Antwort JHWHs an die

---

61 Sun, 1989, S. 243, überschreibt allerdings nur den Abschnitt 23b-24dR (nach unserer Satzbezeichnung) ähnlich, nämlich als: „Historical Justification".

62 Vgl. Plett, 1975, S. 27: Auch wenn Plett sich auf die in aristotelischer Tradition stehende, abendländische Textanalyse bezieht, so dürfte unser Text an dieser Stelle ein analoges rhetorisches Mittel einsetzen.

Völker auf der einen und an Israel auf der anderen Seite dar: Der Ablehnung des anderen Volkes entsprach die Zuwendung JHWHs zu Israel.

Wir nehmen an, dass die Sätze 24d-dR in Bezug auf die doppelte Antwort JHWHs begründende Funktion haben: „Nur ich bin JHWH, euer Gott, der ich euch unterschieden habe von den Völkern." Israel hat also von JHWH eine Sonderstellung zugewiesen bekommen. Die nachfolgenden Sätze 25a-26b handeln nun von den Konsequenzen dieser Aussonderung für Israel. Leitwurzel dieses Abschnittes ist בדל im H-Stamm/akt. Dabei handelt 25ab von der geforderten Reinheit Israels im Hinblick auf den Umgang mit reinen und unreinen Tieren.

Zwischen 24dR und 25a besteht eine Stichwortverbindung durch den Gebrauch der Verbbasis בדל im H-Stamm/akt: JHWH hat Israel von den Völkern unterschieden (הבדיל מן), darum soll Israel zwischen reinen und unreinen Tieren unterscheiden (הבדיל בין). Fordert Satz 25a die Israeliten zur Unterscheidung zwischen reinen und unreinen Tieren auf, so warnt der darauf folgende Satz 25b vor der selbstverschuldeten Verunreinigung durch die unreinen Tiere. Wichtig ist dabei der mit אשר eingeleitete Attributsatz 25bR2. Hierbei handelt es sich um einen Verbalsatz, dessen Prädikat im Qatal verwirklicht wurde. Der Satz wendet folglich die Blickrichtung des Rezipienten wiederum in die Vergangenheit. JHWH hat die reinen von den unreinen Tieren bereits in der Vergangenheit *für Israel* unterschieden. Für Israel liegt die Unterscheidung zwischen reinen und unreinen Tieren fest. So ist für Israel die Möglichkeit eröffnet, Unreinheit zu vermeiden.

Schließlich fordert 26a die Israeliten auf, für JHWH heilig zu sein. Wie alle positiven Forderungen, welche in diesem Abschnitt an die Israeliten gerichtet werden, ist auch diese in Form eines Verbalsatzes ausgedrückt, dessen Prädikat in 2. pl. m. w-Qatal formuliert ist. Diese Heiligkeitsforderung wird nun zweifach begründet: Die erste Begründung verweist auf die Heiligkeit JHWHs (26b). Der Nominalsatz findet in dem Verbalsatz 26c seine gedankliche Fortsetzung. Das hier verwendete wa-Yiqtol bezeichnet einen abgeschlossenen Vorgang in der Vergangenheit. Der Satz begründet die Forderung nach Heiligkeit Israels also mit dem, was JHWH für Israel in der Vergangenheit bereits getan *hat*: Er hat Israel von den Völkern ausgesondert.

Auffallend an dem gesamten Abschnitt 22a-26c ist, dass hier in einer sehr differenzierten Weise mit den verschiedenen Tempora und den dadurch ausgedrückten Zeitstufen umgegangen wird. Deutlich wird dies daran, dass in diesem Abschnitt an drei Stellen als Tempus wa-Yiqtol steht, stets in Verbindung mit der ersten Person JHWHs. Die Sätze beinhalten also ausschließlich ein Handeln JHWHs. Sie beschreiben das grundsätzliche Handeln JHWHs gegenüber Israel und den anderen Völkern als Konsequenz aus dem in Satz 23b beschriebenen Faktum der Vergangenheit, dass nämlich die Völker ihren Bräuchen folgten.

Von daher lesen wir den Satz 26c als Parallele zu 24a und als Opposition zu 23c. Ging es in 23c um das Verhältnis zum fremden Volk, so geht es hier, wie in 24a, um das Verhältnis mit Israel. Allein Israel ist das Land verheißen und allein Israel ist JHWHs Eigentum. Abwendung JHWHs von den anderen Völkern (23c) und Annahme Israels als Eigentum sind bereits geschehen. Die Abwendung von den anderen Völkern liegt allein in deren Handeln begründet. Warum JHWH sich aber gerade Israel zuwendet, bleibt offen. Was es jedoch für Israel bedeutet, Eigentumsvolk zu sein, wird in dem von 24a und 26c gerahmten Textbereich ausgesagt: Inbesitznahme des Landes (24ab-dR) als Gabe JHWHs auf der einen Seite, aber auf der anderen Seite auch die Verpflichtung zu einem dementsprechenden Verhalten, nämlich Unterscheidung von Rein und Unrein (25a) zur Vermeidung von Unreinheit (25b) als Vorbedingung für die geforderte Heiligung der Israeliten (26a-c).

3.3.6. Der dritte Sequenzabschnitt: Medien von Toten- und Wahrsagegeistern (Satz 27a-e)

Bei dieser Sequenz handelt es sich um einen eigenen kleinen Abschnitt, der wie die anderen beiden uns in Lev 20 begegnenden Sequenzabschnitte auf der Lautebene mit einer dreifachen Alliteration des Aleph und der zweifachen des Schin (איש או אשה) eröffnet wird. Auffallend ist, dass die Sequenz im Vergleich zu den übrigen mit איש etc. eingeleiteten Sequenzen da, wo die übrigen Sequenzen אשר haben, stattdessen ein כי bietet. Bei dem so eingeleiteten Satz 27b handelt es sich um einen Konditionalsatz. Sein zugehöriger Aussagesatz ist in 27c zu suchen. Thematisch korrespondiert diese Sequenz mit der Sequenz 6a-c. Ging es dort um das Befragen eines אוב oder ידעני, so geht es hier nun um die Tätigkeit als Medium[63] eines solchen Geistes.

3.4. Abschließende Betrachtung zum Gesamtaufbau von Lev 20

Satz 1a.2a. stellen die Einleitung dieses Textes dar. Bei Satz 1a handelt es sich um die erzählende Einleitung einer Gottesrede. Mit 2a beginnt ihr Wortlaut. Mose wird zur Weitergabe des Folgenden an die Israeliten beauftragt. Der Text ist somit als Zitat gekennzeichnet.

Über das Gesagte hinaus sind für das Verständnis der Komposition Lev 20 noch folgende Beobachtungen wichtig: Satz 2b-8c und 22a-27e rahmen den Mittelabschnitt 9a-21d, einen Katalog von Unreinheit bewirkenden Handlungen.

---

63 Vgl. Elliger, 1966, 277.

Diese Rahmenabschnitte sind zueinander symmetrisch: 8a-c korrespondiert, was das Halten der Gebote anbelangt, mit 22a-24dR.

Schließlich entsprechen sich auch die Warnungen vor JHWH-fremden Kulten 2b-6c und 27a-e. Hier bestehen deutliche Bezüge: Zunächst wird nur in diesen beiden Sequenzen die Straffolgebestimmung מות יומת als Steinigung näher bestimmt (2d.27d). Nur in diesen beiden Rahmenabschnitten tauchen die Stichworte אוב und ידעני auf (6aR.27b). Von daher besteht noch einmal eine besonders enge Beziehung zwischen den Sequenzen 6a-d und 27a-e. Thematisch verhalten sich beide zueinander komplementär. Geht es in 6a-c um das Befragen solcher Geister, so thematisiert 27a-e die Tätigkeit als Medium solcher. Handelt also 6a-d vom Einholen solcher Auskünfte von Toten- und Wahrsagegeistern, so geht es in 27a-e um das Geben entsprechender Auskünfte. Somit legen sich ihrerseits diese Sequenzen, die vor JHWH-fremden Kulten warnen, zusammen mit den beiden paränetischen Abschnitten 7a-8c.22a-26c wie ein doppelter Ring um den Mittelabschnitt 9a-21d. Auch dieser Ring ist noch einmal in Bezug auf diesen Mittelabschnitt in sich symmetrisch gestaltet: So entsprechen sich 8a-c und 22a-24dR mit ihrer Aufforderung zum Halten der Gebote JHWHs sowie 7a-c und 25a-26cI mit ihrer Heiligkeitsforderung. Durch die Wendung דמיהם בם (27e) besteht wiederum eine Beziehung der Schlusssequenz 27a-e zu den entsprechenden Sequenzen des ersten Teiles des Mittelabschnittes, bei denen dieselbe Formel belegt ist[64]. Somit erscheint der Text Lev 20 in seiner vorliegenden Gestalt als kunstvolle Komposition.

---

[64] 9a-d.11a-d.12a-d.13a-d.16a-d.

3.5. Zusammenfassung: Versuch einer graphischen Darstellung der Komposition Lev 20 in ihrer synchronen Gestalt

Erzählung: Einleitung einer Gottesrede 1a(2a)

Gottesrede 2(a)b-27e

1. Sequenzabschnitt

Molechdienst 2b-5b
Befragen von Toten- und Wahrsagegeistern 6a-c

1. Paränese

a. Heiligkeitsforderung 7a-c

b. Aufforderung zum Halten der Gebote JHWH 8a-c

2. Sequenzabschnitt

1. Acht מות יומת-Sequenzen 9a-16d

1.1. Elternfluch 9
1.2. Ehebruch 10
1.3. Sexueller Verkehr mit der Frau des Vaters 11
1.4. Sexueller Verkehr mit der Schwiegertochter 12
1.5. Männliche Homosexualität 13
1.6. Heirat von Frau samt deren Mutter 14
1.7. Sodomie (m) 15
1.8. Sodomie (w) 16

2. Weitere Sequenzen

2. 1. Zwei נכרת-Sequenzen

2.1.1. Heirat der Stiefschwester 17
2.1.2. Sexueller Verkehr mit Menstruierender 18

2.2. Prohibitiv.

Kein Verkehr mit blutsverwandter Tante 19

2.3. Zwei ערירים-Sequenzen 20-21

2.3.1. Sexueller Verkehr mit der Tante 20
2.3.2. Heirat der Frau des Bruders 21

2. Paränese

a. Aufforderung zum Halten der Gebote JHWHs 22a-24dR

b. Heiligkeitsforderung 25a-26c

3. Sequenzabschnitt

Antwortgeben von Toten- oder Wahrsagegeistern 27a-e

4. Die diachrone Textwahrnehmung: Redaktionskritik von Lev 20

4.1. Rekonstruktion der ältesten Bestandteile des Textes Lev 20

4.1.1. Der Mittelabschnitt 9a-21d als Ausgangspunkt

Manche Autoren rechnen damit, dass der Kern von Lev 20 aus einem Dekalog[1] oder zumindest aus einer größeren Reihe[2] bestanden habe. Ihren forschungsgeschichtlichen Hintergrund hat diese Auffassung in der Arbeit Albrecht Alts „Die Ursprünge des israelitischen Rechts" (1934). Alt hatte darin u. a. die Satzfügungen mit מות יומת einem von ihm so bezeichneten „apodiktischen Recht" zugeordnet. Diese Art von Rechtssätzen sei in Reihen überliefert worden[3]. Darüber hinaus glaubte Alt sogar eine מות יומת-Reihe rekonstruieren zu können, von der sich Teile in verschiedenen Textbereichen des Pentateuchs wiederfänden. Es habe also eine ursprünglich selbstständige מורת יומת-Reihe existiert, von der einzelne Teile an verschiedenen Stellen des Pentateuchs erhalten geblieben seien. Zusätzlich zu Ex 21,12.15-17; 22,18f. (Alts Studie ging vom Bundesbuch aus); 31,11-15; Lev 24,16; 27,29 habe auch hinter Lev 20,9-13.15f. 27 diese Reihe gestanden[4]. Die formalen Unterschiede zwischen den Belegen erklärten sich nach Alt „... ungezwungen aus dem Auflösungsprozeß, dem diese wie jede Gattung unterworfen war"[5]. Insgesamt rechnete Alt damit, dass ungefähr ein Dutzend solcher Sätze zum Grundbestand dieser Reihe gehört hätte[6]. Schließlich, so sei bereits Ex 21,12.15-17 zu entnehmen, seien in dieser Reihe thematisch sehr unterschiedliche Rechtsmaterien zur Sprache gekommen[7].

Die Forschung hat sich in der Folgezeit mit Alts Thesen auseinander gesetzt. So bemühte sich Wagner[8], die von Alt behauptete מות יומת-Reihe genau zu rekonstruieren und kam dabei auf eine Reihe von zehn „Paragraphen"[9]. Jedoch wirkt diese Hypothese, demzufolge Splitter einer ursprünglichen Reihe in verschiedenen Teilen des Pentateuchs eingebaut wurden, nicht sehr überzeugend,

---

1 So Feucht, 1964 S. 37; Elliger, 1966, S. 268.

2 Kilian, 1963, S. 83; Reventlow, 1961, S. 79.

3 Alt, 1934, S. 311.

4 Alt, 1934, S. 311. 312, Anm. 1-5; vgl. dazu auch Wagner, 1968, S. 325-328.

5 Alt, 1934, S. 312.

6 Alt, 1934, S. 312.

7 Alt, 1934, S. 312-313.

8 Wagner, 1968, Sp. 225-328.

9 Wagner, 1968, Sp. 327.

zumal da, wie Alt und Wagner ja selbst zuzugeben genötigt waren, die angeblich ursprünglich zu einer einzigen Reihe gehörigen Sätze je nach dem Kontext, in dem sie schließlich erhalten geblieben seien, z. T. erhebliche Divergenzen von ihrer postulierten, ursprünglichen Form aufwiesen[10]. Um diese Beobachtung zu erklären, beriefen sich beide Autoren auf Entwicklungen innerhalb der israelitischen Literaturgeschichte[11].

Mit weniger Hypothesen belastet, und deshalb wahrscheinlicher, ist hingegen eine andere Annahme: So vermutet Liedke, dass der apodiktische Rechtssatz[12] ursprünglich als Einzelsatz entstanden sei[13]. Demgegenüber sei die Bildung von Satzreihen sekundär: Träten Satzreihenbildungen auf, dann am häufigsten 2-er, 3-er und 4er-Reihen[14]. Dagegen kann Liedke nur ein Beispiel für eine 5er-Reihe[15] und zwei Belege für noch größere Reihen aufzeigen[16]. Dies bedeutet für unsere Untersuchung, dass es methodisch fragwürdig wäre, eine größere Reihe als Grundbestand sehen zu wollen, bei dem es sich vielleicht um das Splitterstück einer ursprünglich größeren Reihe gleichartiger Sätze, wie etwa einen (Do-)Dekalog handele[17]. Vielmehr werden wir nach einer kleineren, zwei, drei, vier oder höchstens fünf Glieder umfassenden und deshalb wahrscheinlich innerhalb des kanonischen Textes von Lev 20 vollständig erhaltenen Reihe zu suchen haben. Wir halten es deshalb für sinnvoll, einen vielleicht noch rekonstruierbaren ursprünglichen Kern von Lev 20 innerhalb des heutigen Mittelabschnittes zu suchen, da uns nur in diesem Abschnitt eine aus mehr als zwei Sequenzen bestehende Kette begegnet. Zudem erweisen sich in der Regel eher die Rahmenpartien eines Textes als redaktionell[18]. Letzteres spricht dagegen etwa in 2b-5b den Grundbestand von Lev 20 vermuten zu wollen.

Der Mittelabschnitt 9a-21d erweckt zunächst den Eindruck von großer Geschlossenheit, da er als Kette von stereotyp mit ואיש אשר eingeleiteten Sequenzen gestaltet ist. Unsere vorangegangene synchrone Strukturanalyse hat aber gezeigt, dass innerhalb dieser Sequenzkette deutlich verschiedene Gruppen von Sequenzen zu erkennen sind, durch welche der gesamte Abschnitt eine innere Strukturierung erhält. Diese dürfte mit dem Entstehungsprozess dieses Abschnittes zusammenhängen. Wir hatten zunächst eine Teilung des gesamten Ab-

---

10 Boecker, 1984, S. 172, bezeichnet im Übrigen diese u. a. von Alt und Wagner angenommene Reihe mit vollem Recht als „wissenschaftliches Postulat".

11 Wagner, 1968, Sp. 325.

12 D. h. auf unseren Untersuchungsgegenstand übertragen, die mit מות יומת gebildete Satzfügung.

13 Liedke, 1971, S. 137.

14 Liedke, 1971, S. 137

15 Liedke 1971, S. 137: Lev 11,32-34.

16 Liedke, 1971 S. 138: Lev 15,5-7.10b.21.22 und Lev 15,4.9.(10a).(12).(19b).20.24.

17 Ebenso Sun, 1989, S. 251.

18 Vgl. Steck 1993, S. 84.

schnittes in zwei Unterabschnitte, nämlich in 9a-16d und 17a-21d, erkannt. Die Zusammengehörigkeit von 9a-16a ließ sich von daher rechtfertigen, dass den mit ואיש אשר formulierten Sequenzeinleitungen stets die mit מות יומת gebildete Straffolgebestimmung korrespondiert. Eine Ausnahme bildet lediglich die Sequenz 14a-d, wo diese allgemeine Straffolgebestimmung durch die Ankündigung des Verbrennens spezifiziert wird. Dem entspricht, dass nur in diesem Unterabschnitt die Wendungen דמיו בו bzw. דמיהם בם vorkommen. Als zweiten Unterabschnitt bestimmten wir 17a-21d. Dieser Unterabschnitt erscheint als eine Komposition, in der jeweils ein Zweierblock durch Sequenzen charakterisiert ist, deren Straffolgebestimmung einmal durch ונכרתו (17-18), das andere Mal durch Verwendung des auffälligen Lexems ערירים (20-21) ausgezeichnet ist. Sie umrahmen die durch einen Prohibitiv eingeleitete Sequenz (19a-c). Zudem begegnen uns nur im Bereich dieser fünf Sequenzen die mit der Wurzel נשא gebildeten Wendungen[19]. Dieses Ergebnis unserer synchronen Analyse ist Ausgangspunkt der diachronen Untersuchung dieses Abschnittes.

So vermuten wir, dass entweder im ersten Block 9a-16d der Grundbestand des gesamten Abschnittes zu finden ist, zu dem die übrigen Blöcke sukzessive hinzukamen, oder dass jeder der Blöcke – wie auch immer – separat überliefert wurde, und sie dann nach und nach miteinander verbunden wurden. Welche dieser Alternativen mehr Wahrscheinlichkeit für sich beanspruchen kann, und wie sich dieser redaktionelle Prozess im Einzelnen vollzogen hat, ist im Folgenden zu untersuchen.

4.1.1.1. Block I: Die Sequenzen V. 9-16

4.1.1.1.1. Der Grundstock 11*-13*.15*

Wenn auch gemäß unseren Voraussetzungen kein Dekalog oder eine ähnlich umfangreiche Reihe als ursprünglicher Kern von Lev 20 in Betracht kommt, so ist dennoch zu fragen, ob nicht eine kleinere Gruppe von gleichgebauten Sätzen, d. h. in der üblichen Terminologie eine kleinere Reihe, als ein derartiger Grundbestand zu rekonstruieren ist. Methodisch zu Recht stellt Liedke fest: „Kriterien für die Feststellung einer ursprünglichen Reihe müssen formale Gleichgestaltung *und* thematische Einheit sein ...“[20]. In Bezug auf die מות יומת-Sätze in Lev 20 erkennt Liedke dann, dass nur die Dreierreihe Lev 20,11-13 und das Paar Lev 20,15-16 diese Kriterien erfüllten: Im ersten Fall ergäben sich die formale Gleichgestaltung aus der Formulierung אשר ישכב את...מות יומתו sic[21] und die sachli-

[19] Satz 17g.19c.20c.

[20] Liedke, 1971, S. 136, kursive Hervorhebung von Liedke.

[21] Alle drei Sequenzen weisen die מות יומת-Wendung im *Plural* auf!

che Einheit aus dem Thema Geschlechtsverkehr unter Verwandten[22]sic[23]. Das zweite Paar bilde sachlich eine Einheit aufgrund des gemeinsamen Themas der Sodomie und der einheitlichen Formulierung איש אשר ... מות יומת sic[24].

Liedke hat – trotz einiger Ungenauigkeiten hinsichtlich seiner Beobachtungen – im Ergebnis Recht, wenn er diese Sequenzen, genauer, deren Grundbestand, als eng zusammengehörig ansieht. Über die Beobachtungen Liedkes hinaus und diese z. T. ergänzend und korrigierend ist Folgendes zu bemerken: Als gemeinsames Thema dieser Sequenzen kann nicht der Geschlechtsverkehr unter Verwandten gelten: Durch die Sequenz V.13 wird Homosexualität ganz allgemein, nicht nur unter Verwandten, angesprochen. Deshalb lässt sich das gemeinsame Thema eher mit dem Begriff der „geächteten sexuellen Betätigungen" umschreiben.

In allen drei Sequenzen erscheint die מות יומת-Formel stets im Plural. Dadurch werden beide am Sexualverkehr Beteiligten von dieser Wendung mit umfasst. V.13 zeichnet sich gegenüber V.11.12 durch das Fehlen von שניהם als Spezifikation dieser Wendung aus. Das weist darauf hin, dass diese Wortgruppe als sekundär zu beurteilen ist und die מות יומת-Wendung V.13 ihren ursprünglichen Wortbestand bewahrt hat. Darüber hinaus weisen alle drei Sequenzen die Blutschuldformel דמיהם בם auf. Demzufolge scheint auch diese Wendung zum ursprünglichen Bestand dieser Sequenzen gehört zu haben.

Neben den Sequenzen V.11-13 kommen die Sequenzen V.15 und V.16 in Betracht, zum ältesten rekonstruierbaren Kern von Lev 20 gehört zu haben. Es ist zu fragen, in welchem Verhältnis sie zu dem von uns rekonstruierten Grundbestand der Sequenzen V.11-13 stehen. Dabei kommen folgende, alle auch in der Forschung vertretene Möglichkeiten in Betracht:

a) V.15*.16* bildeten eine von V.11*.12*.13* ursprünglich unabhängige 2er-Reihe[25].
b) V.15*.16* bildeten von Anfang an zusammen mit V.11*.12*.13* eine selbstständige 5er-Reihe[26].
c) V.11*.12*.13* bildeten zusammen mit V.15* eine ursprüngliche Reihe[27], während es sich bei V.16* um eine sekundäre Erweiterung handelte.

---

22 Besonders die Sequenz V. 13 mit ihrem Thema der Homosexualität unter Männern!

23 Liedke, 1971, S. 136 und S. 136 Anm. 10.

24 So Liedke, 1971, S. 136, Anm. 11. Jedoch ist in V 15die מות יומת-Wendung hier im Singular aufgeführt; in V 16 lautet die Einleitung nicht איש אשר sondern אשה אשר. Dass wir diese Ungenauigkeiten so präzise vermerken, hat nichts mit Fehlersucherei zu tun, sondern damit, dass bei literarkritischer Arbeit sehr genau zu Werke zu gehen ist.

25 So wohl Liedke, 1971, S. 136.

26 So Sun, 1989, S. 253.

27 So Kilian, 1963, S. 80, jedenfalls in Bezug auf den Zusammenhang zwischen V.15*.16* und den vorangehende Gesetzen, die bei ihm allerdings noch die Glieder V.2.27.9.10 umfasst haben.

Für die Möglichkeit a) spricht, dass V.15.16. von V.11-13 durch den dazwischen stehenden V.14 getrennt sind und dass V.15.16 stärkere thematische Gemeinsamkeiten gegenüber V.11-13 aufweisen. Jedoch erweist sich gerade das zweite Argument bei näherem Hinsehen als nicht tragfähig, denn es spricht die Beobachtung dagegen, dass Lev 18,22f. dieselbe thematische Abfolge zeigen, nämlich zuerst männliche Homosexualität, dann männliche und schließlich weibliche Sodomie. Unter der von uns vorausgesetzten Bedingung, dass in diesem Stadium der Entwicklung die Reihe in keiner literarischen Beziehung zu Lev 18 bzw. einer Vorform dieses Textes stand, erscheint es möglich, dass Homosexualität und Sodomie in einer traditionell vorgegebenen Verbindung standen. Trifft dies zu, dann besteht zunächst auch eine thematische Einheit zwischen V.13 und V.15.16. Auch besteht die erforderliche formelle Gleichheit, wie wir gleich zeigen werden. Folglich ist die Möglichkeit a) abzuweisen. Somit ist davon auszugehen, dass entweder der Grundbestand von V.15 oder der von V.15.16 ursprünglich zur Reihe V.11-13 gehörte.

Die ursprüngliche Sequenz V. 15* hat 15a-b umfasst. Sun hält den Satz 15c ואת־הבהמה תהרגו ebenfalls für ursprünglich und begründet dies damit, dass ohne diesen Satz der für die Reihe charakteristische Blick auf Täter und Opfer (ausgedrückt durch die pluralischen Formulierungen der מות יומת-Formel und der Blutschuldformel) verloren ginge[28]. Dieser Ansicht Suns steht zunächst entgegen, dass die rekonstruierte, ursprüngliche Reihe durch einen streng neutralen Stil der 3. pers. charakterisiert ist. Er wird durch den Wechsel zur 2. pers. m. pl. in 15c unterbrochen. Wäre also der Satz 15c, wie Sun annimmt, tatsächlich ursprünglicher Bestandteil dieser Sequenz, so wäre an dieser Stelle ebenfalls eine neutrale Formulierung zu erwarten gewesen. Auch fällt der Anschluss dieses Satzes mit ו-copulativum auf, weil in dieser Reihe bislang nur asyndetische Satzfügungen zu beobachten waren (nicht dazugerechnet haben wir freilich die Relativpartikel אשר in der Sequenzeinleitungsformel). Darüber hinaus können wir Sun auch aus einem weiteren Grund nicht folgen: In V.11-13 umschloss der Blick auf „Täter und Opfer“ („... the consistent focus of vv.10-16 on both the offender and the victim“)[29] stets Menschen. Hier aber ist das Tatobjekt ein Tier. Folgerichtig – und ursprünglich – ist in dieser Sequenz die מות יומת-Wendung im Singular abgefasst.

Der Grundbestand der Sequenz V.15 liegt folglich in 15a-b vor. Auch ist anzunehmen, dass zu diesem Grundbestand zudem eine verlorengegangene, im Singular abgefasste, Blutschuldformel gehört hat[30].

Dagegen gehörte V.16 weder in seiner vorliegenden, kanonischen Fassung noch in einer wie auch immer formulierten Vorform ursprünglich zu dieser Rei-

---

[28] Sun, 1989, 253.

[29] Sun, 1989, S. 252.

[30] Sun, 1989, S. 253 hält dies zumindest für möglich.

he. Bereits die mit אשה gebildete Sequenzeinleitung bedeutet eine wesentliche Abweichung gegenüber der am Mann als potentiellem, verantwortlichem Täter orientierten Reihung[31]. Ebenfalls aus anderer Quelle scheint der folgende אשר-Satz (16aR) zu stammen, was von der Erweiterung durch die Infinitivkonstruktion לרבעה אתה anzunehmen ist. Auch ist – analog zu unseren Überlegungen zu V.15 – die Verwendung des Plurals מות יומתו (16c) und דמיהם בם (16d) unpassend: Denn sämtliche Belege der מות יומת-Formel haben im gesamten TNK bis auf diese Stelle ausschließlich Menschen, niemals aber ein Tier als semantisches Subjekt[32]. Von daher ist die semantische Differenzierung in der Sequenz V.15 sachlich richtig. Nur in Bezug auf Menschen als semantisches Objekt wird die מות יומת-Wendung gebraucht. Nur bei Tötung eines Menschen kann Blutschuld entstehen. Deshalb ist der auch das Tier umfassende Plural der Blutschuldformel sachlich falsch, da von der Tötung eines Tieres her eben keine Blutschuld entsteht[33].

Aus allen diesen Überlegungen folgt aber auch, dass die Sequenz V.16 als eine frühe, vervollständigende Erweiterung zu V.11*-13*.15* zu verstehen ist. Der Verfasser dieser Sequenz übernahm dabei – fast mechanisch – Stilelemente aus der vorliegenden Reihe. Aus seinem mechanischen Umgang mit vorgegebenen Elementen erklärt sich auch, weswegen hier durch den jeweils verwendeten Plural sowohl die מות יומת-Wendung wie auch die Blutschuldformel auf das Tier ausgeweitet wird. Von daher umfasste der nun rekonstruierte Kern des Blockes V.9-16 den Grundbestand der Sequenzen V.11*-13*.15*: Aus alledem folgt aber auch, dass die Sequenz V.16 als eine frühe, vervollständigende Erweiterung zu V.11*-13*.15* zu verstehen ist.

Wenn es einmal einen Mann gibt, der mit der Frau seines Vaters schläft:
Getötet werden sie unbedingt.
Ihr Blut bleibt bei ihnen. [11*]
Wenn es einmal einen Mann gibt, der mit seiner Schwiegertochter schläft:
Getötet werden sie unbedingt.
Ihr Blut bleibt bei ihnen. [12*]
Wenn es einmal einen Mann gibt, der mit einem Mann schläft wie man mit einer Frau schläft:
Getötet werden sie unbedingt.
Ihr Blut bleibt bei ihnen. [13*]
Wenn es einmal einen Mann gibt, der seinen Beischlaf einem Tier gewährt:
Getötet wird er unbedingt.
Sein Blut bleibt bei ihm. [15*]

---

31 So auch Kilian, 1964, S. 73.

32 Dass die Wurzel מות auch auf Tiere bezogen werden kann, bleibt selbstverständlich unbestritten.

33 Vgl. dazu unsere Ausführungen zu dieser Formel in der Analyse des formelhaften Gutes der priesterlichen Redaktionsschicht.

Diese 4er-Reihe bildet zunächst den Grundbestand des ersten Blockes des Mittelabschnittes V.9-16. Mit diesem Ergebnis brechen wir an dieser Stelle die Rekonstruktion der Entstehung dieses Grundstockes ab. Jedoch wird sich in den folgenden Kapiteln zeigen, dass auch dieser Grundstock seinerseits noch eine eigene Vorgeschichte gehabt hat. Im Rahmen dieses Kapitels genügt es aber, die so rekonstruierte Viererreihe als Grundstock anzunehmen. Dafür, dass es gerade eine 4-er- und keine höhergliedrige Reihe ist, die die Ausgangsbasis für die Kristallisation dieses Blockes darstellt, spricht auch, dass Liedke häufig 4er-Reihen beobachtete, selten aber größere Ketten[34].

4.1.1.1.2. Die Erweiterung V.10*.14*

Bis jetzt haben wir gezeigt, dass der Kern des Blockes V.9-16 aus einer ursprünglichen oder jedenfalls sehr früh gebildeten 4er-Reihe bestand, die sich aus dem Grundbestand der Sequenzen V.11*.12*.13*.15* zusammensetzte: Alle vier Glieder erfüllten das erforderliche Kriterium der formalen und sachlichen Einheit. Die Einheit entfällt jedoch bei Hinzufügung von V.9 und V.10. So finden sich in V.9 zwar die von uns herausgestellten formalen Merkmale der Reihe, nämlich die stereotype, mit איש אשר gebildete Einleitung, der eine mit מות יומת gebildete Wendung korrespondiert, und zu der darüber hinaus die Blutschuldformel tritt. Jedoch fehlt hier die thematische Einheit: Bei Elternfluch handelt es sich nun einmal nicht um irgendeine sexuelle Handlung. Umgekehrt verhält es sich mit V.10: Diese Sequenz kann aufgrund des von ihr thematisierten Ehebruchs durchaus zu dem übergeordneten Thema der verbotenen sexuellen Betätigungen gerechnet werden. Freilich fehlt in dieser Sequenz die Blutschuldformel, welche zu den grundlegenden Merkmalen der 4er-Reihe gehört. Die von Kilian[35] in Betracht gezogene Möglichkeit, die Blutschuldformel sei in Folge einer versehentlichen Doppelschreibung untergegangen, leuchtet nicht ein. In unserer Textkritik haben wir gezeigt, dass hier gerade keine Dittographie vorliegt[36]. Von daher handelt es sich bei dieser Doppelung nicht um ein textkritisches, sondern um ein literarkritisches Problem. Dies bedeutet aber für unsere Untersuchung, dass das Fehlen der Blutschuldformel keinesfalls textkritisch zu erklären ist. Als einzig mögliche Erklärung bleibt, dass diese Formel niemals zum Bestand dieser Sequenz gezählt hat.

Ein weiterer, auf formeller Beobachtung basierender Grund, weswegen die Sequenz V.10 nicht zu V.11*-13*.15* gehört haben kann, ergibt sich daraus, dass die מות יומת-Wendung hier im Singular gebraucht wird. Ob dabei die sich

34 Vgl. Liedke, 1971, S. 137.

35 Kilian, 1964, S. 80.

36 Nachweise in unserer Textkritik.

daran anschließende Spezifikation הנאף והנאפת ursprünglich ist oder eine sekundäre Hinzufügung darstellt, mag jedoch in Bezug auf unsere Fragestellung letztendlich offen bleiben. In beiden Fällen liegt nämlich eine so gravierende formale Andersartigkeit gegenüber der 4er-Reihe vor, dass V.10* kaum zu dieser gehört haben kann. Trotzdem halten wir es nicht für richtig, eine eigene Vorgeschichte dieser Sequenz anzunehmen. Denn, so wäre dann zu fragen: Wie hätte eine solche Vorgeschichte ausgesehen? Sowohl eine etwaige Einzelüberlieferung eines derartigen Satzes, wie seine Abspaltung von einer dann zu vermutenden anderen, verlorengegangenen Reihe, müsste spekulativ bleiben. Am wahrscheinlichsten ist vielmehr, dass die Sequenz so als Ergänzung der ursprünglichen 4er-Reihe vorangestellt wurde, wie die Sequenz V.16* als Vervollständigung der ursprünglichen Reihe angehängt wurde. Schließlich ist der Vollständigkeit halber die Sequenz V.9 zumindest noch zu erwähnen. Die Voranstellung dieser Sequenz erfolgte erst, nachdem die eigenständige Überlieferung dieser Reihe abgeschlossen war. Sie fand, was im Folgenden noch deutlich werden wird, ihren Platz und ihre Gestalt vielmehr im Zusammenhang mit einer übergreifenden Redaktion von Lev 20.

4.1.1.2. Block II: Die Sequenzen V. 17* und V.18*

Als folgender Block, der zunächst wohl selbstständig überliefert wurde, liegen die Sequenzen V 17*.18* vor. Sun nennt für die Vorgeschichte dieser beiden Sequenzen die seiner Ansicht nach möglichen Alternativen: Es könnte sich bei diesen Sequenzen um ehemalige Prohibitive handeln, die in einem späteren Stadium umformuliert wurden. Einleuchtender erscheint jedoch die zweite von ihm genannte Möglichkeit: Beide Sequenzen seien ursprünglich selbstständig überlieferte Gesetze gewesen, deren gemeinsames Merkmal die mit der Basis כרת im N-Stamm formulierte Handlungskonsequenz sei. Dafür spricht, wie Sun richtig beobachtet hat, die jeweils unterschiedliche Formulierung der כרת-Wendung[37]. Weitere literar- und redaktionskritische Entscheidungen sind schwierig: Es ist wahrscheinlich, dass beide Sequenzen nicht aus einem Guss sind. Wir rechnen damit, dass auf jeden Fall 17aaRe zum Grundbestand gehörte. So hätte die Sequenz zunächst aus einem durch die formelhafte Sequenzeinleitung ausgedrückten Sachverhalt und der durch die כרת-Formel bezeichneten Handlungskonsequenz bestanden. Analog dazu sind V.18aaRe als ursprünglicher Bestand der Sequenz V.18 anzunehmen. Dementsprechend liegen zwei Gesetze gleicher Art vor: Beide werden mit der איש אשר-Formel eingeleitet, beide bezeichnen mit der passiven כרת-Formel die Straffolgebestimmung. Ob diese beiden Gesetze zunächst getrennt überliefert und dann wegen ihrer gleichen semantischen

37 Sun, 1989, S. 254.

und syntaktischen Struktur verbunden wurden, oder ob zunächst nur ein Gesetz bestand, und das andere nach seinem Vorbild formuliert wurde, ist nicht mehr zu entscheiden. In ihrem rekonstruierbaren Grundbestand lauteten diese beiden Sequenzen:

Wenn es einmal einen Mann gibt, der seine Schwester heiratet, die Tochter seines Vaters oder die Tochter seiner Mutter: So werden sie ausgemerzt vor den Augen ihres Volkes. [17*]

Wenn es einmal einen Mann gibt, der mit einer Frau während ihrer Regel schläft: So werden sie beide ausgemerzt aus der Mitte ihres Volkes. [18*]

4.1.1.3. Block III: Die Sequenzen V.20* und V.21*

Beide Sequenzen ergeben eine formale Einheit: Formal sind beide Sequenzen durch die איש אשר-Einleitung und der mit dem auffallend seltenem Lexem ערירים gebildeten Handlungskonsequenz miteinander verbunden. Diese Elemente können als ursprünglich gelten. Von daher lauteten diese beiden Gesetze:

Wenn es einmal einen Mann gibt, der mit seiner Tante schläft: Kinderlos werden sie sterben. [20*]

Wenn es einmal einen Mann gibt, der die Frau seines Bruders heiratet: Kinderlose werden sie sein. [21*]

4.2. Das Zusammenwachsen der einzelnen Überlieferungsstücke und die paränetischen Rahmenpartien 7a-8c.22a-26c als Ergebnis einer umfassenden Redaktion

Die diachrone Untersuchung hat bis jetzt ergeben, dass von zunächst drei voneinander unabhängigen Überlieferungsstücken auszugehen ist. Ein erster Block umfasste den Grundbestand der Sequenzen 10*-16*. Kennzeichnend für ihn sind die jeweils mit מות יומת gebildeten Straffolgebestimmungen. Der Text ist jedoch nicht völlig einheitlich, sondern hat, wie wir aufgezeigt haben, seinerseits einen Wachstumsprozess hinter sich. Ein zweiter Block, charakterisiert durch die mit dem Prädikat ונכרתו gebildete Straffolgebestimmung, stellt den Grundbestand der beiden Sequenzen 17* und 18* dar. Schließlich bildet der Grundbestand der Sequenzen 20* und 21* ein letztes ursprünglich selbstständiges Überlieferungsstück, dessen charakteristische Straffolgebestimmung im Nomen ערירים besteht.

Die drei Stücke wurden zunächst getrennt überliefert. Ihr Zusammenwachsen vollzog sich in zwei Phasen, deren Spuren sich im heutigen, kanonisch gewordenen Text noch aufzeigen lassen. In der ersten Phase wurden V.17*-18* unter Einschub von V.19* mit V.20*.21* zusammengefügt. So ergab sich eine symmetrisch aufgebaute 5er-Reihe: Die beiden mit der Straffolgebestimmung ונכרתו gebildeten Vorschriften und die beiden ערירים-Gesetze legten sich wie ein Ring um den Prohibitiv V.19*. Der für diese Komposition verantwortliche Bearbeiter griff darüber hinaus auch in den Textbestand der Sequenzen ein, indem er die Wendungen עונו ישא (17g); עונם ישאו (19c) und חטאם ישאו (20c) einfügte[38].

In der zweiten Phase erfolgte die Verbindung von V.17*-21* mit dem Block V.10*-16*, der wahrscheinlich bereits V.14* umschloss. Dadurch entstand eine Reihung, die 10*-21* umfasste. Ferner hinterließ diese Bearbeitung eine ganze Reihe charakteristischer Spuren im Text: Typisch für diesen Bearbeiter sind die konstatierenden Wendungen: ערות...גלה (11b.17f.20b.21c.); תבל עשו (12c); עשו תועבה (13b); זמה הוא (14b); חסד הוא (17d), נדה הוא (21b). Wichtig ist, dass diese Formulierungen eine direkte Beziehung zu Texten außerhalb von Lev 20, namentlich zu Lev 18, herstellen[39]. Folglich war hier eine Redaktion am Werke, die sich nicht mehr allein auf einen Bereich innerhalb von Lev 20 bezog, sondern die wir in einem Zusammenhang mit der Pentateuchentstehung zu sehen haben. Sie stellte Lev 20 oder eine Vorform dieses Textes in einen größeren Zusammenhang. Bei dieser Betrachtung ist wichtig zu beachten, dass Lev 20 keine Bestimmungen enthält, die nicht auch in Lev 18 zur Sprache kommen, dass aber in Lev 18 Gesetze vorkommen, die uns nicht in Lev 20 begegnen. Es ist also anzunehmen, dass Lev 20 mit Blick auf Lev 18 komponiert wurde[40] oder zumindest beide Stücke einer umfassenden Redaktionsarbeit zuzurechnen sind. Dafür spricht auch, dass die meisten der parallelen Vorschriften beider Texte teilweise wörtlich übereinstimmen[41]. In diesem Zusammenhang ist auch auf die Beobachtungen Ottos hinzuweisen, der den Zusammenhang der paränetischen

---

38 Feucht, 1964, S. 37, nimmt an, dass es sich bei Lev 20,19-21 um einen späteren, von Lev 18 beeinflussten Zusatz handelte. Als Gründe nennt er: a) Ohne V.19-21 läge in 9-18 ein geschlossener Dekalog mit der איש אשר-Formulierung vor. Dieses Argument ist jedoch nicht haltbar, da ein Dekalog an der fehlenden sachlichen und formalen Einheitlichkeit scheitert. b) Nur 20,19-21 böten die noch nicht berücksichtigten Verse 18,12-16 in gleicher Reihenfolge wie Lev 20,19-21, während die übrigen Bestimmungen von Lev 20,9-18 an keiner Stelle mit der Reihenfolge der Bestimmungen von Lev 18 übereinstimmten. Ganz davon abgesehen, dass auch die Abfolge Homosexualität (m), Sodomie (m), wie auch Sodomie (w) (Lev 20,13.15.16) genau der Abfolge der gleichen Themen in Lev 18,22f. entspricht, erfordert dies jedoch keine direkte literarische Abhängigkeit. Vielmehr ist auch und vor allem in beiden Texten mit vorgegebenen Traditionen (von denen wir allerdings aufgrund des geringen Überlieferungsmaterials nichts wissen) oder auch mit zufällig zustande gekommenen Übereinstimmungen zu rechnen. Deshalb können wir Feucht an dieser Stelle nicht folgen.

39 Vgl. unsere Analyse dieser Wendungen in Kapitel 7 dieser Untersuchung.

40 Ruwe, 1999, S. 226 spricht von einer „literarischen Bezugnahme“. Anders betont die ältere Forschung z. B. Noth, 1962, S. 126 die Selbstständigkeit der beiden Kapitel.

41 Ruwe, 1999, S. 225 stellt die Übereinstimmungen im Einzelnen zusammen.

Rahmenstücke innerhalb von Lev 17-26 erkannt hat. Hierfür hat er den treffenden Begriff vom „paränetischen Fachwerk" geprägt[42]. Es ist wahrscheinlich, dass dieselbe Hand auch bereits für die konstatierenden Wendungen verantwortlich ist.

Dem Redaktor ist auch die Voranstellung der Sequenz V.9 vor die Sammlung zuzuschreiben: Erkenntlich ist seine Handschrift in dem konstatierenden Satz 9c: אביו ואמו קלל. Im Übrigen hat er die ihm bereits aus der Sammlung bekannten Formulierungen aufgegriffen und daraus die Sequenz komponiert. Ein weiteres Werk des Redaktors ist der Einschluss dieser Sammlung in die Rahmenpartien V.7-8.22-26. In Bezug auf die Sequenz folgt daraus, dass auch die Phrase כי איש איש ursprünglich ist. Dies bedeutet, dass V.9 eine redaktionelle Neuschöpfung ist und nie in einer anderen Form existiert hat als in ihrer kanonischen Endgestalt. In der Sequenz V.14 ist dieser Redaktion nicht nur die deklaratorische Formel זמה הוא, sondern auch die Mahnung 14d zuzuschreiben. Damit schafft der Redaktor in dieser Sequenz eine interessante Komposition:

aaR	Wenn es einmal einen Mann gibt, der eine Frau und deren Mutter heiratet:
b	Eine Scheußlichkeit (זמה) ist es.
c	Im Feuer: Man verbrennt ihn und jene.
d	Und es darf keine Scheußlichkeit in eurer Mitte einreißen.

Durch die Einfügung von b und d in die ursprüngliche Sequenz V.14* hat der Redaktor diese durch eine kultische Konstatierung [b] bzw. kultische Forderung [d] gerahmt und damit letztlich eine neue, die ursprüngliche Tatfolge begründende Komposition gestaltet. In ihr wird die ursprüngliche Forderung, beide Sexualpartner zu verbrennen [c], durch Konstatierung und Forderung kommentiert[43]. Derselbe Redaktor hat wahrscheinlich auch die Vorschriften 15c und 16b in die entsprechende Sequenz eingefügt[44] und dadurch beiden Sequenzen ihre kanonische Gestalt gegeben.

Diese Redaktion ist zudem für die Gestaltung der Rahmenparänesen 7a-8c.22a-26c verantwortlich. So nehmen wir an, dass die Rahmenparänesen 7-8.22-26 einheitlich dieser Redaktion zuzurechnen sind. Wenig einleuchtend erscheint uns die Lösung Kilians, der den Rahmenabschnitt 7a-8c auf einen anderen Verfasser zurückführen will als auf den für den Abschnitt 22a-26c[45].

Eine weitere, ebenfalls von unserem Vorschlag abweichende Lösung bieten Sun und Cholewinski. Sie schlagen eine zweistufige Entstehung des Rahmen-

---

42 Otto, 1994a, S. 237; 2000, Sp. 1570.

43 Dies erinnert an die von uns herausgestellte literarische Tätigkeit der priesterschriftlichen Schule, die bestehende Texte rezeptiv-produktiv erweiterte und damit in neue Sinnzusammenhänge stellte und so die vorgegebenen Texte neu interpretierend kommentierte.

44 Auch Cholewinski, 1976, S. 65, hält diese Einfügungen für das Werk der Redaktion, auf die auch der paränetische Rahmen zurückgeht.

45 Kilian, 1963, S. 83.

werkes vor, wobei beide Rahmenabschnitte jeweils stufenweise erweitert worden seien: So sei zunächst V.7.22-24 um den Mittelabschnitt gelegt worden, dann um die gesamte Komposition V.8.25-26[46]. Für beide Autoren spielt bei diesem Urteil die unterschiedliche äußere Gestalt der Ich-JHWH-Formel in 7c.24d einerseits und 8c.26 andererseits eine entscheidende Rolle. Im Anschluss an Zimmerli sprechen dabei beide von der Selbstvorstellungsformel und unterscheiden mit ihm die Selbstvorstellungsformel in der Langform (אני יהוה אלהיכם) von der in der Kurzform (אני יהוה)[47]. Diese Unterscheidung setzen sie als literarkritisches Kriterium ein. Jede dieser beiden Formelvarianten sei einer bestimmten Redaktionsstufe zuzuweisen. So will Sun in der Langform die ältere Form erkennen, so dass sich ihm dadurch eine relative Chronologie ergibt. V.7.22-24 bildeten folglich einen älteren Rahmen, der dann um V.8. 25-26 erweitert worden sei.

Wir werden später eine detaillierte (allerdings synchrone) Analyse der Formel vorlegen. Hier ist aber bereits anzumerken, dass uns die häufig behauptete Differenzierung der Ich-JHWH-Formel in eine Lang- und eine Kurzform zweifelhaft erscheint. Stattdessen ist von einer an der Morphologie dieser Formel ausgerichteten Unterscheidung zwischen der Konstanten אני יהוה und daran möglicherweise angehängten Variablen auszugehen. Demnach wird eine Variable immer dann gebraucht, wenn der Autor die allgemeinere Bedeutung von אני יהוה weiter konkretisieren und fokussieren will. Trifft dies zu, dann ist es nicht zwingend, dass der Gebrauch von אני יהוה auf der einen und אני יהוה אלהיכם auf der anderen Seite auf unterschiedliche Verfasser weist. Diese Untersuchung wird in ihrem weiteren Verlauf noch zeigen, dass tatsächlich der Kontext eine Erklärung für diese oder jene Gestalt der Ich-JHWH-Formel bietet. Von daher sind die unterschiedenen Manifestationen der Ich-JHWH-Formel als literarkritisches Kriterium für die Abhebung verschiedener Schichtungen ungeeignet.

Darüber hinaus spricht das Ergebnis unserer synchronen Analyse gegen einen Bruch zwischen 24dR und 25a, der es geraten sein lässt, 22a-24dR und 25a-26c auf zwei verschiedene Hände zu verteilen. Vielmehr ist die Paränese V.22-26 als eine zusammenhängende Entfaltung des Themas der Heiligung zu lesen. Insbesondere spricht die von uns herausgestellte enge Kohärenz des gesamten paränetischen Abschnittes dagegen, 22a-24dR und 25a-26c literarkritisch zu trennen. Deshalb gehen wir davon aus, dass dieser Abschnitt von einem einzigen Redaktor geschaffen wurde.

Schließlich erscheint es uns auch unzutreffend, den ersten paränetischen Abschnitt (V.7-8) diachron auf zwei Hände zu verteilen. Auch dies ließe sich nur verteidigen, wenn man von einem autoreneinheitlichen Gebrauch der Ich-JHWH-Formel ausginge. Vielmehr handelt es sich bei diesem Abschnitt um eine

---

46 Sun, 1989, S. 256; Cholewinski, 1976, S. 59-61.

47 Vgl. Zimmerli, 1953, S. 11-40.

kunstvoll aufgebaute, zyklische Komposition, die dank der Leitwurzel קדש ein hohes Maß an Kohärenz aufweist. Für etwaige literarkritische Hypothesen ist hier also kein Raum. Deshalb ist davon auszugehen, dass auch dieser Abschnitt literarisch einheitlich ist. Schließlich führt unsere Beobachtung, dass 7a-8c und 22a-26c kompositorisch aufeinander bezogen sind, zu der Annahme, dass es sich bei V.7-8 und 22-26 um das Werk *eines* Verfassers handelt. Dies wird, wie schon erwähnt, durch die Analyse Ottos bestätigt, die zeigt, dass beide Paränesen Bestandteile eines die Kapitel Lev 17-26 durchziehenden paränetischen Fachwerks sind.

Einige Autoren nehmen an, dass V.25 aus einer Vorlage, etwa einem Gesetz über unreine und reine Tiere, stamme[48]. Jedoch ist zu beachten, dass die Basis בדל im H-Stamm/akt. Leitwort des gesamten Abschnittes ist, und dass eher eine Stichwortassoziation vorliegt: Wie JHWH Israel von den Völkern unterschieden hat, soll Israel die reinen und unreinen Tiere unterscheiden. Kilian weist mit Recht darauf hin, dass die Satzfügung dieses Verses insgesamt die Form einer priesterlichen Tora habe[49]. Dazu muss aber nicht notwendig eine originale Priestertora in diesem Abschnitt wiederverwendet worden sein. Vielmehr halten wir es für wahrscheinlich, dass der Verfasser diese Satzfügung aufgrund der Stichwortassoziation mit בדל in Form und Stil einer solchen Tora schuf[50]. Die Sätze 25ab fügen sich darüber hinaus stilistisch nahtlos in ihren Kontext ein. So ist auf die Anrede in der 2. m. pl. zu verweisen, auf den Gebrauch des w-Qatal sowie darauf, dass JHWH für Israel („für euch") gehandelt hat. Das plötzlich auftauchende Thema von den reinen und unreinen Tieren kommt für den Rezipienten auch nicht überraschend oder unpassend. Dies zeigte bereits unsere semantische Analyse. Denn Unreinheit gehört als semantische Opposition zum Thema Heiligkeit, das diesen Abschnitt von Anfang an beherrscht. Gerade an dieser Stelle ist eine Warnung vor Verunreinigung nicht überraschend, da Reinheit ja notwendige, aber nicht hinreichende Voraussetzung für die in 26a-c geforderte Heiligkeit darstellt. Dementsprechend lassen sich beide Sätze als kompositorisch sinnvoll und aller Wahrscheinlichkeit nach als ursprünglich zu dieser Paränese gehörig erklären. Dieser Redaktion ist schließlich auch die Überschrift 1a.2a zuzuschreiben. Denn die Einleitungsformel ist für das Verständnis des neu entstandenen Textes unabdingbar.

---

48 Noth, 1962, S. 130f.; Feucht, 1964, S. 37; Elliger, 1966, S. 264, 271.

49 Kilian, 1961, S. 78.

50 Sehr schön ist dazu die Überlegung Bertholets, 1901, S. 71f.: „Unwillkürlich kommt mir bei der gegenwärtigen Verbindung von 25 mit v. 24 der Verdacht, Rp ... habe eine Vorstellung vorgeschwebt, als sei das Verhältnis Israels zu den anderen Völkern wie das der reinen Tiere zu den unreinen. Thatsächlich lässt sich dieser Gedanke später ja belegen, vgl. Hen. 89f., wo Israel unter dem Bilde der Schafe, die anderen Völker unter dem wilder Tiere erscheinen; ebenso werden sogar, wie die Zuteilung von Jes 56, 9 zur vorangehenden Haphtare beweist, ... die künftigen Proselyten unter dem Bilde wilder Tiere betrachtet."

Nur durch sie können JHWH als der Sprecher und die Israeliten als die Angesprochenen identifiziert werden. Zugleich wird durch diese Überschrift der folgende Text in die Pentateucherzählung eingebunden. Dies legt ebenfalls den Verdacht nahe, dass diese Redaktion auch mit einer umfassenden Arbeit am Pentateuch in Zusammenhang steht[51]. Diese Redaktion hat jedenfalls durch diese Überschrift dem paränetischen Fachwerk und den konstatierenden Wendungen die Einzeltexte in einem übergreifenden Ganzen verbunden.

4.3. Die „äußeren“ Sequenzen 2b-5b.6a-d.27a-e

4.3.1. Die Sequenz 2b-5b

Eine häufige, bereits in älteren Kommentaren vertretene literarkritische Hypothese geht von einer Spannung zwischen 2d und 3a aus: War zunächst das Volk des Landes dazu aufgerufen, denjenigen, der von seinem Samen dem Molech gab, zu steinigen, so soll nun nach 3a JHWH selbst einschreiten. Dies wurde als Widerspruch empfunden und als Erweiterung durch eine zweite Hand interpretiert. Schließlich wurde angenommen, dass 4a-5b zum Ausgleich eben dieser Spannung von einem weiteren Bearbeiter angefügt wurde[52]. Dieses literarkritisch gewonnene Bild wurde formgeschichtlich durch die von Alt postulierte Reihenbildung des apodiktischen Rechts ergänzt. Vor diesem Hintergrund kann beispielsweise Kilian folgendes Bild von der Schichtung und Entstehung dieser Sequenzen entwerfen[53]: Für ihn besteht der älteste Bestand der Sequenz in der

---

[51] Dieses Ergebnis ist wiederum nur nachvollziehbar, wenn man nicht von einem ursprünglich selbstständigen, hinter Lev 17-26 stehenden Gesetzeswerk ausgeht. So setzte Rendtorff, 1954, S. 69-70, ganz dem damaligen Forschungsstand entsprechend, ein solches Heiligkeitsgesetz voraus. Er verglich die „Gesetze in der Priesterschrift“, bei denen die Einleitungsformeln „in der Regel syntaktisch nicht mit den folgenden Texten verknüpft“ sind (Zitat S. 69), mit dem auch von ihm postulierten Heiligkeitsgesetz: „Daß dieser Sachverhalt nicht einfach aus dem gesetzlichen Charakter der Texte zu erklären ist, zeigt ein Blick auf das Heiligkeitsgesetz. Hier wird durchgehend die Einleitungsformel וידבר יהוה אל־משה לאמר verwendet, auf die ein Weitergabebefehl folgt. Dann aber ist der folgende Text auch tatsächlich als Jahwerede stilisiert. Das ist umso bemerkenswerter, als einerseits die zugrundeliegenden älteren Satzungen nicht überwiegend so formuliert waren, andererseits diese Stilform dem paränetischen Charakter des Ganzen gar nicht adäquat ist. Hier ist also zusammen mit den Einleitungsformeln eine wirklich durchgreifende Überarbeitung erfolgt.“ (Zitat S. 69-70).

[52] So z. B. Baentsch, 1903, S. 402; Kilian, 1963, S. 60f.; Noth, 1962, S. 128; Feucht, 1964, S. 34 f. Bertholet, 1901, S. 402, hingegen rechnet 3a-5b zu einer Schicht.

[53] Dabei ordnet Kilian zugleich den einzelnen Schichten bestimmte, von ihm postulierte Redaktionen zu, was aber in unserem Zusammenhang nicht interessiert und deshalb nicht referiert wird.

Satzfügung איש איש אשר יתן מזרעו למלך מות יומת[54]. Einen ersten Zusatz zu diesem Grundbestand stelle 2d עם הארץ ירגמהו באבן dar. Hierbei handle es sich um eine Erläuterung des Satzes מות יומת. Dieser Erläuterung werde als Entfaltung des מות יומת die Aussage von 3a-c mit der Ankündigung des Einschreitens JHWHs entgegengestellt. Diese sei einer neuen Hand zuzurechnen[55]. Eine letzte Hand habe schließlich als Ausgleich zwischen beiden sich widersprechenden Entfaltungen 4a-5b angefügt[56]. Dieselbe Hand habe auch, so vermutet Kilian, die Erweiterung in 2b מבני ישראל ומן־הגר הגר בישראל... eingetragen[57]. Die meisten von Kilian angenommenen Widersprüche, die sein literarkritisches Urteil bestimmten, existieren freilich nur scheinbar. So konnten wir keine unvereinbaren Spannungen erkennen[58]. Um unsere Ablehnung von Kilians Position zu begründen und gleichzeitig unseren eigenen Lösungsvorschlag zu verdeutlichen, fassen wir noch einmal kurz das Ergebnis unserer synchronen Strukturanalyse zusammen: So besteht diese Sequenz aus den beiden parallelen Blöcken 2b-3b und 4a-5b. Diese beiden Blöcke lassen sich wiederum in die parallelen Glieder [A] (2b-2d) und [B] (3a-3b) sowie [A´] (4a) und [B´] (5a-b) untergliedern. Die beiden Blöcke rahmen den in dieser Sequenz den Mittelpunkt bildenden Satz 3c, der keine Entsprechungen zu den beiden Blöcken aufweist. Für unsere Frage nach der Entstehung dieser Sequenz ist nun die Beobachtung wichtig, dass die beiden Glieder [A] und [A´] streng in neutralem Stil abgefasst sind, und dass von daher eine gewisse stilistische Nähe zu den Sequenzen des Mittelabschnittes besteht, namentlich zu deren Grundbestand. So beobachteten wir die איש אשר-Phrase (2bbR) sowie die Straffolgebestimmung מות יומת (2c). Dazu passt in 2b-d darüber hinaus der streng neutrale, ausschließlich die dritte Person gebrauchende Stil, der Gebrauch des Yiqtol sowie die asyndetische Satzfügung. Das andere Gliederpaar [B] und [B´] zeichnet sich hingegen durch das für die beiden paränetischen Abschnitte 7a-c und 22a-26c charakteristische Auftreten der 1. pers. JHWHs (hier neben der 3. pers.) aus. Die Satzanfänge werden durch ו- (copulativum/consecutivum) markiert. Als Tempus erscheint in der Regel w-Qatal. Dazu kommt, dass in 3c wie 4a die Aussagen mittels Infinitivkonstruktionen weiter entfaltet werden. Dieser Stil erinnert also an die paränetischen Abschnitte 7-8.22-26. Der Mischstil erklärt sich am einfachsten damit, dass ein Verfasser die Sequenz frei gestaltet und dabei Stilelemente aus dem Grundbestand der Sequenzen des Mittelabschnittes als Elemente in seine Komposition übernahm. Die Stilelemente benutzte er als Ausdrucksmittel, um die für ihn wichtigen Themen zur Sprache zu bringen. Man könnte hier von einer Collagen-

54 Kilian, 1961, S. 65.
55 Kilian, 1961, S. 66.
56 Kilian, 1961, S. 67.
57 Kilian, 1961, S. 83.
58 Ähnlich auch Cholewinski, 1976, S. 55-58.

technik sprechen. Dieselbe Arbeitsweise beobachteten wir bereits im Falle der Sequenz 9a-d, die der Redaktor mit Hilfe dieser Elemente frei gestaltete und der Sequenzkette V.10-21 betont als Kopfsequenz voranstellte. Im Falle der JHWH-fremden Kulte beließ es die Redaktion nicht dabei. Ausführlich legte sie ihre theologische Interpretation des Falles dar, wobei sie den für sie typischen paränetischen Stil einsetzte. Zugleich stellte sie diese Sequenz, quasi als ausführlichen Präzedenzfall, an die Spitze des von ihr als Gottesrede konzipierten Textes Lev 20, da ihr theologischer Gehalt wohl für sämtliche Sequenzen in Lev 20 gelten sollte. Von daher ist die gesamte Sequenz von Anfang an für diese Position im Text Lev 20 komponiert worden.

4.3.2. Die Sequenzen V.6 und V.27

Beide Sequenzen sind durch die Stichworte אוב und ידעני eng miteinander verbunden. Dennoch haben die Sequenzen keinen identischen, sondern komplementären Inhalt. Manche Autoren nehmen an, dass die Sequenz V.6 die Sequenz V.27 von ihrem ursprünglichen Platz hinter der ersten Sequenz* verdrängt habe[59]. Dies halten wir für unzutreffend: Die Sequenz V.6 schließt direkt an die Sequenz V.2b-5b an. Dabei ist kein Stilwechsel zu erkennen. Vielmehr wird hier wie dort JHWH sein Angesicht gegen den Betreffenden wenden und ihn aus der Mitte seines Volkes ausmerzen.

Die Sequenz V.6 erscheint einheitlich. Anstelle der häufig gebrauchten איש אשר-Phrase begegnet uns hier stattdessen die Wendung הנפש אשר. Dies erklärt sich daraus, dass der Verfasser sich hier einen Mann wie eine Frau als Täter bzw. Täterin vorstellen kann. Dementsprechend ist es nicht richtig den Wechsel von איש אשר zu הנפש אשר als Zeichen dafür zu werten, dass die Sequenz 2b-5b und die Sequenz V.6 zunächst eine getrennte Vorgeschichte durchlaufen hätten[60]. Vielmehr rechnen wir damit, dass beide Sequenzen derselben Hand zuzurechnen sind[61]. Die unterschiedliche Ausführlichkeit beider Sequenzen ist dann aber allein von der Sprachökonomie her zu erklären: Das, was in 2b-5b bereits gesagt wurde, muss nur zum Teil in V.6 wiederholt werden. Der vergleichbare Stil zwischen 2b-5b.6a-d einerseits und den Rahmenparänesen V.7-8.22-26 legt es nahe, hinter allen Texten denselben Verfasser zu vermuten[62]. Dagegen kann V.27 weder vom selben Verfasser stammen, noch ist es wahrscheinlich, dass diese Sequenz zunächst an der Stelle stand, wo heute die Sequenz V.6 ihren Ort hat: Dabei ist zunächst auf formale Eigentümlichkeiten der Eingangsphrase hin-

---

59 Reventlow, 1961, S. 88; Kilian, 1963, S. 69. 83; auch Cholewinski, 1976, S. 65.

60 So aber Sun, 1989, S. 257.

61 So auch Elliger, 1966, S. 264.

62 So im Prinzip auch Elliger, 1966, S. 268-270; Cholewinski, 1976, S. 55-60.

zuweisen: Diese wird nicht, wie sonst in Lev 20 (Ausnahme V.19) mit der אשר איש-Phrase eingeleitet, sondern mit der Formulierung איש או אשה[63]. Dem entspricht die isolierte Stellung der Sequenz ganz am Ende des Textes Lev 20. Deshalb nehmen wir an, dass es sich bei dieser Sequenz um einen späteren Nachtrag handelt[64].

4.4. Ergebnis: Formulierung unserer redaktionskritischen Hypothese: Lev 20 und die priesterliche Überbauungsschicht

An dieser Stelle ist darzulegen, wie wir das Ergebnis dieser Redaktionskritik in unsere im ersten Kapitel dieser Studie vorgetragene Hypothese bezüglich der Entstehung des Pentateuchs einordnen. Nach unserem dieser Studie zugrunde gelegten Modell stellt sich der Pentateuch im Wesentlichen als Ergebnis von zwei aufeinanderfolgenden Kompositionsprozessen dar. Dabei handelte es sich bei der Priesterschrift um eine ergänzende und korrigierende priesterliche Überschreibung eines selbstständigen, vorpriesterlichen (Proto)-Pentateuchs. Bringen wir dieses Modell mit dem Ergebnis unserer Redaktionskritik zusammen, so liegt die Folgerung auf der Hand: Die eine umfassende Redaktion, die im Wesentlichen für die Gestalt von Lev 20 verantwortlich ist, gehört in den Zusammenhang der großen priesterschriftlichen Überarbeitung des Pentateuchs.

Wir fassen unsere Sicht von der Entstehung von Lev 20 noch einmal zusammen: Zunächst existierten drei getrennte Einzelüberlieferungen, nämlich eine 4er-Reihe (V.11*.12*.13*.15*) und zwei einzelne Gesetzespaare (V.17*.18* sowie 20*.21*). Diese wurden jeweils getrennt überliefert und hatten dementsprechend eine eigene Geschichte, bevor sie in einen größeren Gesamttext verschmolzen. So wurde diese 4er-Reihe nach und nach um 10*.14*.16* ergänzt. Die Gesetzespaare 17*.18* und 20*.21* wurden hingegen unter Einfügung von V.19* zu einer zusammenhängenden Sammlung verbunden. Eine Spur dieser Bearbeitung findet sich in den Wendungen עונו ישא (17g), עונם ישאו (19c) und חטאם ישאו (20c). Die Vereinigung der zum Block 10*-16* angewachsenen, ursprünglichen 4er-Reihe mit dem bis jetzt entstandenen Block 17*-21* erfolgte durch eine umfassende Redaktion, die für das Gros des Textes von Lev 20 verantwortlich ist. Wir nehmen an, dass es sich bei dieser Redaktion um dieselbe handelt, die für die priesterliche Überbauungsschicht des Gesamtpentateuchs verantwortlich ist. Ihren literarischen Charakter hatten wir als korrigierende, ergänzende und vor allem kommentierende Überschreibung eines vorpries-

63 Sun, 1989, S. 258, hält dies zu Recht für ein Indiz für einen späten Ursprung dieser Sequenz.

64 Zu demselben Ergebnis kommt aufgrund der isolierten Stellung der Sequenz auch Kornfeld, 1952, S. 42.

terlichen Proto-Pentateuchs beschrieben. Diese Redaktion verband die Blöcke 10*-16* und 17*-21* und stellte diesem neu entstandenen Katalog die Sequenz V.9 voran.

Die Redaktion hinterließ in diesem Mittelabschnitt ihre noch heute zu erkennende Spur in den konstatierenden Wendungen: ערות ... גלה (11b.17f.20b.21c), תבל עשו (12c), תועבה עשו שניהם (13b) זמה הוא (14b), חסד הוא (17d) und schließlich נדה הוא (21b). Zudem dürften die Sätze 14d.15c.16b dieser Redaktion angehören. Die Redaktion umschloss nun den Mittelabschnitt mit einer Rahmung (V.7-8.22-26), stellte die Sequenzen V.2b-5b.6 dem Ganzen voran und versah den so entstandenen Text mit der Einleitungsformel V.1a.2a. Für diese Redaktion ist typisch, dass sie den Text Lev 20 mit Blick auf und zur Einfügung in einen ihr offensichtlich bereits vorliegenden Text eines (Proto-)Pentateuchs formulierte und komponierte: So wurde durch die konstatierenden Wendungen innerhalb des Mittelabschnittes ein Bezug zu den Verboten in Lev 18 hergestellt. Ebenfalls eine Aufnahme aus Lev 18 stellt die Warnung vor dem Molechkult (2b-5 b vgl. Lev 18,21) dar[65]. Als Einzelthema ist aus Lev 19 die Warnung vor dem Befragen von Toten- und Wahrsagegeistern (6a-c; vgl. Lev 19,31) übernommen. Die Abfolge entspricht der in Dtn 18,9-14, woraus man mit einiger Sicherheit schließen kann, dass der Redaktor auch diesen Text im Blick hatte[66]. Dies bestätigt wiederum die These der priesterlichen Überschreibung eines vorpriesterlichen Pentateuchs. V.24a-c spielt auf frühere Landverheißungstexte an[67], V.25a-26c stellt eine Verbindung zu Lev 11,44f. her[68]. Schließlich trug eine spätere Redaktion die Sequenz V. 27 nach, wodurch die Gesamtkomposition Lev 20 abgerundet wurde. Weitere „subpriesterliche" Nachträge liegen in 17bc.18bd.19b vor.

---

65 Man beachte, dass sowohl Lev 18,21 wie 20,2-5 den Molechkult mit der Entweihung des göttlichen Namens zusammenbringen.

66 So Cholewinski, 1976, S. 279-283; ihm folgend auch Otto, 1994a, S. 240-241.

67 Eerdmans, 1912, S. 95, denkt etwa an Ex 13, 5.

68 Vgl. dazu z. B. Blum, 1990, S. 322-324.

5. Die Sequenzen in ihrer ursprünglichen Form und der Bedeutungsgehalt ihrer Formeln

5.1. Formgeschichtliche Überlegungen zu den Ursequenzen und ihren Formeln

5.1.1. Formgeschichtliche Einordnung der Ursequenzen

Nach unserer redaktionsgeschichtlichen Untersuchung bestand der früheste noch rekonstruierbare Kern von Lev 20 aus drei verschiedenen Reihen: Es handelt sich dabei um eine Viererreihe, deren Sanktionen jeweils mit der מות יומת-Wendung gebildet sind, um eine Zweierreihe, deren Sanktionen jeweils ונכרתו als Prädikat haben sowie um eine weitere Zweierreihe, deren Sanktionen jeweils ערירים enthalten. Wir geben noch einmal für jede Gruppe von Sequenzen ein Beispiel[1]:

13	[A]	איש אשר ישכב את־זכר משכבי אשה
	[B]	מות יומתו
	[C]	דמיהם בם
18	[A]	אש אשר ישכב את־אשה דוה
	[B]	ונכרתו שניהם מקב עמם
20	[A]	איש אשר ישכב את־דדתו
	[B]	ערירים ימתו

Bereits in ihrem Urbestand sind die Sequenzen als geschlossene Einheiten zu bewerten. Jede dieser Sequenzen schildert in ihrer Einleitung [A] einen Sachverhalt, dem jeweils eine Sanktion [B] korrespondiert. Auf die mit מות יומת gebildete Sanktion folgt regelmäßig noch die Blutschuldformel [C]. Jede Einleitungsformel besteht aus einem einpoligen Nominalsatz mit dem Satzkern איש. Dieser ist durch einen mit אשר eingeleiteten Attributsatz näher bestimmt. Bei dem bzw. den dieser Satzfügung folgenden Sätzen handelt es sich daher jeweils um einen syntaktisch selbstständigen Satz. Der Sequenzeinleitung kommt dabei die Funktion einer Art Überschrift für die gesamte folgende Einheit zu. Sie schildert den jeweiligen Sachverhalt. Die Sequenzeinleitung richtet sich auf eine potentielle Zukunft: Das Eintreten des Sachverhaltes wird folglich als möglich, doch nicht

---

1 Der Reihe nach handelt es sich um die Sequenzen 13*.18*.20*.

als gewiss angesehen. Damit eröffnet die Sequenzeinleitung eine mögliche Welt[2]. Sanktion wie eventuell auch die Blutschuldformel gelten nur in dieser möglichen Welt. Die Sequenz setzt folglich „kein Kausalverhältnis, sondern ein Rechtsverhältnis“[3]: Sie bezieht sich auf die mit der Tat in die Welt gekommene Tatsphäre[4].

Alt hat die erste Gruppe der hier dargestellten Sequenzen, bei denen die Sanktion mit der מות יומת-Wendung gebildet wird, für ein Bruchstück einer größeren מות יומת-Reihe gehalten und diese mit anderen Formen einer besonderen, spezifisch israelitischen Rechtsgattung zugewiesen, nämlich dem von ihm so bezeichneten „apodiktischen Recht“[5]. Zu diesem zählte er neben dieser von ihm postulierten Reihe vor allem auch die in der zweiten Person formulierten Ge- und Verbote[6]. Das „apodiktische Recht“ stellte er dem „kasuistischen Recht“ entgegen. Alt zufolge wäre das israelitische Recht demnach durch den Dualismus zweier Rechtsgattungen, nämlich einem apodiktischen und einem kasuistischen Recht, geprägt gewesen.

Das kasuistische Recht ist durch den konditionalen, unpersönlichen Stil gekennzeichnet. Ein mit כי eingeleiteter Vordersatz stellt einen Sachverhalt dar. Dieser wird häufig durch weitere, in der Regel mit אם eingeleitete, Unterfälle genauer bestimmt. In der folgenden Apodosis wird dann auf diesen so definierten Fall eine Rechtsfolge bezogen. Solche Kasuistik tritt geballt im Zentrum des Bundesbuches auf (Ex 21,1-22,16). Als Sitz im Leben dieses Rechtskorpus ist der Schulbetrieb[7], näher: die Ausbildung von königlichen Beamten[8], zu vermuten, die dadurch in die Tradition des altorientalischen Rechts eingeführt werden, bzw., wie wir vermuten, in das auf genaueste Falldifferenzierung des jeweiligen konkreten Lebenssachverhaltes aufbauende juristische Denken eingeübt werden

---

2 Der von uns gebrauchte Begriff „mögliche Welt“ stammt u. W. ursprünglich von Leibniz. Jedoch gebrauchen wir diesen Begriff nicht streng in dessen Sinne. Denn nach Leibniz kennt Gott kraft seiner Weisheit alle möglichen Welten; wählt kraft seiner Güte die beste aller dieser möglichen Welten und schafft kraft seiner Allmacht diese, d. h. er lässt diese beste aller möglichen Welten Wirklichkeit werden (vgl. Leibniz, 1968, S. 276). In unserem Zusammenhang ist es aber gerade nicht Gott, der die mögliche Welt Wirklichkeit werden lässt, sondern es ist der einzelne Mensch.

3 Schulz, 1969, S. 77.

4 Auf die im TNK vorherrschende Vorstellung einer schicksalswirkenden Tatsphäre hat zuerst Koch, 1955, S. 1-42, aufmerksam gemacht: Seine Grundthese war, „daß das Schicksal des Menschen durch seine Tat entschieden wird“. (Zitat auf S. 7)

5 Gerstenberger, 1993a, S. 10, weist darauf hin, dass der Begriff „apodiktisch“ in Bezug auf die Form von Ex 21,12.15-17 zum ersten Male bei Baentsch, Das Bundesbuch (1892, S. 27ff.) auftaucht. Ob Alt jedoch den Begriff des apodiktischen Rechtes von dort übernahm, bleibt unklar.

6 Alt, 1934, besonders S. 320.

7 Vgl. Schwienhorst-Schönberger, 1990, S. 256-268.

8 Vgl. Knauf, 1994, S. 230-231.

sollten. Ein direkter Bezug zur Rechtspraxis, etwa als rechtsverbindlichem Gesetzbuch in unserem Sinne, war jedoch nicht intendiert[9].

Auch die in Lev 20 herausgearbeiteten Ursequenzen weisen Merkmale des kasuistischen Rechtes auf, nämlich die formal mögliche Gliederung in Protasis und Apodosis sowie der neutrale Stil. Von daher fehlte es nicht an Versuchen, die im Pentateuch belegten, mit partizipialer oder relativischen Protasis und mit מות יומת als entsprechender Apodosis gebildeten Satzfügungen auf die Seite des kasuistischen Rechts zu stellen. Wir wollen, ohne Vollständigkeit anzustreben, einige typische dieser Ansätze skizzieren:

So unterschied Kornfeld[10] innerhalb des TNK unterschiedliche Formen kasuistischen Rechts, wobei sich jeweils die eine aus der anderen Form entwickelt habe. Die Grundform sei durch ihre mit כי als erstem Wort gebildete Einleitung charakterisiert und entspreche den uns in *den* Rechtskorpora des Alten Orients häufig begegnenden kasuistischen Rechtsfällen[11]. Die zweite Form sei spezifisch in Israel ausgebildet worden und dadurch entstanden, dass die כי איש-Wortfolge zur איש כי-Phrase umgedreht worden sei[12]. Durch Weiterbildung des איש כי zum אשר איש sei die Relativform entstanden: Als Grund für diese Umbildung gab Kornfeld an, „daß man weniger den objektiven Tatbestand sondern die Bedeutung der Person skizzieren wollte“[13].

In eine ähnliche Richtung deutet die Position von Gese[14]. Er setzt zunächst die Hypothese Alts von einer im TNK fragmentarisch erhaltenen מות יומת-Reihe voraus. Über diese urteilt er dann: „Die sprachliche Form dieser Reihe erweist sich aber als verkürzende Nachahmung einer Konditionalsatzperiode, d. h. der kasuistischen Rechtsformulierung ... Die komplizierte syntaktische Struktur der Sätze der מות יומת-Reihe ist also nur als Mischform zu verstehen: kasuistische Rechtssätze werden in diesem besonderen Fall umgestaltet, indem sie poetischen bzw. liturgischen Formen angepaßt werden.“[15]

Fohrer[16] hält die Sätze der auch von ihm angenommenen מות יומת-Reihe für „kasuistisches Recht in apodiktischer Formulierung“[17]. Diese zunächst in sich widersprüchlich erscheinende Beschreibung erklärt sich durch einen von ihm postulierten, mehrstufigen Entwicklungsprozess: Dabei geht er von der von ihm als ursprünglich bzw. „primär“ angesehenen Reihe Lev 18,7-17a aus. Diese Reihe habe dann einige Abwandlungen erfahren. Als Etappen dieser Entwicklung nennt Fohrer Ex 20,1-17; 34,14-26 als sekundäre, Lev 19,3-12; Ex 23,10-19 als tertiäre und Lev 19,13-18 als quartäre Reihe. Schließlich sei die apodiktische Formulierung samt ihrer charakteristischen Reihenbildung in einer quinären Stufe, nämlich in der מות יומת-Reihe, noch für einen

---

9 Das häufig beobachtete Auseinanderfallen der altorientalischen Gesetze und der rekonstruierbaren tatsächlichen Rechtsgebräuche (vgl. z. B. Boecker, 1984, S. 46-47) zeigt, dass diese Gesetze keine absolute Rechtsbindungswirkung im Sinne unserer Gesetze hatten. Auf dieses Problem einzugehen ist hier jedoch nicht der Ort.

10 Kornfeld, 1952, S. 33-53.

11 Kornfeld, 1952, S. 33-35.

12 Kornfeld, 1952, S. 40.

13 Kornfeld, 1952, S. 44.

14 Gese, 1960, Sp. 147-150.

15 Gese, 1960, Sp. 148f.

16 Fohrer, 1969, S. 144 -147.

17 Fohrer, 1969, S. 146.

weiteren Zweck benutzt worden, nämlich „für die kurze eindrückliche Zusammenfassung von kasuistischen Rechtsfällen“[18].

Diese Versuche müssen jedoch letztendlich als gescheitert betrachtet werden. Gerade wegen der stereotypen Reihenbildung, die Fall an Fall, aber nicht Fall an Gegenfall reiht, und wegen der damit zusammenhängenden immer gleichen Sanktion anstelle einer differenzierenden, stets an der konkreten Konstellation orientierten Rechtsfolge, kann diese Gattung nicht zur Kasuistik gerechnet werden. Es handelt sich hier in der Tat um eine eigenständige Gattung. Prinzipiell richtig, wenn auch von der bereits von Alt postulierten (und von uns abgelehnten) מות יומת-Reihe her denkend, formuliert dementsprechend auch Boecker:

„Das alles zusammengenommen läßt kaum einen anderen Schluß zu, als daß hier doch ein anderes Rechtsverständnis vorliegt als in den kasuistischen Rechtssätzen. Während der kasuistische Rechtssatz ursprünglich auf einen geschehenen Rechtsfall zurückgeht, diesen rechtlich einordnet und beurteilt, ergehen die Sätze dieser Rechtsreihe völlig unabhängig vom Geschehen eines konkreten Rechtsfalls. Hier wird ein Rechtsfall allgemein und grundsätzlich beschrieben. All die vielfältigen Besonderheiten, die jedem konkreten Fall anhaften und auf die der kasuistische Satz nach Möglichkeit eingeht, bleiben hier unberücksichtigt. Diese Rechtssätze markieren eine Grenze, die man nicht überschreiten darf. Sie stecken einen Lebensraum ab. Es sind Grenzbestimmungen.“[19]

Damit gelangen wir zu einer noch schärferen Abgrenzung: Geht es im kasuistischen Rechtsfall um Interessenausgleich und Regulierung bei bereits eingetretenen Schäden durch Rechtsgutverletzungen, so geht es hier um Verhinderung der Übertretung von ethischen Normen. Geht es im Falle des kasuistischen Rechts um Differenzierung im Interesse eines gerecht und billig erscheinenden Schadensausgleichs, so geht es im Falle der apodiktischen Rechtssätze gerade um undifferenziertes und eindeutiges Ziehen von Grenzen des menschlichen Verhaltens innerhalb einer bestimmten sozialen Gruppe.

Aufzeigen von Grenzen und Verhinderung der Übertretung von ethischen Normen hatten, wie Gerstenberger[20] gezeigt hat, auch die in der zweiten Person formulierten Ge- und Verbote zum Ziel. Somit erscheint diese Art von gebietenden und verbietenden Texten eine größere Nähe zu unseren Sequenzen zu haben als zu den kasuistisch formulierten Rechtssätzen. Dem entspricht auch deren Thematik: So schützten in Lev 18 Prohibitive denselben Rechtskreis wie die Sequenzen in Lev 20, nämlich den Rechtskreis der Familie[21]. Zusammenfas-

---

18 Fohrer, 1969, S. 146.

19 Boecker, 1984, S. 170.

20 Gerstenberger, 1965.

21 Problematisch ist dabei die Einordnung der Homosexualität, Sodomie sowie der Verkehr mit einer menstruierenden Frau, da hier – zumindest nach unserem Verständnis – familiäre Rechtsgüter nicht direkt bedroht zu sein scheinen. Wagner, 1972, S. 29, spricht bei diesen Fällen von einem Schutzbedürfnis der Gesellschaft. Dass im Übrigen, wie Elliger, 1955, S. 249, völlig zu Recht feststellt, in Lev 18 in seiner Jetztgestalt der Schutz der Großfamilie

send kann man also sagen: Die Sequenzen in Lev 20 drücken in ihrer Grundform jeweils eine Grenze aus, deren Überschreitung eine Sanktion, oder besser, das einer solchen Sanktion Verfallensein nach sich zieht[22].

Liedke[23] weist nun darauf hin, dass hinter einer solchen Grenzziehung eine Autorität zu vermuten ist, die die Grenze festlegt. Ausgehend von erzählendem Material gelangt er zu dem Schluss, dass stets die höchste Autorität eines Rechtskreises einen apodiktischen Rechtssatz erlässt: Dieser „regelt die Beziehungen von Angehörigen des Rechtskreises untereinander, indem er die Aktionen der einen gegen die anderen in gewisse Grenzen weist, deren Überschreitung unter die Rechtsfolge Tod gestellt wird"[24]. Als derartige oberste Autoritäten erschienen der König, der Priester Jojada, Heerführer, Familienväter, der Stämmebund bzw. einzelne Stämme sowie JHWH selbst[25].

„Aus diesen Stellen ergibt sich deutlich der Unterschied zwischen kasuistischen und apodiktischen Rechtssätzen. Während der kasuistische Rechtssatz konzentrierter und abstrahierender Bericht eines Rechtsverfahrens ist und hinter ihm nur die Autorität des Einverständnisses aller Beteiligten steht, ist der apodiktische Rechtssatz von der höchsten Autorität eines Rechtskreises gesetzt. Nicht ein Präzedenzfall wird ‚erzählt', nach dem man sich, wenn ein ähnlicher Fall eingetreten ist, richten kann, sondern: bevor der ins Auge gefaßte Tatbestand sich ereignet hat, wird von der übergeordneten Autorität des Königs, Heerführers usw. die Rechtsfolge festgesetzt. So begrenzt ein Übergeordneter mit dem apodiktischen Rechtssatz den Aktionsradius der ihm Untergeordneten; der apodiktische Rechtssatz markiert diese Grenze und bestimmt die Folge ihrer Überschreitung."[26]

Wir folgen dieser Ansicht von Liedke, wollen aber in Bezug auf die Sequenzen der Vorlagen von Lev 20 eine kleine Ergänzung anbringen: Die hier sanktionierten möglichen Handlungen werden gewohnheitsrechtlich verworfen. Homosexualität, Sodomie, Inzest[27] wie auch die in den späteren Erweiterungen der Sequenzreihen genannten Verfehlungen wie Ehebruch und Elternfluch werden von den Rechtsgenossen als nicht der Norm entsprechend abgelehnt. Es han-

---

ganz in den Hintergrund tritt, und es stattdessen um den Schutz der Gemeinde in ihrer Kultfähigkeit geht, ist an diesem Punkt unserer Untersuchung selbstverständlich nicht beachtenswert. Vielmehr betrachten wir ja gerade die einzelnen, von ihrem Kontext isolierten, Prohibitive.

22 Gut zu diesen Gedanken passt auch die Formulierung von Otto, 1994, S. 32, wenn er von der „Vermeidung des Normenbruchs durch die Generalprävention im Todesrecht" spricht.

23 Liedke, 1971, S. 120-127.

24 Liedke, 1971, S. 121.

25 Vgl. die Aufstellung bei Liedke, 1971, S. 121-124.

26 Liedke, 1971, S. 124-125.

27 Wobei jedoch jeweils kulturbedingt definiert wird, welche sexuelle Beziehung als inzestuös anzusehen sei. So zeigt z. B. Kornfeld, 1952, S. 110-118, dass die Geschwisterehe, welche ja nach Lev 18,9; 20,17 als Inzest galt, im antikem Orient, wohl aufgrund endogamer Wurzeln, durchaus verbreitet war. Darüber hinaus ist an den Inzestreihen erkennbar, wo die Grenze zwischen Familie und Gesellschaft verlief.

delt sich jedoch nicht um universale, d. h. gemeinorientalische Normen. Vielmehr gab es regionale Unterschiede, was und was nicht normgemäß war[28]. Die Ablehnung bestimmter Verhaltensweisen bedarf zunächst keiner Begründung, sondern ist für die jeweilige Gemeinschaft von vornherein evident. Die Rechtsgemeinschaft erkennt das als Recht und richtig an, was sich in ihren Augen bewährt hat. Das gute Recht ist alt und das alte Recht ist gut[29]. Dieses Recht war historisch gewachsen und lebte im Bewusstsein der Rechtsgemeinschaft[30]. Damit ist die von Liedke erkannte oberste Autorität keinesfalls frei in ihrer rechtsschöpferischen Tätigkeit. Vielmehr bringt diese Instanz die hier ausgesagten, evidenten Normen lediglich neu und expressis verbis zur Geltung[31].

5.1.2. Die einzelnen Sanktionen

5.1.2.1. Die Wendung מות יומת

Auch bei der Beurteilung dieser Wendung steht die Forschung ganz in der Nachfolge von A. Alt. In seiner Studie über die Ursprünge des israelitischen Rechts behandelte er, wie bereits erwähnt, auch die von ihm postulierte יומת מות-Reihe. Diese rechnete er zur disparaten Gattung seines apodiktischen Rechts und vermutet deshalb ihren Sitz im Leben (und damit den Sitz im Leben dieser Formel) in der kultischen Rezitation am Laubhüttenfest in jedem siebenten Jahr[32]. Zugleich aber nahm Alt an, dass diese Reihe, war sie erst einmal vorhanden, auch Grundlage einer konkreten Rechtsfindung war. Von daher erwar-

---

28 Otto, 1996, 322-330, zeigt dies am Beispiel der Homosexualität unter Männern. So kann sowohl für Mesopotamien wie für Ägypten beobachtet werden, dass manche Dokumente diese Form von Homosexualität als ethisch vertretbar ansahen, andere Urkunden jedoch nicht.

29 Dazu vgl. Bühler, 1977, S. 7f., Horn, 2001, Rn 28.

30 Es stellt sich die Frage nach den Ursachen dieser Verschriftlichung. Eine Antwort ist die, dass, ausgehend vom Gewohnheitsrecht, die Schreiberschulen begannen, ihre Schüler auszubilden und im Verfahren der Entscheidung einzuüben (vgl. z. B. Otto, 1989, S. 181-183). Im weiteren Verlauf bildete sich daraus eine Rechtsgelehrsamkeit aus. Dennoch erscheint es notwendig, nach weiteren Ursachen dieses Prozesses zu forschen. So stellt sich z. B. die Frage, ob, und wenn ja, welche sozialen und wirtschaftlichen Faktoren zu einer Verschriftlichung des Gewohnheitsrechts führten. Dies kann in dieser Studie nicht geleistet werden. Hier ist aber zu beachten, dass es in unserem Falle nicht um „Kasuistik" geht.

31 Eine andere Möglichkeit bestände darin, dass diese oberste Autorität vom Gewohnheitsrecht ausgehend versucht, dieses analog zu erweitern. Das heißt, ein neuer Sachverhalt wird als analog zu den bekannten und anerkannten Normen vorgeschlagen. Es ist aber zu beachten, dass dies dann nur ein Vorschlag sein kann, da nur das Recht ist, was in der Gemeinschaft letztlich als Recht anerkannt wird. Auch dies kann leider hier nicht weiter ausgeführt, sondern nur angedeutet werden, und muss in einer eigenen Untersuchung überprüft werden.

32 Alt, 1934, S. 324-328.

tete er, dass die in dieser Reihe angedrohte Todessanktion auch vollzogen worden sei:

> „Über den Vollzug dieser Strafe sagen die apodiktischen Sätze in ihrer Urform natürlich nichts; aber so viel ist ja schon nach ihrem Inhalt klar, daß es grundsätzlich die Sache der ganzen Volksgemeinschaft Israels sein muß, wenn er auch praktisch normalerweise in den Händen der einzelnen Rechtsgemeinde liegen wird. Das bestätigen denn auch die Zusätze zu mehreren der Bruchstücke im Heiligkeitsgesetz, indem sie – gewiß in Übereinstimmung mit dem ursprünglichen Sinn der Formel ‚der soll vom Leben zum Tode gebracht werden' – als die gemeinte Todesstrafe ausdrücklich die Steinigung angeben, bei deren Vollzug sich jeder anwesende Volksgenosse als Vertreter der Gesamtheit aktiv zu beteiligen hat."[33]

Die meisten Ausleger sind Alt in der Weise gefolgt, dass sie entweder den einen oder den anderen von ihm vermuteten Sitz im Leben dieser Formel jeweils betont herausstellten. Deshalb sind manche Ausleger der Ansicht, die Formel מות יומת kündige eine von Menschenhand zu vollziehende Todesstrafe an. So nimmt V. Wagner[34] an, dass diese Wendung ihren Sitz im Leben in der forensischen Situation habe. Es handele sich dabei also um eine Urteilsformulierung:

> „Es bestehen also keine Bedenken, *mo□t ju□mat* als term. techn. für ein Todesurteil aufzufassen. In welcher Weise dieses Urteil vollstreckt werden soll, ist, wie bei der prägnanten Kürze der *mo□t-ju□mat*-Reihe auch nicht anders zu erwarten, nicht angegeben, doch auch in den stilistisch unvergleichbaren altorientalischen Rechtsquellen wird das Todesurteil sehr häufig nur in dieser Weise angedroht, ohne auf die Art und Weise näher einzugehen: ..."[35]

In gleicher Weise interpretiert auch H. Schulz diese Wendung. So glaubte er, ein aus dem Prohibitivrecht hervorgehendes Todesrecht rekonstruieren zu können. Die Wendung מות יומת habe ein Urteil ausgedrückt: „Das die Todesverfallenheit des Täters deklarierende ***môt jûmat*** hat mit einem Fluch nichts zu tun, sondern kündigt eine Rechtswirkung an und ist zu übersetzten: (der) ist dem Tode verfallen."[36] Bei der Wendung מות יומת handelt es sich nach Schulz also um nichts anderes als um ein Todesurteil in einem (kultischen) Gerichtsverfahren[37]. Dass

---

33 Alt, 1934, S. 313.

34 Wagner, 1972, S. 16-31.

35 Wagner, 1972, S. 27.

36 Schulz, 1969, S. 84.

37 An dieser Stelle können wir das von Schulz vorgetragene Modell eines aus dem Prohibitivrecht erwachsenen Todesrechts nicht umfassend darstellen. Zur Vollständigkeit sei deshalb lediglich bemerkt, dass Schulz versuchte, ein umfassendes Todesrecht zu rekonstruieren. Träger dieses Todesrechts seien die Ortsgemeinden mit ihrer Torgerichtsbarkeit gewesen. Musste die Rechtsgemeinde über Leben und Tod eines Menschen entscheiden, dann konstituierte sich die profane Rechtsgemeinde als eine kultische Rechtsgemeinde. Nur in der kultischen Rechtsgemeinde hätten Todesurteile ausgesprochen werden können (vgl. Schulz 1969, S. 128). In der Spätzeit habe sich dann ein kultisches Gerichtsverfahren herausgebildet, dessen Formular Schulz hinter Lev 18-20 vermutete (Schulz, 1969, S. 130-162). Diese Hypothese konnte sich in der Forschung nicht durchsetzten. Gerstenberger 1993a, S. 17, be-

die מות יומת-Sätze ihren Sitz im Leben in der normalen Rechtspflege gehabt hätten, nimmt auch Schottroff[38] u. a. aufgrund der redaktionsgeschichtlichen Überlegung an, dass nämlich die bereits im Bundesbuch zwischen konditionalen Rechtssätzen belegten מות יומת-Sätze wie diese „im Zusammenhang einer den Zwecken der Torgerichtsbarkeit dienenden Sammlung von Gewohnheitsrecht" ständen[39]. In die gleiche Richtung weist auch die Position Liedkes. Er nimmt an, dass es sich bei den mit מות יומת gebildeten Rechtsfolgebestimmungen um von Menschen zu vollziehende Strafen und keineswegs um Flüche handle[40].

Auf der anderen Seite stehen Autoren, die diese Wendung als Fluch und damit vor allem von einer kultischen Verwendung her verstehen wollen. Zu diesen zählt R. Kilian. Für seine Interpretation von מות יומת als Fluchformel führt er im Wesentlichen folgende Argumente an:

a) Die מות יומת-Reihe sei formgeschichtlich mit der ארור Reihe in Dtn 27 vergleichbar: Beide seien „zur Rezitation bei Kultfesten bestimmt, worauf schon allein Metrum und Gestalt als Reihe hinwiesen"[41].
b) Gegen eine Umschreibung eines forensischen Todesurteils durch die מות יומת-Wendung spräche, dass die Formel zu allgemein sei: Um welche Todesart es sich handle und wer eine solche Hinrichtung letztendlich zu vollstrecken habe, bliebe offen[42].
c) Für die wahrscheinliche Verwendung von מות יומת als Fluch sprächen hingegen vergleichbare, etwa aus der Zeit um 2000 v. Chr. stammende ägyptische Texte: So seien in Ächtungstexten aus der Zeit der 11. Dynastie eine Gruppe von Todesverwünschungen belegt. Auch bei diesen läge eine Reihenbildung vor, bei denen ein immer wiederkehrendes, mit der מות יומת-Wendung inhaltlich vergleichbares Glied vorkomme. Es handle sich dabei um eine *sḏmf*-Bildung zur Basis *mt*. Wegen des Kontextes der Ächtungstexte und wegen dem mit dem Ächtungsritual einhergehenden Zerschlagen von Tongefäßen sei davon auszugehen, dass es sich bei diesen Wendungen aus den ägyptischen Texten keineswegs um Todesurteile, sondern um Flüche handele.[43]

Von daher plädierte Kilian für die Interpretation der Wendung מות יומת als Fluchformel. Ebenfalls in diese Gruppe von Auslegern ist Reventlow mit seiner Vorstellung eines altisraelitischen, kultischen Rechts einzuordnen[44].

So nimmt Reventlow an, dass die מות יומת-Wendung ihren Ursprung und Sitz im Leben im kultischen Recht gehabt habe, das streng von der profanen Torgerichtsbarkeit zu unterscheiden sei. Die Wendung drücke einen kultischen Zuspruch zum Tode aus, d. h. sie beinhalte einen Fluch. Dahinter stehe „der Glaube an das geheimnisvoll frei strafend wirkende Tun des Heiligen"[45].

---

zeichnet dessen Exegese der für diese These relevanten Texte durch Schulz sogar als „ein extremes Beispiel für vorurteilsvolle Forschung".

38 Schottroff, 1969, S. 120-128.

39 Schottroff, 1969, S. 126-127; Zitat auf S. 127.

40 Liedke, 1971, S. 127.

41 Kilian, 1963a, S. 192.

42 Kilian, 1963a, S. 192.

43 Kilian, 1963a, S. 192-193.

44 Reventlow, 1963, S. besonders S. 285-297.

45 Zimmerli, 1954, S. 161, hier als Zitat bei Reventlow, 1963, S. 289.

Ein solcher Zuspruch zum Tode erfolge als ein deklaratorischer Akt, durch welchen ein potentieller Kultteilnehmer am Tempeltor seine Zulassung oder Ablehnung zum Kult zugesprochen bekommen habe. Nachdem der Kultteilnehmer durch einen Wahrspruch als צדק oder als רשע beurteilt worden sei, habe dieses Urteil dann unmittelbar in die Zusage von Leben und Tod gemündet.

Ein weiterer Sitz im Leben sei im gottesdienstlichen Leben zu suchen, „an dem durch einen bevollmächtigten menschlichen Vermittler dem Gerechten das Urteil zum Leben, dem Gottlosen das Urteil zum Tode gesprochen wurde“[46]. Ein dritter Ort dieser Wendung sei schließlich ein regelrechtes, fest mit dem Kultbetrieb verknüpftes, kultisches Gerichtsverfahren gewesen. Auch hier habe das Urteil aus einem Fluch bestanden, welcher, nach damaliger Vorstellung, gewiss durch die Gottheit erfüllt werden sollte. Dennoch rechnet Reventlow darüber hinaus auch mit der Möglichkeit eines sekundären menschlichen Strafvollzuges, in welchem der Betreffende getötet und dadurch der Fluch ergänzt worden sei.

Diese zugegeben etwas plakative Gegenüberstellung der Interpretation der Wendung מות יומת als Strafankündigung auf der einen und als Fluch auf der anderen Seite zeigt jedoch, dass beide Modelle nicht geeignet sind, eine angemessene Annäherung an den pragmatischen Gehalt der Formel zu ermöglichen. Denn da der archaische Mensch an die Wirkmächtigkeit des Wortes glaubte, ist der Fluch, ist er nur einmal ausgesprochen, auch wirksam. Von daher ist ein Fluch bezogen auf einen realen oder auf einen potentiellen Täter eben auch vor allem Strafe bzw. Strafandrohung, die gleichsam von selbst vollzogen wird. Ein derartiger Fluch braucht aber, dies ist gegen die Position von Reventlow einzuwenden, kein kultisches Recht. Vielmehr finden sich derartige Flüche, wegen ihrer Wirkmächtigkeit, auch und gerade im primär volkstümlichen Recht, nämlich wie Schottroff gezeigt hat, in der Sippenrache[47]. Zugleich ist aber die gegenteilige Ansicht, nach der diese Wendung lediglich eine Strafankündigung oder ein Urteil darstellt, das seinen Ursprung wie seinen Sitz im Leben in der profanen Gerichtsbarkeit hat, zu undifferenziert und impliziert, unseren Beobachtungen nach, die Vorstellung der Rechtsbindungswirkung von Urteilen in unseren modernen Rechtsystemen.

Wie, so müssen wir an dieser Stelle fragen, kann aber der Bedeutungsgehalt von מות יומת angemessen erfasst werden? Betrachten wir die sprachliche Struktur der Wendung, so handelt es sich um eine durch den Inf. abs. des Grundstamms derselben Verbbasis verstärkten 3. pers. m. Yiqtol der Wurzel מות im H-Stamm/pass. Durch die Stammesmodifikation erhält der gesamte Ausdruck passive Bedeutung. Von daher lautet die Übersetzung von מות יומת: „Er wird unbedingt getötet werden.“[48] Der damit verbundene Vorgang wird nicht kon-

---

46 Zimmerli, „Leben“ und „Tod“ im Buche des Propheten Ezechiel, 1957, S. 500, hier als Zitat bei Reventlow, 1963, S. 288.

47 Vgl. dazu Schottroff, 1969, insbesondere die knappe Übersicht der Ergebnisse seiner Untersuchung (S. 231-233).

48 Diese „neutrale“ Übersetzung liegt von daher nahe, da die masoretische Gestalt von מות יומת keine Unterscheidung einer Lang- und Kurzform und der damit jeweils verbundenen Bedeutungen erlaubt (vgl. Bartelmus, 1994, S. 81).

kretisiert. Wer und was hinter der Handlung steht, lässt sich aus der Formulierung nicht entnehmen. Dies kann entweder bedeuten, dass der damalige Sprecher der Formel sich nicht deutlicher auszudrücken brauchte, da seine Rezipienten alles Weitere bereits wussten, oder dass den Hörern möglichst viele Deutungsmöglichkeiten offen gelassen werden sollten, die sie dann je nach Situation (und gesellschaftlichen Regeln) ergreifen konnten.

Zunächst kann aus einigen Beobachtungen geschlossen werden, dass mit מות יומת eine von Menschen zu vollziehende Tötung umschrieben wird. So ist auf das Verständnis der priesterschriftlichen Redaktion von Lev 20 hinzuweisen: Hier wird der als Stilelement aus der Vorlage 10*-16* übernommene Satz יומת מות (2c) in 2d mit der Forderung spezifiziert, das Volk des Landes solle den Betreffenden steinigen. Auch konnten die Redaktoren der Reihe 10*-16* die Ursequenz 14* samt deren auffallender Sanktion, der Verbrennungsstrafe, anstelle der in den übrigen Sequenzen mit מות יומת gebildeten Sanktionen, so mit den übrigen Sequenzen in eine Reihe stellen, dass die Verbrennung ebenso als Spezifikation des מות יומת erscheint wie die Steinigung in 2d. Dies hatte zur Folge, dass in diesem Fall die מות יומת-Wendung überflüssig wurde. Dieser Beobachtung entspricht, dass die Wurzel מות innerhalb der Sequenz 2b-5b ausschließlich die menschliche Gemeinschaft als semantisches Subjekt hat (2d.4a)[49], während das Ausmerzen des betreffenden Täters eindeutig (1. pers. sg. JHWHs) stets durch JHWH erfolgt. Daraus ist zu schließen, dass die priesterschriftliche Redaktion, der die Komposition von Lev 20 zuzurechen ist, מות יומת von vornherein und selbstverständlich als eine von Menschen zu bewirkende Handlung verstand.

Ferner nennt Liedke[50] mit Recht Ex 21,29 und Num 35,9-34 als zwei Texte, in denen mit יומת מות eindeutig eine von Menschen zu vollziehende Todesstrafe umschrieben ist. Num 35,9-34 ist für uns von besonderem Interesse. Der Text, formell übrigens ähnlich wie Lev 20 eine von Mose den Israeliten auszurichtenden Gottesrede, handelt von der gesellschaftlichen Eindämmung der Blutrache im Falle der nicht vorsätzlichen Tötung eines Menschen. Der Text setzt Folgendes voraus: Wird ein Mann versehentlich oder vorsätzlich vom Angehörigen eines anderen Clans getötet, dann droht dem Täter die Blutrache, die der הדם גאל vollzieht[51]. Num 35,9-34 will die unbedingte Blutrache auf den Fall der vorsätzlichen Tötung einschränken. Zu diesem Zweck sollen Asylstädte ausgewählt werden, in die ein Täter fliehen kann. Dort untersucht die Gemeinde den Fall (V.11-15). Der Abschnitt V.16-24 schildert typische Beispiele, in denen das Ältestengericht der Stadt eine vorsätzliche Tötung annehmen soll. Der Täter ist dann ein Mörder, was mit einem deklaratorischen Urteil festgestellt wird: הוא

49 Vgl. auch unsere Strukturanalyse S. 74-78.

50 Liedke, 1971, S. 127.

51 Vgl. auch Scharbert, 1992, S. 136.

רצח[52]. An dieses Feststellungsurteil schließt sich die Tatfolgebestimmung יומת מות an. Die Bedeutung dieser Wendung liegt nun gerade nicht darin, dass die Gemeinde selbst zur Vollstreckung eines Todesurteils schreiten wird. Vielmehr besagt die Wendung nur, dass die Gemeinde den Täter nicht länger vor dem Bluträcher schützt, indem sie ihm Asyl gewährt. Der Bluträcher darf nun den aus der Stadt ausgewiesenen Täter töten, ohne selbst Straffolgen, d. h. doch wohl wiederum neue Blutrache, gewärtigen zu haben. Mit anderen Worten, die Formel drückt aus, dass der Betreffende einen Schutzanspruch für sein Leben verwirkt hat[53]. Dies zeigt auch der in V.22-29 behandelte Gegenfall, bei welchem nämlich das Ältestengericht zu der Erkenntnis gelangt ist, dass der Täter nicht vorsätzlich getötet hat und kein Mörder ist. Die Stadt muss in diesem Fall dem Betreffenden Asyl gewähren. Verlässt er jedoch die Stadt und damit den ihn schützenden Raum, so darf der Bluträcher ihn töten. Dies gilt aber nur bis zum Tode des gerade amtierenden Hohenpriesters. Nach dessen Tod darf der Täter nach Hause zurückkehren[54]. Das Recht des Clans auf Blutrache ist erloschen[55]. Die Formel מות יומת bezeichnet also eine Ausnahme von dem generellen Verbot, einen anderen Menschen zu töten. Von daher lässt sich auch die ihr eigene Unbestimmtheit erklären, die Kilian[56] als ein Indiz dafür wertete, dass mit der Formel ein Fluch ausgedrückt sei. Mit der Wendung wird keine feste, genau bestimmte Strafe ausgesprochen. Es wird kein Zwang ausgeübt. Vielmehr wird eine Art von Ausnahmeerlaubnis gegenüber dem Grundsatz der Unantastbarkeit des Lebens erteilt und so geduldet, den schuldig Gewordenen zu töten[57]. Auch die Person oder Personengruppe, der eine solche Tötung erlaubt ist, braucht

---

52 Vgl. auch Boecker, 1970, S. 137: „Ein gutes Beispiel liegt in Nu 35,16 (vgl. auch V.17.18.21) vor. Das Gesetz stellt fest, daß einer, der mit einem eisernen Gerät einen Menschen erschlagen hat, ein Mörder ist. Die deklaratorisch formulierten Worte רצח הוא sind wohl nach erfolgter Verhandlung abschließend vom Gerichtsgremium so ausgesprochen worden. Damit ist ein Urteil ausgesprochen. Es ist vor der Öffentlichkeit klargestellt, dass der Täter רשע ist. Zugleich ist die begangene Verfehlung bezeichnet."

53 Meiner Meinung nach fließt dieser Schutzanspruch aus dem gesellschaftlich allgemein anerkannten Grundsatz, keinen Menschen, oder doch zumindest keinen Menschen aus der eigenen sozialen Gemeinschaft, zu töten.

54 Macholz, 1972a, S. 170 Anm. 18, nimmt in Anschluss an Noth, ATD Num S. 221, an, dass die „hier vorausgesetzte Amnestie beim Wechsel im Hohenpriester-Amt ... ziemlich sicher einen entsprechenden Brauch beim Thronwechsel des Königs aufnehmen" dürfte.

55 Und somit ist auch die innerhalb des Clans anzunehmende Verpflichtung des für den Vollzug der Blutrache Ausersehenen, diese zu vollstrecken, ebenfalls erloschen (vgl. dazu Singer, 1991, Sp. 311, und Mühlmann, 1957; nach diesen beiden Autoren obliegt dem Bluträcher möglicherweise eine Pflicht gegenüber seinem Clan, die Blutrache auszuführen).

56 Kilian, 1963, S. 192.

57 Dies ist aus der Perspektive der Gemeinde zu verstehen, welche darüber zu entscheiden hat, ob der Täter aus der Stadt ausgewiesen und damit in die potentielle Gewalt des Bluträchers gegeben wird oder nicht. Ein anderes, hier nicht zu besprechendes Problem, bietet die Verpflichtung des Bluträchers zur Blutrache, die sich aus dem Innenverhältnis des Clans heraus ergeben könnte, dem der vom Täter Getötete zugehörig war.

dabei noch nicht genannt zu werden. Wichtig erscheint uns insbesondere, dass der Tod des Betreffenden nach Aussprechen der Formel zwar erfolgen kann, aber keineswegs erfolgen muss. Ziehen wir diese Linie aus, so gelangen wir zu der Annahme, dass es sich bei dem Aussprechen der Wendung מות יומת bzw. deren aktivischen Äquivalenten (מות תמות/מות ימות) um einen performativen Sprechakt handelt: Mit dem Aussprechen dieser Formel gelangt der Betreffende in die Sphäre des Todes. Und nur jemand, der dieser Todessphäre angehört, darf physisch getötet werden. Prägnant ausgedrückt wird der Betreffende allein durch das Aussprechen dieser Formel getötet. Ist die Formel ausgesprochen, dann ist derjenige, über den sie ausgesprochen wurde, in gewissem Sinn bereits tot, auch wenn er physisch noch am Leben ist. Wird er dann auch physisch getötet, dann wird nur das vollendet, was bereits geschehen ist. Diese Annahme erhärtet und konkretisiert die Erzählung in 1. Sam 14,24-46: Sie setzt damit ein, dass Saul seinen Heerbann unter einen Fluch gestellt hat:

„Verflucht sei jeder, der bis zum Abend etwas isst und bis ich mich an meinen Feinden gerächt habe.“ (1 Sam 14,24bα)

Aus Unkenntnis dieses Fluches nahm Jonathan dennoch Nahrung, nämlich etwas Honig, zu sich (V.24-30). Bei einer späteren Gottesbefragung erhielt Saul keine Antwort. Auf der Suche nach dem dafür Verantwortlichen ordnet er an:

„So wahr JHWH, der Retter Israels lebt, ja, wenn es sich um Jonathan, meinen eigenen Sohn handeln würde: Er muss unbedingt sterben. (כי חי־יהוה המושיע את־ישראל כי אם־ישנו ביונתן בני כי מות ימות).“ (V. 39)

Durch ein darauf folgendes Losorakel wird Jonathan als Schuldiger offenbart. Daraufhin wiederholt Saul die Todesankündigung (V.44), jetzt aber als direkte Anrede an Jonathan in der 2. pers:

„Gott möge mir dies und das antun: Unbedingt sterben wirst du, Jonathan. (כה־יעשה אלהים וכה יוסף כי מות תמות יונתן)“

Auch hier wird Jonathan ohne Wenn und Aber für todeswürdig erklärt. Ebenso ist aus dem situativen Kontext ersichtlich, dass eine nun mögliche Tötung von Jonathan als durch Menschen vollzogene Hinrichtung stattfinden könnte. Jedoch wendet sich mit V.45 das Geschehen: Hier nun greift der bislang sich passiv verhaltende Heerbann ein und nimmt zugunsten von Jonathan Partei:

„Soll Jonathan, der diese große Rettungstat in Israel getan hat, sterben? Dies sei ferne! So wahr JHWH lebt: Es soll keines von seinen Haupthaaren auf die Erde fallen. Denn mit Gott zusammen hat er heute gehandelt. Und das Volk löste Jonathan aus und so starb er nicht.“ (V.45)

Jonathan war also durch den Ausspruch der מות יומת-Formel bzw. deren aktiven Äquivalents todeswürdig geworden. Jedoch stellt die Reaktion des Volkes eine

Art actus contrarius dar: Saul hatte die Todesverfallenheit Jonathans mit einer bedingten Selbstverfluchung sakral bestärkt. Ebenso verleihen die Israeliten durch Anrufung Gottes ihrem Widerspruch gegen die Erklärung der Todeswürdigkeit Jonathans durch Saul Nachdruck. Aus dieser durch Saul erklärten Todesverfallenheit löst das Volk Jonathan kultisch aus (ויפדו העם את־יונתן)[58], so dass er nicht sterben musste[59]. An der Notwendigkeit einer kultischen Auslösung zeigt sich, dass Jonathan aufgrund der Wirkmächtigkeit des Wortes tatsächlich bereits der Sphäre des Todes verhaftet war. Spätestens mit dem Aussprechen des מות תמות יונתן war Jonathan also aus dem Bereich des Lebens heraus gefallen und dem Bereich des Todes verfallen. Wäre der Satz מות תמות יונתן lediglich als ein von Saul ausgesprochenes Todesurteil zu verstehen, wäre die kultische Auslösung durch den Heerbann nicht notwendig gewesen. Deutlich zu erkennen ist somit, dass es sich bei dem Aussprechen der Worte מות תמות יונתן um einen performatorischen Sprechakt handelt: In dem Augenblick, in dem diese Worte ausgesprochen werden, ist Jonathan zugleich dem Tode verfallen. Sprachliche Äußerung und außersprachliches Geschehen fallen also zusammen. Aus diesem Grunde musste Jonathan ausgelöst werden. Dabei geht es um ein Auslösen aus der Sphäre des Todes. Wie dies geschieht, können wir aus dem Text nicht erkennen[60]. Jedoch lässt sich folgern, dass durch die Aussprache des מות תמות der Betreffende in die Sphäre des Todes gerät, und ein Auslösen als actus contrarius notwendig, aber auch möglich ist, um den Betreffenden wieder aus dieser Sphäre in die des Lebens zurückzuholen.

Einige Beobachtungen zu den partizipialen Todessätzen des Bundesbuches (Ex 21,12.15-17)[61] können diese Überlegungen ergänzen. Niehr erläuterte einleuchtend, dass alle vier Sätze innerfamiliäre Übertretungen zum Gegenstand haben. Dementsprechend fallen sie, jedenfalls ursprünglich, in den Jurisdiktionsbereich des pater familias[62]. Wichtig für uns ist, dass, wie Niehr richtig erkannt hat, sie dort eine Art Ausnahmeregelung darstellen:

> „Es wird sogar dem Vater die Möglichkeit, den Sohn zu töten, eingeräumt, eine Möglichkeit, die eine Ausnahme in den rechtlichen Möglichkeiten eines pater familias darstellt, da sonst der Vater nicht ohne weiteres das Recht hat, über Leben und Tod seiner Kinder zu entscheiden."[63]

---

58 Vgl. dazu Stamm, 1993, Sp. 395.

59 Mit Recht nimmt auch Stolz an, 1992, S. 96, dass die Auslösung Jonathans durch das Volk eine kultische Handlung darstelle.

60 Vgl. auch Stamm, 1993, Sp. 395, über den Vorgang der Auslösung Jonathans durch den israelitischen Heerbann: „Wie das geschah, sagt der Text nicht; so bleibt offen, ob ein Mensch – ein Israelit oder ein Kriegsgefangener – oder ein Tier geopfert wurde. Eine Auslösung durch Geld kommt für diese frühe Zeit dagegen kaum in Betracht."

61 Bei Ex 21,13-14 handelt es sich, hier nur der Vollständigkeit halber erwähnt, um sekundäre Einschübe (vgl. dazu Schwienhorst-Schönberger, 1990, S. 38-41).

62 Niehr, 1987, S. 44-46, anders Otto, 1994, S. 32, der hier von einer „Struktur der alternierenden Anordnung von innerfamiliarem und interfamiliarem Recht" spricht.

63 Niehr, 1987, S. 45.

Wir müssen von unserem Ansatz her die Aussagen Niehrs geringfügig korrigieren und ergänzen. Im Gegensatz zu den vorausgehenden Fällen in den Texten Num 35 und 1. Sam 14 geht es hier um einen potentiellen Täter: Diesem wird a priori durch die מות יומת-Wendung die Todeswürdigkeit zugesprochen. Wenn richtig ist, dass der pater familias in der Regel nicht über das Leben seiner Kinder entscheiden kann, so ergibt sich die mit diesen partizipialen Todessätzen gesetzte Ausnahme dadurch, dass von vornherein der Täter durch das apriorische מות יומת, das wirksam wird, wenn er die entsprechende Tat ausführt, todeswürdig wird und der Todessphäre anheim fällt. Nur unter dieser Bedingung darf der pater familias zur Tötung eines seiner Kinder schreiten, weil es durch das Begehen einer die Todeswürdigkeit verursachende Tat auch todeswürdig wurde und tatsächlich bereits der Sphäre des Todes verfallen war. Tötet der pater familias unter dieser Voraussetzung dann tatsächlich das betreffende Familienmitglied, so manifestiert er nur das, was schon eingetreten ist.

Fassen wir unsere Interpretation der Bedeutung der Wendung מות יומת zusammen: Wir sind der Auffassung, dass die Wendung die Zugehörigkeit eines Menschen zur Sphäre des Todes ausdrückt. Dabei kommt dem Aussprechen dieser Wendung die Qualität eines performatorischen Sprechaktes zu: Der Betreffende ist, wird diese Formel über ihn gesprochen (oder in ihrem aktivischem Äquivalent ihm direkt zugesprochen), tatsächlich in die Sphäre des Todes gelangt. Er ist, auch wenn er noch physisch am Leben ist, bereits tot. Dieser Zustand als faktisch Toter muss aber nicht irreversibel sein: So konnte der israelitische Heerbann Jonathan wieder in das Leben zurückholen, indem er ihn kultisch auslöste. Auch kann die Sphäre des Todes lokalisierbar sein. Dies war in Num 35,8-34 zu beobachten: Außerhalb der Stadt war derjenige, der einen Menschen eines anderen Clans getötet hatte, im Bereich des Todes; dort, aber nur dort, hatte der Bluträcher auf dessen Leben Zugriff. So bedeutete die für den Mörder geltende Tatfolge מות יומת, dass er die Stadt verlassen musste. Ein Beweis für die Richtigkeit dieser Theorie ergibt sich daraus, dass auch derjenige, dem Asyl gewährt wurde, weil er eben kein Mörder war, außerhalb der Stadt vom Bluträcher getötet werden durfte, ohne dass der Bluträcher durch diese Tat selbst zum Mörder wurde. Schließlich, so lehrte uns Num 35, kann die Todesverfallenheit auch zeitlich begrenzt sein. Denn nur bis zum Ablauf einer bestimmten Zeit, d. h. bis zum Tode des amtierenden Hohenpriesters, war das Land außerhalb der Asylstadt für den betreffenden Täter Todesbereich. Nach dem Tode des Hohenpriesters durfte er die Asylstadt verlassen und nach Hause zurückkehren. Interessant ist schließlich, dass die Todesverfallenheit auch für Taten, die in einer potentiellen Zukunft liegen, angekündigt werden kann. Dies sahen wir an den partizipialen Todessätzen des Bundesbuches. Ist die dort beschriebene Tat verwirklicht, tritt zugleich die Todesverfallenheit des Täters ein, und zwar allein kraft dessen, dass sie in den Todessätzen für den Fall der entsprechenden Handlung angekündigt worden war. Durch seine Tat überschreitet der Täter selbst die Grenze des Bereiches des Lebens und gelangt infolgedessen in den Bereich des Todes. Dasselbe gilt aber selbstverständlich auch für die einschlägigen Sequenzen in Lev 20. In allen diesen Fällen ist also der Betreffende faktisch tot, auch wenn er noch lebt. Das bedeutet, dass, wird er dann auch physisch getötet, nur endgültig vollzogen wird, was ja schon Wirklichkeit ist, nämlich der Tod des Betreffenden. Wichtig ist also, dass hinter der Wendung יומת מות ein Todesverständnis steht, das sich insofern von unserem unterscheidet, dass es nicht allein und vordringlich auf den physischen Tod abstellt.

5.1.2.2. Die כרת-Formel

Innerhalb der Vorlage 17*-21* finden sich u. a. folgende zwei Sanktionen: עמם ונכרתו לעיני בני (17*) sowie ונכרתו שניהם מקרב עמם (18*). Beiden Sanktionsformulierungen gehören zu einer Reihe von in verschiedenen Varianten belegten Wendungen, die wir wegen des für sie charakteristischen Prädikats כרת als כרת-Formel bezeichnen können[64]. Diese Formel ist zu beschreiben als die Verbindung der Wurzel כרת mit einem Separativausdruck (מן, מקרב, מתוך bzw. ersatzweise לעיני) und der Angabe des Bereiches, aus dem der Betreffende ausgemerzt werden soll. Bei der Analyse der Formel können wir auf die entsprechende Untersuchung dieser Formel durch Zimmerli innerhalb seines Aufsatzes „Die Eigenart der prophetischen Rede des Ezechiel“[65] zurückgreifen und deren Ergebnisse, soweit sie für unsere Studie relevant sind, als Grundlage unserer Folgerungen übernehmen. Zunächst schließen wir aus den Belegen, dass die Formel aus dem Bereich priesterlicher Tradition stammt: So findet sich, wie die gleich folgende Auflistung zeigen wird, die Wendung ausnahmslos entweder im priesterlichen Textbereich oder (zumindest einmal) bei dem in priesterlicher Tradition verhafteten Ezechiel[66]. So nimmt es nicht Wunder, dass der Bereich von Vergehen, der durch diese Formel sanktionierend abgegrenzt ist, zum überwiegenden Teil dem Sakralrecht angehört[67]:

1) Unterlassen der Beschneidung (Gen 17,14)
2) Übertreten der Passaordnung (Ex 12,15.19; Num 9,13)
3) Herstellung und Verwendung von heiligem Salböl und Räucherwerk durch Nichtbefugte (Ex 30,33.38)
4) Übertreten des Sabbatgebotes (Ex 31,14)

---

64 Die Formel wird auch als Ausrottungsformel (so Kutsch, 1984, Sp. 858) oder Bannformel (so Zimmerli, 1954, S. 19) bezeichnet. Da dies aber bereits eine Interpretation beinhaltet und eine solche unsere Untersuchung erst erbringen soll, halten wir es für korrekt (vgl. Richter, 1971, S. 101), die Formel neutral nach dem regierenden Lexem zu benennen. So gelangen wir zur Bezeichnung כרת-Formel.

65 Zimmerli, 1954, S. 148-177.

66 Ez 14,8; vgl. aber auch Ez 14,13.17.19.21.

67 Zur Aufstellung vgl. Zimmerli, 1954, S. 163-164; Hasel, 1984; Sp. 362.

5) Essen von Opferfleisch durch einen Unreinen (Lev 7,20.21)
6) Essen vom Fett des Opfers (Lev 7,25)
7) Essen vom Blut des Opfers (Lev 7,27)
8) Essen vom Opferfleisch am dritten Tage (Lev 19,8)
9) Götzendienst (Lev 20,3.5.6; Ez 14,8f.)
10) Verletzung eines Ehetabus durch Heirat mit der Schwester (Lev 20,17)
11) Sexueller Verkehr mit einer Frau während ihrer Menstruation ((Lev 20,18)
12) Annäherung an die heiligen Opfergaben im Zustand der Unreinheit (Lev 22,3)
13) Keine Enthaltsamkeit am großen Versöhnungstag (Lev 23,29)
14) Unterlassen der Reinigung durch einen Unreinen (Num 19,13.20)
15) Gotteslästerung durch vorsätzliches Übertreten der Gesetze JHWHs (Num 15,30.31)

Zumindest das letzte Glied in der Liste, nämlich das Nichtbeachten der Tora JHWHs, zeigt, dass die von Zimmerli vertretene Beschränkung dieser Gebote ausschließlich auf den sakralrechtlichen Bereich nicht haltbar ist[68]. Der Bedeutungsgehalt der Formel liegt zunächst darin, dass der Betreffende aus seiner Gemeinschaft ausgemerzt wird. Dies zeige sich, so Zimmerli, deutlich dort, wo anstelle des Separativausdruckes מן die prägnanteren Ausdrücke מקרב, מתוך verwendet würden:

„Die vollere Fassung des Separativausdruckes bringt eine wertvolle Interpretation der Formel. Das Weggeschnittenwerden ist danach nicht nur ein Weggedrängtwerden des von der Strafe Bedrohten von einem Rande, an dem er sich schon vorher befunden hatte, sondern das Herausgetanwerden aus einer Mitte, in der er weilte."[69]

Hier stellt sich die Frage, was man sich unter einem solchen Kreis vorzustellen habe. Zimmerli zeigt eine interessante Entwicklung auf: So nimmt er als ältesten erkennbaren Typ der Wendung die Aussage ונכרתי הנפש ההוא מעמיה an. Dabei identifiziert er den mit עמים bezeichneten Kreis als Kultkreis der Sippe. Im Laufe der geschichtlichen Entwicklung sei dann der Gedanke des Bundesvolkes durch Ersetzung von עמים durch die singularische Fassung עם[70] in diese Formel eingedrungen. Schließlich habe dann der Begriff עם durch ישראל[71] und den noch stärker das religiöse Moment pointierenden Begriff עדת ישראל[72] bzw. הקהל מתוך[73], ersetzt werden können. „Die schönste Interpretation aber bietet wohl die Stelle Lev 22,3, wenn sie ebenfalls im Munde Jahwes das מעמי ersetzt durch ein מלפני ‚*Ich schneide ihn heraus aus dem Raume vor meinem Angesicht.*' Israel, die Gemeinde, ist der Raum, der vor dem Angesicht Jahwes ist"[74].

---

68 Ähnlich auch Hasel, 1984, Sp 362.
69 Zimmerli, 1954, S. 166.
70 Lev 18,29; 20,17.18; 23,30; Num 15,30.
71 Ex 12,15; Num 19,13.
72 Ex 19,12.
73 Num 19,20.
74 Zimmerli, 1954, S. 167.

Es ist hier weiterzufragen, was man sich konkret unter einem solchen „Herausgetanwerden" vorzustellen hat. Für Zimmerli bedeutet die Karat-Formel

> „eine Bannformel, die ausdrückt, daß ein Mensch aus der Nähe Gottes ausgeschlossen und damit dem Verderben übergeben ist. Denn ‚Leben' ist nur vor ‚Gott'. Die Bannaussage aber besagt das Hinausgetan-Sein aus dem Lebenskreis ‚vor Gott' heraus aus der Kultgemeinschaft der Sippe, heraus aus der Gemeinschaft des Bundesvolkes Israel. Dort draußen wird Gott sein Gericht an ihm wirksam werden lassen. Die Formel besagt jedoch nicht als solche schon, daß der also Ausgeschlossene von den anderen Gliedern der Kultgemeinde auch physisch vernichtet werden muß. ... Die einzige Aktivität der Gemeinde, die auf jeden Fall erwartet wird, ist auch hier der Ausschluß aus der Mitte der gottesdienstlich Gott nahen Gemeinde. Das Strafgericht draußen dagegen ist Sache Gottes."[75]

An späterer Stelle werden wir diese letzte Aussage Zimmerlis differenzierend und ergänzend korrigieren müssen. Der Vollständigkeit halber wollen wir an dieser Stelle aber bereits unsere Ergebnisse in Bezug auf die für die priesterschriftliche Schule typische Umformulierung dieser Wendung kurz referieren, um so die Differenz unseres Standpunktes gegenüber der Position Zimmerlis darzulegen. Eindeutig ist, dass es sich bei der unpersönlichen, passiven Formulierung um die ältere Variante der Formel handelt[76]. Wahrscheinlich bezeichnete diese Formelvariante zunächst den Ausschluss aus einer Familien- oder Sippenkultgemeinschaft[77]. Dieser Ausschluss erfolgte durch eine für den jeweiligen Kult zuständige Person. So können wir vermuten, dass es sich im Falle des Familienkultes wohl um den pater familias oder um ein anderes Familienmitglied gehandelt haben könnte. Häufig dürfte bei wohlhabenden Familien ein Priester oder Levit zuständig gewesen sein[78]. Ein Ausschluss erfolgte bei der Übertretung bestimmter Tabus. Trat dieser Fall ein, so schloss der Priester den Betreffenden aus, eben weil er diese Tabus übertreten hatte. Ein solcher Ausschluss dürfte jeweils aus sich heraus evident gewesen sein und bedurfte von daher zunächst keiner weiteren Reflexion und Rechtfertigung. Die aktivische Formulierung setzt dagegen eine solche dezidiert theologische Reflexion voraus. Dabei ist wichtig, dass die aktivische Formulierung nicht, was prinzipiell auch möglich gewesen wäre, mit dem G-, sondern mit dem H-Stamm/akt. gebildet wird. Dabei schwingt zunächst eine kausative Bedeutung mit: „Ich (JHWH) veranlasse, dass der Betreffende aus der Mitte seines Volkes ausgemerzt wird." D. h. der für den Kultausschluss zuständige Priester führt diese Maßnahme, von JHWH direkt dazu veranlasst, durch. Schließlich kann die aktivische Formel am Ende der

---

[75] Zimmerli, 1954, S. 168-169.

[76] So auch Zimmerli, 1954, S. 165-166.

[77] Somit auch Zimmerli, 1954, S. 166-167.

[78] Als ein Hinweis dafür könnte Ri 17,5 dienen: Micha gründet einen Hauskult und macht zunächst einen seiner Söhne zum Priester. Erst später gelingt es ihm, einen Leviten als Priester zu verpflichten (Ri 17,7-13). Vgl. zur Ausstattung des Familienkultes auch Weippert, 1990, S. 154.

Entwicklung auch als direktes Aktiv rezipiert, d. h. so verstanden werden, dass JHWH den Betreffenden aus seiner Gemeinde ausschließt, ohne dass dies nach außen hin sichtbar wird, und ohne dass ein menschlicher Ausschluss aus der Gemeinde erfolgt. Auch wenn der davon Betroffene äußerlich noch zur Gemeinde gehört, so ist er doch vor JHWH außerhalb dieser Gemeinde, fern vom lebenserhaltenden Kult. Dort wird dann Gott sein Strafgericht an ihm vollstrecken. Für das spätere Judentum ist diese Vorstellung als Vorstellung der sog. „Karat-Strafe" belegt, die vor allem in einem vorzeitigen, von Gott als Strafe bewirktem Tod besteht[79]. Dies bedeutet aber, und insofern müssen wir Zimmerli hier ergänzen, erst den Endpunkt der Entwicklung des Verständnisses dieser Formel. Die Bedeutung eines Ausschlusses aus der Kultgemeinschaft primär durch JHWH ist hingegen nicht der ursprüngliche Sinngehalt dieser Formel. Diese Hypothese werden wir im folgenden Kapitel dieser Untersuchung noch ausführlich begründen.

5.1.2.3. Die Sanktion ערירים ימתו und ערירים יהיו

Beide Belege der Wendung dürften trotz terminologischer Abweichung ימתו und יהיו ungefähr auf dieselbe Bedeutung hinauslaufen. Kinderlos sterben bedeutet, das lehrt die Parallelität der Sanktionsankündigungen von 20*.21*, kinderlos zu bleiben, d. h. zum Zeitpunkt seines Todes ohne Kinder zu sein[80]. Damit bedeutet es das genealogische Ende. Folge davon ist Abbruch der familiären Linie und fehlende Versorgung im Alter durch die eigenen Nachkommen[81] sowie ausbleibende Totensorge. Dabei ist eindeutig, dass es sich hier nicht um eine von Menschen bewirkte Strafe handeln kann. Auch stellt sich diese Strafe erst langfristig ein. Von daher können beide mit dieser Sanktion gebildeten Sequenzen keinesfalls als forensisch anwendbare Sätze zu verstehen sein. Diese Strafe bleibt vielmehr immer einer übernatürlichen Macht überlassen.

---

[79] Vgl. die Nachweise bei Zimmerli, 1954, S. 169; Levine, 1989, S. 241.

[80] So auch die ganz allgemeine Meinung: Vgl. Kornfeld, 1952, S. 121; Reventlow, 1961, S. 87; Kilian, 1963, S. 76; Elliger, 1966, S. 276; Rücker, 1973, S. 73; Gerstenberger, 1993, S. 274.

[81] Vgl. Ruwe, 1999, S. 237f.

5.2. Der kulturanthropologische Hintergrund: Der „soziale Tod" als Interpretationsrahmen der Sanktionen

Mit Hilfe der Kulturanthropologie wollen wir versuchen, zu einem umfassenderen und genaueren Verständnis der in Lev 20 aufgeführten Sanktionen zu gelangen. Der amerikanische Bibelwissenschaftler Bruce Malina rechtfertigt die Übernahme von Ergebnissen der allgemeinen Kulturanthropologie damit, dass beim Übersetzen eines biblischen Textes dieser wie eine Gruppe von Menschen aus ihrer in die heutige Zeit hineingeholt und belauscht werde. Eine Übersetzung allein reicht aber zu einem wirklichen Verstehen eines Textes nicht aus. Auch die übrigen, in der einschlägigen Einführungsliteratur zur biblischen Exegese genannten Methoden helfen nur bedingt, den „Graben der Geschichte" zu überwinden. Nur wenn wir diesen Graben ernst nehmen, der zwischen den damaligen Menschen und uns Nachgeborenen klafft, kann es uns gelingen, annähernd zu bestimmen, was diese Menschen sagen wollten.

Der einzige Weg, so Malina, um „Fehldeutungen zu vermeiden, besteht darin, daß wir die Kulturen, aus denen die uns fremden Schriften stammen, verstehen, genauso wie wir uns unserer eigenen Kulturgeschichte bewußt sind und uns gleichzeitig klarmachen, daß Kulturgeschichten vermutlich sehr unterschiedlich sind. Auf diese Weise können wir jene Fremden verstehen, die wir belauscht haben, und wir können versuchen uns vorzustellen, auf welches Verhalten sie anspielen."[82]

Eine solche Ergänzung der Exegese durch die Einbeziehung der Ergebnisse der Kulturanthropologie ist aufgrund der Erfahrungen, die wir im bisherigen Verlauf dieser Untersuchung gemacht haben, notwendig. Erinnern wir uns nur daran, dass wir, ganz entgegen unserem heutigen Verständnis von Gesetz, akzeptieren mussten, dass den altorientalischen Gesetzen keineswegs eine Rechtsbindungswirkung zukam. Dasselbe scheint auch für den Vorgang zu gelten, den wir gewöhnlich als Urteil bezeichnen. Von daher erscheint es unangemessen, wie z. B. H. Schulz oder V. Wagner, davon zu sprechen, bei der Wendung מות יומת habe es sich um ein forensisches Urteil gehandelt. Diese Beispiele führen uns deutlich vor Augen, wie sehr wir bei der Interpretation von Texten fremder Kulturen die Unterschiede zwischen jenem und unserem Wirklichkeitsverständnis, zwischen jener und unserer Kultur, im Blick behalten müssen. Deshalb erscheint es uns gerade hier wichtig, nach dem kulturellen Hintergrund der Menschen zu fragen, die diese Sanktionen aussprachen.

Malina benutzt in seiner Arbeit als Bezugsrahmen für das Verständnis der Menschen des Neuen Testaments die mediterrane Kultur des 1. Jh. v. Chr. Für unsere Fragestellung liegen die Dinge etwas anders, da wir uns in erster Linie mit einer Grundkonstante menschlicher Existenz, nämlich mit der existentiellen Erfahrung von Leben und Tod, zu befassen haben. Für diese Grundkonstante

82 Malina, 1993, S. 25.

des menschlichen Daseins hat Hasenfratz ein Modell vorgelegt, welches einen von uns prinzipiell anderen Umgang mit der Erfahrung des Menschen von Leben und Tod zu beschreiben sucht. Dieses Modell, das in seinem Kern den Tod als ein sozio-lokales, nicht aber als biologisch-medizinisches Phänomen begreift, glaubt Hasenfratz auf alle archaischen Gesellschaften anwenden zu können. Dementsprechend ziehen wir mit ihm den Graben der Geschichte allgemeiner so, dass wir von der Unterscheidung des archaischen von unserem modernen Denken ausgehen.

Im Anschluss an V. Maags Studie „Unsühnbare Schuld“ beschreibt Hasenfratz Leben und Tod also nicht als ein medizinisch-naturwissenschaftliches, sondern als sozio-lokales Phänomen. Seine Grundthese lautet: Für den archaischen Menschen ist Leben gleich Gemeinschaft und dementsprechend Tod Trennung von der Gemeinschaft[83]. Dies bedeutet aber, dass Menschen dann, wenn sie nicht mehr als zur Gemeinschaft gehörig betrachtet werden, tot sind, auch wenn sie biologisch noch leben, während andererseits Menschen, die bereits tot sind, aufgrund des Umstandes, dass sie noch zur Gemeinschaft gerechnet werden, als Lebende gelten. Diese für uns zunächst unverständlich erscheinende Auffassung erinnert uns an die Beobachtungen, die wir bei der Untersuchung der Wendung מות יומת und ebenso bei der כרת-Formel machten. Dies bedarf einer Erklärung. Diese leisten wir am besten dadurch, dass wir uns zunächst die wichtigsten hinter dieser archaischen Definition von Leben und Tod liegenden kulturanthropologischen Voraussetzungen bewusst machen:

a) Der archaische Mensch zeichnet sich durch eine kollektive Mentalität aus. Darunter verstehen wir eine Lebensanschauung, bei der sich der Mensch im Wesentlichen als Glied einer Gemeinschaft versteht, nicht aber als individuelle Persönlichkeit. Daraus folgt ein Gefühl der engen Zusammengehörigkeit von Lebenden und Toten sowie ein Gefühl des Ungeschiedenseins von Körperlichem und Geistigem[84].
b) Die Wirklichkeit der Menschen wird im Wesentlichen als dualistisch empfunden: Die Wirklichkeit zerfällt demnach in Ordnung und Chaos.
aa) Ordnung wird immer als der Bereich empfunden, den die eigene Gemeinschaft bebaut und bewahrt. Nur in diesem so geordneten Bereich ist Leben möglich. Jenseits dieses Bereiches liegt der Bereich des Chaos, der Unordnung, der Un-Welt und des Todes. Somit ist der Ordnung das Leben, dem Chaos der Tod zugeordnet[85].
bb) Dabei ist die Grenze zwischen Kosmos und Chaos nicht nur eine lokale, sondern vor allem auch eine soziale Grenzziehung: Jeder nicht zur eigenen Gemeinschaft Gehörende gilt als Vertreter des Chaos[86].
cc) Die Grenzen zwischen Ordnung und Chaos sind nicht fest, sondern müssen stets neu bewahrt werden. Auf der einen Seite droht das Chaos immer wieder die Ordnung zu verschlingen,

---

83 Hasenfratz, 1982, S. 11.
84 Hasenfratz, 1982, S. 5.
85 Hasenfratz, 1982, S. 11.
86 Hasenfratz, 1982, S. 13.

auf der anderen Seite versucht die Gemeinschaft, schöpferisch tätig zu sein, d. h. dem Chaos immer wieder ein Stück Ordnung abzugewinnen[87].

Für unsere Untersuchung ist zunächst die Aussage wichtig, wonach die Grenze zwischen Chaos und Kosmos und damit zwischen Leben und Tod vor allem eine soziale Grenze ist. Somit stellt sich die Frage, wie eine soziale Trennung eines Menschen von der Gemeinschaft erfolgen kann. Neben freiwilliger und unfreiwilliger räumlicher Entfernung vom Gebiet der Gemeinschaft[88] kommt vor allem die Möglichkeit in Betracht, dass jemand aufgrund eines Normbruchs aus der Gemeinschaft ausgesondert wird[89]. Dem entspricht unsere Beobachtung, dass die Einleitungsformeln der Sequenzen, also diejenigen Sätze, die den jeweiligen Tatbestand beschreiben, nach unserer sprachlichen Analyse eine potentielle Zukunft ausdrücken. Wir hatten dies so interpretiert, dass wir sagten, diese Sequenzen beschrieben eine mögliche Welt. Das bedeutet aber, dass alle die der jeweiligen Sequenzeinleitung folgenden Sätze immer dann Gültigkeit besitzen, immer dann wirklich sind, wenn der in der Einleitungsformel beschriebene Tatbestand verwirklicht wurde. Dies passt nun gut mit dieser These zusammen, dass derjenige, der eine bestimmte Norm übertritt, gewissermaßen sich selbst aus der Gemeinschaft begeben hat. Damit, und dies drückt der Satz מות יומת aus, befindet sich der Betreffende in der Sphäre des Todes. Er ist für die Gemeinschaft gestorben. Im Falle von Jonathan in 1. Sam 14 sah man deutlich, dass das Volk Saul nicht einfach widersprechen konnte. Es verhält sich also gerade nicht so, wie etwa Niehr[90] sagt, dass Sauls Jurisdiktionsgewalt als Führer des Heerbannes nicht unbegrenzt und am Widerstand des Volkes gescheitert sei. Vielmehr war Jonathan durch einen Tabubruch (Bruch des Fastens), wenn auch unabsichtlich, was hier aber offensichtlich keine Rolle spielte, in den Bereich des Todes geraten. Dabei spielte auch die Wirkmächtigkeit des performatorischen Wortes eine Rolle. Wichtig ist aber, dass das Volk Saul eben gerade nicht einfach widersprechen konnte, sondern vielmehr Jonathans Leben wieder *auslösen* musste. Im Falle der Gesetze bezüglich der Eindämmung der Blutrache, Num 35,9-34, machten wir eine weitere Beobachtung, die sich ebenfalls mit dem kulturanthropologischen Modell des sozialen Todes gut verträgt. Wir stellten fest, dass die מות יומת-Wendung, von der richtenden Lokalaristokratie der jeweiligen Asylstadt ausgesprochen, bedeutete, dass der Betreffende die Asylstadt zu verlassen hatte, und ihn der Bluträcher nur außerhalb dieser Asylstadt töten durfte. D. h. jeder Bereich außerhalb der zuständigen Asylstadt ist für den Mörder der Bereich des Todes. Dort ist er vogelfrei, wenn auch nur begrenzt vogelfrei, d. h. der Berechtigte, aber auch einzig und allein er, darf dort den Betreffenden töten.

---

87 Hasenfratz, 1982, S. 12.

88 Vgl. Hasenfratz, 1982, S. 34-36.

89 Vgl. Hasenfratz, 1982, S. 37-58.

90 Niehr, 1987, S. 68.

Zugleich aber bedeutet die Wendung מות יומת, dass jeder Betreffende nicht mehr zu den Lebenden zählt, sondern in Wirklichkeit bereits sozial tot ist. Hier erklärt sich nun auch die am Ende der in der entsprechenden Vorlage von Lev 20 vorkommenden מות יומת-Sequenzen regelmäßig anzutreffende Abschlusswendung דמיהם בם. Diese Wendung drückt die Gewissheit aus, dass die vollstreckte Blutrache rechtens war, d.h. dass sie sich an gesellschaftlich evidente Normen gehalten hat und somit der Bluträcher selbst keine neue Blutrache zu befürchten hat[91]. Wir nehmen an, dass im Falle, dass ein Berechtigter die Blutrache im gesellschaftlich erlaubten Rahmen vollzogen hat, es gesellschaftlich allgemein anerkannt war, dass diese Tötung keine neue Tötungsverpflichtung hervorrief. An diesen Belegen zeigt sich, dass auch die israelitische Gesellschaft Mechanismen entwickelte, damit die Blutrache die Gesellschaft nicht in einen Zirkel der unkontrollierten Gewalt führte. Eine solche Begrenzung der Blutrache ist deshalb geboten, da sonst die Möglichkeit einer Selbstvernichtung der Gesellschaft durch einen ununterbrechbaren Kreislauf der Blutrache bestünde[92]. Die Gewissheit, dass das Blut, das der Bluträcher vergießt, keine neue Blutschuld, und damit keine neue Blutrache, hervorruft, ergibt sich dadurch, dass derjenige, den er tötet, nach archaischem Verständnis ja schon tot ist. Denn durch seine Handlung, durch die er sich außerhalb der Gemeinschaft, des Kosmos stellte, begab sich der Betreffende ja selbst gewissermaßen automatisch in den Bereich des Chaos, der Un-Welt, des Todes, und zwar, ohne dass irgend jemand noch etwas dazu tun musste. Hinzu kam die Aussprache des מות יומת als performatorischem Sprechakt. Aufgrund der Wirkmächtigkeit des Wortes ist derjenige, über den diese Formel gesprochen wurde, schon tot, auch wenn er rein physisch betrachtet noch lebt. Wir sahen dies deutlich bei der Erzählung 1. Sam 14,24-46. Deshalb vollzieht der Bluträcher eigentlich gar keine Tötung mehr. Vielmehr macht er manifest, was ehedem schon wirklich ist. Er tötet im Sinne dieser Vorstellung ja nur einen Toten. Ebenso bestätigt sich die Wahrheit dieses Modells an den partizipialen Todessätzen des Bundesbuches Ex 21,12.15-17. Wir hatten gezeigt,

91 Feucht, 1964, S. 149-159; Koch, 1962, S. 396-416; Elliger, 1966, S. 275; Gerlemann, 1984, Sp. 449-450. Letztendlich ist auch Wenham, 1979, S. 279 dieser Meinungsgruppe zuzurechnen: Er glaubt, die Formel enthalte eine Rechtfertigung der Verhängung der Todesstrafe gegenüber dem Täter: "The phrase occurs only in Ezek. 18:13; 33:5 and in this chapter ... apparently in justification of the death penalty in these cases. It seems to be equivalent to the commoner phrase 'his blood shall be on his head'... If a man breaks such a law, he does so knowing the consequences, and therefore cannot object to the penalty imposed." Diese Erklärung ist zu modern gedacht, da sie unser Verständnis vom Individuum voraussetzt, welches vielleicht das Kennzeichen unserer modernen Welt ist. Andere Ausleger hingegen (so Bertholet, 1901, S. 71; der Sache nach wohl auch Rabast, 1948, S. 39; Reventlow, 1960, S. 311-327; Gerstenberger, 1993, S. 268) sehen in dieser Formel eine eigene Strafankündigung oder gar ein Urteil.

92 Tatsächlich, so zeigt überzeugend Girard, 1992, ist ein Hauptproblem aller Gesellschaften, die jeder menschlichen Gemeinschaft innewohnende Gewalt so zu begrenzen, dass die jeweilige Gesellschaft sich dadurch nicht selbst zerstört.

dass diese Sätze eine Art Ausnahmetatbestand darstellen, welche Konstellationen angeben, unter denen die Jurisdiktion des pater familias sich auch auf die Tötung eines seiner Kinder erstreckt. Hier liegt ein mit den מות יומת-Sequenzen aus Lev 20 vergleichbarer Fall vor. Diese Sätze legen in erster Linie eine Grenze des Verhaltens fest, deren Überschreiten mit der Sanktion מות יומת bedroht ist. Wird diese Grenze wirklich überschritten, so liegt hinter ihr das Chaos, die Todesverfallenheit. In diesem Falle ist es dem pater familias, weil der Täter zu seinem Rechtskreis gehört, erlaubt, den Betreffenden zu töten. Man kann im Übrigen aufgrund der Erzählung von 1. Sam 14,24-46 annehmen, dass, soll der Betreffende nicht mehr dem Bereich des Todes angehören, vielleicht dem pater familias ebenfalls eine Möglichkeit zur Verfügung stand, den Betreffenden kultisch wiederum aus der Todesverfallenheit zu lösen[93]. Wie groß die Wahrscheinlichkeit dieser Möglichkeit ist, wagen wir aber nicht zu entscheiden.

Fassen wir nun diese Überlegungen zusammen, so zeigt sich, dass das von Hasenfratz ausgearbeitete Modell des sozialen Todes ein sinnvolles, tieferes Verstehen der מות יומת-Wendung ermöglicht. Die Wendung sollte also weder als Fluch noch als Strafankündigung interpretiert werden. Näher kommen wir dem tieferen Bedeutungsgehalt etwa, wenn wir diese Formel mit der mittelalterlichen Friedloserklärung vergleichen. Auch diese Erklärung stand, wie Hasenfratz an den totenkultischen Ritualen und Rechtsvorstellungen der Friedloserklärung, der Reichsacht zeigte[94], mit der Vorstellung des sozialen Todes, nicht mit dem mit dem biologischen Tod zusammenfallenden Personentod in Beziehung. Dennoch darf man die Reichsacht und den Bedeutungsgehalt des מות יומת selbstverständlich nicht einfach gleichsetzten. Ein ausführlicher Vergleich zwischen beiden Instituten würde jedoch die Möglichkeiten dieser Studie überschreiten, so dass wir davon Abstand nehmen müssen. Auf einen Vergleichspunkt wollen wir jedoch hinweisen, dass nämlich in beiden Fällen ein biologisch lebendiger Mensch aufgrund der Durchbrechung gesellschaftlicher Normen gesellschaftlich ähnlich wie ein Verstorbener behandelt wird. Und dies hat zur Folge, dass es prinzipiell auch erlaubt ist, ihn physisch zu töten[95].

---

93 Zumindest für den Fluch als Mittel der inner- und interfamiliaren Rache belegt dies ja Ri 17,1-2: Den Fluch, den die Mutter wegen des gestohlenen Silbers ausstößt – und der, wie wir nun erkannt haben, selbstverständlich wirkmächtig ist –, macht sie in dem Moment, in dem sie erfährt, dass ihr eigener Sohn sie bestohlen hat, durch einen Segen unwirksam, damit den Sohn nicht die Unheilswirkung des Fluches treffe.

94 Hasenfratz, 1982, S. 42-45.

95 Dass im Übrigen im Kulturkreis des TNK soziale Abgrenzung und Tötung/Vernichtung in großer Nähe gesehen werden, zeigt Schäfer-Lichtenberger 1994; 1996, im Zusammenhang mit ihrer Deutung des Begriffs חרם. Sie kritisiert, dass dieses Wort zumeist mit Bann oder Vernichtungsweihe übersetzt wird. Die ursprüngliche Bedeutung dieses Begriffs, wohl schon gemeinsemitisch, sei wohl „Abgrenzung". So bedeute חרם in Ex 22,19 Ausschluss aus der Gemeinschaft der JHWH-Verehrer. Auch in Dtn 7 und an vergleichbarern anderen Stellen dürfe חרם nicht a priori mit Tötung gleichgesetzt werden. Vielmehr sei von der ganzen

In der Vorstellung des archaischen Menschen ist der Begriff des Kosmos nicht nur auf die soziale Ordnung beschränkt. Vielmehr besteht, worauf V. Maag[96] aufmerksam gemacht hat, ein Zusammenhang zwischen der Ordnung der Welt, empfunden als der Bereich der eigenen Gemeinschaft, und aller Ordnung, die als göttlich geordnete Wirklichkeit empfunden wird. Dementsprechend kommt der Kult als integrativer Teil dieser Ordnung in den Blick:

a) „für ein urtümliches Existenzempfinden läßt sich die Sozialordnung nicht von den übrigen Ordnungen trennen. Die Ordnung, die innerhalb des Sozialkörpers gilt, ist nach archaischem Verständnis keine andere als die, die sich auch im vegetativen, im klimatischen und im astralen Bereich manifestiert. Sozialordnung ist nur ein Teilgebiet oder eine Erscheinungsform der Ordnung schlechthin.“

b) Zum Kosmos gehört auch der Kult als Teil dieser urgesetzten Ordnung.

Seine Funktion liegt zunächst darin, das Fortbestehen des Kosmos zu gewährleisten. „Kult hält nach Überzeugung der meisten sedentären Religionen die Weltordnung in Gang und erneuert sie aus deren eigenen Kräften je und je. Ganz offensichtlich ist dies bei den großen jahreszeitlichen Kultbegehungen wie Neujahrsriten u. ä.“[97]

c) Eine weitere wichtige Funktion des Kultes besteht darin, den Menschen in diese Urordnungen einzugliedern.

aa) So geschieht dies bei den initiatorischen Kulten: Der Mensch wird durch die dafür vorgesehenen kultischen Handlungen in die Urordnung von Leben und Weltganzem eingegliedert[98].

bb) Eine ähnliche Funktion kommt dem Sühnekult zu: Ist der einzelne Mensch durch schuldhaftes Handeln aus der Ordnungswelt hinausgefallen, so wird er durch den Sühnekult wieder eingeordnet. Somit entspricht der Sühnekult dem Initiationskult. Ging es diesem um die Ersteingliederung des Menschen in die Weltordnung, d. h. um die Ersteingliederung in das Leben, so geht es im Sühnekult um die Wiedereingliederung des aus dieser Ordnung gefallenen Einzelnen in die Gemeinschaft und damit in das Leben[99].

Daraus folgt zunächst, dass der Normbruch, der den Betreffenden zunächst aus der Ordnungswelt ausgegliedert hat, durch Sühnehandlungen ausgeglichen werden kann, so dass der Betreffende nicht aus dem Bereich des Lebens fällt. Damit hat ein Normbruch nur dann die Konsequenz der Ausstoßung aus der Gemeinschaft als dem Bereich des Lebens, wenn die Schuld nicht gesühnt werden

---

Bedeutungsvielfalt des Begriffes auszugehen, die von der Tötung bis zum sozialen Kontakt- und Verkehrsverbot reiche (1994, S. 275).

96 Maag, 1966, S. 93-96.

97 Maag, 1966; beide Zitate S. 93.

98 Ein u. E dafür eindrucksvolles Beispiel lässt sich im Anschluss an Hasenfratz, 1982, S. 3-4, zeigen: Bekanntermaßen wird in archaischen Gesellschaften das neugeborene Kind vom Vater rituell in die Gemeinschaft der Familie aufgenommen, indem es z. B. einen Namen erhält, vom Vater vom Boden aufgehoben wird usw. Erst dann wird es unter die Lebenden gerechnet. Unterlässt der Vater diese rituell-kultische Aufnahme, so gilt das Kind als verstoßen und kann ausgesetzt werden, so dass es umkommt, falls es kein mitleidiger Passant aufnimmt (vgl. auch Le Bonniec, 1994, Sp 1031). Ein derartiges Aussetzen des Kindes wäre wohl dann nicht möglich, wenn es, nach dem Verständnis jener Gesellschaften, zugleich mit der biologischen Geburt zu leben begänne.

99 Vgl. Maag, 1966, S. 94.

kann oder wenn es der Betreffende unterlässt, die Schuld zu sühnen[100]. Die Folgen dieser ungesühnten Tat beschreibt Maag folgendermaßen:

„Wo aber die heilende Sühne unmöglich ist, da bleibt nur eine letzte bittere Konsequenz zu ziehen: der für die Ordnungswelt Verlorene muß nun auch äußerlich aus dieser weggeschafft, gleichsam als Fremdkörper aus ihrem Organismus entfernt werden. Dies wird durch die Hinrichtung des Verbrechers oder durch seine Verstoßung aus der Land- und Volksgemeinschaft zu erreichen versucht. Die so oder so erfolgende Extermination ist eine Abschiebung aus der Ordnungswelt.“[101]

Von daher lässt sich nun auch die tiefere Bedeutung der כרת-Formel verstehen. Bei dieser handelte es sich, wie wir bereits zeigten, um eine Wendung, welche als Sanktion den Ausschluss des Betreffenden aus der kultischen Gemeinschaft durch den dafür Verantwortlichen, zumeist also durch den Priester, angab. Zimmerli nahm an, dass es sich dabei um eine *Bannformel* handle: Recht hat Zimmerli sicher damit, „daß ein Mensch aus der Nähe Gottes ausgeschlossen und damit dem Verderben übergeben ist“[102]. Jedoch bedeutet nach dem hier zugrunde gelegten Modell vom sozialen Tod, dass der Ausschluss aus dem Kultkreis der Sippe, aus der Kultgemeinschaft des Bundesvolkes, der religiös-ethnischen Größe Israel, letztendlich nicht anders von den damaligen Menschen verstanden wurde, als dass dieser Mensch, da nicht mehr im Bereich des Lebens, nun im Bereich des Todes wandelt. Auch hier haben wir also das sozio-lokale Phänomen, dass der Betreffende, da er nicht mehr zur Gemeinschaft gehört, sich von ihr entfernt hat, im archaischen Sinne tot ist. Und auch hier handelt es sich um einen lebenden, aber akosmischen Toten. Auch wenn in dieser Wendung mehr die Ausschlusserklärung aus der Gemeinschaft als die physische Tötung im Blick ist, so zeigen doch die Stellen Lev 20,2b-5b; 24,16, dass neben der Verstoßung des Betreffenden auch dessen Hinrichtung in Affinität zu dieser Wendung steht. Dies entspricht ganz der archaischen Logik. Damit müssen wir uns an einem weiteren Punkt von der Auffassung Zimmerlis abgrenzen, die Bannaussage allein als göttlichen Ausschluss aus der Gemeinschaft und deren eigene, mögliche Aktivität nicht primär in der physischen Vernichtung des Betreffenden sieht:

„Die Formel besagt dagegen nicht als solche schon, daß der also Ausgeschlossene von den anderen Gliedern der Kultgemeinde auch physisch vernichtet werden muß. Dies kann im Falle besonders greulicher Verseuchung dazukommen, ist aber nicht in der Formel schon gegeben.

---

[100] Vgl. z. B. Lev 17,15-16: Hier ist die Rede von jemandem, der ein verendetes oder gerissenes Tier genießt. Er ist dann unrein, d. h. kultunfähig, und muss sich dementsprechend reinigen, d. h. eine Sühnehandlung tun. Unterlässt er dies, bleibt er kultisch unrein und fällt aus dem kosmischen Bereich, was wohl durch die Formulierung „Seine Schuld: er wird sie tragen“ angedeutet wird.

[101] Maag, 1966, S. 94.

[102] Zimmerli, 1954, S. 168-169.

Die einzige Aktivität der Gemeinde, die auf jeden Fall erwartet wird, ist auch hier der Ausschluß aus der Mitte der gottesdienstlich Gott nahen Gemeinde. Das Strafgericht draußen dagegen ist Sache Gottes.“[103]

Der entscheidende Gesichtspunkt wird hier von Zimmerli verfehlt. Denn nicht der Grad der Verseuchung ist entscheidend, sondern ob eine unsühnbare Schuld vorliegt, die es unmöglich macht, den Betreffenden durch entsprechende Sühnehandlungen in den Kosmos zurückzugliedern. Ist diese Qualität des Verschuldens realisiert, dann kommt es zum Bann, welcher eine Art Deklaration prinzipiell irreparabler Entfernung aus dem Kosmos bedeutet. Hierin liegt der Tod. Eine physische Tötung kann auch hier nur manifest machen, was ohnehin schon Wirklichkeit ist.

Als ein letzter Gesichtspunkt, welcher die Angemessenheit der Übertragung des Modells vom sozialen Tod auf die Sanktionen in Lev 20 rechtfertigt, können schließlich die hier angedrohten Tötungsarten gelten. Als Spezifikationen der Wendung מות יומת erscheinen die Steinigung und die Verbrennung. Die so Hingerichteten bleiben akosmische Tote. Sie können nicht mehr zu den Vätern versammelt werden. Denn auf eine dementsprechende Bestattung in der Gemeinschaft der Familie ist in Israel immer großer Wert gelegt worden. Von daher ist G. Quell beizupflichten:

„Das Begräbnis ist für den Israeliten Gegenstand der Sorge und Sorgfalt aber noch aus einem anderen Grund. ‚Er starb und wurde begraben und versammelt zu seinen Vätern‘: so oder ähnlich lautet eine häufig gebrauchte Redensart der alttestamentlichen Geschichtsschreiber. Sie vergessen selten, das Begräbnis mit dem genannten Zusatz zu erwähnen, auch wenn nur eine kurze Notiz über eine Persönlichkeit gegeben war. Darin zeigt sich, daß es dem Israeliten auch durchaus nicht gleichgültig war, wo seine letzte Ruhestatt sich befand. Er wünscht, im Familiengrab zu ruhen.“[104]

Interpretieren wir diese Beobachtung von Quell in unserem Bezugsrahmen, so kann man sagen, dass derjenige, der seine letzte Ruhe im Familiengrab fand, ein kosmischer Toter war. Verhinderte aber bereits die Art der Tötung, dass der Hingerichtete in sein Familiengrab kam, wie dies bei der Steinigung und Verbrennung der Fall war, so handelte es sich bei diesen, noch im Tode von ihren Angehörigen getrennten Menschen, um akosmische Tote. Dem entspricht auch die Beschreibung von Maag über die Hinrichtungsarten für die dem Chaos, dem Tode Verfallenen:

„Wo sich eine archaische Gesellschaft des Missetäters durch *Hinrichtung* entledigt, erfolgt eben darum die Tötung in außerordentlicher Weise: Man ersticht, erschießt, erschlägt, erwürgt das Opfer nicht, sondern steinigt, enthauptet, erhängt, verbrennt, ertränkt es, stürzt es in einen Abgrund oder peitscht es zu Tode. Von jeder dieser Tötungsformen ließe es sich nachweisen, daß

---

[103] Zimmerli, 1954, S. 168-169.
[104] Quell, 1967, S. 13.

sie nach Auffassung der betreffenden Menschengruppe dem Sterbenden die Aufnahme in die ordentliche Totenwelt verunmöglichen soll. All diese Tötungsweisen sind mit der Symbolik des Unwelthaften, des Akosmischen geladen."[105]

Dadurch also, dass der Betreffende, wie es Lev 20,2d.14c.27d fordern, gesteinigt oder verbrannt werden soll, wird ihm die Aufnahme in das Familiengrab unmöglich gemacht. Der Hingerichtete hat folglich keinen Zugang zur ordentlichen Totenwelt. Nur noch einmal zur Klarstellung sei darauf hingewiesen, dass der soziale Tod nicht erfordert, dass die betroffene Person tatsächlich hingerichtet wird. Die Hinrichtung setzt aber m. E. den sozialen Tod voraus. Deshalb muss er im Falle einer Hinrichtung dann so zu Tode kommen, dass dem Rechnung getragen wird, dass er auch im (physischen) Tod ein akosmischer Toter bleibt.

[105] Maag, 1966, S. 99.

6. Vom Rechtssatz zum gepredigten Gottesrecht: Das geschichtliche Werden der Gottesrede Lev 20

Nachdem wir in der redaktionsgeschichtlichen Analyse versucht hatten, uns Klarheit über die literarische Schichtung von Lev 20 zu verschaffen, wollen wir nun versuchen, die Entwicklung von den ältesten erreichbaren Schichten bis hin zur (priesterlichen)[1] Endgestalt von Lev 20 zu verfolgen. Dabei interessieren uns sowohl die hinter den verschiedenen Quellen stehenden Tradenten- und Produzentenkreise als auch die Art, mit der sie die Texte produziert haben und wie sie mit dem ihnen bereits vorliegenden Textmaterial rezeptiv-produktiv umgingen. Schließlich ist auch der Sitz im Leben der verschiedenen Überlieferungsstufen von Interesse. Dabei liegt es nahe, dieses Kapitel in zwei Abschnitte zu unterteilen: Im ersten Abschnitt fragen wir nach der *Vor*geschichte von Lev 20, d. h. der Entstehung der Reihe 10*-16* sowie der Komposition 17*-21*. Im zweiten Abschnitt wollen wir die priesterschriftliche Gottesrede Lev 20 betrachten. In diesem Teil dieses Kapitels ist neben den schon bei den Vorlagen gestellten Fragen auch nach den größeren, diachron-synchronen Zusammenhängen mit dem vorpriesterschriftlichen Pentateuch zu fragen. Die Notwendigkeit ergibt sich aus der einleitungswissenschaftlichen Voraussetzung unserer Untersuchung, wonach die priesterschriftliche Schule einen bereits ihr vorliegenden Protopentateuch als quasi semikanonische Schrift weiter tradiert und diese ergänzend, kommentierend und korrigierend überschrieben hat. In diesem Zusammenhang ist also vor allem zu fragen, ob und wie diese Redaktion das ihr vorliegende Material neu interpretiert hat.

6.1. Die Vorgeschichte von Lev 20: Entstehung und Trägerkreise der Vorlagen 10-16* und 17*-21**

Wir stellten fest, dass die priesterschriftliche Redaktion zwei kurze Texte in Lev 20 aufgenommen hat, die nicht in direktem Zusammenhang mit dem vorpriesterlichen Pentateuch standen. Es handelt sich dabei um den Grundbestand von V.10*-16* und um den erweiterten Grundbestand von V.17*-21*. Unsere Annahme, wonach V.10*-16* und V.17*-21* der priesterschriftlichen Redaktion bereits vorgelegen haben, wird durch die Beobachtung Cholewinskis erhärtet,

[1] Wir werden also nicht mehr die „subpriesterlichen“ Ergänzungen, namentlich die Sequenz 27a-e, berücksichtigen.

dass gerade für diese Sequenzen keine Ergänzungsabsicht für das deuteronomische Gesetz nachzuweisen sei, wohl aber für die Sequenzen V.2-5.6.27, welche wir ja der priesterschriftlichen Redaktion (bzw. im Falle von V.27 einer noch späteren Hand) zugewiesen hatten[2]. Da es uns zunächst einfacher erscheint, einen Tradentenkreis für die Komposition V.17*-21* ausfindig zu machen, werden wir praktischerweise mit dieser beginnen und erst als Zweites die Reihe V.10*-16 * betrachten.

6.1.1. Die Komposition V.17*-21*

Wir stellen zunächst die Komposition so, wie sie der priesterschriftlichen Redaktion vorgelegen hat, in ihrem von uns rekonstruierten Wortlaut vor:

Wenn es einmal einen Mann gibt, der seine Schwester, die Tochter seines Vaters oder die Tochter seiner Mutter heiratet:
So werden sie vor den Augen ihres Volkes ausgemerzt.
Seine Schuld: Er wird sie tragen. [17*]
Wenn es einmal einen Mann gibt, der mit einer Frau während ihrer Menstruation schläft:
So werden sie beide aus der Mitte ihres Volkes ausgemerzt. [18*]
Und die Scham der Schwester deiner Mutter und der Schwester deines Vaters: Du wirst sie nicht aufdecken.
Gesetzt den Fall, wer seine eigenen Verwandten entblößt:
Ihre Schuld: Sie werden sie tragen. [19*]
Wenn es einmal einen Mann gibt, der mit seiner Tante schläft:
Ihre Verfehlung: Sie werden sie tragen.
Als Kinderlose werden sie sterben. [20*]
Wenn es einmal einen Mann gibt, der die Frau seines Bruders heiratet:
Kinderlose werden sie sein. [21*]

Diese Komposition, die der priesterschriftlichen Redaktion vorlag, ist bereits ihrerseits das Ergebnis einer redaktionellen Arbeit. Ein Bearbeiter gruppierte die bis dahin selbstständigen Zweierreihen, nämlich 17*.18* und 20*.21*, um die wahrscheinlich von Anfang an in der heute vorliegenden Gestalt zum Einbau in diese Komposition geschaffene Prohibitivsequenz 19a-c.

Die Herkunft der ersten Zweierreihe, die sich durch die mit ונכרתו gebildete Sanktion hervorhebt, ist leicht wahrscheinlich zu machen, da die hier als Sanktion erscheinende כרת-Formel, wie wir bereits zeigten, aus dem Bereich der priesterlichen Tradition stammt. Wir erinnern nur daran, dass diese Formel inhaltlich vor allem ein „Herausschneiden" aus der Kultgemeinschaft meint, und dass dies die Tätigkeit dessen war, der für die Reinheit der jeweiligen Kultgemeinschaft verantwortlich war, d. h. in der Regel ein Priester. Hinzu kommt die Erwähnung des Beischlafs mit einer menstruierenden Frau, die nach priesterlicher Auf-

---

2 Vgl. Cholewinski, 1976, S. 28-287 und 297-299.

fassung als unrein galt[3]. Auch hier ist das Interesse der priesterlichen Kreise an der Kultfähigkeit der Gemeinde zu spüren.

Schwieriger ist die Herkunft der zweiten Reihe, 20*.21*, zu bestimmen. Die für diese Sequenzen charakteristischen Wendungen ערירים ימתו bzw. ערירים יהיו sind im TNK singulär[4]. Obwohl beide Formeln terminologisch voneinander abweichen, dürften sie dieselbe Bedeutung haben. Kinderlos sterben, dies lehrt die Parallelität beider Formulierungen, bedeutet kinderlos leben, d. h. bis zum Zeitpunkt des Todes kinderlos geblieben zu sein[5]. Deutlich ist jedoch, dass es sich um eine Sanktion handelt, die nicht von Menschen, sondern ausschließlich von einer übernatürlichen Macht vollzogen werden kann[6]. Ob diese Reihe aber bereits in priesterlichen Kreisen entstand, kann letztendlich nicht eindeutig festgestellt werden.

Auf jeden Fall aber ist die Redaktion, die die gesamte Komposition 17*-21* zusammengefügt hat, in priesterliche Kreisen zu suchen. Dafür spricht zunächst, dass diese Redaktion die Formeln עונו ישא, עונם ישאו sowie חטאם ישאו in die von ihr gebildete Komposition einfügte. Die Wortverbindungen עון נשא und חטא נשא werden hier promiscue gebraucht, woraus wir schließen, dass sie in etwa als bedeutungsgleich zu verstehen sind. Knierim hat die Bedeutungen dieser Wortverbindungen herausgearbeitet. Entscheidend für ihr Verständnis sei zunächst die Feststellung, ob der Schuldige mit dem Träger des עונו identisch oder davon verschieden sei. Trägt nämlich der Schuldige seinen עונו selbst, so bedeutet dies in etwa soviel wie „dafür verantwortlich sein, schuldig sein". Trägt jedoch jemand den עונו eines anderen, etwa der Bock, Aaron und seine Söhne, ein Mann für seine Frau oder vor allem Gott selbst, so hat die Wendung die Bedeutung, die Schuld vergeben[7]. Der erstere Fall liegt beim Gebrauch dieser Wortverbindung in der vorliegenden Komposition vor. Sämtliche Belegstellen (bis wahrscheinlich auf Gen 4,13) stammen aus der priesterlichen Literatur und sind entweder in der Priesterschrift oder bei Ezechiel belegt[8]. Ähnliches gilt für die Verbindung חטא נשא. In der Bedeutung „Ihre Verfehlung sollen sie tragen!" wird sie von Knierim als „Fluchformel" bezeichnet. Alle fünf Belege finden sich im priesterlichen Traditionskreis[9]. Wir müssen hier nun zumindest andeutungsweise weiterfragen, welcher Bedeutungsgehalt dieser Fluchformel zukommt. In diesem Zusammenhang ist wichtig zu beachten, was Zimmerli herausgearbeitet hat, nämlich eine große Nähe der Bedeutung dieser Wendung zur כרת-Formel:

---

3 Man vergleiche dazu nur die priesterlichen Gesetze Lev 15,19-30.

4 Das Lexem ערירים ist im TNK an insgesamt vier Stellen belegt, nämlich in Gen 15,2; Lev 20,20.21; Jer 22,30.

5 Vgl. auch Kornfeld, 1952, S. 121; Elliger, 1966, S. 276; Gerstenberger, 1993, S. 274.

6 Vgl. auch Elliger, 1966, S. 276-277.

7 Knierim, 1965, S. 219-220.

8 Knierim, 1965, S. 51.

9 Lev 20,20; 24,15; Nu 9,13; 18,22; Ez 14,10.

„Es scheint aber, daß hinter diesen Formulierungen primär nicht der Gedanke an einen menschlichen Strafvollzug steht, sondern der Glaube an das geheimnisvoll frei strafend wirkende Tun des Heiligen. *‚Seine Schuld tragen‘* ist fast etwas wie eine priesterlich-medizinische Diagnose über einen Menschen, der von einem gefährlichen Krankheitszustand befallen ist, dessen Auswirkungen sich unweigerlich einstellen werden. Um das Ziehen *einer* Konsequenz wird der Priester allerdings schwerlich herumgekommen sein: den Ausschluß solcher Leute aus der gottesdienstlichen Gemeinde. Daß bei besonders akuter Verfallenheit an diesen Zustand ... die ganze Gemeinde um ihres eigenen Wohlergehens willen eingreifen muß, ist damit nicht ausgeschlossen."[10]

Schon früher als bei der כרת-Formel hat sich dort die von uns beobachtete theologisch reflektierte Vorstellung einer im Prinzip von irgendeinem menschlichen Strafhandeln unabhängigen Strafautorität Gottes im Falle bestimmter Tabubrüche entwickelt. Bei der כרת-Formel hat sich dies erst als deren letzte Stufe vollständig herausgebildet. Auf jeden Fall liegt aber in der Formel vom Schuldtragen eine in der priesterlichen Tradition herausgebildete Wendung vor, die bei der Komposition der Vorlage 17*-21* eingefügt wurde. Dies geschah wohl im Zusammenhang mit der Gruppierung der beiden Zweierreihen um die von Anfang an in ihrer heutigen Form existente Prohibitivsequenz 19a-c. Diese beginnt zunächst mit dem einleitenden Prohibitiv, dem sentenzartig eine allgemeine Regel folgt:

Gesetzt den Fall, wer seine eigenen Verwandten entblößt,
muss seine Schuld tragen.

Die Redaktion gruppierte beide bereits vorhandenen Zweierreihen um den Prohibitiv V.19. Dabei fügte sie die Formel vom Tragen seiner Schuld bzw. Sünde so in den Zusammenhang der rahmenden Sequenzpaare, dass ein Anklang an diese allgemeine Lebensregel in jeweils einer der beiden Sequenzen in jeder der beiden Zweierreihen hörbar wurde. Dadurch, dass beide Zweierreihen die Prohibitivsequenz als Mitte haben, bekommt die ganze Reihe einen fast paränetisch zu nennenden Ton: Der Hörer wird direkt angesprochen und gewarnt. Dass ein Prohibitiv eingefügt werden konnte (der doch nach Meinung mancher Ausleger[11] so störend sei), versteht sich leicht, nachdem wir gesehen haben, dass sowohl die mit Tatbestandsschilderung und Sanktion gebildeten Sequenzen, wie auch die Prohibitive auf funktionaler Ebene und in ihrem Sitz im Leben, eng verwandt sind: Beide haben primär die Funktion, Normen so zur Geltung zu bringen, dass sie dem Rezipienten vor allem eine Grenze aufzeigen sollen, die er keinesfalls überschreiten darf. Ferner ist hinter beiden Formen eine Autorität zu vermuten, die diese Grenzen zieht, oder besser, die diese Grenzen zur Sprache

10 Zimmerli, 1954, S. 161. Hervorhebung von Zimmerli selbst.

11 So z. B. Bertholet, 1901, S. 71; Baentsch, 1903, S. 403; Reventlow, 1961, S. 86; Noth, 1962, S. 130; Kilian, 1963, S. 75-76; Elliger, 1966, S. 266-267; Sun, 1989, S. 255.

bringt[12]. Im vorliegenden Falle handelt es sich wohl um die Autorität der sich von JHWH her legitimierenden Priesterschaft. Die aufgezeigte Nähe zwischen den mit jeweils einer Sanktion versehenen Sequenzen und der Prohibitivsequenz erlaubte es, die beiden Zweierreihen um diesen Prohibitiv zu legen[13]. Dabei rückten die unterschiedlichen Sanktionen der beiden Reihen inhaltlich näher zusammen. Vermittelt wurde dies, wie wir gerade zeigten, durch die von der Redaktion eingeführten Wendungen wie „Ihre Schuld: Sie werden sie tragen“ usw. Damit geschieht ein Weiteres: Die Sanktionsformeln, die vom Ausmerzen des Betreffenden bzw. von Kinderlosigkeit sprechen, erscheinen nun als Interpretamente, als inhaltliche Näherbestimmungen zu der Rede vom Tragen der Schuld. Das Tragen der Schuld stellt aber in der Prohibitivsequenz V.19 den (konsekutiven) Teil einer allgemeinen Regel dar: „Gesetzt den Fall, dass jemand seine eigenen Verwandten entblößt: Seine Schuld wird er tragen“. Diese allgemeine Regel stellt gewissermaßen das Zentrum der ganzen Komposition dar und bildet den Aussagekern, um den sich die ganze Komposition dreht. Als Entstehungsort der Komposition nehmen wir die priesterliche Schultradition, d. h. den priesterlichen Schulbetrieb an. Darauf weist zunächst die „Fluchformel“ hin. Auch die, mit ונכרתו als Sanktion gebildete, erste Sequenzreihe stammt, sollten unsere Vermutungen nicht völlig falsch liegen, aus dieser Schule. Die auffällige Prohibitivsequenz V.19 ist am ehesten als eine Sequenz zu deuten, die diese Schule ad hoc als paränetisches Zentrum für diese Komposition verfasst hat.

Fragen wir nach einem Sitz im Leben dieser Komposition, so könnte die Andeutung eines paränetischen Tonfalles, die dieser Text aufgrund der Ansprache an die 2. pers. sg. des Prohibitivs aufweist, wenigstens einen Hinweis geben. Der Text könnte zur Belehrung von Laien verwendet worden sein und möglicherweise einen kleinen Reinheitskatechismus darstellen. Dazu passte die allgemeine Lebensregel 19b-c und die Warnung vor dem sexuellen Umgang mit einer menstruierenden Frau, da Letzteres gewöhnlich im Verborgenen geschieht und nur als Appell an das religiös-kultische Gewissen des einzelnen Mannes Sinn macht.

---

12 Demzufolge ist, wie wir bereits angedeutet haben, durchaus Alt, 1934, zuzustimmen, wenn er beide Formen, Prohibitive wie Todessätze, unter eine Gattung zusammenfasst.

13 Diese Erklärung erscheint uns auf jeden Fall einfacher und damit einleuchtender als die Annahme, der Prohibitiv sei eine mit der Prohibitivreihe Lev 18,6-23 in Zusammenhang stehende Glosse.

6.1.2. Die Reihe V.10*-16*

Die Herkunft und Entstehung dieser Reihe ist schwieriger zu beurteilen als die der gerade besprochenen Komposition V.17*-21*. Zunächst stellen wir zur Veranschaulichung der Genese dieser Reihe ihren Grundbestand und ihre jeweiligen Erweiterungen abgesetzt voneinander gegenüber und benutzen verschiedene Schrifttypen, um die von uns vermuteten Hände anzudeuten[14]:

10 Wenn es einmal einen Mann gibt, der die Ehe bricht mit der Frau eines (anderen) Mannes:*
Der die Ehe bricht mit der Frau seines Nächsten.
Getötet werden sie unbedingt, der Ehebrecher samt der Ehebrecherin.
11* Wenn es einen einmal Mann gibt, der mit der Frau seines Vaters schläft:
Getötet werden beide unbedingt.
Ihr Blut bleibt bei ihnen.
12* Wenn es einen Mann gibt, der mit seiner Schwiegertochter schläft:
Getötet werden beide unbedingt.
Ihr Blut bleibt bei ihnen.
13* Wenn es einmal einen Mann gibt, der so mit einem Mann schläft wie man mit einer Frau schläft:
Getötet werden beide unbedingt.
Ihr Blut bleibt bei ihnen.
14 Wenn es einmal einen Mann gibt, der eine Frau samt deren Mutter heiratet:*
Im Feuer: Man verbrennt ihn und jene.
15* Wenn es einmal einen Mann gibt, der seinen Beischlaf einem Tier gewährt:
Getötet wird er unbedingt.
Sein Blut bleibt bei ihm.
16* Wenn es einmal eine Frau gibt, die sich einem Tier nähert, um sich begatten zu lassen:
Getötet werden sie unbedingt.
Ihr Blut bleibt bei ihnen.

Um das Ergebnis vorwegzunehmen: Die Zusammenstellung dieser Reihe ist keineswegs zufällig, sondern Ergebnis rechtsgelehrter Arbeit. Betrachten wir zunächst V.11* und V.12*: Beide Sequenzen verhalten sich wie Fall und Gegenfall. Beide Male geht es um innergentilen Ehebruch. In V.11* dringt der Sohn in die Ehe seines Vaters, im Falle von V.12* der Vater in die Ehe des Sohnes ein. In beiden Fällen handelt es sich um die Überschreitung einer absolut gesetzten Grenze innerhalb der Familie. Vorstellbar ist, dass zunächst nur einer der beiden Sätze existierte und dann um den entsprechenden Gegenfall erweitert wurde. Welches der ursprüngliche Satz war, lässt sich nicht mehr mit Bestimmtheit sagen. Jedoch liegt die Möglichkeit nahe, dass aufgrund der Stellung des pater familias zunächst seine Ehe mit der Todessanktion geschützt wurde und dann erst in analoger Weise die Ehe des Sohnes gegen das Eindringen des Vaters. Denn, so könnte man meinen, was dem Vater recht ist, muss dem Sohn billig sein.

---

[14] Diese Darstellungstechnik hat bekanntermaßen vor uns bereits Elliger, 1966, angewandt und dadurch seinen literarkritischen Analysen eine große Übersichtlichkeit verliehen.

Jedenfalls stand am Beginn eine Zweierreihe, bestehend aus Fall und dem dazu notwendig erscheinenden Gegenfall. In einem frühen, von unserer Redaktionskritik nicht berücksichtigten Stadium, ist die Zweierreihe um eine weitere Zweierreihe ergänzt worden, bei der es um das Verbot von Homosexualität und Sodomie des Mannes ging. Dadurch sollte vielleicht die gesamte sexuelle Disziplin des Mannes zunächst innerhalb der Familie mit exemplarischen Grenzbestimmungen abgedeckt werden. Somit entstand eine Viererreihe, welche sich zunächst allein auf das sexuelle Verhalten innerhalb der einzelnen Familien bezog. Es sollte den absoluten Grenzen Ausdruck verliehen werden, die kein (männliches) Familienmitglied überschreiten durfte. In einem weiteren Ausbaustadium der Reihe wurde den beiden ersten Sequenzen, die den Fall des innergentilen Ehebruchs sanktionierten, der allgemeine Fall des Ehebruchs vorangestellt: Beide Grenzziehungen zeigen, dass der Blick nun über die Familiengrenze hinaus ging, was sicher auch gesellschaftliche Veränderungen widerspiegelt. Dadurch richtet sich die Reihe nicht mehr allein auf die sexuelle Disziplin innerhalb der Familie, sondern nimmt auch Übertretungen auf sexuellem Gebiet zwischen den Familien mit in den Blick. Denn V.10* behandelt ausdrücklich den Fall des intergentilen Ehebruchs als Spezialfall zum allgemeinen Fall des Ehebruchs. Vom Verhalten der einzelnen (Klein-)Familien untereinander handelt auch V.14*: Denn die israelitische Heirat ist Angelegenheit zwischen zwei Familien, zumeist innerhalb der näheren Verwandtschaft. Deshalb sind wir der Auffassung, dass derselbe Redaktor, der den intergentilen Ehebruch in V.10* der alten Reihe voranstellte, auch die Heiratsregel in V.14* eingefügt hat. Denn beide Fälle übersteigen sui generis den Rechtskreis der einzelnen Familie und betreffen einen überfamiliären Rechtskreis, wahrscheinlich den der Sippe. In diesem Stadium der Entwicklung sind damit aber auch die ursprünglich innerfamiliären Übertretungen zur Sache der Jurisdiktion der nächsthöheren gesellschaftlichen Gruppe, der Sippe, geworden. Zudem spiegelt sich darin als Kehrseite die zurückgehende Jurisdiktionsgewalt des pater familias zugunsten der Sippe wider, wie sie Niehr als fast kontinuierliche Entwicklung von der vorstaatlichen bis zur nachexilischen Zeit beschreibt[15]. Die Erweiterung V.16* ist wiederum als Ergänzung und Gegenfall zu V.15* aufzufassen. Wichtig ist hier die Beobachtung, dass nun auch die Sexualität der Frau in den Blick gelangte. Beurteilen wir die von uns wahrscheinlich gemachte Entstehung der Vorlage, so entspricht die Aneinanderreihung von Grundfall und Spezialfall, von Fall und Gegenfall ganz der altorientalischen Art wissenschaftlicher Arbeit. Für die kasuistischen Fälle des Bundesbuches hat diese Technik Schwienhorst-Schönberger im Anschluss an die Beobachtungen u. a. von F. R. Kraus[16] zum Codex Hammurapi aufgezeigt: So habe

---

[15] Niehr, 1987, S. 104.

[16] Schwienhorst-Schönberger, 1990, S. 255, Anm. 55, bezieht sich hierbei auf F. K. Kraus, Was ist der Codex Hammurabi?, 1960, S. 289.

es dort neben tatsächlich beobachteten Rechtsfällen auch solche gegeben, die den Anschein hätten, frei erfunden zu sein.

„Die Funktionen dieser frei erfundenen Rechtssätze bestehen u. a. darin, ein angeschnittenes Thema vollständig abzuhandeln, einen vorgegebenen Rechtsfall von einem hinzugefügten Gegenfall abzugrenzen, ein Rechtsprinzip in verschiedenen Bereichen anzuwenden oder abzuwandeln usw. Diese Methode der Zusammenstellung beobachteter Einzelfälle unter Hinzufügung weiterer analoger Fälle ist das Grundprinzip mesopotamischer Wissenschaft. Sowohl die Zusammenstellung der realen, als auch vor allem die Hinzufügung der frei erfundenen Fälle, geht auf das Konto der Gelehrten. So tritt uns im CH neben dem *Richter* der *gelehrte Schreiber* entgegen.“[17]

Diese These bedarf im Falle der Reihe V.10*-16* einer Klarstellung. Wahrscheinlich keiner der dort auftretenden apodiktischen Rechtssätze geht auf tatsächliche Fälle zurück. Vielmehr ist für die Art von Sätzen charakteristisch, dass sie bereits vor einem etwaigen Fall die Grenzen menschlichen Verhaltens innerhalb der jeweiligen Gruppe festsetzten. Dementsprechend gehören diese Sätze zusammen mit den Prohibitiven in das Vorfeld der Rechtsprechung, dennoch aber zum Recht selbst. Aber auch hier wurden einzelne Verhaltensweisen beschrieben, die prinzipiell sanktioniert werden sollten. Im Laufe der Zeit wurden dann in ähnlicher Weise wie bei den kasuistischen Rechtsfällen zusätzliche, neu gebildete Fälle als Ergänzungen hinzugefügt. Auf diesem Hintergrund können wir weitere Aussagen zur Entstehung und Herkunft wagen, welche über die Ergebnisse unserer redaktionsgeschichtlichen Analyse von Lev 20 deutlich hinausführen: Sehr wahrscheinlich geht die Viererreihe V.11*-13*.15* auf zwei ältere Zweierreihen V.11*.12* und V.13*.15* zurück, welche ihrerseits bereits gelehrte Erweiterungen eines Einzelsatzes darstellen. Welches der jeweilige Einzelsatz war, kann mit Sicherheit jedoch nicht mehr angegeben werden. D. h., in gelehrter Arbeit wurden zu einem Einzelsatz weitere Sätze als analoge Ergänzungen hinzugefügt[18]. Als institutioneller Ort einer solchen Arbeit ist wiederum eine Schreiberschule zu vermuten. Gerade die stark formelhafte Prägung der Sequenzen, wie auch deren des Öfteren angenommene rhythmische Struktur[19], weisen auf eine mnemotechnisch orientierte pädagogische Praxis eines derartigen Schulbetriebs hin. Wo aber ein solcher Schulbetrieb näher zu verorten ist und welche Gruppen als dessen Trägerkreise in Frage kommen, ist vorerst schwierig zu entscheiden. Gewiss handelt es sich keinesfalls um eine genuin priesterliche Tradition. Dagegen sprechen die zu großen Unterschiede in der Entstehung von V.10*-16* im Vergleich zu V.17*-21*, ferner die Unterschiede

---

[17] Schwienhorst-Schönberger, 1990, S. 255.

[18] Mit dieser Auffassung stehen wir in diametralem Gegensatz zu Alt, 1934, und Wagner, 1972, S. 16-31, die eine in verschiedene Einzelstücke zersprengte alte מות יומת-Reihe u. a. auch hinter Lev 20 vermuteten.

[19] Vgl. Alt, 1934, S. 310; Feucht, 1964, S. 224-226; Wagner, 1972, S. 19 Anm. 14, rechnet zumindest mit gebundener Sprache.

in den Sanktionsformulierungen, in der Form der jeweiligen Vorlage und in deren Intention. Einen wie auch immer beschaffenen paränetischen Anklang können wir in V.10*-16* ganz im Gegensatz zu V.17*-21* nicht erkennen. Von daher ist also mit einem gegenüber V.17*-21* prinzipiell anderen Ursprung der Reihe V.10*-16* zu rechnen. Fest steht aber zumindest, dass die Tradenten einer solchen Reihe am ehesten in den Kreisen von Familien-und Sippenältesten, d. h. im Bereich der judäischen Lokalaristokratien[20] zu suchen sind, und eine mit diesen in irgendeiner Weise verbundene Schultradition diese Sätze aufnahm und zu einer Reihe ausbildete, welche (auf pragmatischer Ebene) das Aufzeigen von absoluten Verhaltensgrenzen zum Ziel hatte.

6.1.3. Die Jerusalemer Tempelschule als Ort der Tradierung der Reihe 10-16

Hier ist nun zu fragen, wie eine solche „profane" Reihe, wie sie V.10*-16* darstellt, und deren Tradenten am ehesten in den Kreisen der Familien- und Sippenältesten zu suchen sind, in den priesterlichen Schulbetrieb übernommen wurde. Es müsste sich also ein historischer Ort ausmachen lassen, an dem priesterliche Gerichtsbarkeit und Ältesten-[21] bzw. weltliche Gerichtsbarkeit zusammengekommen sein könnten. Auch hier nehmen wir den priesterlichen Schulbetrieb an. Denn im Schulbetrieb am Jerusalemer Tempel dürfte ein Interesse bestanden haben, die ganze Rechtstradition Judas zu sammeln und weiter zu tradieren. Zwar erwähnt der TNK eine andere Institution, an der eine solche Tradierung möglich erscheinen könnte, nämlich ein angeblich unter Joschafat gegründetes Obergericht in Jerusalem. Doch erscheint es problematisch, die Darstellung der Chronik als historisch verwertbar anzunehmen[22]. Von diesem Gerichtshof ist im Zusammenhang mit 2. Chr 19,5-11, einem Bericht von einer umfassenden Reform der Justizorganisation in Juda durch König Joschafat (≈868-847 oder ≈873-849)[23], die Rede: Dieses Obergericht habe unter einem alternierenden Vorsitz gestanden, welchen in manchen Fällen der jeweilige Oberpriester, in anderen Fällen der נגיד לבית יהודה innegehabt hätte. Eine Reihe von Forschern hält diese Notiz für zuverlässig und die Justizreform des Joschafat für historisch[24]. Schon Wellhausen hatte Bedenken und nahm an, die Justizreform sei aus dem Namen Joschapat herausgesponnen worden[25]. Niehr hält die Annahme der

20 N. B.: Der Plural „Lokalaristokratien" bezieht sich darauf, dass jede Stadt in Judäa eine solche Lokalaristokratie, nämlich die sog. „Ältesten", aufzuweisen hatte.

21 Die Ältestengerichtsbarkeit wird nachexilisch von der Sippengerichtsbarkeit abgelöst (vgl. Niehr, 1987, S. 102-106; Otto, 2000, S. 206).

22 Zum Forschungsstand auch Yamaga, 2001, S. 88-94, mit sorgfältiger Sammlung der verschiedenen Auffassungen.

23 Datierung nach Soggin, 1991, S. 272.

24 So z.B. Macholz, 1972, S. 319-321; Crüsemann, 1993, S. 113-115.

25 Wellhausen, 1927, S. 186.

Historizität dieser Rechtsreform für den „grundlegenden Fehler der Forschung zur Gerichtsorganisation in Israel“[26]. Er zählt den chronistischen Bericht zu der Gattung der „Historischen Fiktionen“[27]. Dafür, dass es sich nicht um einen historischen Bericht handele, spräche auch die starke Theologisierung des Reformberichtes. Diese komme darin zum Ausdruck, dass die Richter für JHWH Recht sprächen (19,6), JHWH mit den Richtern sei (19,6), JHWH-Schrecken und -Furcht sie bei der Amtsausübung erfüllte (19,7.9), so dass infolge dieser Reform (20,1) der JHWH-Schrecken über die Feinde komme. Historischer Aufhänger für den Bericht 2. Chr 19,4-11 sei die Rechtsreform unter Joschija, wie sie sich in Dtn 16,18; 17,8-13 literarisch niedergeschlagen habe[28]. Eine vermittelnde Position nimmt Klein ein. Er hält es zwar für möglich, dass schon unter Joschapat ein zentrales Gericht in Jerusalem entstanden sei. Dort seien möglicherweise Präzidenzfälle entschieden oder neues Recht formuliert worden. Doch müsse die Unterscheidung von „Angelegenheiten des Königs“ und „Angelegenheiten JHWHs“ in einer späteren Zeit zu verorten sein, nämlich in einer Zeit, in der es keinen König mehr in Juda gegeben habe. Klein vermutet für die Differenzierung der Aufgaben die persiche Periode[29]. Wir halten es – ohne grundsätzlich auf die Frage der historischen Verlässlichkeit des Chronisten eingehen zu wollen – ebenfalls für wahrscheinlich, dass der Chronist eine ihm zeitgenössische Institution beschreibt[30]. Die Abgrenzung der דבר יהוה „religiösen“ von den דבר המלך „staatlichen“ Angelegenheiten scheint auch mir am ehesten in die persische Zeit hineinzudeuten[31]. Dann wäre der כהן הראש der amtierende Hohepriester, d. h. der Oberpriester des Jerusalemer Tempels, und der נגיד לבית יהודה der persische oder später makedonische Statthalter der Provinz Yəhūd. Somit liegt es nahe, dass die Sammlung und Weitergabe aller verfügbarer Rechtstradition Judas ebenfalls am Tempel erfolgte, zumal wenn der Oberpriester auch an der Rechtsfortbildung des nachexilischen Gemeinwesens beteiligt war[32]. Somit ist es wahrscheinlich, dass die „profane“ Reihe im Zusammenhang der Sammlung der Rechtstradition Judas im Schulbetrieb des Tempels aufgegriffen und tradiert wurde. Grund für die Tradierung könnte gewesen sein, dass die Thematik der verbotenen sexuellen Betätigungen aus 10*-16* auch für die Priester von Interesse war: Ging es den Ältesten bei der Aus-

---

26 Niehr, 1987, 121.

27 Niehr, 1987, S. 120f.

28 Niehr, 1987, S. 122.

29 Klein, 1995, S. 643-657, S. 649-651.

30 Ob diese Institution bereits, wie Klein annimmt, tatsächlich im 9. Jh. v. Chr. bestand, wagen wir zu bezweifeln.

31 So vermutet auch Kippenberg, 1982, S. 38.

32 Allerdings ist die Geschichte der Justizorganisation in Juda (und der Gola) zur persischen Zeit noch nicht hinreichend erforscht (vgl. z. B. Niehr, 1987). Ich muss es in dieser Studie aber bei diesen Andeutungen bewenden lassen.

bildung der Reihe primär um die Sicherstellung des inner- und interfamiliären Rechtsfriedens[33], so waren dieselben Übertretungen für die Priester unter dem Gesichtspunkt der kultischen Reinheit von Interesse. Dies bezeugt ja auch, dass die genuin aus priesterlicher Tradition stammende Reihe 17*-21* im Grunde dieselbe Thematik abhandelt. Darüber hinaus ist anzunehmen, dass die Jerusalemer Tempelschule überhaupt ein Interesse daran hatte, alle Traditionen Judas, also auch die gesamte Rechtsüberlieferung — soweit sie erreichbar war – zu bewahren und weiter zu tradieren. Ferner sei darauf hingewiesen, dass die Annahme, die Reihe 10*-16* sei am Jerusalemer Tempel tradiert worden, dadurch noch an Wahrscheinlichkeit gewinnt, dass es sich bei der Reihe, wie wir gezeigt haben, tatsächlich um ein Produkt rechtsgelehrter Arbeit einer Schule handelte. Schließlich haben unter kulturanthropologischem Aspekt beide Vorlagen, V.10*-16* und V.17*-21*, trotz ihrer unterschiedlichen Herkunft auch in ihren Sanktionen für den jeweiligen Tabubruch, einen gemeinsamen Nenner: Beide drohen dem Übertreter den (sozialen) Tod an. Zusammenfassend kann man also sagen, dass auch die ursprünglich aus nichtpriesterlichen Kreisen stammende Reihe von der priesterlichen Schule gesammelt und weitergegeben wurde[34].

6.2. Levitikus 20 als gottesdienstliches Lesestück

Die priesterschriftliche Redaktion hat den Text Lev 20 als Teil ihrer Weitertradierung des vorpriesterlichen (Proto-)Pentateuchs und als Lese- und Predigtstück für den Gottesdienst der nachexilischen Gemeinde geschaffen[35]. Dabei arbeitete sie nicht völlig frei, sondern komponierte diesen Text unter Aufnahme und Abänderung von vorgegebenem, wiederum fast ausschließlich formelhaftem Material und in Anknüpfung an älteres gesetzliches Gut. Dieser rezeptiv-schöpferischen Tätigkeit der priesterlichen Schule wollen wir in diesem Abschnitt nachgehen.

---

33 Dass in dieser Reihe auch Tabus wie Sodomie behandelt wurden, hängt unseres Erachtens damit zusammen, dass die rechtsgelehrte Ausformung dieser Reihe versuchte, das ganze Gebiet der Anstoß erregenden sexuellen Praktiken zu behandeln, was ja ganz den Prinzipien altorientalischer Wissenschaftlichkeit entsprach.

34 Dies ist umso wahrscheinlicher, da nachexilisch der Einfluss der Priester auf die Gerichtsbarkeit wuchs (vgl. Niehr, 1987, S. 112-114; Otto, 2000, S. 206).

35 Watts, 1995, betont, dass die Gesetze im Pentateuch gerade für die öffentliche Lesung geschaffen wurden.

6.2.1. Gattung und Sitz im Leben des Gesamttextes Lev 20[36]

„Und JHWH sprach zu Mose folgendermaßen:
Und zu den Israeliten sollst du sagen ...“

Aus den ersten Worten, mit denen die priesterschriftliche Schule den Text beginnen lässt, können wir bereits eine Reihe von Schlüssen auf die nun intendierte kommunikative Situation ziehen. Der Text Lev 20 erscheint durch diese Überschrift als eine Art Predigt, eine Gemeindeunterweisung im Rahmen eines nachexilischen Lese- oder Predigtgottesdienstes[37]. Unter diesem Aspekt besteht eine gewisse Kontinuität zu der Vorlage V.17*-21*, die wir als genuin aus priesterlicher Schultradition stammend erkannten und von der wir vermuteten, dass sie sich als eine Art Reinheitskatechismus an das kultische Gewissen des einzelnen israelitischen Mannes (Prohibitiv 19a in der 2. pers. sg. m.) gerichtet habe. Dagegen will Lev 20 auf die gesamte Gemeinde der Israeliten einwirken. Dies zeigt die Adressatenangabe 2a, welcher dann auch die Verwendung der 2. pers. pl. in den paränetischen Rahmenstücken entspricht. Dazu passt, dass der nachfolgende Text tatsächlich ganz als JHWH-Rede stilisiert ist. Das göttliche Ich JHWHs steht einem „Ihr“ der Gemeinde gegenüber.
Dem jeweiligen Sprecher des Textes verleiht diese doppelte Redeeinleitung die Autorität eines legitimierten Überbringers des göttlichen Wortes[38].

6.2.2. Die priesterschriftlichen Sequenzen 2b-5b und 6a-c als Paradigma priesterschriftlicher Interpretation

Die priesterschriftliche Interpretation zeigt sich bei den direkt auf die Einleitungsformel folgenden ersten beiden Sequenzen (2b-5b.6a-c). Beide sind, gemäß dem Ergebnis unserer redaktionsgeschichtlichen Analyse, Schöpfungen der priesterschriftlichen Redaktion. Dies ist jedoch unter zwei Aspekten einzuschränken: Zum einen haben Cholewinski[39] und E. Otto deutlich gemacht, dass die Thematik beider Sequenzen wahrscheinlich an deuteronomische Gebote anknüpfen und dass sie diese ergänzen, korrigieren und weiterführen soll.

„Lev 18,2-4.24-30 knüpft an Dtn 12,29-31 an. ... Der Redaktor des HG formuliert aus Dtn 12,31 ein Verbot (Lev18,21), das in Lev 20,2-5 ausgebaut wird. ... In Dtn 18,10 wird das Molechopfermotiv mit der Abwehr der Wahrsagerei verbunden. Entsprechend wird an das Verbot

---

36 Hier berücksichtigen wir nicht die späteren, nachpriesterlichen Zusätze wie beispielsweise die Schlusssequenz V. 27.

37 Diese kommunikative Situation nimmt für die Stücke in Levitikus auch Gerstenberger, 1993, S. 4, u. a. auch aufgrund der Verwendung dieser Art von Einleitungsformeln an.

38 Ähnlich Rendtorff, 1954, S. 70; wir werden im Übrigen dieser Formel noch einmal im nächsten Kapitel vertieft nachgehen.

39 Cholewinski, 1976, S. 279-283.

des Molechkultes (Lev 20,2-5) ein Verbot der Wahrsagerei (Lev 20,6) angefügt. Das Lev 18,21 mit Dtn 12,29 verbindende Molechmotiv führt auf Dtn 18,9-14 und über diesen Text zur Verbindung von Molech- und Wahrsagemotiv."[40]

Zum anderen greift die priesterschriftliche Redaktion Stilelemente der Vorlagen V.10*-16*.17*-21* auf und arbeitet sie in die neuen, von ihr geschaffenen Sequenzen ein: Neben der Sanktion מות יומת, die sie formal unverändert übernimmt, gebraucht sie die Sequenzeinleitungsphrase איש אשר und die durch die כרת-Formel bezeichnete Sanktion. Dabei baut die Redaktion die Sequenzeinleitung 2b aus, indem sie den Nominalsatzkern איש zu einer Geminatio איש איש verdoppelt und um die Appositionsgruppe ומן־הגר הגר בישראל איש איש מבני ישראל erweitert. Diese bezeichnen wir mit C. Bultmann als Inklusionsformel[41].

An dieser Stelle ist auf einige Beobachtungen von C. Bultmann in Bezug auf die Bedeutung des Begriffes גר im Zusammenhang mit dieser priesterschriftlichen Inklusionsformel hinzuweisen: So sei u. a. in Lev 20,2b ein Bedeutungswandel des Begriffes eingetreten. Er meine hier nicht mehr einen bestimmten sozialen Typus innerhalb des judäischen Territoriums, sondern den Proselyten in der Religionsgemeinschaft Israel, welche eine territorial nicht mehr bestimmbare religiöse Gemeinschaft bezeichne. Diese Bedeutung von גר lasse sich nur in der sog. Inklusionsformel belegen, die dieselbe Gültigkeit von Gesetzesforderungen für den גר wie für den genuinen Israeliten proklamiere[42]. Diese Inklusionsformel bestehe aus drei Elementen: In Erstposition stände stets איש איש in der Bedeutung „Jeder, Alle". Damit solle exakt jedes einzelne kultfähige Subjekt im Geltungsbereich dieses Gesetzes erfasst werden. Das zweite und dritte Element umgrenze diesen Geltungsbereich, indem es die Gesamtgröße Israel vollständig beschreibe. Dabei meine der Ausdruck מבית bzw. מבני ישראל die genuinen Israeliten, die Bezeichnung גר hingegen die Proselyten[43]. Die Inklusionsformeln blieben ganz auf der Ebene des Sakralrechts, ohne dass das Land Israel als der konkrete Lebensbereich der Gemeinschaft in den Blick gelange. Von daher handle es sich beim גר nicht um eine einzelne Person im Land, sondern um einen zweiten Flügel der Gemeinschaft Israel[44]. Darüber hinaus zeigten insbesondere diejenigen Rechtssätze, die einheitlich sowohl für den גר wie für den בן־נכר gelten sollten (z. B. Ex 12,43-49), dass zugleich die Abgrenzung des Typus des integrierten Fremden gegenüber anderen Fremden wichtig sei, welche nicht Teil dieser Gemeinschaft seien. So sei nach Ex 12, 43 der בן־נכר im Gegensatz zum גר vom Passa ausgeschlossen[45].

Die Verdoppelung des Nominalsatzkerns aus איש hatten wir auch bei 9a (und bei der später nachgetragenen Sequenz V. 27) beobachtet und als makrosyntaktisches Signal gedeutet, um den Beginn eines Sequenzabschnittes herauszuheben. In diesem Sinne bezeichneten wir diese Sequenzen als Kopfsequenzen. Die Erweiterung um die Appositionsgruppe הגר בישראל מבני ישראל ומן־הגר deuteten wir ebenfalls bereits auf synchroner Ebene: Die Ausführlichkeit

40 Otto, 1994a, S. 240-241.
41 Bultmann, 1992, S. 191-212.
42 Bultmann, 1992, S. 191.
43 Bultmann, 1992, S. 191-192.
44 Bultmann, 1992, S. 192.
45 Bultmann, 1992, S. 203.

der Adressatenangabe hat die Funktion, den Kreis der möglichen Angesprochenen speziell auf die Menschen in der Kultsphäre Israel zu beschränken, also auf die Israeliten und Proselyten. Wenn im weiteren Verlauf des Textes Lev 20 2bbR analogen, sequenzeinleitenden Phrasen von איש, אישה oder נפש sprechen, ist wiederum der hier definierte Adressatenkreis mitzuhören. Unter diachronem Aspekt handelt es sich hingegen, wie wir bereits im Anschluss an Zimmerli zeigten, nicht um eine Einschränkung, sondern um eine Ausweitung des Adressatenkreises. Denn wir sahen, dass die wohl ältesten Sätze der Vorlage, jedenfalls von 10*-16*, sich zunächst allein auf den Rechtskreis der Familie beschränkten, dieser dann auf den der Sippe bzw. den des בית אבות ausgeweitet wurde. Hier nun erscheinen sämtliche Israeliten, d. h. die je und je hörende Gemeinde, als Adressat der Rede. Dazu passt, dass nach Satz 2d.4a der עם הארץ als Subjekt für die Hinrichtung des Molechverehrers zuständig sein soll, sofern die Annahme Elligers zutrifft, dass mit עם הארץ im Levitikusbuch „nicht mehr nur die grundbesitzende und im Besitz der vollen bürgerlichen Rechte befindliche ‚Oberschicht' gemeint [sein soll], sondern ganz einfach die Gesamtheit der jüdischen Gemeinde, so daß עַם הָאָרֶץ also Wechselbegriff zu קָהָל und עֵדָה 4,13 und עַם 4,3 geworden ist. In diesem Sinne ist der Ausdruck auch 20,2.4 gebraucht ...“[46].

Der Stilisierung des Textes als JHWH-Rede entspricht, dass die priesterlichen Bearbeiter in den beiden von ihnen geschaffenen Sequenzen 2b-5b.6a-c die passivische, unpersönliche כרת-Formel, welche sie aus der Vorlage 17*.18* entnahmen, in eine aktivische Formelvariante mit JHWH als Subjekt umformulierten. An dieser Stelle ist aber innezuhalten und zu fragen, welche genaue Bedeutung diese durch die Verwendung des H-Stammes/akt. gekennzeichnete Formelvariante hat. Die Verwendung des aktiven Kausativstammes legt nämlich nahe, nicht primär an ein direktes Handeln JHWHs zu denken, als vielmehr in JHWH denjenigen zu sehen, der die Ausrottung des Betreffenden aus der Gemeinde dem zuständigen Priester überträgt. Wir müssten, träfe diese Annahme zu, diese Formelvariante dann mit: „Und ich werde veranlassen, dass dieser Mann aus seiner Gemeinde ausgerottet wird“ wiedergeben. Unmittelbar Ausführender dieser Handlung wäre dann, wie auch bei der passivischen Variante, der Priester, dessen Handeln hier aber ausdrücklich als von JHWH legitimiert verstanden werden soll. Hier ist aber zu fragen, ob dieses Verständnis der Formel einer Überprüfung standhalten kann. So ist zunächst zu beachten, dass allgemein in den semitischen Sprachen die grammatische Bedeutung der einzelnen Stämme häufig mit deren lexikalischer Bedeutung nicht übereinstimmt. Von daher wäre zunächst denkbar, dass die Basis כרת im G-Stamm niemals die Be-

[46] Elliger, 1966, S. 73; ihm folgend Gerstenberger, 1993, S. 261, Anm. 45. Ähnlich auch Hulst, 1993, Sp. 300. Hulst, 1993, Sp. 301, weist jedoch daraufhin, dass in nachexilischer Zeit der Begriff עם הארץ eine zunehmend peiorative Bedeutung für Menschen erlangt, die nicht zur jüdischen Religionsgemeinschaft gehören. Ein solcher abwertender Sinn ist in Lev 20 allerdings noch nicht festzustellen.

deutung „einen Menschen ausmerzen“ beinhaltet, sondern dass dafür stets der H-Stamm/akt. verwendet wurde, ohne dadurch eine kausative Konnotation ins Spiel zu bringen. Ein Blick in die Konkordanz zeigt allerdings sofort, dass es zumindest einen Beleg (Jer 50,16) für כרת im G-Stamm in dem Sinne gibt, einen Menschen auszurotten. Somit hätte die Umformulierung der ursprünglich passivischen כרת-Formel in eine aktive Variante zumindest auch durch Verwendung des G-Stammes erfolgen können, der in der Regel das aktive Pendant zum N-Stamm darstellt[47]. Doch lässt sich auch der H-Stamm/akt. von כרת in direkter, aktiver Bedeutung belegen. So wird in Lev 26,22 den Israeliten für ihren etwaigen Ungehorsam gegenüber JHWH u. a. angedroht:

„Und ich werde entsenden auf euch das Raubtier des Feldes, und es wird euch um eure Kinder bringen, und es wird vernichten euer Vieh (והכריתה את־בהמתכם).“

Eindeutig ist, dass das von Gott gesandte Raubtier das Vieh der Israeliten selbst zerreißt und nicht lediglich ein solches Zerreißen veranlasst.
Auf der anderen Seite gibt es Belege mit eindeutig kausativem Sinn: Als ein dafür typischer Fall erscheint uns 2. Kön 9,8abα: Diese Stelle steht im Zusammenhang der Überlieferung von der Revolution des Jehu und dem Ende der Omridendynastie. Als der Prophetenjünger Jehu zum legitimen König Israels salbt, teilt er ihm folgendes JHWH-Wort mit:

ואב כל־בי אחאב
והכרתי לאחאב משתין בקיר

Im Folgenden wird Jehus Handeln als Ausführung dieses von Gott hier angeordneten Strafgerichts über die Omriden dargestellt (vgl. 2. Kön 10,30). Von daher ist die Formulierung והכרתי kausativ aufzufassen. Eine angemessene Übersetzung würde dementsprechend etwa lauten: „Und ich werde vernichten das ganze Haus Ahabs, und ich werde veranlassen, dass man dem Ahab jeden Mann ausrottet.“ In diese Gruppe gehört wohl auch 1. Sam 28,9: Als Saul als Zeichen seiner Verwerfung keine Antwort mehr von JHWH erhält, wendet er sich, nachdem er sich unkenntlich gemacht hatte, an die Totenbeschwörerin vom En-Dor. Er verlangt von ihr, Samuel aus dem Totenreich für ihn heraufsteigen zu lassen. Die Frau ist jedoch zurückhaltend:

„Siehe, du weißt doch, was Saul getan hat; er hat die Beschwörer von Toten- und Wahrsagegeistern ausgerottet (אשר הכרית את־האבות ואת־הידעני ...).“

---

47 Vgl. Bartelmus, 1994, S. 123: „Das durch das Präformativ *n-* konstituierte Nif'al (N-Stamm-Reflexiv/Passiv), das von der Formenbildung her alleine steht, das aber semantisch in gewisser Weise mit dem Qal zusammengehört, weil sich die durch diese Bildungsweise bewirkte semantische Modifikation unmittelbar auf die Bedeutung des Verbs im Grundstamm bezieht und zu dieser in einer semantischen Opposition steht.“

Die Stelle ist wohl so zu verstehen, dass Saul nicht persönlich jeden einzelnen Wahrsager ausgerottet hat, sondern stattdessen das dafür Notwendige veranlasst hat. Jedoch liegt hier auch nach unserem Sprachgefühl ein Grenzfall vor. Denn auch der Organisator einer Maßnahme wird zu Recht als der aktive Täter empfunden. Kehren wir zurück zu den hier zu interpretierenden aktivischen Varianten der כרת-Formel und fragen, ob sich konkret für sie eine kausative Bedeutung wahrscheinlich machen lässt. Wir meinen, dass eine solche Bedeutung durchaus vertretbar ist. Jedoch ist zu differenzieren: An den Stellen Lev 17,10; 20,3b.6b ist eine solche Bedeutung ohne weiteres sinnvoll. Dagegen erscheint ein kausatives Verständnis der Formel in 20,5b unmöglich, weil dort das Verhalten JHWHs angesichts beständiger Untätigkeit der Gemeinde beschrieben wird. Wir glauben aber, dass dieser Widerspruch ein scheinbarer ist und sich erklären lässt, wenn man von einer Entwicklung ausgeht, die zu einer tiefgreifenden Veränderung des Bedeutungsgehaltes der כרת-Formel in Richtung auf eine immer stärker werdende transzendente Vorstellung führte. Wir sahen, dass die neutralen passivischen Formelvarianten den Ausgangspunkt der Entwicklung dieser Formel darstellten. Hinter dem Passsivum steckte der für den Kult Verantwortliche, d. h. in der Familie vielleicht zunächst der pater familias, dann aber sicher bald ein Priester oder Levit[48]. Dies dürfte genauso für den Sippenkult und dann für den Kult der nachexilischen Gemeinde gegolten haben. Am Ende der Entwicklung der Wendung steht die aktivische Variante, deren Entstehung wir im Zusammenhang mit einer verstärkten theologischen Reflexion innerhalb der priesterschriftlichen Schule sehen. Dabei ist die aktivische Variante wohl von Anfang an für die Verkündigung im Lesegottesdienst gedacht gewesen. In der Predigt von Lev 20 geschieht zweierlei: Zum einen wird durch das kausative Aktiv festgehalten, dass hinter der Exkommunikation durch den zuständigen Priester JHWH selbst steht. Damit wird die Legitimation der Priester zu ihrer gemeindlichen Ordnungsgewalt in ganz besonders dezidierter Weise auf JHWH selbst zurückgeführt. Nicht aus eigener Machtvollkommenheit, sondern als Vollstrecker des Willens JHWHs schließt der Priester den Betreffenden aus der Gemeinde aus. Ausschlaggebend war nicht, dass JHWH seine Gebote erlassen hatte und diese die Grundlage der ausschließenden Handlung waren. Die priesterliche Vollmacht zur Exkommunikation beruhte vielmehr darauf, dass JHWH selbst auf den Übertreter seiner Gebote aufmerksam wurde, ihn entdeckte und dann aus der Gemeinde ausschließen ließ[49]. Unter diesem Aspekt ist freilich eine kausative Übersetzung dieser Formelvariante angemessen: „Und ich werde veranlassen, dass dieser Mann aus der Mitte seines Volkes herausgeschnitten wird." Dieses Verständnis passt, wie gesagt, in jedem Fall in Lev 17,10; 20,3b.6c. Schwie-

---

[48] Vgl. Ri 17,7-13.

[49] Möglicherweise stand hinter der Ausbildung der aktivisch-kausativen Formelvariante ein Konflikt innerhalb der Gemeinde über die Frage, ob die Priester überhaupt zum Ausschluss aus der Gemeinde berechtigt seien.

rigkeiten bereitet dieses Verständnis bei der Belegstelle 20,5b, da hier davon die Rede ist, dass die Gemeinde das Vergehen des Betreffenden gerade toleriert. Der Bedeutungsgehalt der Formel, wonach JHWH hier lediglich ein menschliches Handeln, nämlich die Exkommunikation veranlasst, ist deshalb wenig sinnvoll, da in diesem Falle die Gemeinde und in diesem Zusammenhang wohl auch und vor allem die vor JHWH verantwortlichen Priester, dieser Veranlassung JHWHs nachzukommen, gerade nicht gewillt sind. Folglich muss hier der Bedeutungsgehalt der Formel in der Weise bestimmt werden, dass JHWH selbst den Betreffenden nicht mehr als zu seiner Gemeinde zugehörig betrachtet, dass er allein ihn gewissermaßen ausschließt. Damit aber hat die Bedeutung dieser Formel einen noch höheren Grad der Transzendenz erreicht. Die priesterlichen Theologen stellten sich hier also vor, dass jemand auch dann aus der Gemeinde ausgeschlossen sein kann, wenn er äußerlich nach wie vor zu dieser Gemeinde gehört. Diese Deutung, nämlich das Ausmerzen aus der Gemeinde allein durch JHWH, ist freilich, worauf Zimmerli zu Recht hinwies, für das spätere talmudische Judentum bezeugt[50]. Offen ist, welche Folgen dieser allein von JHWH gegen die Gemeinde vollzogene Ausschluss für den davon Betroffenen haben sollte. Tsevat[51] rechnet dabei zunächst theoretisch mit zwei Möglichkeiten, nämlich entweder mit einem unnatürlichen, wundergewirkten oder einem frühzeitigen Tod. Gegen die erste Alternative, also den mirakulösen Tod, führt er eine Beobachtung von J. Morgenstern[52] an, wonach bei den beiden Berichten über einen wundersamen Tod (Nadab und Abihu [Lev 10,1-7] bzw. Korah und dessen Leute [Num 16,1-17,15]) die כרת-Formel[53] gerade nicht vorkommt. So nimmt er, wie vor ihm auch Morgenstern und Zimmerli, die zweite Möglichkeit als wahrscheinlichen Bedeutungsinhalt der Formel an. Diesem entspricht die Karet-Strafe, wie sie der Talmud als Auslegung der כרת-Formel kennt. Jedoch ist es unserer Auffassung nach nicht zulässig, von dieser Tradition unmittelbar auf den Bedeutungsinhalt der Formel im TNK zurückzuschließen. Denn der Talmud repräsentiert eine bestimmte Auslegungstradition des Judentums, so wie z. B. die Kirchenväter, Luther oder K. Barth jeweils eine bestimmte christliche Auslegungstradition der Heiligen Schrift repräsentieren. Letztlich nehmen wir dennoch mit Zimmerli an, dass diese talmudische Auslegung in enger Kontinuität zum TNK steht und es von daher berechtigt ist, sie als „indirekten Hinweis"[54] darauf aufzufassen, dass dieses Verständnis der כרת-Formel nicht völlig falsch ist. Wir halten aber auch hier noch einmal den Versuch für sinnvoll, durch Anwendung des kulturanthropologischen Modells vom sozialen Tod zu einer weiteren Annäherung zu gelangen. Der Unterschied zwischen den bisheri-

50 Zimmerli, 1954, S. 169.

51 Tsevat, 1961, S. 197.

52 Morgenstern, 1931/32, S. 38.

53 Und um noch genauer zu sein: Selbst die Wurzel כרת ist in beiden Texten nicht belegt.

54 Zimmerli, 1954, S. 169.

gen Sanktionen und dem zu diskutierenden Spezialfall, wie er uns in Lev 20 nur in 5ab entgegentritt, liegt darin, dass nur hier eine Trennung von der Gemeinschaft vorliegt, die nicht in offensichtlicher Weise geschieht. Vielmehr bleibt die soziale Geltung und Stellung des Betreffenden äußerlich unangetastet. Letztendlich ist er nur vor Gott selbst außerhalb der Gemeinschaft. Hier wird nun in besonderer Weise der soziale Tod in einen übermenschlichen Bereich transzendiert. Nur vor Gott ist dieser Mensch außerhalb des Bereiches des Lebens, nur vor Gott lebt er außerhalb der sich im Wesentlichen im Kultischen konstituierenden Gemeinschaft. Nur vor Gott ist dieser Mensch wirklich tot. Hier sieht man das theologische Bemühen der priesterlichen Schule, die menschliche Grunderfahrung der faktisch nach außen hin ungesühnten und von daher, jedenfalls scheinbar, folgenlosen Schuld zu verarbeiten[55]. Doch auch wenn die Strafe, der soziale Tod, in die Transzendenz entrückt ist, bleibt der Betreffende, zumindest nach theologischem Konstrukt der priesterlichen Schule, in der Sphäre seiner Schuld gefangen. Und so bedeutete diese Form der Sanktion, nämlich allein vor Gott nicht mehr zu leben, eine Drohung, und zwar die wortwirksame Drohung der Prediger der Gottesdienste, in welchen Lev 20 immer wieder verlesen und eingeschärft wurde. Sicher liegt hier aber auch der Ansatzpunkt, von dem aus sich die im Talmud belegte Vorstellung entwickelte, die Karet-Strafe sei eine Strafe Gottes durch verfrühten Tod. Dann hätte, sollten unsere Erwägungen zutreffen, die Vorstellung vom sozialen Tod vor Gott zur Vorstellung vom verfrühten Tod durch Gott geführt. Diesem Gedanken können wir aber hier nicht weiter nachgehen[56].

Wichtig ist aber, dass es sich bei Lev 20 in der hier zu besprechenden Gestalt um eine Unterweisung aus dem Lesegottesdienst der nachexilischen Gemeinde handelt und dass der Prediger mit dieser Wendung, so wie er sie in 5ab exemplarisch gebraucht, seinen Zuhörern einzuschärfen versucht, dass *jede* Übertretung (man beachte den Charakter dieser ersten Sequenz als Präzedenzfall

---

[55] Die hier verarbeitete Wirklichkeitserfahrung scheint an dem Tun-Ergehen-Zusammenhang, der „schicksalswirkenden Tatsphäre" (vgl. Koch, 1955, S. 1-42) zu zweifeln. Dementsprechend wird bei der Interpretation dieser Wirklichkeitserfahrung auf die Gewissheit des göttlichen Waltens verwiesen.

[56] Eine verwandte Vorstellung steht wohl auch hinter der Anweisung des Paulus an die Gemeinde von Korinth (1. Kor. 5,1-13): In einem Fall von Inzest innerhalb der Gemeinde von Korinth soll der Betreffende aus der Gemeinde ausgeschlossen, d. h. dem Satan übergeben werden, damit dort außerhalb der Gemeinde der Satan an dem Übeltäter die gebührende Strafe vollziehe. Wichtig wiederum für die Eschatologie des Paulus ist in diesem Fall, dass anscheinend diese Strafe die endgültige Bestrafung am Tag des Gerichts verhindern könne. Mag Letzteres für unsere Untersuchung auch offen bleiben, so ist trotzdem anzumerken, dass der in jüdischer Tradition stehende Paulus hier ebenfalls stark von der dualistischen Vorstellung eines sozialen Todes her eine Entscheidung über den Ausschluss eines Einzelnen aus der Ordnungswelt der Gemeinde trifft und dabei erwartet, dass den Betreffenden außerhalb dieser Gemeinde eine übernatürliche Strafe, wahrscheinlich in Form eines verfrühten Todes, erwarten wird.

für alle übrigen Sequenzen in Lev 20), auch wenn sie von der Gemeinde nicht geahndet wird, dennoch die Verfolgung JHWHs nach sich zieht. Dabei gerät der Mensch aus dem Bereich der Gemeinschaft, der Gemeinde, in den Bereich außerhalb dieser, auch wenn dies äußerlich gar nicht sichtbar zu werden braucht. Durch den Kontext ändert sich nun auch die Bedeutung der aus der Vorlage 10*-16* übernommenen מות יומת-Sätze. An diesem Punkt der Entstehung von Lev 20 haben alle diese Sanktionen die von Gerstenberger mit folgenden Worten beschriebene Bedeutung: „Alle Drohungen meinen eine dem Menschen entzogene Gottesstrafe, bei keiner Formulierung ist es so deutlich wie bei der Verhängung von Kinderlosigkeit.“[57]

6.2.3. Die Sequenz 9a-d

Als weitere Sequenz, die aus der Feder der priesterschriftlichen Schulredaktion stammt, hat gemäß unserer Redaktionskritik die Sequenz 9a-d zu gelten. Zunächst fügten die Redaktoren die beiden bisher selbstständigen Vorlagen V.10*-16* und V.17*-21* zusammen. Dies war ihnen trotz der unterschiedlichen Terminologie der Sanktionen aus den jeweiligen Reihen möglich, weil die relativisch formulierten Eingangsphrasen die Reihenbildung erlaubten, die Thematik der Sachverhalte in beiden Vorlagen gleich war und die Sanktionen trotz ihrer sprachlichen Differenzen jeweils der hinter ihnen stehenden Vorstellung vom sozialen Tod Ausdruck verliehen. Darauf verfassten sie die speziell als einleitende Kopfsequenz dieses Abschnittes vorgesehene Sequenz 9a-d. Dabei übernahmen sie wiederum Stilelemente der Vorlagen, nämlich die איש אשר-Phrase, die Wendung מות יומת sowie die Blutschuldformel דמיו בו. Diese vorgegebenen Formeln veränderten die Redaktoren nur wenig, so dass kein stilistischer Unterschied zu den folgenden Sequenzen ins Auge springt. Insbesondere verzichteten sie auf die Form der persönlichen Anrede und benutzten stattdessen den streng neutralen Stil, der für die Vorlagen kennzeichnend war. Dadurch erreichten sie, dass die Sequenz sich organisch in den nun von der priesterlichen Redaktion geschaffenen Mittelabschnitt einfügte. Einige Eigentümlichkeiten, die allerdings erst auf den zweiten Blick zu erkennen sind, sollen indes genannt werden. Zunächst wird in für die priesterliche Redaktion charakteristischer Weise die אשר איש-Phrase erweitert, um damit die Einleitung des gesamten Sequenzabschnittes zu markieren. So wird der Kernsatz איש durch die Geminatio איש איש ersetzt. Zudem wird die Partikel כי dem Ganzen vorangestellt. Damit wird diese Sequenz als Kopfsequenz der folgenden Sequenzkette deutlich herausgestellt. Dass die Wendung מות יומת hier wie ebenso die Blutschuldformel im Singular steht, liegt an der in dieser Sequenz behandelten Thematik, dem Schutz der Eltern vor der Minderung durch ihre Kinder. Auffallend ist, dass das Thema der Sequenz

[57] Gerstenberger, 1993a, S. 19.

kaum zum Inhalt der Sequenzenkette passt, die sie einleitet. Dies zeigt zunächst, welch hohe Bedeutung die priesterschriftlichen Redaktoren dem Schutz von Vater und Mutter beimaßen[58].

Da die priesterliche Redaktion Lev 20 gezielt für den Einsatz in die Pentateucherzählung komponierte, stellt sich die Frage, ob diese Sequenz mit einschlägigen Elterngeboten innerhalb einer vorpriesterlichen Komposition in Zusammenhang stehen könnte. Der von seiner Stellung her erste kanonische und zugleich vorpriesterliche Beleg, der unserer Ansicht nach mit dieser Sequenz in Beziehung steht, ist das Gebot des Zehnwortes Ex 20,12: „... את־אביך ואת־אמך כבד“[59]. Dabei ist im Zehnwort das Elterngebot neben dem Gebot der Sabbatheiligung (V.8) dadurch besonders hervorgehoben, dass es im Gegensatz zu den anderen Geboten positiv formuliert ist[60]. Die zweite wichtige Stelle, an der es um das Verhalten gegenüber den Eltern geht, finden wir im Bundesbuch in Ex 21,17: ומקלל אביו ואמו מות יומת. Lev 20, 9a-aR scheint diesen Satz beinahe wörtlich zu wiederholen. Der partizipiale Todessatz aus Ex 21 wird in Lev 20 lediglich relativisch formuliert, wohl um ihn an die bereits vorhandenen Sequenzen in relativischer Form anzupassen. In ihrer jetzigen Form bilden die Texte Ex 19-24 – bei welchen es sich beinahe vollständig um vorpriesterliches Material handelt – einen geschlossenen Zusammenhang. Die Beziehung zwischen dem Zehnwort und dem darauf folgenden Bundesbuch wird dabei von Rendtorff[61] als Grundlegung (Zehnwort) und Entfaltung (Bundesbuch) beschrieben. Somit würde Ex 20,12 das grundsätzliche Gebot, die Eltern zu achten, proklamieren, Ex 21,17 die Übertretung dieses Gebotes mit der Todessanktion bedrohen. Für diese Interpretation spricht, dass כבד (D-Stamm/akt.) „Ehre erweisen“ Gegenbegriff zu קלל (D-Stamm/akt.) „gering machen, fluchen“ ist[62]. Die priesterlichen Redaktoren knüpften dann an diese Stelle an[63] und brachten die Norm, die El-

---

58 Dem entspricht, dass auch in Lev 19 das Elterngebot als erste Konkretisierung der Heiligkeitsforderung an die Spitze der einzelnen Gebote gestellt wurde (V.3).

59 Die dann folgende Begründung brauchen wir für unsere Untersuchung nicht zu berücksichtigen.

60 Eine Reihe von Auslegern (z. B. Alt, 1934, S. 317; Boecker, 1984, S. 183) nimmt sogar an, dass auch diese beiden Gebote ursprünglich negativ formuliert waren und erst sekundär in die heutige positive Form gebracht wurden. Gerstenberger, 1965, S. 46, geht hingegen davon aus, dass diese Gebote von Anfang an positiv formuliert waren. Letztendlich mag die Frage unter der Voraussetzung offen gelassen werden, dass jedenfalls den priesterschriftlichen Überschreibern des vorpriesterlichen Pentateuchs die beiden Gebote in ihrer jetzigen positiven Gestalt vorlagen.

61 Rendtorff, 1992, S. 151.

62 Vgl. Keller, 1993, Sp. 642-644, und Westermann, 1984, Sp. 797-798: Dabei geht es um gesellschaftliches Ansehen. Jemanden „schwer“ machen (כבד im D-Stamm/akt.), bedeutet soviel, wie seine gesellschaftliche Stellung anerkennen, jemanden „leicht“ machen (גלל im D - Stamm/akt.) dementsprechend, dessen soziale Geltung nicht zu respektieren.

63 Diese Auffassung lässt sich allerdings nur dann verteidigen, wenn man annimmt, dass der Zusammenhang von Ex 20,12 und Ex 21,17 bereits den priesterlichen Bearbeitern vorgele-

tern nicht zu mindern, ebenfalls verbunden mit der Todessanktion, hier erneut zur Geltung[64].

6.2.4. Die Sequenzreihe 9-21 in ihrer Gesamtheit

Die Redaktion stellte die Sequenzenreihe V.10-21 aus bereits vorhandenen Vorlagen zusammen, erweiterte sie vor allem um die konstatierenden Wendungen und stellte V.9 als Eingangssequenz voran. Dieselbe Hand ist nun aber nicht nur für die Komposition Lev 20 sondern auch für die Gestaltung von Lev 18 und wahrscheinlich für Lev 19 verantwortlich[65]. Lev 18 und Lev 20 erscheinen durch dieselben Themen eng aufeinander bezogen. In beiden Texten ist von fast denselben sozial (bzw. im jetzigen Kontext kultisch) geächteten Handlungen die Rede. Es geht um Molechkult, Befragung von Toten- bzw. Wahrsagegeistern sowie verschiedene Formen von verbotenen sexuellen Betätigungen[66]. So sehr aber auf der einen Seite Ähnlichkeiten erkennbar sind, die z. T. bis in den Wortlaut hinein nachzuweisen sind, so fallen dennoch signifikante Unterschiede ins Auge. Zum einen sind die einzelnen Delikte in unterschiedlicher Reihenfolge angeordnet. Zum anderen fehlen in Lev 20 vier der in Lev 18 verbotenen Handlungen[67]. Dieser Befund ist so zu erklären, dass sowohl in Lev 18 wie in Lev 20 kleinere, bereits vorhandene Sammlungen aus dem priesterlichen Schulbetrieb

---

gen hat. Den Zusammenhang von Ex 21,17 mit Lev 20,9 halten wir jedoch keinesfalls für eine zufällige Kongruenz. Vielmehr gehen wir, wie schon zu Anfang dieser Studie besprochen, von dem Modell einer inneralttestamentlichen Schriftauslegung aus. Demnach legt die priesterliche Schicht u. a. die älteren Gesetze, d. h. das Bundesbuch und das Deuteronomium aus (vgl. Otto).

64 Nach unseren einleitungswissenschaftlichen Voraussetzungen halten wir diese Lösung für wahrscheinlicher als die Möglichkeit, mit der Cholewinski, 1976, S. 297, zumindest rechnet, dass nämlich seine H3-Redaktion das entsprechende Gebot aus dem deuteronomischen Zehnwort (Dtn 5,16) und u. U. auch aus Dtn 27,16 ergänzen wollte. Er will sich aber, da seine Beobachtungen nicht ausreichend seien, nicht festlegen. Jedoch rechnet auch er mit der Möglichkeit, dass eine Verbindung zu Ex 21,17 bestehen könnte: „Es ist zu beachten, dass Lev 20, 9 fast wörtlich Ex 21,17 wiederholt. Ist es abermals die Tendenz, die ältere Gesetzgebung wieder zur Geltung zu bringen?"

65 Damit soll keineswegs ausgesagt sein, dass sich die Tätigkeit dieser Redaktion lediglich auf diese drei Kapitel beschränkt habe. Doch wollen wir unsere Betrachtung hier zunächst nur auf diese drei Kapitel beschränken. Über weitere Texte wollen wir hier keine Aussage treffen.

66 Das Verbot homosexueller Betätigungen beschränkt sich auf den sexuellen Akt in Analogie zu dem heterosexueller Paare (vgl. Daube, 1986; Otto, 1996d, mit weiteren wichtigen Beobachtungen zur Stellung des Verbots im Pentateuch). Es geht also nicht im weiteren Sinne um Liebe unter Männern wie unter David und Jonathan.

67 Nicht in Lev 20 finden sich: Verbot des Sexualverkehrs mit der leiblichen Mutter (18,7); Enkelinnen-Inzest (18,10); Verbot des Stiefschwester-Inzests (18,11); Verbot der Heirat von Frau und deren Schwester zugleich (18,18).

verwendet wurden[68]. Die Redaktion war, wie schon gezeigt, nicht dergestalt tätig, dass sie den ganzen Text Lev 20 frei gestaltet hätte. Vielmehr hat sie gewissermaßen in einer Art Collagentechnik vorhandene Sammlungen aufgenommen und in einen neuen Kontext gestellt. Damit lassen sich die zwischen Lev 18 und Lev 20 beobachteten Differenzen erklären: Weder sind die Unterschiede geeignet, auf eine getrennte Entstehung und Überlieferung beider Texte zu schließen[69], noch kann der Grund für die unterschiedliche Reihenfolge in einer Differenzierung der Schwere der einzelnen Delikte verbunden mit einer anderen Tatfolgeregelung liegen. So war Ruwe der Ansicht, dass die Tatfolgen der ersten Delikte V.10-16, die Todessanktion, schwerer seien als die dann folgenden Gottessanktionen[70]. Doch hat unsere Untersuchung gezeigt, dass gemeinsamer Nenner aller Sanktionen der soziale Tod ist. Demnach verbietet es sich, von unterschiedlich schwerer Tatfolge zu sprechen. Denn die Sequenzen dienen in der Predigt vor allem der Außenabgrenzung von Leuten, die nicht JHWH-Verehrer sind bzw. als solche nicht anerkannt werden. Wenn es hier um die Außenidentität der Gemeinde geht, dann liegt es nahe, alle hier genannten Handlungen als auf einer einzigen Stufe stehend zu betrachten, nicht aber von unterschiedlicher Schwere der einzelnen Delikte auszugehen. Dass nicht jede in Lev 18 verbotene Tat sich in Lev 20 wiederfindet, hat denselben Grund. Die Vorlagen von Lev 18 waren eben andere als die von Lev 20. Gab es Delikte, die für die Redaktion besonders wichtig waren, so wurden diese frei nachgetragen: Elterngebot V. 9, Molechdienst und Totenbeschwörung. Die gegenüber Lev 18 fehlenden Handlungen sind in Lev 20 implizit vertreten. Sie werden analog ergänzt. Beim Hören auf die Predigt von Lev 20 nimmt der Hörer, der ja Lev 18 bereits vernommen hat, sie mit wahr und subsumiert sie ebenfalls unter die Handlungen, die in Lev 20 mit dem sozialen Tod sanktioniert sind[71].

---

68 Dass jedenfalls auch bei Lev 18 Vorlagen Verwendung fanden, ist eine in der Literatur weit verbreitete Ansicht, deren wir uns aufgrund unserer Erfahrung, die wir mit Lev 20 gemacht haben, anschließen. Vgl. z. B. Elliger, 1966, S. 234f.; Noth, 1985, S. 115-117; Halbe, 1980; Gerstenberger, 1993, S. 227; Reventlow, 1961, S. 52.; Kilian, 1963, S. 21-36; Feucht, 1964, S. 31-34. Ruwe, 1999, S. 168, merkt an, dass diese älteren Vorlagen nicht sehr viel älter sein können als die Komposition Lev 18 selbst, da detaillierte Inzestverbote vorpriesterschriftlich kaum belegt seien. M. E. dürfte die Sammlung der Vorlage(n) tatsächlich erst in exilisch-nachexilischer Zeit entstanden sein.

69 So aber Noth, 1962, S. 126.

70 So aber Ruwe, 1999, S. 235. Er unterscheidet hier zwischen der justitiablen מות יומת-Sanktion und den in 17-21 zu findenden anderen, nicht justitiablen Gottessanktionen. Auch Douglas 1999, S. 238, meint, dass die einzelnen Tatbestände gemäß den unterschiedlichen Sanktionen geordnet seien.

71 Ein anderes Problem ist hier nicht zu behandeln, soll aber nicht unerwähnt bleiben. Zahlreiche Ausleger seit der Antike vermissen in der Reihe der Inzestverbote Lev 18 bzw. der dementsprechenden Sanktionen Lev 20 den Inzest des Vaters mit der eigenen Tochter. In neuerer Zeit waren dies z. B. Elliger, 1966, S. 234; Wenham, 1979. S. 254. Ging Elliger davon aus, dass das Verbot des Tochterinzests auf ein redaktionelles Geschehen zurückzuführen sei, so

6.2.5. Die Neuinterpretation der Vorlagen durch die paränetische Rahmung 7a-8c.22a-26c

Durch seine paränetischen Rahmungen wird der Charakter des Textes als Vorlestück für die Gemeinde besonders betont. Durch seinen legitimierten Sprecher weist JHWH seine Gemeinde je und je von Neuem an, seine Gebote zu beachten und sich darin als heilig zu erweisen. Nicht nur die Gebote der Sequenzen, sondern auch die beiden paränetischen Rahmen sind stilistisch durch die Verwendung von formelhaftem Gut gekennzeichnet.
Zentrale Begründung dafür ist die verschieden variierte Formel „Ich bin JHWH, euer Gott" (7c.8c.24d.26c). Die formelhafte Aufforderung zur Heiligkeit der Israeliten bezieht sich wohl auf vorpriesterliche Aussagen wie in Ex 22,30 „Und heilige Männer sollt ihr für mich sein.", ferner auf Aussagen des Deuteronomiums von Israel als JHWHs heiligem Volk[72] und vor allem auf die Promulgation Israels zum heiligen Volk in der programmatischen Einleitung der Sinaierzählung:

„Und nun: Wenn ihr wirklich auf meine Stimme hört und meinen Bund beachtet, so werdet ihr für mich mein Eigentum unter allen Völkern sein. Denn mir gehört die ganze Erde. Und ihr werdet für mich sein ein Königreich von Priestern und ein heiliges Volk." (Ex 19,5-6)

Durch die formelhafte Aufforderung zur Heiligung der Israeliten legt die priesterschriftliche Redaktion diese vorpriesterschriftliche Promulgation, dort verstanden als Gabe Gottes an Israel, aus als Aufgabe Israels, Gottes Gebote zu beachten. Dies geschieht, wie wir noch zeigen werden, dadurch, dass die Heiligkeit als Halten der Gebote JHWHs interpretiert wird[73].

---

versucht Meacham, 1997, eine Verbindung zu den Pentateucherzählungen zu erkennen: Seine Frage, "why was the most obvious incest situation not explicity prohibited?", beantwortet er mit der Vermutung einer priesterlichen Polemik gegen das Davidshaus. Die bei den Inzestreihen nicht erwähnte Tochter sei der entscheidende Hinweis: Unter den zahlreichen Verfehlungen der Daviden habe es jedenfalls keinen Vater-Tochter Inzest gegeben. Darüber hinaus diskreditierten die Verbote im Heiligkeitsgesetz das Verhalten der Erzväter als Vorbild für bestimmte sexuelle Beziehungen. Nach den Ergebnissen unserer Untersuchung ist das Fehlen des Vater-Tochter-Inzests von daher zu erklären, dass dieses Verhalten in den von den Redaktoren verwendeten Vorlagen nicht vorhanden war. Vielleicht lag das einfach daran, weil dies von vorneherein unter den Rechtsgenossen selbstverständlich war. Auf jeden Fall konnte der Vater-Tochter-Inzest in Lev 20 gewissermaßen mitgehört werden, d. h. den Hörern der Predigt war das Verbot dieser Beziehung auch ohne Erwähnung bekannt. Und wie auch andere in Lev 18 verbotene Beziehungen konnte auch jener Inzest analog unter die Sanktion des sozialen Todes ergänzt werden, sollte der Hörer damit konfrontiert werden.

72 Dtn 7,5; 14,2.21; 26,19; 28,9.

73 Dahinter vermuten wir im Anschluss an Albertz, 1992, S. 527-530, einen Konflikt zwischen Priestern und Laien über die richtige Interpretation von Ex 19,5-6: So dürfte die Stelle zumindest von einigen so verstanden worden sein, dass auch den Laien ein gewisser Grad an kultischer Kompetenz zukomme. Diese Interpretation dürfte in Laienkreisen durchaus ver-

Sind aber die Formeln „Ich bin JHWH“ und „Seid heilig, denn heilig bin ich, JHWH“ im Wesentlichen aus genuiner priesterlicher Tradition, so wurde die formelhafte Aufforderung zum Halten der Gebote JHWHs aus der deuteronomisch-deuteronomistischen Tradition übernommenen und im von uns postulierten priesterlichen Schulbetrieb weiterentwickelt. Ähnliches gilt auch für die aus dem Deuteronomium bekannte Wendung, mit welcher der Überfluss des Kulturlandes plastisch beschrieben wird, nämlich das Epitheton ornans vom Land, wo Milch und Honig fließt (Satz 24c). Es handelt sich hierbei um Fälle, in denen bereits in anderen Texten vorhandene Wendungen übernommen und rezeptiv-produktiv weiterentwickelt wurden[74].

Um die Entwicklung der formelhaften Aufforderung zum Halten der Gebote JHWHs von ihren Anfängen im Deuteronomium an darzustellen, wollen wir die jeweiligen Entwicklungsstufen durch repräsentative Belege aufzeigen:

Dtn 6,2 Deswegen sollst du fürchten JHWH, deinen Gott, damit du beachtest (לשמר) alle seine Satzungen und Gebote, auf die ich dich und deinen Sohn und deinen Enkel für alle Tage deines Lebens verpflichte, damit lang werden deine Tage.

Dtn 11,1 So sollst du lieben JHWH, deinen Gott, und beachten (ושמרת) seine Observanzen und seine Satzungen und seine Rechtssätze und seine Anordnungen dein ganzes Leben lang.

1 Kö 6,12 Dieses Haus, das du bauen wirst – wenn du wandelst in meinen Satzungen (אמ־תלכ בחקתי) und meine Rechtssätze tust (ואת משפטי תעשה) und beachtest alle meine Anordnungen (ושמרת את־כל־מצותי), indem du in ihnen wandelst (בהם ללכת), werde ich an dir ausführen meine Worte, die ich zu deinem Vater David gesprochen habe.

Bis auf Dtn 11,1 zeichnen sich sämtliche Belege dieser Wortverbindung im Deuteronomium dadurch aus, dass sie als Infinitivkonstruktionen gestaltet sind und an eine syntaktisch übergeordnete, finite Verbform anschließen. In dieser Form dürften die Ursprünge der Formel zu suchen sein. Dabei erläutern sie das übergeordnete Prädikat. Von daher sind diese Infinitivkon-

---

breitet gewesen sein. Demgegenüber vertrat die priesterliche Schule eine Deutung, wonach für kultische Zwecke allein Priester zuständig waren. Diesen Konflikt spiegelt auch, worauf Albertz insbesondere aufmerksam gemacht hat, die Komposition Num 16-18 wider: Mit diesem Text machten die Priester deutlich, dass „nur dann, wenn der Kult von den dafür von Gott bestimmten und geweihten Personen vollzogen wurde, ... er seine Heil stiftende Funktion für die Gemeinde entfalten“ konnte (Albertz, 1992, S. 529). Dementsprechend interpretierte die priesterliche Schulredaktion die Aussagen von Ex 19,5-6 in dem Sinne, dass Israel dann ein heiliges Volk und Königreich von Priestern sei, wenn es die Gebote JHWHs halte. Heiligkeit verstanden als grundlegende Eigenschaft von ganz Israel bedeute, so die Priester, ethische Vollkommenheit, nicht aber kultische Kompetenz. Diese priesterliche Interpretation wurde als autoritative und für alle Zeiten gültige Auslegung allen anderen Deutungen entgegengestellt.

74 Grund dafür war, dass diese Wendungen treffend die Wirklichkeitserfahrung der jeweiligen Rezipienten zur Sprache bringen und damit diesen eine Sinndeutung bieten konnten.

struktionen am besten mit „indem du hältst die Gebote JHWHs ...“ wiederzugeben[75]. JHWH fürchten, ihn nicht vergessen, auf seine Stimme hören, dies alles bedeutet, JHWHs Gebote zu beachten. Typisch für das Deuteronomium ist darüber hinaus die Bindung an dessen situativen Kontext als Abschiedsrede des Mose. Regelmäßig erscheint von daher der Hinweis darauf, dass Israel „heute“ von Mose auf diese Gebote verpflichtet wird: „... wovon gilt: Ich verpflichte dich heute auf sie“.

Eine deutliche Weiterentwicklung durchlief die Wendung im deuteronomistischen Geschichtswerk und in der aus denselben Kreisen stammenden, vorpriesterlichen Pentateuchkomposition: An Stelle der Infinitivkonstruktion tritt der selbstständige Hauptsatz: Dieser neue Gebrauch ist, bis auf Dtn 11,1, im späteren deuteronomisch-deuteronomistischen Schrifttum anzutreffen. Die erste Belegstelle im TNK und zugleich die einzige Stelle vor Lev 18 ist Gen 26,5 und zwar im Kontext einer Verheißungsrede an den in Gerar weilenden Isaak: „Mit deinen Nachkommen will ich alle Völker der Erde segnen, weil Abraham auf meinen Ruf gehört hat und meine Rechtssätze, Anordnungen, Satzungen und Weisungen beachtet hat“ (חקותי ותורתי וישמר משמרתי מצותי). Ein fließender Übergang erfolgt zu einer dritten Stufe, auf der die Formel durch synonyme, syntaktisch zumeist gleichgeordnete Bildungen erweitert wird. So ist neben dem Beachten der Gebote JHWHs vor allem auch vom Wandeln in diesen die Rede[76]. Ein ausgeprägtes Beispiel dafür war 1.Kö 6,12. Diese Variante begegnet uns dann auch in der Priesterschrift und zwar ausschließlich im Textbereich Lev 18-26[77]. Diese Beobachtungen lassen sich am einfachsten dadurch erklären, dass die priesterlichen Tradenten bereits von deuteronomisch-deuteronomistischen Kreisen geprägte Formulierungen übernahmen und für ihren Kontext so veränderten, dass sich mit ihnen existentielle Erfahrungen der judäischen Menschen auf einen durchschlagenden Begriff bringen ließen. Nach diesem Prinzip lässt sich nun auch das Vorkommen der ursprünglich aus dem Deuteronomium stammenden Wendung vom Land, in welchem Milch und Honig fließt (24c), erklären: Auch diese Aussage übernahmen die priesterlichen Redaktoren aus dem ihnen vorliegenden Formelschatz des Deuteronomiums. Eine solche Übernahme lag von daher auch nahe, da das Deuteronomium mit einer „weithin sehr geprägten, ja formelhaften Diktion“[78] am Ende der Königszeit eine Begrifflichkeit entwickelte, die sich als zweckdienlich erwies, die „komplexen Erfahrungen (Israels) auf durchschlagende Formeln (zu bringen), die geeignet waren, die Vergangenheit damit zu begreifen und zu deuten und die Zukunft konstruktiv zu gestalten.“[79]

Durch diese paränetische Redeweise erfolgt nun auch eine prinzipielle Umdeutung der Vorlagen und damit des gesamten Mittelabschnittes V.9-21: Die Vorlagen hatten auf pragmatischer Ebene die Funktion, jeweils eine absolute Grenze

75 Vgl. Gesenius-Kautzsch, 1909, § 114 o, S. 365.

76 Der Übergang zwischen beiden Stufen ist fließend. So könnte man darüber streiten, ob Gen 26,5 nicht auch der dritten Stufe zuweisbar sein könnte.

77 Mit diesen Stellen eng verwandt sind die fünfzehn Belege bei Ezechiel, deren besonderes Charakteristikum ebenfalls eine Mehrgliedrigkeit ist. Vielleicht kann man bei Ez 37,24; 44,24 von einer letzten Entwicklungsstufe sprechen: Auch diese beiden Belege weisen die Mehrgliedrigkeit auf. Hier folgt der Wendung vom Beachten der Gebote aber keine synonyme Wendung, sondern eine Spezifizierung, nämlich die Rede vom Beachten des Sabbats. Alles Halten der Gebote JHWHs findet also seinen Ausdruck im Halten des Sabbats. Wir können den Befund bei Ezechiel im Rahmen unserer Untersuchung nur kurz andeuten, aber keine weiteren Schlüsse daraus ziehen.

78 Preuß, 1982, S. 174.

79 Herrmann, 1971, S. 168.

des Verhaltens zu markieren, die nicht zu überschreiten war. Außer der Prohibitivsequenz 19a-c wurde das Überschreiten dieser Grenze jeweils mit einer Sanktion bedroht. In Satz 22a-23aR wird das Verhalten der Völker und das Verhalten Israels kontrastiert. Wichtig wird nun Satz 23b: כי את־כל־אלה עשו. Dadurch sollen die vorausgegangenen Forderungen, nämlich das Tun der Gebote JHWHs und das Meiden der Bräuche der anderen Völker begründet werden. Dabei ist כל־אלה auf die beschriebenen Handlungen in den Tatbestandsschilderungen der Sequenzen des Mittelabschnittes zu beziehen. Dementsprechend sind diese Handlungen mit den חקת הגוי gleichzusetzen. Damit aber sollen diese Sequenzen nicht mehr in erster Linie Verhaltensgrenzen aufzeigen und denen, die sie übertreten, die Todeswürdigkeit, den sozialen Tod ankündigen. Vielmehr gewinnen diese Sequenzen auf pragmatischer Ebene darüber hinaus eine polemische Funktion: Diejenigen, die nicht zur Gemeinde, die also nicht zur „in-",sondern zur „out-group" gehören[80], verstoßen gewöhnlich gegen die in den Sequenzen des Mittelabschnittes aufgeführten ethischen Normen. Umgekehrt verstößt auch der, so will der Text den Rezipienten glauben machen, der dem Molech dient oder der Toten- und Wahrsagegeister befragt, gegen die allgemein als evident angesehenen Normen, die die Sequenzen des Mittelabschnittes schützen. Wer also, so will der Vorleser dieses Textes der gottesdienstlich versammelten Gemeinde weiter sagen, nicht zur Gemeinde gehört, und dies erweist sich nicht zuletzt an der Negierung der kultischen Normen, der ehrt nicht Vater und Mutter, der schläft sogar mit der Frau seines Vaters, der treibt Ehebruch usw. Somit gewinnt der Text eine scharfe polemische Note der Abgrenzung gegen alle anderen Arten der Religionsausübung. Von daher werden Molechdienst und Wahrsagerei zum Kriterium solcher Abgrenzung[81]: Wer solche Dinge tut, gehört, nach Ansicht des Predigers, nicht zur Gemeinde, deren Kennzeichen die reine JHWH-Alleinverehrung ist. Zugleich repräsentieren die einzelnen Gebote die Gebote JHWHs in ihrer Gesamtheit. So liegt hier im Grunde bereits das Tora-Verständnis vor, das wir aus späterer Zeit kennen, und demzufolge derjenige, der nur ein Gebot der Tora übertritt, stets die ganze Tora übertreten hat[82].

---

80 Zum Begriff der in-group und der out-group vgl. Holm, 1990, S. 24: „Die ‚in-group' ist eine Gruppe mit starkem Wir-Gefühl, in der man sich zu Hause fühlt. Das Gegenteil ist die ‚out-group', zu der man Distanz hält: Wir Erlösten hier und die Unerlösten dort, wir Christen hier und dort die Heiden als Ausdruck dieser auf Gegensätzen beruhenden Gruppeneinteilung. Für religiöse Kreise sind oft deutliche out-groups typisch, zu denen als Ort des Bösen man klar auf Distanz geht." Die Unterscheidung von in-group und out-group geht zurück auf W. G. Sumner, Folkways: A Study of Sociological Importance of Usages, Manners, Customs, Mores and Morales, New York 1906.

81 Vgl. auch Otto, 1994a, S. 241.

82 Dieses ganzheitliche Verständnis der Tora, wie es für spätere Zeit anzunehmen ist, lässt sich sehr schön belegen aus einem Wort Rabban Jochanan ben Zakkais (gest. um 80 u. Z.): „Bei eurem Leben, nicht der Tote verunreinigt u. nicht das Wasser macht rein, aber es ist eine Verordnung des Königs aller Könige; Gott hat gesagt: Eine Satzung habe ich festgesetzt, ei-

Von daher ist in diesem Text eine neue Ausprägung des als grundsätzlich angesehenen Dualismus der Wirklichkeit zu vermerken: Dieser Dualismus, der zwischen Kosmos und Chaos, Welt und Un-Welt, Leben und Tod unterschied und den wir als die Grundanschauung des archaischen Menschen von der ihn umgebenden Wirklichkeit kennen gelernt hatten, dieser Dualismus konkretisiert sich nun als ein Dualismus zwischen dem Verhalten des einzelnen Menschen im Handlungsbereich der Gebote JHWHs und dem Handeln außerhalb dieses Bereiches. Entspricht der erste Bereich dem Leben, so der letzte dem Tod. Es ist wiederum typisch für die priesterliche Diktion, den Bereich des Chaos, der Un-Welt als den Bereich der Unreinheit zu bezeichnen[83]. Nur das Handeln im Bereich der Gebote JHWHs ist somit ein Handeln, das alle Unreinheit vermeidet[84]. Folglich muss der Mensch, will er zum Bereich des Lebens gehören, alle seine Handlunge stets im Sinne der göttlichen Gebote vollziehen. Solange er gemäß oder im Sinne dieser Gebote handelt, so lange ist er im Bereich des Lebens. Damit wird die Gemeinde wie der Einzelne unter eine geradezu unerhörte Totalität des Anspruches JHWHs genommen. Implizit definiert die Gemeinde sich selbst als Gemeinschaft aller, die den Geboten JHWHs folgt.

---

ne Verordnung habe ich angeordnet; kein Mensch ist berechtigt, meine Verordnung zu übertreten; denn es heißt: ‚Dies ist die Satzung der Tora, die Jahve geboten hat' Nu 19,2." (Zitat aus Strack-Billerbeck, 1956, S. 719).

83 Dass aus kulturanthropologischer Sicht Unreinheit und Unordnung, Chaos und Tod in engem Zusammenhang stehen, da sie alle dieselbe allgemeinmenschliche Grunderfahrung reflektieren, hat Douglas, 1988, herausgearbeitet. Malina, 1993, S. 148-177, ist ihr darin gefolgt. Auch insofern kann gesagt werden, dass Reinheit und Unreinheit die speziellen priesterlichen Begriffe für die allgemeine Wirklichkeitserfahrung des archaischen Menschen von Welt und Un-Welt, Ordnung und Chaos sind, und dass sie sie in einem speziell kultischen Bezugsrahmen stellen.

84 Vermeidung von Unreinheit, dies sahen wir bereits bei unserer semantischen Analyse, ist aber Grundbedingung der Heiligung. Israel muss aber ein heiliges Volk sein, da es nach priesterlichem Ideal das um das Heiligtum JHWHs versammelte Volk ist, in welchem Gott, wie Blum, 1990, S. 289-332, richtig herausgestellt hat, letztlich Wohnung nehmen will.

7. Das formelhafte Gut der priesterschriftlichen Redaktion

Die priesterschriftliche Redaktion benutzte für die Komposition von Lev 20 eine auffallend formelhafte Diktion. Betrachtet man den Text in seiner Jetztgestalt, so fällt auf, dass der überwiegende Teil der Sätze aus geprägten Wendungen besteht. Bereits die von ihr aufgenommenen Vorlagen setzten sich, wie wir sahen, vorwiegend aus Formeln zusammen. Ebenso drückten auch die priesterlichen Überarbeiter wichtige Inhalte durch formelhafte Wendungen aus. Unter diachronem Aspekt stellten wir bereits fest, dass auch ein Teil dieser priesterschriftlichen Formeln interpretierend an die deuteronomisch-deuteronomistische Diktion anknüpft. In diesem Arbeitsschritt fragen wir nun danach, wie der Rezipient speziell die priesterschriftlichen Formeln aufgenommen hat[1]. Dabei richtet sich unser Augenmerk besonders darauf, mit welchen Themen diese Wendungen jeweils im Kontext des Pentateuchs verbunden werden. Auch unter diesem Aspekt spielen zugleich syn- wie diachrone Bezüge eine Rolle, da wir davon ausgehen, dass die Produzenten von Lev 20 zu denen gehören, die den deuteronomisch-deuteronomistischen Pentateuch korrigierend und interpretierend überschrieben haben. Wir müssen also stets die diachrone Schichtung des Pentateuchtextes im Auge behalten, auch wenn wir diesen Text in seinem jetzigen Zusammenhang lesen.

---

[1] Der Frage nach der Herkunft der einzelnen Formeln und deren Sitz im Leben wollen wir in diesem Kapitel nicht nachgehen. Zum Teil haben wir dies ja bereits in den beiden vorangegangenen Kapiteln unternommen. Es handelt sich jetzt vielmehr um eine zunächst synchrone Fragestellung, bei der wir allerdings aufgrund unserer bereits vorgetragenen Überzeugung, dass die priesterschriftliche Überschreibung des Protopentateuchs das dort vorgegebene Material bewusst aufnahm und eben durch die Überschreibung neu interpretierte, auch das Verhältnis der priesterlichen Überarbeitung zu dem vorpriesterlichen Material berücksichtigen müssen.

7.1. Die Einleitungsformel

7.1.1. Struktur und Bezeichnung

Innerhalb der Wüstenwanderungserzählung[2] und der Sinaigesetzgebung fällt insbesondere im Buche Levitikus eine häufig vorkommende, formelhafte Einleitung der gesetzlichen Texte ins Auge[3]. Auch Lev 20 beginnt mit einer solchen stereotypen Einleitungsformel[4]: Sie beginnt zunächst in Satz 1a mit einem narrativen Satz, in dem mitgeteilt wird, JHWH habe zu Mose geredet: וידבר יהוה אל־משה לאמר. Mit dieser Formel wird eine Gottesrede eingeleitet. Die Einleitung einer Gottesrede wird in V. 2aα um ein zusätzliches formelhaftes Element, nämlich um einen Weitergabebefehl, erweitert. In ihm wird der Angeredete ausdrücklich beauftragt, den Inhalt der jeweiligen Gottesrede an bestimmte Adressaten, hier an die Israeliten, weiterzugeben: ואל־בני ישראל תאמר. So entsteht eine doppelte Redeeinleitung. Das zweite formelhafte Element stellt die Beauftragungsformel dar. Ein Vergleich mit den Einleitungsformeln desselben Typus innerhalb von Ex-Num zeigt, dass die Einleitung einer Gottesrede, selbst wenn sie nicht Mose allein betrifft, sondern ebenso für die Priester oder das gesamte

---

2 Wir folgen, was die Makroerzählstruktur des Pentateuchs im Umkreis der Sinaierzählung anbelangt, Utzschneider, 1988, S. 76-83: Er sieht die Pentateucherzählung ab Ex 13,17-22 als Wanderungserzählung: „Diese Wanderung führt über viele Stationen bis in die *‚Steppen Moabs jenseits des Jordans von Jericho'* (Num 22,1) und endet schließlich diesseits des Jordans in Gilgal, dem letzten der Orte, von dem gesagt wird, Israel habe dort das Lager aufgeschlagen (Jos 4,19; 5,10 MT). Die Notiz in Jos 5,12, am Tage nach der Pesachfeier am Lagerplatz Gilgal habe die Mannaspeisung aufgehört, verbindet das Ende der Wanderung mit deren Beginn: Nach einer Feier des Pesach/Mazzotfestes war Israel ausgezogen (Ex 12,13), kurz nach dem Aufbruch hatte die Mannaspeisung eingesetzt (Ex 16). Diese ist nun in Gilgal überflüssig geworden. Das Fest kann bereits mit den Produkten des Landes gefeiert werden. Wiederum setzt eine neue Existenz Israels ein." (Utzschneider, 1988, S. 78).

3 Vgl. dazu die Auflistungen bei Holzinger, 1893, S. 349; sowie bei Jagersma, Leviticus 35f.

4 Die Einleitungsformeln in Lev 17-26 werden häufig als redaktionell beurteilt (so z. B Thiel, 1969, S. 40-73, besonders S. 44f; Elliger, 1966, S. 218. 230. 242.; Ehlich, 1979, S. 505) und von daher nicht (z. B. Bertholet, 1901; Cholewinski, 1976) oder nur am Rande (so Elliger, 1966, z. B. S. 245) beachtet. Nach Ansicht dieser Ausleger sind diese Einleitungsformeln erst bei einer priesterschriftlichen Überarbeitung in das nach Meinung dieser Autoren hinter Lev 17-26 stehende Gesetz eingefügt worden. Ausgehend von einer Beobachtung Rendtorffs (1954, S. 69f.), wonach in der Priesterschrift die den Einleitungsformeln nachfolgenden Texte nicht mit diesen sprachlich und sachlich verbunden seien. Vor allem, da dort von JHWH in der dritten Person gesprochen würde, nahm Jagersma, 1972, S. 35, an, dass das von ihm vorausgesetzte Heiligkeitsgesetz vor seinem Einbau in die Priesterschrift eine tiefgreifende Überarbeitung erfahren habe. Diese Überlegungen setzen aber alle ein ehemals selbstständiges, sekundär in die Priesterschrift eingebautes Heiligkeitsgesetz voraus. Da gerade dies von uns nachdrücklich bestritten wird, haben für unsere Untersuchungen alle diese Hypothesen keine Relevanz. Weil wir aber zunächst nach der Bedeutung von Lev 20 in seiner gegenwärtigen, kanonischen Gestalt fragen, müssen wir uns dennoch auf synchroner Ebene mit der Bedeutung dieser Formeln befassen.

Volk gilt, auch ohne eine solche Beauftragungsformel vorkommen kann[5]; die Beauftragungsformel steht jedoch nie allein. Daraus folgt, dass es sich bei der Beauftragungsformel nicht um eine selbstständige Formel handelt, sondern um eine abhängige Ergänzungsformel[6]. Die Formel ist folglich als eng zusammengehörige Fortsetzung der Einleitung einer Gottesrede zu interpretieren.

7.1.2. Bedeutung der Formel im Kontext

7.1.2.1. Eingliederung von Lev 20 in die Sinaierzählung

Die Einleitungsformel zeigt den Beginn einer neuen sprachlichen und sachlichen Einheit an. Mit ihrer Position am Anfang bestimmt sie, wie der Rezipient das Folgende versteht: Er wird angewiesen, den folgenden Text als JHWH-Rede aufzufassen. Dem Text wird demnach höchste Autorität zugewiesen. Dies wird dadurch bewirkt, dass der Text nicht „nur" berichtet, dass Mose sich an die Israeliten gewandt habe, sondern dass zuvor ausgeführt wird, JHWH habe Mose den Inhalt der folgenden Rede mitgeteilt. So wird dem Rezipienten von vornherein kenntlich gemacht, dass der nun folgende Text als Rede JHWHs höchste Autorität beansprucht. Zugleich fügt die Formel den durch sie eingeleiteten Text in die Pentateucherzählung ein. Für die Realisierung beider Funktionen ist die Einleitung einer Gottesrede ausreichend. Darüber hinaus hat die Beauftragungsformel die Aufgabe, die jeweilige Adressatengruppe der Einheit zu bezeichnen[7].

Die Eingliederung von Lev 20 in die Pentateucherzählung geschieht zunächst auf der Wortebene: Allein dadurch, dass in der Einleitungsformel die Namen JHWH und Mose fallen, wird dem Rezipienten der intendierte, situative Kontext, nämlich die Frühzeit Israels (also der Bereich Exodus, Wüstenwanderung und Sinaiaufenthalt), bewusst. Zudem wird die so eingeleitete Einheit in die Pentateucherzählung integriert. Auf der Satzebene bewirkt die narrative Einleitung einer Gottesrede ihre Einbettung in den Erzählzusammenhang. Denn das

---

5 So z. B. Ex 12,43; 31,1.; Lev 5,14.20; 13,1; 14,1.33; 22,26; 23,26.

6 Auch hier können – je nach Inhalt des nachfolgenden Textes – neben den Israeliten auch andere Adressatengruppen genannt sein: so z. B. in H: Aaron, dessen Söhne und alle Israeliten (Lev 17,2; 22,18), die ganze Gemeinde der Israeliten (Lev 19,2), die Priester, die Söhne Aarons (Lev 21,1), Aaron (Lev 21,17), Aaron und seine Söhne (Lev 22,18). Darüber hinaus kann die Beauftragungsformel um לאמר (z. B. Lev 4,2; 6,18; 11,2; Num 6,23), אמרתם/אמרת (z. B. Lev 15,2; 17,2; 18,2; 19,2; 21,1; Num 8,2; 15,2) oder צו (z. B. Lev 6,2; Num 5,2) erweitert sein. Dazu vgl. Kilian, 1963, S. 4.

7 Ein Kennzeichen des Textkomplexes Lev 17-22 ist die differenzierende Bezeichnung der verschiedenen Adressatengruppen der jeweiligen Gottesrede. Diese Beobachtung wird, wie wir noch sehen werden, eine große Bedeutung für die Makrostruktur des Textes des Levitikusbuches und damit für die Interpretation von Lev 20 innerhalb dieses Buches und der Sinaierzählung haben.

als ein Narrativ zu interpretierende w-Yiqtol signalisiert deutlich, dass es sich bei dem ersten Satz der hier zu untersuchenden Texteinheit um eine erzählende Aussage handelt. Das für das Narrativ konstitutive Morphem ו- zeigt die Verbindung zu den vorangehenden Einleitungsformeln und zu den vorausliegenden größeren erzählenden Texten an. Somit erscheint die Einleitungsformel als Bestandteil der Pentateucherzählung. Auf diese Weise werden die gesetzlichen Abschnitte durch ihre narrative Einleitung in die Pentateucherzählung integriert[8]. Die Einkleidung gesetzlicher Abschnitte mit solchen Einleitungsformeln, die für das Buch Levitikus geradezu strukturbildend sind, ist so gesehen literarisches Mittel, die Texte in die Pentateucherzählung zu integrieren und als Bestandteil dieser Erzählung erscheinen zu lassen. So werden die halachischen Abschnitte in den Erzählfaden der Pentateucherzählung eingereiht, und der Rezipient weiß, auch wenn er gerade die gesetzlichen Texte aus den Büchern Exodus, Levitikus und Numeri hört, dass er sich immer in der Erzählung befindet, die seit der priesterschriftlichen Fortschreibung mit der Schöpfung beginnt. Betrachtet man darüber hinaus die Einleitung einer Gottesrede zusammen mit ihrer Erweiterung, der Beauftragungsformel, so erkennt man die Struktur des durch die Einleitungsformel beschriebenen Mitteilungsgeschehens näher: JHWH erscheint als eigentlicher Autor und Sprecher der Gebotstexte. Mose ist hingegen Empfänger dieser JHWH-Reden und zugleich Mittler an die eigentlichen Adressaten. Diese Struktur lässt sich durch folgende Skizze darstellen:

JHWH (Sender) → Mose (Mittler) → Israeliten (Empfänger)

unmittelbare Gebotsmitteilung / mittelbare Gebotsmitteilung

Durch diese Struktur wird jeder durch die Einleitungsformel eröffnete Text in die kanonische Gestalt des Buches Levitikus und in die Pentateucherzählung eingefügt. Die Gesetze erscheinen von Gott dem Mose mitgeteilt. Jede dieser Gottesreden wird somit zum Bestandteil der Pentateucherzählung. Zunächst berichtet Ex 3 die Berufung des Mose. Mose wird zum ersten Male zu den Israeliten gesandt und aufgefordert, ihnen bestimmte Mitteilungen JHWHs auszurichten (Ex 3,14ff.). Moses Sendung wird in Ex 6 bestätigt[9], indem JHWH ihn

---

8 Ähnlich auch M. Noth, 1962, S. 1: „Der Gesamtpentateuch ist ein Erzählwerk, und so hat auch das 3. Mosebuch einen erzählenden Rahmen, der hier sehr einfach ist, weil durch das ganze Buch hindurch Israel immer in derselben Situation des Aufenthalts am Sinai gesehen wird. Der erzählende Rahmen tritt daher vorwiegend nur in den ganz kurzen stereotypen Einleitungs- und Schlussformeln in Erscheinung." In gleicher Weise auch Ehlich, 1979, S. 505.

9 An dieser Stelle würde eine Erörterung des Verhältnisses zwischen Ex 3 und Ex 6 den Rahmen dieser Untersuchung sprengen. Jedoch ist darauf hinzuweisen, dass sich in dieser Interpretation unsere einleitungswissenschaftliche Grundentscheidung, wonach nämlich die Priesterschrift Ergänzungsschicht eines vorpriesterschriftlichen Pentateuchs sei, widerspiegelt. Ex

wiederum als Mittler zu den Israeliten beruft. Dieser göttlichen Legitimation der Rolle Moses entspricht ein Verhalten der Israeliten, das – gemäß Ex 19f. – dem zu korrespondieren hat: So weist Schult auf die Anerkennung der Mittlerschaft Moses durch das Volk hin: „Seit er für das Volk hörbar mit Gott redete (Ex 19,9), glaubte man ihm für immer, ist er dauerhaft legitimiert. Ex 20,19 anerkennt das Volk die Mittlerschaft des Mose: während dieser (unmittelbar) mit Gott redet, beschränkt es sich auf das ‚Hören' des von Gott Übermittelten."[10] Hinzuweisen ist hier insbesondere auf Ex 20,18-21: Die Furcht des Volkes vor JHWHs Stimme führt dazu, dass Mose allein die übrigen Gesetze empfangen soll, um sie an das Volk weiterzugeben[11]. So wird auch die Sinaigesetzgebung in Lev 26,46 abschließend unterschrieben[12]:

> „Das sind die Satzungen, Vorschriften und Gesetze, die JHWH zwischen sich und Israel auf dem Berge Sinai durch die Hand Moses erlassen hat."

Die gesetzlichen Texte der Sinaigesetzgebung sind somit durch die Mitteilungsstruktur der Einleitungsformel kohärent in den Erzählfaden eingebunden.

7.1.2.2. Kennzeichnung von Lev 20 als JHWH-Rede

Ist der gesetzliche Text durch die Einleitungsformel in die Pentateucherzählung eingegliedert worden, so erscheint er zugleich als Zitat einer JHWH-Rede. Dem Rezipienten wird von vornherein signalisiert, dass das Folgende als JHWH-Rede höchste Autorität beansprucht. Der Autoritätsanspruch ist dadurch noch gesteigert, dass der Rezipient qualitativ mehr erfährt als die Israeliten am Sinai selbst. Hörten diese nämlich nur die Wiedergabe der göttlichen Mitteilungen aus dem Mund des Mose, so werden dem Rezipienten dagegen die Worte JHWHs so mitgeteilt, wie JHWH selbst sie dem Mose verkündigte. Damit steht der so eingeleitete Text an Stelle des Gesetzesvortrages Moses: Hörten die Israeliten am Sinai die Wiedergabe des göttlichen Wortes durch die Worte des Mose, so steht nun dieser Text an deren Stelle. Diese Beobachtung führt zu einer grundlegen-

---

6 ist nicht (störende) Wiederholung von Ex 3, sondern vielmehr gedankliche Fortführung dieser Stelle.

10 H. Schult, 1993, Sp. 981. Zu dieser Beobachtung Schults möchten wir nur bemerken, dass Mose hier gerade nicht legitimiert wird. Seine Legitimation stammt von JHWH und erfolgt in Ex 3; 6. Das Volk selbst kann Mose nicht legitimieren; es kann ihn nur anerkennen. Und diese Anerkennung wird in der Tat in Ex 20,19 vollzogen.

11 Auf diesen Zusammenhang wurde bereits von Rendtorff, 1992, S. 151, aufmerksam gemacht.

12 Bei Lev 27,34 handelt es sich um eine subpriesterliche, sekundäre Nachbildung der Unterschrift Lev 26,46, welche aufgrund der Sekundarität des ganzen Kapitels als Unterschrift unter die gesamte Sinaigesetzgebung angefügt wurde. (vgl. auch Elliger, 1966, S. 385).

den Folgerung. Der mit dieser Einleitungsformel beginnende Text soll als das unverfälschte Gotteswort verstanden werden, das von den „Uranfängen" Israels beim Exodus und am Sinai herrührt. Das, was nach Auffassung der Produzenten dieses Textes für die Gemeinde Israel gelten soll, erscheint als das, was schon immer für Israel galt und gelten sollte, und was für alle Zukunft Gültigkeit beansprucht.

7.2. Konstatierende Wendungen

7.2.1. Hinführung

Als konstatierende Wendungen bezeichnen wir folgende, von der priesterschriftlichen Redaktion in die Sequenzen Lev 20 eingefügte Wendungen: זמה הוא etc., תבל עשו etc. sowie ערות ... גלה. Ihnen ist gemeinsam, dass sie auf die in der Sequenzeinleitung genannten Handlungen zurückverweisen und deren Verwirklichung als Faktum feststellen. Charakteristisch ist dafür im Falle zusammengesetzter Nominalsätze die Verwendung des Qatal, im Falle einfacher Nominalsätze das Pronomen הוא[13].

7.2.2. Analyse: Struktur und Bedeutung im Kontext

7.2.2.1. Die Wendungen תבל עשו etc., זמה הוא etc.

In Lev 20 begegnen uns insgesamt fünf Sätze, die semantisch-syntaktische Strukturähnlichkeiten aufweisen. Dabei lassen sich zwei Wendungen unterscheiden. Die erste der beiden Wendungen (Wendung I) erscheint in Lev 20 dreimal: זמה הוא (14b); הסד הוא (17d); נדה הוא (21b). Die andere Wendung (Wendung II) ist hier zweimal vertreten: תבל עשו (12d); תועבה עשו שניהם (13c). Wie sich gleich zeigen wird, ist es sinnvoll, beide Wendungen gemeinsam zu besprechen, da sie

---

13 Rendtorff, 1954, S. 74-76, bezeichnet die mit betontem הוּא, הִוא oder הֵם gebildeten Aussagen im Anschluss an v. Rad, 1951, S. 131, als deklaratorische Wendungen, die „meist abschließend eine Feststellung über den behandelten Gegenstand aussprechen. Dabei handelt es sich entweder um eine bestimmte Opferart oder um eine Bezeichnung kultischer Qualifikation bzw. Disqualifikation." (Zitat auf S. 74). So werde u. a. „das Urteil über die einzelnen Arten von Aussatz oder sonstigem Ausschlag in solchen Formeln ausgesprochen. Die Bedeutung dieser letztgenannten Verwendung der Formel ist am leichtesten erkennbar: sie stellt die Diagnose des priesterlichen Arztes dar ... Aber diese Diagnose hat Konsequenzen: sie ist zugleich eine Entscheidung über rein und unrein. ... Über wem der Priester dies Wort gesprochen hatte, der *war* rein oder unrein. Von hier aus lassen sich nun diese Formeln auch in anderen Zusammenhängen erklären. Die unreinen Tiere werden durch das Votum des Priesters kultisch disqualifiziert (Lev 11), ebenso der von körperlicher Unreinheit Betroffene vom Kultus ausgeschlossen (Lev 15)." (Zitat auf S. 75).

neben einem strukturell gleichwertigen Aufbau auch dieselbe Funktion innerhalb ihrer jeweiligen Sequenz innehaben.

Bei den als Wendung I zusammengefassten Sätzen handelt es sich um einfache Nominalsätze. Diese bestehen aus einem indeterminierten, abstrakten Substantiv (z. B. זמה) und einem als determiniert zu bewertenden Pronomen הוא. Aufgrund des Merkmals der Determination bzw. Indetermination ist das jeweilige Pronomen als Subjekt, das jeweilige Substantiv als Prädikat zu bewerten[14]. Somit liegt hier die Besonderheit vor, dass das Prädikat dem Subjekt vorangeht[15]. Ein Schema am Beispiel von Satz 14c soll dies verdeutlichen:

הוא	זמה
Subjekt	Prädikat

Ein Blick auf den Satzbauplan der Wendung II zeigt, dass es sich hier ebenfalls um einen Nominalsatz handelt, in diesem Falle jedoch um einen zusammengesetzten Nominalsatz. Dabei ist das in Erstposition stehende Nomen als Prädikat, der als zweites Glied in Erscheinung tretende Verbalsatz als *mubtada*-Subjekt aufzufassen[16]. Das Pronomen der Wendung I ist hier durch einen Verbalsatz ersetzt, dessen Kernsatz mit עשו gebildet wird[17]. Dementsprechend kann diese Wendung analog schematisiert werden:

עשו	תבל
Subjekt	Prädikat

Die Ähnlichkeit beider Wendungen besteht auch auf semantischer Ebene. Aufgrund ihrer stärkeren inhaltlichen Bestimmtheit erscheinen die als Prädikate

---

14 Vgl. Richter, 1980, S. 75.

15 So schon von Albrecht, 1888, S. 255, als Abweichung von der üblichen Satzstellung Subjekt-Prädikat vermerkt.

16 Es handelt sich hier um den im biblischen Hebräisch seltenen Fall eines Subjektsatzes (vgl. Brockelmann, 1956, S. 141).

17 Man kann vermuten, dass zwischen beiden Wendungen eine Entwicklungslinie verläuft: So könnte, wie Rendtorff, 1954, wahrscheinlich machte, die mit einem Pronomen gebildete Wendung ursprünglich in der priesterlichen Laienbelehrung und Toraerteilung an den einzelnen Gläubigen beheimatet gewesen sein. Der Kultteilnehmer erbat eine Auskunft über richtig oder falsch, über kultisch rein oder unrein einer bestimmten Handlung innerhalb seines Lebensvollzuges bzw. über seinen körperlichen Zustand (z. B. ob er von einem bestimmten Tier essen dürfe, ob eine ins Auge gefasste Ehe kultisch möglich sei oder ob er sich bereits durch eine von ihm begangene Tat kultisch verunreinigt hat oder selbst durch seinen körperlichen Zustand verunreinigt ist und deshalb einer Reinigung bedürfe bzw. dem Kult fernbleiben müsste). Musste der Priester diese Handlung als kultisch verkehrt oder den körperlichen Zustand des Betreffenden als unrein beurteilen, so könnte er eine solche pronominale Wendung gebraucht haben, durch welche er die Handlung als unrein, d. h. als mit dem Kult unvereinbar qualifizierte. Die mit dem Kernsatz עשו gebildete Wendung ist dann literarische Weiterbildung jener alten Toraformel.

fungierenden Substantive als „regierende Lexeme“[18]. Bei allen diesen Substantiven handelt es sich um Unreinheitsausdrücke, die – jedenfalls in Lev 20 – als prinzipiell austauschbar erscheinen[19]. Beide Wendungen unterscheiden sich also nur insofern, als dass das habar-Prädikat der einen Wendung durch ein Pronomen, das der anderen Wendung durch einen Verbalsatz gebildet wird. Aber auch diese beiden unterschiedlichen Verwirklichungen dieses *mubtada*-Subjekts erscheinen austauschbar. Im Falle der Wendung I (זמה הוא etc.) verweist das Pronomen zurück auf die als geschehen vorgestellte, in der jeweiligen Sequenzeinleitung dargestellte Handlung. Auch die Wendung II (עשו תבל etc.) weist in ihrem *mubtada*-Subjekt durch den Kernsatz עשו auf die in der Sequenzeinleitung dargestellte Handlung hin: Durch die Verwirklichung des in der Sequenzeinleitung als möglich dargestellten Tatbestands wurde Unreinheit bewirkt. Jene Handlung und die Bewirkung von Unreinheit fallen in eins zusammen. Beiden Wendungen ist damit gemeinsam, dass sie die als verwirklicht vorgestellte Handlung der Sequenzüberschrift als unrein qualifizieren. Dabei ist wichtig, dass diese Wendungen dies nur *hervorheben*. Durch Kenntnis von Lev 18, wo dieselben Handlungen bereits verboten (18,6-23) und für unrein erklärt (18,24-30) wurden, soll der kanonische Rezipient bereits um eben diese Unreinheit wissen[20]. Die Wendungen konstatieren also, dass die in der jeweiligen Sequenzeinleitung dargestellte Handlung wirklich geschehen ist. Zugleich interpretieren sie diese Handlung, indem sie diese Handlung als unrein qualifizieren bzw. kategorisieren.

7.2.2.2. Die Wendung ערות ... גלה

Dieser Wendung liegt die Wortverbindung der Verbbasis גלה (D-Stamm/akt.) und die darauf als Objekt bezogene Konstruktusverbindung z. B. ערות אביו zugrunde. Die Wendung, ebenfalls ein zusammengesetzter Nominalsatz, ist im TNK ausschließlich an vier Stellen in Lev 20 belegt[21]. Dessen *mubtada*-Subjekt ist die Konstruktusverbindung ערות אביו, sein Prädikat der Verbalsatz גלה. Das hier verwendete Qatal hat retrospektive Funktion. Konkret heißt das, dass diese Wendung sich die Verwirklichung der in der jeweiligen Sequenzeinleitung beschriebenen Handlung als in der Vergangenheit bereits geschehen vorstellt. Indem diese Handlung begangen wurde, ist zugleich der mit ערות ... גלה beschriebene Sachverhalt eingetreten. Die dieser Wendung zugrunde liegende Wortverbindung weist zugleich auf einen größeren, über Lev 20 hinausgehenden Zu-

---

18 Ausdruck von Richter, 1971, S. 101. Richter gebraucht diesen Ausdruck im Zusammenhang mit der Benennung von Formeln: So soll eine Formel stets nach dem regierenden Lexem benannt werden.

19 Dies haben wir bereits in der semantischen Analyse (S. 67) gezeigt.

20 Man beachte in diesem Zusammenhang, dass uns in Lev 18 bereits die folgenden Stichwörter begegnen: זמה (18,17); תועבה (18,22.26.27.29.30); תבל (18,23).

21 11b.17f.20b.21c.

sammenhang hin: So kommt die Wortverbindung häufig in Lev 18 vor, und zwar in einem Katalog, der bestimmte Handlungen verbietet[22]. Innerhalb dieses Kataloges begegnet uns eine zusammengehörige Reihe, deren strukturbildendes Grundelement aus einem zusammengesetzten Nominalsatz besteht: לא תגלה ... ערות. Die hinter dieser Reihe und dem gesamten Katalog stehenden Handlungen sind im Großen und Ganzen mit den in Lev 20 genannten Untaten identisch. Somit vermittelt die Wendung גלה ... ערות zwischen Lev 18 und 20, indem sie die in Lev 18 verbotenen Handlungen in Lev 20 als geschehen konstatiert und mit der in der jeweiligen Sequenzüberschrift beschriebenen Untat identifiziert. Dabei geschieht ein Weiteres: Die im Katalog von Lev 18,6-23 verbotenen Handlungen werden dort mit den Bräuchen der Ägypter und Kanaanäer (18,3) gleichgesetzt und als eine ihren Täter verunreinigende Tat qualifiziert: „Verunreinigt euch nicht mit allen diesen (Handlungen), denn mit allen diesen haben sich die Völker verunreinigt, die ich vor eurem Angesicht vertreiben werde.“ (18,24) Dem kanonischen Rezipienten, der in diesem Falle mit dem priesterschriftlichen Rezipienten identisch ist, ist ja, wenn er Lev 20 vernimmt, Lev 18 bereits bekannt. Unter dieser Voraussetzung weist für ihn die Wendung גלה ... ערות auf die Verunreinigung des Täters hin, die mit dem Tun der in der jeweiligen Sequenzeinleitung beschriebenen Handlung zusammenfällt. Diese Wendung konstatiert also die Verwirklichung einer in der Sequenzeinleitung beschriebenen, möglichen Handlung. Zugleich stellt sie fest, dass damit ein Verbot, das bereits in Lev 18 eine absolute Verhaltensgrenze ausdrückte, übertreten wurde. Da die in Lev 18 verbotenen Handlungen dort als Unreinheit bewirkend dargestellt wurden, wird, etwa durch die Wendung ערות אביו גלה, zugleich festgestellt, dass durch das Begehen der Untat auch Unreinheit zustande kam. Innerhalb der Sequenzen hat die Wendung begründende Funktion, da sie jeweils Unheilsankündigungen vorausgeht:

11b	ערות אביו גלה
c	מות יומתו שניהם
17f	ערות אחתו גלה
g	עונו ישא
20b	ערות דדו גלה
c	חטאם ישאו
21c	ערות אביו גלה
d	ערירים יהיו

Der Bedeutungsgehalt der Begründungen liegt in erster Linie im Gedanken an die Unreinheit. Dies ergibt sich zunächst aus dem Zusammenhang mit Lev 18. Die Verbindung mit Unreinheit wird dann durch den Kontext der Sequenzen in Lev 20 selbst bestätigt, die ja ebenfalls in das semantische Feld der Unreinheit

---

22 Lev 18,7-23.

integriert sind. Daneben hat der in dieser Wendung liegende soziale Aspekt[23] nur geringes Gewicht.

7.2.3. Ergebnis: Funktion der Wendungen innerhalb der Sequenzen

Wie wir gesehen haben, haben alle drei hier untersuchten Wendungen gemeinsam, dass sie eine geschehene Handlung konstatieren und als Verunreinigung interpretieren. Alle drei Wendungen stellen folglich fest, dass Unreinheit eingetreten ist. Dabei ist wichtig, dass sie dies nur hervorheben. Durch Kenntnis von Lev 18, wo mittels Prohibitiven dieselben Handlungen verboten und für unrein erklärt werden, weiß der Rezipient ohnehin bereits von der in diesen Handlungen liegenden und aus ihnen resultierenden Unreinheit[24]. Indem diese Wendungen aber das dem Rezipienten ohnehin Bekannte noch einmal unterstreichen, bekommen sie in ihrem Kontext eine weitere Funktion: Sie begründen, warum der Betreffende ausgemerzt wird bzw. dem Tode verfallen ist, getötet wird oder kinderlos bleibt. Diese Vermutung wird durch die Stellung dieser Wendungen innerhalb ihrer jeweiligen Sequenz gestützt:

So stehen diese Wendungen regelmäßig vor den jeweils mit Yiqtol oder w-Qatal gebildeten Wendungen, die die oben genannten Folgen der Verwirklichung der möglichen Welt nennen[25]. Im Folgenden sei diese Beobachtung an Hand eines Beispiels für jede Wendung dargestellt: Die interessierenden Wendungen sind hervorgehoben.

11a	ואיש
aR	אשר ישכב את־אשת אביב
b	ערות אביו גלה
c	מות־יומתו שניהם
d	דמיהמ בם

13a	ואיש
aR	אשר ישכב את־זכר משכבי אשה
b	תועבה עשו שניהם
c	מות יומתו
d	דמיהמ בם

---

23 Vgl. aber Rücker, 1973, S. 92. Ähnlich wie wir argumentiert dagegen auch Elliger, 1955, S. 249, der ebenfalls betont, dass es in der Endgestalt des Textes Lev 18 vor allem um die Kultfähigkeit, d. h. um die Reinheit der Gemeinde gehe.

24 Neben der bereits erwähnten Tatsache, dass Lev 18,24 die gesamten in 18,6-23 verbotenen Handlungen als unrein bezeichnet, ist darauf hinzuweisen, dass dort auch die Stichworte תועבה, תבל und נדה belegt sind.

25 Eine Ausnahme scheint 12b zu bilden. Dort erscheint die Formel מות יומת bereits vor der Wendung תבל עשו.

14a	ואיש
aR	אשר יפח את־אשה ואת־אמו
b	זמה הוא
c	באש ישרפו אתו ואת־הן
d	ולא־תהיה זמה בתוככם

Generell lässt sich sagen: Die Sequenzeinleitungen drücken eine mögliche, in irgendeiner Zukunft vielleicht einmal geschehende Handlung aus (Yiqtol). Die konstatierenden Wendungen stellen sich diese mögliche Handlung als tatsächlich geschehene, d. h. als Faktum, vor (Nominalsätze und zusammengesetzte Nominalsätze mit verbalem Satzglied im Qatal) und qualifizieren dieses Faktum als unrein. Zugleich begründen sie die mit „futurischen" Tempora[26] bezeichneten Folgen jener Handlung (z. B. מות יומת). Dabei ist das Kausalverhältnis eindeutig: Die durch die konstatierenden Wendungen ausgedrückte Faktizität jener Handlung ist conditio sine qua non für deren Folgen. Zugleich, und darauf sei der Vollständigkeit halber noch einmal hingewiesen, handelt es sich bei allen diesen Wendungen um Einschübe aus der priesterschriftlichen Feder, mit denen, wie wir bereits im vorherigen Kapitel zeigten, eine kultisch-theologische Begründung in die bestehenden Sequenzen eingefügt wurde. Dadurch gab die priesterschriftliche Tradition gewissermaßen der impliziten Evidenz dieser universalen ethischen Normen eine dezidierte theologische Begründung, so dass diese Normen nun zu exklusiven Lebensregeln für das um das Heiligtum gelagerte und vom Heiligtum abhängige kultische Israel wurden. Da aber umgekehrt im Kontext der paränetischen Rahmenpartien die Tatbestandsschilderungen der Sequenzen zugleich Handlungen beschreiben, die nach polemischer Rhetorik des priesterschriftlichen Textes typischerweise von denjenigen getan werden, die nicht zur Gemeinde gehören, und da alles außerhalb dieser Kultgemeinschaft unrein ist, so wird auch durch diese konstatierenden Wendungen festgestellt, dass Übertretungen der durch die Sequenzen geschützten universalen Normen als Einbruch des Chaos in die Ordnungswelt dieser Gemeinde zu begreifen sind.

[26] Mit dem Begriff „futurische" Tempora bezeichnen wir hier das Yiqtol und das w-Qatal, da diese Tempora in ihrer semantischen Grundfunktion eine futurische Konnotation besitzen (vgl. dazu z. B. Bartelmus, 1994, S. 204-205).

7.3. Paränetische Formeln

Unter diesem Begriff fassen wir drei, in den paränetischen Rahmenstücken 7a-8c. 22a-26c vorkommende, Wendungen, nämlich die *Ich-JHWH-Formel*, die *formelhafte Aufforderung zum Halten der Gebote JHWHs* und die *formelhafte Aufforderung zur Heiligkeit* zusammen.

7.3.1. Die Ich-JHWH-Formel

7.3.1.1. Bezeichnung und Struktur

7.3.1.1.1. Bezeichnung

Die Formel אני יהוה, die um weitere Elemente erweitert sein kann (s. u.), wird häufig als Selbstvorstellungsformel bezeichnet[27]. Dagegen melden manche Ausleger[28] berechtigte Bedenken an. Kernpunkt der Kritik ist, dass eine Selbstvorstellung nur am Anfang einer Rede vorstellbar sei. In Lev 18-26 fände sich diese Formel mit Ausnahme von Lev 18,2 immer am Schluss eines Textabschnittes. Deshalb könne – im Gegensatz zum Gebrauch dieser Formel in Ex 6,2-8 – keinesfalls von einer Selbstvorstellung die Rede sein. In der Tat leuchtet diese Argumentation ein. Jedoch werden die alternativen Vorschläge zur Bezeichnung dieser Formel, nämlich „Legitimationsformel“[29] oder „Motiveringsformel“[30], ihrem komplexem Gebrauch ebenso wenig gerecht. Daher sprechen wir in dieser Untersuchung neutral von der Ich-JHWH-Formel.

7.3.1.1.2. Struktur der Formel

a) Grundelement dieser Formel ist der zweigliedrige Nominalsatz אני יהוה. אני ist der eine, יהוה der andere Pol des Nominalsatzes. Beide Pole sind als determinierte Nomen aufzufassen. Dementsprechend handelt es sich unter semantischem Aspekt um einen Identifikationssatz[31]. Das Ich des Sprechers wird als das göttliche Ich JHWHs identifiziert. Dieser kurze Identifikationssatz, genauer, die Wortfolge אני + יהוה, ist für die Formel konstitutiv[32]. Von daher wird dieser

---

[27] Diese Bezeichnung geht auf Zimmerli, 1953, 11-40, zurück. Ihm folgen z. B. Reventlow, 1961, S. 58. 61f.; Kilian, 1963, S. 34-35, und Mathys, 1986, S. 109-112. Dabei betont besonders Mathys die begründende Funktion dieser Formel (S. 110).

[28] Feucht , 1964, S. 134-126; Jagersma, 1972, S. 40.

[29] Feucht, 1972 , S. 136.

[30] So Jagersma, 1972. S. 40.

[31] Vgl. zum Begriff des Identifikationssatzes Richter, 1980, S. 86f., Bartelmus, 1994, S. 44.

[32] In manchen Fällen wird der Nominalsatz durch die Hinzufügung weiterer Elemente so erweitert, dass syntaktisch die beiden Worte אני יהוה keinen Identifikationssatz mehr ergeben.

Nominalsatz bzw. die eben beschriebene Wortfolge von uns als Konstante beschrieben. Da beide Bestandteile der Konstanten determiniert sind, gibt es kein formelles Kriterium zur Bestimmung von Subjekt und Prädikat[33]. In unserem Fall hieße das, dass das אני als Subjekt, d. h. als das Bekannte, und יהוה als Prädikat, d. h. als das Neue aufzufassen ist[34]. So interpretiert Zimmerli diese Formel, wenn er schreibt:

„Ein bisher Ungenannter tritt aus seiner Unbekanntheit heraus, indem er sich in seinem Eigennamen erkennbar und nennbar macht. Das Gewicht liegt auf der Nennung des Eigennamens Jahwe, der in sich die Fülle und volle Ehre des sich Nennenden enthält."[35]

Es ist hier aber zu fragen, ob es richtig ist, an jeder Stelle, an der die Ich-JHWH-Formel auftaucht, von einer Selbstvorstellung zu sprechen. Dies ist sicher in Ex 6,2-8 angemessen. Es ist aber zu überlegen, ob man nicht besser, jedenfalls an den weiteren Belegstellen dieser Formel, auch an eine Selbstprädikation denken sollte. Dies legt eine Untersuchung nahe, die M. Weippert über neuassyrische Prophetensprüche vorgelegt hat. In diesen begegnet uns eine Formel, die mit der Ich-JHWH-Formel vergleichbar ist. Diese lautet: „anāku GN"- „Ich bin die Gottheit N. N."

„In der Regel wird in der Literatur angenommen, dass die Verwendung einer Selbstvorstellungsformel in der Offenbarungsrede in polytheistischem Milieu sich von selbst verstehe, da es dort notwendig sei, die sprechende Gottheit namentlich zu identifizieren. Doch dürfte sich in Wirklichkeit mehr dahinter verbergen, da in bestimmten Fällen die Gottheit bereits durch die Umgebung, in der ihre Botschaft erging, etwa ihren Tempel, hinreichend gekennzeichnet gewesen sein

---

Ein Beispiel dafür begegnet uns auch in Lev 20: So lautet die Ich-JHWH-Formel in Satz 26b: כי קדוש אני יהוה. Hier ist אני zwar immer noch Subjekt. Prädikat ist nun aber nicht mehr JHWH, sondern das betont vorangestellte Adjektiv קדוש. Der Gottesname יהוה erscheint hier als Apposition.

33 Vgl. Richter, 1980, S. 81.

34 Gegen dieses, jedenfalls gegen das alleinige Verständnis dieser Wendung hat sich Michel gewandt, indem er von der auf syntaktischer Ebene strukturell gleichen Formel אני פרעה (Gen 41,44) ausgehend zeigte, dass derartige Wendungen nicht in jedem Falle als Selbstvorstellungen zu werten sind. Im Falle von Gen 41,44 gibt er folgende Interpretation dieser Formel an: So müsse *Pharao* „in Gen 41,44 als Mubtada und ‚ich' als Chabar (herkömmlich: Prädikat) bestimmt werden: ‚Pharao (bin, bleibe) ich (und kein anderer, und nicht du)'. Sinngemäß wäre im Deutschen etwa wiederzugeben: ‚Pharao bin nur ich' oder ‚Nur ich bin Pharao'. Die sprachliche Leistung des Satzes sei also der einer Selbstvorstellung (‚Ich, der ich hier vor dir stehe, bin Pharao') genau entgegengesetzt. Die Wortfolge ist Chabar-Mubtada." Gegen diese Interpretation spricht, dass eben eine objektive Bestimmung von Subjekt und Prädikat nicht möglich ist, weil beide Pole des Nominalsatzes determiniert sind. Besser ist es, in solchen Fällen davon auszugehen, dass der erste Pol des Nominalsatzes das Subjekt, der zweite das Prädikat verwirklicht. Dementsprechend wäre die von Michel zitierte Stelle Gen 41,44 zu übersetzen: „ *Ich* bin Pharao. *Aber ohne Dich* wird keiner Hand oder Fuß heben im ganzen Land Ägypten". (Freundlicher Hinweis von Manfred Weippert).

35 Zimmerli, 1953, S. 11.

mag, und die Selbstvorstellungsformel zudem auch im Inneren von Spruchenheiten vorkommt, wo eine erneute Bekanntgabe des Namens des Sprechers bzw. der Sprecherin überflüssig ist. Dazu kommt, daß die Selbstvorstellungsformel außerhalb unserer Texte auch dort belegt ist, wo von vorneherein kaum ein Zweifel über die Identität der redenden Gottheit bestehen konnte, nämlich in der alttestamentlichen Prophetie. Man wird also annehmen dürfen, daß die emphatische Nennung des Namens der Gottheit in der Selbstvorstellungsformel bei Adressaten der Botschaft bestimmte Assoziationen hervorrief, etwa solche theologischer Natur mit den Eigenschaften oder Wirkungsbereichen der betreffenden Gottheit, oder solche persönlicher Art mit Erfahrungen, die der angesprochene Mensch bereits früher mit ihr gemacht hatte."[36]

Aus dieser Überlegung können wir schließen, dass auch die Ich-JHWH-Formel je nach ihrem Kontext vom Rezipienten verschieden aufgenommen wurde. Sicher wurde sie an den meisten Belegstellen nicht oder jedenfalls nicht nur als Selbstvorstellung, sondern vor allem auch als Selbstprädikation verstanden.
b) Für die Struktur der Formel ist ferner bedeutsam, dass der Nominalsatz אני יהוה allein auftreten kann[37]. Deshalb wird dieser Nominalsatz (bzw. die entsprechende Wortfolge), wie bereits erwähnt, von uns als Konstante bezeichnet. Zu dieser durch eben diesen Nominalsatz konstituierten *Konstante* können ein oder mehrere Elemente hinzukommen. Da die Erweiterungen der Konstanten ganz verschieden sein können, bezeichnen wir sie als Variable[38]. Ich möchte dieses Aufbauschema am Beispiel der Ich-JHWH-Formel in Lev 20,8c erläutern:

אני יהוה	מקדשתם
Konstante	Variable

[36] M. Weippert, 1981, S. 77f.

[37] So z. B. Ex 6,2.6.8; Lev 18,5.6.21; 19,12.14.16.18.28.32.37 u. ä.

[38] Die Frage nach der Struktur der Ich-JHWH-Formel wurde schon Anfang der fünfziger Jahre unseres Jahrhunderts in den beiden grundlegenden Versuchen Elligers und Zimmerlis, Bedeutung und Herkunft der Ich-JHWH-Formel zu klären, en passant behandelt: Dabei war strittig, ob es sich bei den Wendungen אני יהוה und אני *יהוה* אלהיכם um prinzipiell eine (so Zimmerli) oder zwei eigenständige Formeln (so Elliger) handle. Elliger, 1954, wollte zwischen beiden Formeln deutlich unterscheiden. Obwohl – wie er schließlich zugeben musste – die Unterschiede zwischen beiden Formeln im Laufe der Zeit verblassten (S. 230), habe es sich ursprünglich um zwei voneinander deutlich zu unterscheidende Formeln gehandelt (S. 211). Diese hätten jeweils eigene theologische Vorstellungen beinhaltet: „Will die erweiterte Formel ‚Ich bin JHWH, euer Gott' auf den schuldigen Dank für die empfangenen Wohltaten als Motiv für das Halten der Gebote durch das Volk hinweisen, so will die reine Namensformel Gehorsam wecken. ... Auf den theologischen Kern gesehen, ist die Selbstaussage ‚Ich bin Jahwe' also kurz als Heiligkeits- oder Hoheitsformel, ihr Gegenstück ‚Ich bin Jahwe, euer Gott' als Heilsgeschichts- oder Huldformel zu bezeichnen." (S. 216). Einleuchtender analysierte Zimmerli, 1953: So bezeichnet er die Ich-JHWH-Formel als Selbstvorstellungsformel (SF) und unterscheidet dabei die Formel אני יהוה als Kurzform von der mit *אלהיכם* erweiterten Langform. Der Kurzform gebühre formgeschichtliche Priorität. Die Langform sei deren „sachgemäße Entfaltung". Schließlich dränge die SF auf immer weitere Explikation (S. 14), so dass schließlich „ihr ursprüngliches grammatisches Gefüge gesprengt" werde (S. 15). Damit steht unsere Auffassung von der Struktur der Ich-JHWH-Formel der Zimmerlis nahe.

Bei der Variablen handelt es sich um appositionelle Attribute. Die Variable hat im Verhältnis zur Konstanten explikative Funktion. Sie soll das Verstehen des Rezipienten leiten, indem sie die Konstante erläutert und auslegt[39]. Somit ergibt sich in etwa folgende stufenweise Bedeutungsintensivierung der Ich-JHWH-Formel: Hörte der Rezipient die Konstante אני יהוה allein, d. h. ohne Kontext, so dürften ihm alle ihm bekannten Informationen über JHWH bewusst geworden sein. Hörte er diese Formel in einem bestimmten Kontext, so verengte sich die Bedeutung auf die im Kontext möglichen oder dort neu eingeführten Bedeutungen. Schließlich konnte eine weitere Verengung des Bedeutungsspektrums durch die Variablen erfolgen, die ja die genau beabsichtigte Bedeutung der Formel an einer konkreten Stelle anzeigen. In 20,26 begegnet uns ebenfalls die Wortfolge יהוה אני. Sie steht hier im Zusammenhang der formelhaften Aufforderung zum Halten der Gebote JHWHs und soll diese Aufforderung begründen. Dabei liegt zwar dieselbe Wortfolge, jedoch eine andere grammatische Konstruktion vor: יהוה ist Apposition zu אני, nicht, wie für die Ich-JHWH-Formel beobachtet, Objekt eines Nominalsatzes. Im strengen Sinne handelt es sich auf den ersten Blick dabei nicht um die Ich-JHWH-Formel. Doch ist die Wortfolge identisch. So sollten letztendlich alle Assoziationen der Rezipienten beim Hören der Ich-JHWH-Formel auch beim Hören der formelhaften Begründung der formelhaften Aufforderung zur Heiligkeit der Israeliten mitgehört werden. Demnach betrachten wir auch diese formelhafte Wendung als Spielart der Ich-JHWH-Formel[40].

7.3.1.3. Bedeutung der Formel im Kontext

7.3.1.3.1. Die Bedeutung der Konstanten auf dem Hintergrund der Pentateucherzählung

Allgemein dürften dem Rezipienten, hörte er die Wortfolge אני יהוה, zunächst alle ihm persönlich bekannten und gerade ihm wichtigen Aussagen über JHWH bewusst geworden sein. Hinzu kommt immer auch der Kontext, in welchem er diese Formel hört. Der Kontext im Falle von Lev 20 ist zum einen der Text Lev 20 selbst und darüber hinaus der Kontext von Lev 20, nämlich der Erzählfaden des Pentateuchs[41]. Von daher gilt es, die Bedeutung der Ich-JHWH-Formel in-

---

[39] Wobei natürlich der jeweilige Kontext das Verstehen der Formel mitbeeinflusst, wie andererseits die Formel auch das Verstehen des Kontextes leitet.

[40] Dafür spricht auch das diachrone Verhältnis beider Formeln: Die formelhafte Begründung der formelhaften Aufforderung zur Heiligkeit (s. i. F.) wurde aller Wahrscheinlichkeit nach von den priesterlichen Tradenten der Ich-JHWH-Formel aus dieser entwickelt.

[41] Dabei ist die gesamte Sinaigesetzgebung in ihrer jetzt vorliegenden Gestalt in den Erzählfaden hineingearbeitet. So werden z. B. die gesamten Gebote, die am Sinai gegeben werden, in Form von Zitaten von Gottesreden dargestellt. Dazu dienen die Einleitungsformeln wie z. B.

nerhalb der Pentateucherzählung zu erfassen. Hier begegnet uns die Formel zum ersten Mal in Ex 6,2-8[42]. Insgesamt wird sie in dieser Komposition viermal verwendet[43]. Hierbei handelt es sich um eine echte nominale Selbstvorstellung: Der seinem Namen nach noch unbekannte Gott offenbart sich Mose (V.2) und durch dessen Vermittlung den Israeliten durch die Kundgabe seines Namens JHWH und gibt zugleich seine Identität mit dem bereits den Vätern erschienenen אל שדי bekannt (V.6-8). Wichtig ist der Zeitpunkt der Proklamation des Gottesnamens: Der Zeitpunkt, an dem Israel zum ersten Mal als Volk[44] (und nicht mehr nur als Familie oder Sippe) die Bühne der Erzählung betritt, fällt fast mit dem zusammen, an dem JHWH sich unter seinem eigentlichem Namen offenbart. Damit scheint diese Formel in einer engen Beziehung zu der sie hörenden Gemeinschaft zu stehen. Weder allen Menschen noch den einzelnen Vorfahren Israels und deren Familien, sondern erst Israel in der Israelzeit, und nur dem Volk, wird das אני יהוה mitgeteilt. So ist davon auszugehen, dass im Kontext der Pentateucherzählung der Rezipient diese Formel mit der Sonderbeziehung zwischen JHWH und Israel verbinden sollte. Diese Annahme wird durch eine zweite Beobachtung gestützt: Der zweite Teil der Einheit Ex 6,2-6 handelt von dem, was Mose den Israeliten ausrichten soll[45]. In diesem Teil folgt dem אני יהוה (6a) die Ankündigung des Auszuges aus Ägypten (6ab) und die Proklamation eines besonderen Verhältnisses zwischen JHWH und Israel. Ausgedrückt wird dieses Verhältnis durch die Bundesformel und zwar in ihrer vollen, zweiteiligen Form (7a): ולקחתי אתכם לי לעם והייתי לכם לאלים. Diese volle zweiteilige Form der Bundesformel taucht erst wieder in Lev 26,12 auf[46]. Zwischen diesen beiden Vorkommen der Formel in ihrer vollen Form findet sich an vier weiteren Stellen jeweils derjenige Teil der Bundesformel, welcher vom Gottsein JHWHs für Israel spricht[47]. Dieser Teil der Bundesformel begegnet uns ferner

---

וידבר יהוה אל־משה לאמר. Da diese Einleitungsformeln zweifellos zum Erzählfaden des Pentateuchs zählen, erweisen sich die Gebotsmitteilungen ebenfalls als zum Erzählungsfaden zugehörig. Ferner wird der gesamte Aufenthalt Israels am Sinai durch Datumsangaben (Ex 19,1; Num 10,11) in die Pentateucherzählung eingegliedert. Auf diesen Aspekt haben schon Rendtorff, 1991, S. 462; Blenkinsopp, 1992, S. 184, sowie Utzschneider, 1988, S. 76-83, aufmerksam gemacht, wobei Utzschneider den engeren Erzählkontext der Sinaigesetzgebung als „Wanderungserzählung" beschreibt.

42 Eine Ausnahme bilden die beiden vorpriesterlichen Stellen Gen 15, 7; 28, 13 (s. u.).

43 Ex 6,2.6.8 אני יהוה Ex 6,7 אני יהוה אלהיכם.

44 In Ex 1,9 ist zum ersten Male vom Volk Israel die Rede, interessanterweise aber nicht als Selbstbezeichnung sondern als Fremdbezeichnung im Munde des ägyptischen Königs.

45 Eine auch im Zusammenhang unserer Untersuchung wichtige Analyse von Ex 6,2-8 findet sich bei Rendtorff, 1995, S. 20-23.

46 Darüber hinaus noch in Dtn 26,17.19; 29,12; sämtliche Belege dieser Formel hat im Übrigen Rendtorff, 1995, S. 94-95, systematisiert aufgelistet.

47 Ex 29,46b; Lev 11, 45; 22,33; 25,38: „Ich für euch Gott"; vielleicht ist als diachron zu erklärender Sonderfall Ex 19,5: „Ihr mein Eigentum aus allen Völkern" hier mit aufzuzählen (so Smend, 1963, S. 5, nicht aber Rendtorff, 1995, bes. S. 94-95).

noch einmal in Lev 26,45 und Num 15,41. In allen diesen Fällen ist die Ich-JHWH-Formel im nächsten Umkreis anzutreffen[48]. Einheitlich und allgemein werden diese Belegstellen dem priesterschriftlichen Bereich zugerechnet[49]. Aus allen diesen Beobachtungen ist zu schließen, dass die Ich-JHWH-Formel im priesterschriftlichen Kontext, also auch in Lev 18-26, auf das besondere Verhältnis zwischen JHWH und Israel hinweisen sollte. Dabei steht dieses Bedeutungsspektrum der Ich-JHWH-Formel in enger Beziehung zu dem von Zimmerli[50] beobachteten dreistufigen Offenbarungsvorgang des Gottesnamens in der Priesterschrift: Redet sie zunächst von אלהים, so tritt Gott in Gen 17,1 als der אל שדי dem Abr(ah)am gegenüber[51], um sich schließlich in Ex 6 dem Mose und durch dessen Vermittlung dem ganzen Volk Israel unter seinem eigentlichem Namen יהוה zu offenbaren. Mit diesen Beobachtungen nicht im Einklang stehen die beiden Vorkommen der Formel אני יהוה in den Vätergeschichten (Gen 15,7; 28,13). Diese beiden vorpriesterschriftlichen Belege stehen in der kanonisch gewordenen Textgestalt in synchron-diachroner Spannung zur priesterlichen Konzeption. Anzunehmen ist, dass die priesterschriftlichen Bearbeiter des Pentateuchs beide ihnen vorgegebene Stellen nicht mehr ändern und anpassen wollten[52]. Das Schema des dreistufigen Offenbarungsvorganges des Gottesnamens erweist sich somit als erläuternde Überbauung des vorpriesterlichen Pentateuchs.

Wichtig ist hier, dass an diesen beiden Stellen die אני יהוה-Formel noch nicht den Gemeinschaftsbezug hat, den wir für den priesterschriftlichen Gebrauch der Formel herausgearbeitet haben. Dem entspricht, dass sich im Umkreis der einzigen vorpriesterlichen Belegstelle für die Bundesformel innerhalb der Exodus- und Sinaigeschichte, nämlich Ex 19,5, die Ich-JHWH-Formel nicht findet. Von daher ist zu vermuten, dass dieser Bedeutungsaspekt der Formel priesterschriftliche Innovation ist. Erst priesterschriftliche Kreise haben also die Ich-

---

48 Ex 29,46b; Lev 11,44.45; 20,26; 22,30.31.32.33; 25,38; 26,13. 44.45; Num 15,41(2x).

49 Vgl. dazu z.B. Weiser, 1963; S. 125; Smend, 1989, S. 48.

50 Zimmerli, 1985, S. 15. Dabei liegt Zimmerlis Interesse aber auf der theologischen Folgerung der Ungeschuldetheit der göttlichen Offenbarung.

51 In Gen 17,1 ist besonders interessant, dass sich JHWH Abram mit den Worten אני־אל שדי vorstellt, also im Grunde mit einer Variante unserer Formel. Dementsprechend können wir uns auch Rendtorff, 1995, S. 21, anschließen, der ebenfalls eine ausdrückliche Beziehung zwischen den Selbstvorstellungen Gottes in Gen 17 und Ex 6 sieht: „Die Anrede Gottes an Mose beginnt mit der Selbstvorstellungsformel אני יהוה ‚Ich bin Jhwh'. Sie wird hier ausdrücklich der Einleitungsformel von Gen 17,1 ‚Ich bin El-Schaddaj' gegenübergestellt: Der Jhwh-Name blieb den Vätern noch unbekannt, aber er wird jetzt in aller Form kundgetan." Eine weitere Verbindung zwischen Gen 17 und Ex 6,2-8 besteht, worauf Rendtorff, 1995, S. 21, im Folgenden hinweist, auch darin, dass in beiden Texten vom Bund die Rede ist (Ex 6,3 vgl. mit Gen 17,7.8).

52 Dem entspricht ganz unsere These, wonach die den priesterlichen Bearbeitern des Pentateuchs vorliegenden Texte bereits in so hohem semikanonischen Ansehen standen, dass sie nicht mehr verändert werden sollten.

JHWH-Formel auf die Gemeinschaft Israels bezogen, ja diese vielleicht als für die Gemeinschaft konstituierend erachtet. Damit lässt sich aber annehmen, dass die Belege der Formel in der priesterschriftlichen Fortschreibung, bis auf Ex 6,2-8, gerade nicht als Selbstvorstellung, sondern als nominale Selbstbehauptung zu interpretieren sind. Es geht ja, außer an dieser in diesem Zusammenhang exponierten Stelle, gerade nicht um eine bloße Namensmitteilung, sondern darum, JHWH und seinen *Alleinanspruch* als Gott seiner durch ihn konstituierten Gemeinschaft immer wieder zu Gehör und damit zur Geltung zu bringen. Regelmäßig wird dabei diese Wendung als Begründung der Gebote JHWHs verwandt[53]. Hand in Hand damit lässt sich ein Weiteres beobachten: Häufig ist die Ich-JHWH-Formel mit dem Stichwort Ägypten verbunden. Wichtig ist in diesem Zusammenhang Lev 18,2-5. Diese Komposition ist durch die Rahmung gekennzeichnet, die an drei Stellen die Ich-JHWH-Formel bietet. Sie ist das Erste, was Mose den Israeliten ausrichten soll (V.2). Dann ist die Rede von den Bräuchen des Landes Ägypten, aus dem JHWH Israel herausgeführt hat. Israel soll diese Bräuche nicht befolgen. Israel soll aber auch nicht die Bräuche Kanaans annehmen, wohinein JHWH Israel führen wird (V.3). Stattdessen soll Israel allein die Gebote JHWHs befolgen (V.4). Eindeutig geht es hier um die Abgrenzung Israels von den Völkern, verbunden mit der exklusiven Hinwendung zu JHWH. Diese Abgrenzung ist die Kehrseite der exklusiven Gottesgemeinschaft zwischen JHWH und Israel. „Die Herausführung aus Ägypten wird in der Trennung von den dortigen Gebräuchen sichtbar; die Hineinführung in das Land Kanaan bedeutet gerade nicht die Anpassung an die dortigen Sitten. Israel ist in einem Sonderstatus, von den anderen Völkern geschieden und allein auf die Gebote Gottes verpflichtet."[54] Dieser Zusammenhang wird noch einmal deutlich in Lev 25,55 und 26,45: Nach diesen beiden Stellen hatte die Herausführung Israels aus Ägypten das Ziel, dass Israel Volk JHWHs wird. Auch diese beiden Stellen werden mit der Ich-JHWH-Formel abgeschlossen. So dürfte dem Rezipienten, hörte er diese Formel im Kontext des priesterschriftlichen Pentateuchs, das Sonderverhältnis zwischen JHWH und Israel mitbewusst gewesen sein. Dabei ging es aber nicht um eine Namensoffenbarung. Vielmehr weist die Formel darauf hin, dass JHWH allein Gott Israels ist, wie Israel nur deshalb Volk ist, weil es Volk JHWHs ist. Israel ist nur deshalb Israel, weil JHWH allein sein Gott ist. Israel ist Israel im Hören des אני יהוה, letztlich verstanden etwa in dem Sinne: *Nur ich bin JHWH und kein anderer.* Dadurch aber, dass JHWH sich dergestalt Israel und nur Israel offenbart hat, ist Israel erst Israel geworden. Diese Konnotationen, die aber natürlich auf einer grundlegenden Selbstvorstellung JHWHs, nämlich in Ex 6,2-8, beruhten und die auf sie zurückverweisen, dürften die Grundbedeutung oder doch zumindest Grundassoziation der Wortfolge אני יהוה ausmachen.

53 Vgl. dazu auch Mathys, 1983, S. 109-112.

54 Crüsemann, 1990, S. 119.

7.3.1.3.2. Bedeutung der Formelvarianten in Lev 20

In Lev 20 tritt die Ich-JHWH-Formel insgesamt vier Mal auf. Dabei begegnet uns die Konstante niemals allein, sondern nur in Verbindung mit einer Variablen.

7c	כי אני יהוה אלהיכם
8c	אני יהוה מקדשכם
24ddR	אני יהוה אלהכם אשר־הבדלתי אתכם מן־העמים
26bc	כי קדוש אני יהוה[55]

Wir nahmen an, dass die einzelne Variable jeweils einen Aspekt des gesamten Bedeutungsspektrums der Konstanten besonders hervorheben und die Wahrnehmung des Rezipienten auf diesen Bedeutungsausschnitt hin konzentrieren soll. Wir sahen ferner, dass, begegnete dem alttestamentlichen Rezipienten die Ich-JHWH-Formel, er damit die zwischen JHWH und Israel bestehende Sonderbeziehung verbinden sollte. Von daher ist anzunehmen, dass jede dieser Variablen auf einen bestimmten engeren Aspekt der Sonderbeziehung zwischen Israel und JHWH hinweisen soll. Sie beschreibt also Eigenschaften und Tätigkeiten von JHWH im Zusammenhang mit dem Sonderverhältnis zwischen JHWH und Israel. Sehr deutlich wird dies bei der Variablen אלהיכם. Durch diese Variable wird die Aufmerksamkeit des Rezipienten ganz auf die Sonderstellung Israels gelenkt. Alle anderen möglichen Assoziationen, die es vielleicht trotz des prägnanten Gebrauchs der Ich-JHWH-Formel innerhalb des Erzählfadens noch geben könnte, werden ausgeblendet. Diese Variable begegnet uns in 7c.24d. Zunächst zum ersten dieser beiden Belege: In 7ab geht es um die Heiligkeitsforderung JHWHs an die Israeliten. Diese Forderung wird begründet: כי אני יהוה אלהיכם. So ist anzunehmen, dass Israel sich heiligen soll, weil JHWH der Gott Israels ist und Israel das Volk JHWHs[56]. Die Heiligkeit JHWHs und Israels besonderes Verhältnis zu diesem heiligen Gott verlangt also, dass Israel selbst sich als heilig erweist. Diese Formelvariante wird in 24ddR noch weiter expliziert: JHWH hat Israel von den Völkern ausgesondert (בדל im H-Stamm/akt.[57]). Funktional handelt es sich bei der erweiterten Selbstvorstellungsformel 24ddR

---

[55] Zur abweichenden Syntax vgl. 7.3.1.1.2

[56] Diese Verbindung der Ich-JHWH-Formel mit der Heiligkeitsforderung findet sich bereits in 19,2. Auch dort wird die der Formel vorausgehende Heiligkeitsforderung JHWHs an Israel damit begründet, dass JHWH selbst heilig ist. In 19,2 wird dieser Aspekt mit der vorangestellten und damit besonders betonten Explikation קדוש unterstrichen. Da der Rezipient nun jede neue, im Verlauf des Rezipierens des zusammenhängenden Pentateuchtextes auftretende Variable (und damit Bedeutungsnuance) aufnimmt, wird damit zugleich erkennbar, dass dieser Bedeutungsaspekt dann auch in Lev 20 implizit im Bewusstsein des Rezipienten vorhanden ist.

[57] בדל im H-Stamm/akt. wird außer in Lev 20,25.26 nur noch in 1.Kön. 8,53 mit der Bedeutung der Aussonderung Israels aus den Völkern gebraucht (so auch Elliger, 1966, S. 277, Anm. 25).

um ein Bindeglied zwischen 22a-24cI und 25a-26cI. Einerseits wird die Mahnung 22a-24cI mit dieser Formel beschlossen (wohl als Begründung für das vorher Gesagte[58]); andererseits leitet diese Formel auch zur folgenden Mahnung 25a-26c über, enthält doch die letzte der Explikationen der Ich-JHWH-Formel bereits das Leitwort der folgenden zwei Verse, nämlich בדל im H-Stamm/akt. Die Aussonderung Israels aus dem Kreis der Völker hat zunächst die Konsequenz, dass Israel zwischen reinen und unreinen Tieren aller Art unterscheiden soll, um sich nicht mit den unreinen zu verunreinigen. Mit 26a-c endet dieser Gedankenbogen. Diese Variante der Ich-JHWH-Formel wird an den vorausgehenden Satz mit der Konjunktion כי angeschlossen. Hier wird also die Heiligkeitsforderung JHWHs an Israel durch die Betonung, dass JHWH selbst heilig ist, begründet. Der Begriff der Heiligkeit steht hier eindeutig im Zusammenhang mit der Abgrenzung Israels von den Völkern für JHWH. So ist auch die Variable in 8c מקדשכם zu verstehen: Die Israeliten sollen die Gebote JHWHs halten und sich als heilig erweisen, da JHWH sie heiligt, d. h. von den Völkern aussondert. Dass JHWH Israel heiligt, d. h. aussondert, ihnen also eine Sonderstellung unter den Völkern zuweist, hat für Israel die Konsequenz, seine Gebote zu halten, d. h. sich als heilig zu erweisen.

7.3.2. Die formelhafte Aufforderung zum Halten der Gebote JHWHs

7.3.2.1. Struktur und Bezeichnung

Elfmal begegnet uns innerhalb der Sinaierzählung die formelhafte Aufforderung zum Halten der Gebote JHWHs[59]. Im Pentateuch findet sie sich darüber hinaus in Gen 26,5 und an acht Stellen im Deuteronomium[60]. Berücksichtigen wir die Hypothese, welche wir über die Entstehung des Pentateuchs formuliert haben, so wird deutlich, dass die priesterlichen Redaktoren durchschlagende Wendungen der deuteronomisch-deuteronomistischen Schule übernehmen und weiterentwickeln konnten, um damit ihren *eigenen* Gedanken Ausdruck zu verleihen. Darüber hinaus finden sich Belege für diese Formel bei den früheren[61] und späteren[62] Propheten, ferner in Ps 89,31f.[63]. Allgemein zeichnet sich diese Formel durch die Verbindung der Nomen חקת, משפטים und מצות (JHWHs) mit den

---

58 So auch Schwarz, 1982, S. 75.

59 Lev 18,4.5.26.30; 19,19.37; 20,8.22; 22,31; 25,18; 26,3.

60 Dtn 6,2; 8,11; 10,13; 11,1; 28,15.45; 30,10.16.

61 1. Kön 2,3; 6,12; 9,4.6; 11,11.33f.38; 2. Kön 17,13.

62 Jer 44,10, Ez 5,6f.; 11,20; 18,9.17.21; 20,11.13.16.19.21.24; 37,24; 44,24.

63 Eine Aufstellung findet sich bei Thiel, 1969, S. 40-73, speziell auf S. 69, sowie bei Elliger, 1966, S. 237, Anm. 7.

Verbbasen שמר, הלך und עשה aus[64]. Je nach Textbereich hat diese formelhafte Wendung eine ganz spezifische Ausprägung[65]. Von daher ist es sinnvoll, unsere Untersuchungen auf die Belege in der Sinaierzählung zu beschränken. Für diese von uns zu untersuchende priesterliche Formelvariante ist folgende semantisch-syntaktische Struktur konstitutiv: Verbbasis שמר (in 2. m. pl. [der Israeliten] Yiqtol Jussiv/w-Qatal G-Stamm) bezogen auf ein mit את markiertes Objekt, ein Nomen/eine Nominalgruppe aus dem Wortfeld „Gebot, Gesetz“[66], verbunden mit dem enklitischen Personalpronomen der 1. sg. JHWHs. Diese Grundform kann auch invertiert sein, so dass das Objekt *meine Gebote* an erster Stelle steht und so betont ist[67]. Zudem wird die Grundform dieser Formel häufig um zusätzliche Sätze erweitert, in welchen Verben abgeleitet von der Wurzel עשה und הלך im synonymen Gebrauch zu שמר die verbalen Prädikate bilden.

64 So auch Thiel, 1969, S. 69; ähnlich Feucht, 1964, S. 153, der jedoch allein von den Nomen חקות, משפטים, מצות und משמרת ausgeht. Dabei unterscheidet Feucht zwischen dem Satzungsgebot in seiner apodiktischen (beachtet meine Satzungen und Gebote) und in seiner konditionalen Gestalt (wenn ihr meine Satzungen und Gebote haltet, ...). Zur ersten Gruppe zählt er Lev 18,4; 19,19.37; 20,8; 22,31, zur zweiten Lev 18,5.26-28.30; 20,22; 22,9; 25,18; 26,3f.14ff. Wir hatten den Beleg Lev 26,14ff. nicht zu dieser Formel gerechnet, da er unserer Definition, wonach die Formel stets mit שמר gebildet wird, widerspricht. Zum anderen halten wir die Unterscheidung von apodiktischer und konditionaler Formulierung für nicht gerechtfertigt.

65 Dabei lässt sich, wie wir im vorangegangenen Kapitel gezeigt haben, bei diachroner Betrachtung eine Entwicklung der Formel von ihren Ursprüngen im Deuteronomium an aufweisen.

66 Es handelt sich dabei um die Worte מופט, חקות und מצות. Diese werden in der Formel synonym gebraucht. Dabei ist Synonymität immer partielle Synonymität (vgl. Berger, 1991, S. 144). Zu den genauen Bedeutungsnuancen vgl. Elliger, 1966, S. 236f., Levine, 1989, S. 119; Liedke, 1971, S. 180-187, 194. Jedoch halten wir es aufgrund des parallelen Gebrauchs dieser drei Lexeme für wahrscheinlich, dass die Unterschiede der Bedeutung nur noch gering empfunden wurden. Für den Rezipienten ist es entscheidend, dass es stets um Anordnungen JHWHs geht. So weist Feucht, 1964, S. 59, mit Recht daraufhin, dass die LXX alle vier Begriffe mit προσταγμα wiedergebe, was ebenfalls auf die Geringfügigkeit des Bedeutungsunterschiedes dieser Formel hindeute.

67 Grammatikalisch ganz genau dürften wir aber nicht von einer Inversion sprechen, sondern müssten hier von der grammatischen Erscheinung eines zusammengesetzten Nominalsatzes reden. Subjekt dieses Nominalsatzes wäre dann das Nomen bzw. die Nominalgruppe „meine Gebote“. Von daher lautet die korrekte Übersetzung eines solchen Satzes „Meine Gebote sind es: Ihr habt sie zu beachten.“ Da diese grammatischen Beobachtungen für meine Untersuchung an dieser Stelle nichts austragen, sprechen wir hier vereinfachend von einem invertierten Verbalsatz. Dieser kommt in Lev 18,4; 19,19; 25,18; 26,3 vor.

7.3.2.2. Bedeutung der Formel im Kontext

Im Erzählduktus des Pentateuchs begegnet uns diese Formel – abgesehen von Gen 26,5 – zum ersten Male in Lev 18,4f. Dabei steht sie im Zusammenhang mit der Warnung vor dem Befolgen der Bräuche anderer Völker. Zu diesen bildet sie die Antithese. Somit beschreibt die Formel ein Handeln, durch das sich die Israeliten von den anderen Völkern abgrenzen sollen. In dem mit 18,2b-5 korrespondierenden Abschnitt 18,24-30 geht es ebenfalls um Abgrenzung von anderen Völkern. Hier wird das Verhalten der anderen Völker als unrein qualifiziert. Dagegen erhält das (ausschließliche) Befolgen der Gebote JHWHs die Reinheit. Durch die Einführung der Heiligkeitsforderung in Lev 19,2 entsteht eine neue semantische Ebene: Alles Folgende soll unter dem Aspekt der Heiligung verstanden werden. Deutlich wird dies in Lev 20,8. Die Heiligung der Israeliten und das in der Satzungsformel ausgedrückte Beachten der Gebote JHWHs fallen in eins zusammen. Indem Israel die Gebote JHWHs befolgt, ist es heilig bzw. heiligt sich. Signalisierte das Thema Heiligkeit die Absonderung Israels von den Völkern, so geht es bei der Satzungsformel um das Gesamt aller Handlungen, durch die sich die Israeliten von den anderen Völkern absondern und die sich aus ihrer besonderen Beziehung zu JHWH ergeben. Darüber hinaus besitzt diese Formel eine integrative Funktion in Bezug auf schon früher gegebene Gebote: Alle elf in Levitikus vorkommenden Belege der Formel sind, wie oben gezeigt, mit einem mit שמר (G-Stamm) realisiertem Prädikat gebildet.

An einigen im Erzählfaden des Pentateuchs noch vor dem Levitikusbuch vorkommenden Stellen begegnen der hier untersuchten Formel sehr ähnlich gebildete Wendungen. Ihnen allen ist die Bildung mit einem Verbalsatz mit der Wurzel שמר in 2. pers. m. sg./pl. Yiqtol/w-Qatal (im G-Stamm) als zentralem Bestandteil gemeinsam. So werden in Gen 17,9f. Abra(ha)m und seine Nachkommen aufgefordert, den Bund JHWHs und damit die Beschneidung als Zeichen dieses Bundes zu halten: את־בריתי תשמר (Gen 17,9aβ). Nächster wichtiger Textbereich, in dem eine ähnliche mit שמר (G-Stamm) gebildete Wendung vorkommt, ist die Einsetzung des Passa in Ex 12: In Ex 12,17 wird das Beachten dieses Gebotes gefordert: ושמרתם את־המצות (Ex 12,17aα) bzw. את־היום הזה ושמרתם (Ex 12,17b). Auch in der programmatischen Gottesrede Ex 19,4-6 wird das Sein Israels als Eigentumsvolk JHWHs und als heiliges Volk vom Halten des Bundes abhängig gemacht (Ex 19,5aβ). Bei der Einsetzung des Sabbats in Ex 31,12-17 begegnet uns nicht weniger als drei Mal das Sabbatgebot mit der mit שמר gebildeten Wendung. Schließlich ist festzuhalten, dass auch die Anordnung zum Befolgen des Mazzotfestes in Ex 23,15; 34,18 mit der שמר-Wendung auftritt: את־חג המצות תשמר (Ex 23,15=34,18). Alle diese früheren Gebote dürften dem Rezipienten zum Bewusstsein gekommen sein, wenn er die formelhafte Aufforderung zum Halten der Gebote vernahm.

Es handelte sich dabei vor allem um folgende Gebote[68]:

Bund/Beschneidung (Gen 17,9f),
Passa/Mazzot (Ex 12,14-20),
Mazzot (Ex 13,3-10),
Bund/allgemeine Gesetzesobservanz (Ex 19,5),
Sabbat (Ex 31,12-17),
Mazzot (Ex 23,15; 34,18).

Bei dieser Zusammenschau fällt auf, dass mit der mit der Verbalwurzel שמר gebildeten formelhaften Wendung gerade diejenigen Gebote eingeschärft werden, die wesentliche Charakteristika Israels ausmachen. Dies ist – wobei hier wieder das diachrone Verhältnis zu beachten ist – Leistung der priesterschriftlichen Redaktion: Diese hat mit Gen 17, Ex 12; 31 drei deutliche Gravitationspunkte gesetzt. Die Forderung der Beschneidung, der Einhaltung des Passakultes und der Beachtung des Sabbatgebotes überbauen die Forderung der allgemeinen Gesetzesobservanz (Ex 15,26; 19,5) und des – vielleicht ursprünglich nur zufällig – mit שמר gebildeten Mazzotgebotes (Ex 23,15; 34,18). Erst damit entsteht der theologisch-systematische Gebrauch von שמר (G-Stamm). Auch bei synchroner Betrachtung sind die drei priesterschriftlichen Texte besonders hervorgehoben: Allen drei Texten ist eine feierliche Verpflichtung auch aller künftigen Generationen gemeinsam: So heißt es in Gen 17: לדרתם וזרעך אחריך (Gen 17,9b) sowie תשמרו ביני ובניכם ובין זרעך אחריך זות בריתי אשר (Gen 17,10a). Durch diese ausdrückliche Verpflichtung der Nachkommen Abra(ha)ms wird der Rezipient indirekt selbst angesprochen, versteht er Abraham doch als den Stammvater seines Volkes und damit sich selbst als Nachkomme Abrahams.

Auch die kultische Einsetzung des Passas soll alle Generationen der Israeliten binden: In Ex 12,17 wird das Beachten dieses Gebotes gefordert ושמרתם את־המצות (Ex 17aα) bzw. ושמרתם את־היום הזה (Ex 12,17b). Auch in der programmatischen Gottesrede Ex 19,4-6 wird das Sein Israels als Eigentumsvolk JHWHs und als heiliges Volk vom Halten des Bundes abhängig gemacht (Ex 19,5aβ). Bei der Einsetzung des Sabbats Ex 31,12-17 wird nicht weniger als drei Mal diese Wendung gebraucht, wiederum mit dem Hinweis auf die Verpflichtung aller künftigen Generationen. Auch hier begegnet uns wieder das Stichwort *Bund* (31,16b), und wie die Beschneidung wird auch der Sabbat als *Zeichen* (13bα. 17a) zwischen JHWH und den Israeliten verstanden.

Alle diese Themen, die für die Identität der Gemeinde konstitutiv waren, dürften dem Rezipienten bewusst gewesen sein, wenn er die formelhafte Aufforderung zum Halten der Gebote hörte. Somit erweist sich bei synchroner Betrachtung die formelhafte Aufforderung zum Halten der Gebote als eine Wendung, die aufgrund des Stichwortes שמר (G-Stamm) an bereits früher aufgetretene Wendungen anknüpft und diese weiterführt. Assoziativ dürfte der Rezi-

68 Nicht berücksichtigt sind z. B. Ex 13,10; 15,26.

pient die mit שמר gebildeten früheren Aufforderungen JHWHs mitgehört haben. Mittels dieser Wendung wurden für die Identität Israels wesentliche Gebote angeordnet. Somit drücken die mit שמר gebildeten Gebotsaufforderungen zunächst gerade die wichtigsten, für Israel identitätsbildenden Gebote, vor allem Beschneidung, Passa und Sabbat, aus. Durch die starke Gewichtung der priesterschriftlichen Texte treten hinter diesen drei die anderen vorpriesterlichen mit שמר (G-Stamm) gebildeten Gebote zurück. Von daher hat die formelhafte Aufforderung zum Halten der Gebote JHWHs gegenüber den anderen mit שמר gebildeten Gebotsaufforderungen *integrative* und *generalisierende* Funktion: So nimmt der Rezipient, hört er die formelhafte Aufforderung zum Halten der Gebote JHWHs, zugleich auch die schon früher mitgeteilten, ebenfalls mit שמר als verbales Prädikat gebildeten konkreten Forderungen bezüglich des Beachtens von Bund, Passa, Beschneidung und Sabbat gewissermaßen als Anspielung auf. Dadurch entsteht eine kanonische Kontinuität zwischen den vor dem Sinai und am Sinai, zwischen den vor der Israelzeit und in der Israelzeit gegebenen grundsätzlichen Geboten, die das Wesen Israels ausmachen (*integrative* Funktion). Zugleich drückt die formelhafte Aufforderung auch die Gesamtheit der Gebote JHWHs aus: Alle Gebote JHWHs sind gemeint: Damit aber sind die in Lev 18; 19 und 20 genannten Gebote immer nur exemplarischer Teil eines größeren Ganzen. Dieses größere Ganze ist aber der den Israeliten von JHWH gegebene Handlungsbereich (*generalisierende* Funktion). Somit ist schließlich das Halten der Gebote JHWHs das Kennzeichen für Israel schlechthin. Israel ist Israel, indem und weil es die Gebote JHWHs hält. Dem entspricht ganz das Ergebnis der Untersuchung der formelhaften Aufforderung zur Heiligkeit: Die Israeliten sollen die Gebote JHWHs halten und sich dadurch als heilig erweisen, da JHWH sie heiligt, d. h. von den Völkern aussondert.

7.3.3. Die formelhafte Aufforderung zur Heiligkeit

7.3.3.1. Bezeichnung und Struktur

An insgesamt fünf Stellen des Pentateuchs[69] findet sich eine formelhafte Wendung, durch welche die Israeliten aufgefordert werden, heilig zu sein. In Anlehnung an Feucht[70] wollen wir diese als formelhafte Aufforderung zur Heiligkeit bezeichnen. Konstitutiv für die Formel ist ihre Zweigliedrigkeit: Die eigentliche Aufforderung zur Heiligkeit ist zweigliedrig: והייתם קדשים. Ihr folgt regelmäßig

69 Lev 11,44.45; 19,2; 20,7.26.

70 Feucht, 1964, S. 161. Weshalb Feucht die Belege in Lev 20 nicht aufführt, dafür aber die strukturell stark abweichende Formulierung in Num 15,40, ist uns nicht verständlich, insbesondere, da er eindeutig von der Formel Lev 19,2 ausgeht.

als Begründung כי קדוש אני[71]. Dieses Grundschema wird durch appositionelle Erweiterungen der Begründung mit יהוה oder sogar mit יהוה אלהיכם verändert. Rein grammatisch betrachtet handelt es sich dabei um ein appositionelles Attribut. Auf der grammatikalischen Ebene wäre es daher, mit Ausnahme von Lev 20,7, unzutreffend, etwa davon zu sprechen, dass die formelhafte Aufforderung zur Heiligkeit durch die Ich-JHWH-Formel begründet wird. Dennoch ergibt sich semantisch ein assoziativer Anklang an die Ich-JHWH-Formel. Diachron betrachtet ist diese Begründung eine Weiterentwicklung der Ich-JHWH-Formel. Dafür spricht die Wortfolge ebenso wie der Umstand, dass beide Formeln in denselben priesterlichen Tradentenkreisen überliefert worden sein dürften. Von daher ist diese Begründung trotz der unterschiedlichen syntaktischen Struktur eben doch als Spielart der Ich-JHWH-Formel zu betrachten. An drei der fünf Belegstellen (19,2; 20,7.26) erscheint die Wortfolge אני יהוה (אלהיכם). Es ist aber sogar damit zu rechnen, dass der Hörer schon allein das Lexem אני mit der Ich-JHWH-Formel verband. Dafür spricht, dass im Umfeld aller Belegstellen der formelhaften Aufforderung zur Heiligkeit auch die Ich-JHWH-Formel erscheint[72]. Über die konkrete Verwirklichung dieser Formel gibt folgende Tabelle Auskunft:

Stelle (Lev)	והתקדשתם	והייתם קדשים	כי	קדוש	אני	יהוה	אלהיכם
11,45		+	+	+	+		
11,44	+	+	+	+	+		
19,2		+ (invert.)	+	+	+	+	+
20,26		+ (לי)	+	+	+	+	
20,7	+	+	+		+	+	+

7.3.3.2. Bedeutung der Formel im Kontext

Die Begründung der formelhaften Aufforderung zur Heiligkeit ist zunächst, dass JHWH selbst heilig ist[73]. Dadurch ergibt sich eine Entsprechung: Israel soll heilig sein, da JHWH heilig ist. Die besondere Beziehung zwischen JHWH und Israel erfordert also eine Entsprechung zwischen JHWH und Israel in Bezug auf die Heiligkeit. In Lev 20,26 wird diese Formel thematisch mit der Abgrenzung gegenüber den anderen Völkern verbunden: Die Aufforderung zur Heiligkeit soll also zugleich auch die Aufforderung zur Abgrenzung von diesen ausdrücken. Als wichtig erweist sich ferner, dass die Begründung der Heiligkeitsforderung an die Israeliten, wenn nicht mit der Ich-JHWH-Formel[74], so doch mit

[71] In Lev 20,7 fehlt allerdings קדוש, so dass die Begründung mit der Ich-JHWH-Formel realisiert wird.

[72] Lev 11,43.

[73] Lev 11,45; 19,2 (invertiert); 20,26.

[74] So nur in Lev 20,7.

einer Wortfolge realisiert wird, welche der Hörer mit der Ich-JHWH-Formel aller Wahrscheinlichkeit nach assoziierte. Damit wird die formelhafte Aufforderung zur Heiligkeit mit der durch diese Formel ausgedrückten Sonderbeziehung zwischen JHWH und Israel begründet. Diese Beobachtung wird dadurch unterstrichen, dass uns in unmittelbarer Nähe von drei der fünf Belegstellen dieser Formel die Bundesformel begegnet[75] und bei zwei weiteren Belegen die an die Bundesformel erinnernde Variable אלהיכם anzutreffen ist[76].

Weiter ist von Bedeutung, dass diese Formel im Zusammenhang mit willkürlichen Tätigkeiten der Adressaten gebraucht wird. Im Kontext dieser Wendung geht es stets um ein Verhalten. So handelt es sich in Lev 11,44f. um die Vermeidung vermeidbarer Unreinheit. Besonders deutlich wird dies im Zusammenhang der Verwendung der Formel in Lev 19: Hier begegnet sie uns das einzige Mal in der Funktion einer Überschrift[77]. Diese Überschrift bestimmt das Verstehen des Textes Lev 19 durch den Rezipienten[78]. Die Heiligkeitsforderung wird – wie für diese Formel konstitutiv – durch die Heiligkeit JHWHS begründet. Durch appositionelle Erweiterungen des אני mit יהוה אלהיכם entsteht die Wortfolge der Ich-JHWH-Formel. Ähnliches ist bei der Struktur von Lev 19 zu beobachten: Dieser Text setzt sich aus einzelnen Geboten oder Gebotsgruppen zusammen, die durch die Ich-JHWH-Formel eingeleitet und begründet werden[79]. Somit erscheinen die Gebote Lev 19 als Konkretisierung der Heiligkeitsforderung: Das in den einzelnen konkreten Geboten geforderte Verhalten erscheint von daher als inhaltliche Bestimmung der „abstrakten" Heiligkeitsforderung. Diese Überschrift bestimmt das Verstehen von Lev 19. Der Zusammenhang zwischen der geforderten Heiligkeit der Israeliten und dem Tun gemäß der Gebote JHWHs wird auch in dem Absatz Lev 20,7a-8c deutlich:

והתקדשתם
והייתם קדשים
כי אני יהוה אלהיכם

ושמרתם את־חקתי
ועשיתם אתם
אני יהוה מקדשכם

---

[75] Lev 11,44.45; 20,26.

[76] Lev 19,2; 20,7.

[77] Vgl. Jagersma, 1972, S. 42f.

[78] Kilian, 1963, S. 63f, macht dieselbe Beobachtung, wenn er sie auch diachron interpretiert. So schreibt er die Formel Lev 19,2 einer Redaktion zu, welche durch die Formel die verschiedenen Gebote dieses Textes unter einen theologischen „Einheitsgedanken" (S. 63) stellen wollte.

[79] So sieht Wenham, 1979, S. 263, die Ich-JHWH-Formel als Gliederungselement: "This chapter covers such a variety of topics that the modern reader finds difficulty in seeing any rhyme or reason in its organization. But once it is recognized that 'I am the Lord (your God)' marks the end of a paragraph, its structure becomes much clearer."

Die Aufforderung zur Heiligkeit (7ab) erscheint ganz parallel zur Aufforderung zum Halten der Gebote JHWHs (8ab): Jeweils zwei fast synonyme Verbalsätze werden jeweils von einer Ich-JHWH-Formel begründet, so dass das Halten der Gebote JHWHs wie eine Wiederholung der Heiligkeitsforderung mit anderen Worten klingt.

Betrachtet man Lev 20,26 im Zusammenhang der Sinaierzählung, dann werden weitere Bedeutungsaspekte und Funktionen der Formel sichtbar. Um die Bedeutung dieser Stelle ganz zu erfassen, ist es zunächst notwendig, sich deren kompositorische Stellung zu verdeutlichen: Bei Lev 20,26 handelt es sich um das letzte Vorkommen dieser Formel innerhalb des Pentateuchs. Zugleich ist dieser Beleg innerhalb des Aufrisses von Lev 17-22 und damit des Buches Levitikus aufgrund seiner Stellung vor dem Übergang zu den nur für Priester geltenden Vorschriften besonders betont[80]. Sämtliche anderen Stellen, an denen diese Formel vorkommt, stehen mit dieser hier in einer kompositorisch wohl beabsichtigten Korrespondenz. Zunächst umschließt die Wendung in Lev 20,26a-cI und Lev 20,7 ab wie ein Ring den Mittelteil von Lev 20, also Lev 20,9a-21d. Dem entspricht, dass es sich bei diesem um Satzreihen handelt, die die Konsequenzen aus Verhaltensweisen besprechen, die ihren Täter verunreinigt haben[81]. Mit den Rahmenteilen 2b-6c.27a-e ergibt sich die Abfolge einer Opposition bezüglich des Verhaltens von Menschen: Unrein (2b-6c), heilig (7a-8c), unrein (9a-21d), heilig (22a-26cI), unrein (27a-e). Deutlich wird hier, dass es um verschiedene Kategorien von Handlungen geht.

Wichtig ist dann die Beziehung zu Lev 19,2: Mit dieser Überschrift wird – durch Inversion betont – das Stichwort קדוש thematisiert. Dadurch wird das Halten der Gebote JHWHs von nun an dezidiert als Heiligkeit interpretiert. War jemand, der gegen ein Verbot in Lev 18 handelte, lediglich unrein, so wird nun alles Verhalten an der Heiligkeitsforderung an die Gesamtheit der Israeliten gemessen. Von daher dürfte auch das Gegenüber vom heiligen Kollektiv auf der einen Seite und dem unrein gewordenen Individuum auf der anderen Seite samt der daraus sich ergebenden, in Lev 20 ausgeführten Konsequenz zu erklären sein. Somit werden durch die Verwendung dieser Formel die Kapitel Lev 19 und 20 eng zusammengeschlossen. Für diese Deutung spricht auch die, vor allem gegenüber Lev 20,7a-c, auffallend ähnliche Formulierung in 19,2 und 20,26a-cI.

Der nächste größere Zusammenhang besteht, wie schon Blum richtig aufzeigte[82], zu Lev 11,44f.: Aufgrund der gemeinsamen Stichworte, der Rede von der Unterscheidung von reinen und unreinen Tieren, musste der Rezipient, der ja mit dem Text vertraut war, Lev 20,25-26 als ausdrückliche Anspielung auf Lev 11,44-45 begreifen. So werden die Kapitel 11-20 noch einmal deutlich in *einen* Zusammenhang gestellt, womit auch die Kapitel 11-16; 17-18 mit ihren

---

80 Vgl. Blum, 1990, S. 323.

81 Vgl. unsere Analyse der Wendungen der Sequenzabschnitte.

82 Blum, 1990, S. 322-324.

Themen der Meidung vermeidbarer und des Umganges mit unvermeidbarer Unreinheit deutlich unter das Vorzeichen der Heiligkeit gerückt werden: Bevor Israel heilig sein kann, muss es zunächst einmal rein sein. Alle Warnungen vor Verunreinigung muss der Rezipient als negative Formulierungen der Heiligkeitsforderung auffassen[83].

Ein letzter großer Bogen spannt sich zu Ex 19,5f.[84]: Bei Ex 19,4-6, einem vorpriesterschriftlichen Stück, handelt es sich um eine Gottesrede, der aufgrund ihrer exponierten Stellung innerhalb des Erzählfadens des Pentateuchs besonderes Gewicht zukommt. Es handelt sich um die erste Rede JHWHs nach der Ankunft der Israeliten am Sinai[85]. In ihrer kanonisch gewordenen Stellung muss diese Gottesrede als programmatische Einleitung der gesamten Sinaigesetzgebung verstanden werden. Hier begegnen uns nun eine Reihe von Stichwörtern und Wendungen, die dann u. a. in Lev 20,(22-)26 wieder eine Rolle spielen: Halten der Gebote JHWHs (Ex 19,5; Lev 20,22), die Bundesformel (Ex 19,5; Lev 20,26), Absonderung Israels für (Ex 19,5) bzw. durch (Lev 20,26) JHWH. Vor allem aber – und darauf kommt es uns an – wird Israel zum ersten Male innerhalb des Pentateuchs als heiliges Volk bezeichnet. Bedeutsam ist, dass die Verheißung des neuen Seins Israels in den Kontext der Absonderung Israels von den übrigen Völkern gestellt wird: Israel ist Eigentum JHWHs, Königreich von Priestern und Heiliges Volk. Genau darin unterscheidet es sich von allen anderen Völkern[86]. Somit sind im Kontext des Pentateuchs in seiner jetzigen, kanonischen Gestalt alle gesetzlichen Vorschriften als unter diesem Vorzeichen zu verstehen[87]. Daran wird nun auch an allen fünf Stellen, an denen die formelhafte Aufforderung zur Heiligkeit vorkommt, pointiert erinnert. Gerade von Lev 20,26 her erscheint die gesamte Sinaigesetzgebung retrospektiv als unter der Heiligkeitsforderung stehend: Deswegen erhält Israel am Sinai alle die Weisungen, damit es als JHWHs eigenes, heiliges Volk seine ihm eigene Existenz erhält. Somit bedeutet das Beachten der am Sinai gegebenen Weisungen JHWHs Erfüllung der Identität Israels als heiliges Volk.

---

83 So im Prinzip auch Rücker, 1973, S. 87: Die Aussagen bezüglich der Unreinheit seien ein „Gegenstück zu den Heiligkeitsaussagen“ (S. 87). Diese „priesterlichen Reinheits- und Unreinheitsaussagen“ seien „geprägt“ und bekämen „ihr Gewicht von der priesterlichen Heiligkeitsvorstellung“ (S. 88).

84 Eine solche Beziehung zwischen der hier besprochenen formelhaften Aufforderung zur Heiligkeit und Ex 19 sehen auch Wenham, 1979, S. 180, und Rendtorff, 1991, S. 467.

85 Vgl. dazu die Einleitung der Sinaierzählung Ex 19,1f.

86 Childs, 1974, S. 367, führt dies folgendermaßen aus: "Israel is God's own people, set apart from the rest of the nations. Israel as a people is also dedicated to God's service among the nations as priests function within a society. Finally, the life of Israel shall be commensurate with the holiness of the covenant God. The covenant responibility encompasses her whole life, defining her relation to God and to her neighbors, and the quality of her existence."

87 Dass sich bei der Betrachtung der vorpriesterschriftlichen Texte andere Aussagerichtungen ergeben, ist hier nicht zu erörtern. Dazu aber vgl. Blum, 1990, S. 47-72; R. Rendtorff, 1991, S. 459-470.

8. Zur Stellung von Lev 20 innerhalb der Sinaierzählung und des Buches Levitikus

Bei der Analyse formelhafter Wendungen sahen wir, dass diese aus dem Zusammenhang der priesterschriftlichen Überschreibungstexte zu erklären sind. Dabei haben wir insbesondere bei der Untersuchung der paränetischen Wendungen gefragt, mit welchen Themen diese regelmäßig verbunden waren, und haben davon ausgehend auf deren Verständnis durch den kanonischen Rezipienten geschlossen. Als Nächstes ist nun die Stellung von Lev 20 insgesamt innerhalb seines Kontextes zu untersuchen.

8.1. Vorbereitung: Überblick über den Aufbau der Sinaierzählung im Blick auf Lev 20

Die priesterschriftliche Redaktion fügte zur vorpriesterlichen Sinaierzählung (Ex 19-24; 32-34) die Darstellung von der Errichtung des Heiligtums und seiner Einrichtung hinzu (Ex 25-31; 35-40), ferner die dort geltenden Opfergesetze (Lev 1-7) sowie die Erzählung vom Beginn des Opferkultes (Lev 8-10). Dabei bilden, was noch einmal das ganz im Vordergrund stehende Interesse der priesterschriftlichen Schule am Kult unterstreicht, die sinaitischen Heiligtumstexte (Ex 25-31; 33-40) zusammen mit der Musterung des Zwölfstämmevolkes und seiner genau bedachten Anordnung rings um dieses Heiligtum (Num 1-10) eine Klammer um den halachischen Textbereich, der praktisch das ganze Buch Levitikus umfasst[1]. Das Kapitel Lev 10 hat u. a. die Funktion, auf die Gefährlichkeit des Umganges mit dem Heiligen hinzuweisen. Es beginnt mit der Erzählung von der Vernichtung der beiden erstgeborenen Aaronsöhne[2] Nadab und Abihu, weil sie inkorrekte Opfer dargebracht hatten (Lev 10,1-7). In diesem Zusammenhang findet sich folgende zusammenfassende Beschreibung der priesterlichen Toraerteilung:

„...und zu unterscheiden zwischen dem Heiligen und dem Profanen
und zwischen dem Unreinen und dem Reinen,
und zu lehren die Israeliten alle Satzungen, die JHWH durch Mose gesprochen hat."

ולהבדיל בין הקדש ובין החל ובין הטמא ובין הטהור ולהורת את־בני ישראל את כל־החקים אשר דבר
יהוה אלהים ביד־משה

(Lev 10,10-11)

---

1 Auf diesen bislang noch wenig erkannten Zusammenhang weist Blum, 1990, S. 302, hin.

2 Vgl. Ex 6, 23.

Hierbei handelt es sich um ein kompositorisches Brückenstück zwischen der Installation und Initiation des Opferkultes auf der einen und der darauf folgenden Gesetze bezüglich der Reinheit und Heiligkeit der Israeliten in Lev 11-26 auf der anderen Seite. Prinzipiell zutreffend hat Elliger[3] beobachtet, dass es sich bei Lev 10,10f. um einen späteren Nachtrag mit Blick auf die nachfolgenden Gesetze handelt. Wir müssen Elliger nur insofern ergänzen, als wir nicht glauben, dass diese Infinitivkonstruktion lediglich auf Lev 11-15 (so Elliger) zu beziehen ist. Sie hat vielmehr den ganzen Rest von Levitikus, d. h. auch c. 11-26[4], im Blick. Dabei können wir unsere Ansicht konkretisieren: Das Thema von Reinheit und Unreinheit tritt nur in Lev (10) 11-22 auf, wenn auch als Voraussetzung für die Heiligung Israels[5] und dieser untergeordnet. So begegnen uns in diesem Bereich stark gehäuft Reinheits- bzw. vor allem Unreinheitsausdrücke[6]. In Lev 23-25 hingegen geht es ausschließlich um die Unterscheidung von heiligen und profanen Zeiten. Dementsprechend nehmen wir an, dass die in den Brückenversen Lev 10,10f. geforderte Unterscheidung zwischen Unrein und Rein auf Lev 11-22, die zwischen Heilig und Profan primär auf Lev 23-25 zu beziehen ist. Lev 20,25a-26cI knüpft deutlich an Lev 11,43-45 an[7]. Dadurch wird, wie wir im vorangegangenen Kapitel gezeigt haben, die gesamte Textgruppe Lev 11-20 unter das Vorzeichen der Heiligkeitsforderung an Gesamt-Israel gestellt. Dass dadurch die allein an die Priester adressierten drei Gottesreden in Lev 21-22 separiert werden, dürfte mit eben dieser Adressatengruppe zusammenhängen: Die auffällige kompositorische Sonderstellung dieser Kapitel entspricht der kultischen (und sozialen) Sonderstellung ihrer Adressaten. Innerhalb des Textkomplexes ergibt sich eine deutliche Struktur: So bildet Lev 16, die Vorschrift für den großen Versöhnungstag, das Zentrum der beiden Textgruppen Lev 11-15 und Lev 17-20(22).

Wie Wagner[8] richtig erkannt hat, geht es in Lev 11-15 um prinzipiell reversible Unreinheit[9]. So ist derjenige, der bestimmte unreine Tiere oder deren Aas

---

[3] Elliger, 1966, S. 131.

[4] Wir halten Lev 27 für einen späteren, hier nicht zu berücksichtigenden Nachtrag.

[5] Dass Reinheit, d. h. Freiheit von Unreinheit, unabdingbare, aber nicht hinreichende Bedingung der Heiligkeit ist, haben wir bereits in der semantischen Analyse von Lev 20 gezeigt.

[6] So sind in dem Textbereich Lev 11-22 u. a. Derivate der Wurzel טמא nicht weniger als 113-mal belegt, während im übrigen Levitikusbuch lediglich neun weitere Ableitungen dieser Wurzel vorkommen. Ähnlich verhält es sich mit den Ableitungen von der Wurzelטהר: 53 Belege dieser Wurzel im Buch Levitikus sind ausschließlich auf die Kapitel (10)11-22 verteilt.

[7] Dies zeigt sich vor allem am zweimaligem Vorkommen der formelhaften Aufforderung zur Heiligung der Israeliten (Lev 11, 44.45), welcher hier wie in Lev 20,26 Speisegesetze folgen. Hinzu kommt, dass in beiden Texten ausdrücklich vor Verunreinigung durch unreine Tiere gewarnt wird. Man beachte u. a. folgende Parallele: אל־תשקצו את־נפשתיכם (Lev 11,43aα) und ולא־תשקצו את־נפשתיכם (Lev 20,25b).

[8] Wagner, 1974, S. 312-313.

[9] Gegen diese Interpretation Wagners macht Blum, 1990, S. 302, Anm. 135, dahingehend Bedenken geltend, dass er Wagners struktureller Zuordnung von Lev 11-15 und 17-22 nach

berührt, unrein bis zum Abend[10]. Ebenso wird die Wöchnerin, je nachdem, ob sie einen Jungen oder ein Mädchen geboren hat, nach 33 oder 66 Tagen rein[11]. Auch bei den Aussatzfällen, welche regelmäßig Unreinheit hervorrufen (Lev 13f.), wird mit der Möglichkeit der Heilung und damit des Reinwerdens gerechnet. Lev 15 behandelt die genitale Unreinheit bei Mann (V.2-18) und Frau (V.19-30). Auch im letztgenannten Falle handelt es sich nach Vorstellung der priesterschriftlichen Schule bei dieser Art der Unreinheit um eine zumindest prinzipiell zeitlich begrenzte Verunreinigung. Um jedoch wieder in den Zustand der Reinheit zu gelangen, ist nach Beseitigung der Unreinheit ein besonderer Reinigungsritus notwendig, in Fällen schwerer Unreinheit darüber hinaus auch ein Reinigungsopfer erforderlich[12]. Dagegen geht es in Lev 17-20 (22) primär um Fälle irreparabler Verunreinigung. Diese geschieht durchgängig aufgrund von bestimmten Normübertretungen. In allen diesen Fällen ist der (soziale) Tod die jeweilige Folge. Dasselbe gilt selbstverständlich auch in denjenigen Fällen, in welchen der Betreffende zwar im Prinzip reversibel verunreinigt war, dann aber aufgrund des Nichtbeachtens von Reinheitsvorschriften faktisch unrein bleibt[13]. Von daher weisen Lev 11-15 und 17-22 jeweils verschiedene Schwerpunkte auf. Ging es in Lev 11-15 zumeist um reparable Unreinheiten und um die dazu erforderlichen kultischen Reinigungsakte, so geht es in Lev 17-20 vermehrt um irreparable Unreinheit und deren Folgen, nämlich den (sozialen) Tod[14]. Dabei hat letztgenannte Form der Verunreinigung immer den Aspekt des vorsätzlichen Handelns[15]. Der Vorsatz, so scheint es jedenfalls Lev 20,3c nahe zu legen, umfasst dabei sowohl das voluntative Element des Tatentschlusses als auch das Wollen und Wissen um das Verunreinigende einer solchen Tat, und setzt demnach die Kenntnis der Gebote JHWHs voraus. Damit sind aber die Sanktionen des sozialen Todes als Sanktionen für das vorsätzliche Übertreten der Gebote JHWHs zu verstehen. Von daher wird nun auch die zentrale Stellung von Lev 16, der Vorschrift für den großen Versöhnungstag, verständlich. „Alle Beseitigung von Unreinheit findet ihren Abschluß und Höhepunkt in der großen jähr-

---

den Sachthemen „reparable" und „irreparable" Unreinheit nur generelle Gewichtung zuerkennt. Insbesondere würde sich Kap. 19 gegen diese Zuordnung sperren. Blum übersieht dabei jedoch, dass das Thema Unreinheit innerhalb von Lev 11-22 dem Thema Heiligkeit kompositorisch überlagert wird. Unter diesem Gesichtspunkt stellt Lev 19 als Teil der Komposition Lev 18-20 durchaus keine Unterbrechung des Zusammenhanges dar, sondern erscheint als positiver Kontrast gegenüber dem Thema der prinzipiell unsühnbaren Verunreinigung.

10 Lev 11,24f.27f.31. Auf den kompositorischen Zusammenhang beider Stellen wies im Übrigen bereits Blum, 1990, S. 323, hin.

11 Lev 12,4.5.

12 Zu den Einzelheiten vgl. Paschen, 1970, S. 52-53.

13 Vgl. Lev 15,31; 17,16.

14 So Lev 17,4.9.10.14.(16); 18,29; 19,8.(Lev 19,20 als Gegenfall: „sterben soll er aber nicht"); 20,2.5.6.9.10.11.12.13.14.15.16.17.18.19.20.21.27; 21,9; 22,3.9.

15 Vgl. dazu die von uns ausführliche behandelte Begründung der Sanktionen in Lev 20,3.

lichen Sühneveranstaltung, in der zugleich das Heiligtum von der Verunreinigung durch alle nicht sühnbaren Vergehen gereinigt wird."[16] Damit gelangen wir schließlich auch dazu, das synchrone Verhältnis der beiden großen gesetzlichen Partien innerhalb der Sinaierzählung zu begreifen. Das Bundesbuch verstanden wir, Rendtorff[17] folgend, als Entfaltung des Zehnworts, dem Grundgesetz Israels. Erst die Installation des Kultes macht eine Lebensausrichtung Israels im Blick auf den Kult notwendig[18]. Deshalb ist im Bundesbuch das kultische Element kaum vertreten. Erst nach dem Beginn des Opferkultes (Lev 8-10) kommt der für Lev 11-22 charakteristische Begriff der Unreinheit im Rahmen einer kultischen Terminologie vor. So ist die Differenzierung zwischen rein und unrein wesentlich zur kultischen Sprache gehörig. Reinheit ist der Normalzustand, welcher die Teilnahme am Kult zulässt, Unreinheit die Ausnahme, die vom Kult ausschließt[19]. Handelte Lev 12-15 von unvermeidbaren Unreinheiten – und fehlen deswegen die Paränesen –, so geht es in Lev 11 und dann in 17-22 um solche, die der Einzelne durch bewusste Observanz vermeiden kann, soll und muss. Deshalb ist gerade in diesen Textbereichen das paränetische Element häufig zu beobachten[20]. Bei diesen, z. T. an alle Israeliten gerichteten Ordnungen (18-20), wie auch bei der darauf folgenden Priesterordnung (21-22) handelt es sich um Gesetze, die mit ihrem häufigen Gebrauch des apodiktischen Stils die Grenzen markieren, innerhalb derer der Lebensraum des kultischen Israels liegt. Die gesamte Sinaigesetzgebung wird mit Fluch und Segen (Lev 26) abgeschlossen. Lev 26,46 ist schließlich als abschließende Unterschrift unter der gesamten, mit dem Zehnwort in Ex 20 beginnenden sinaitischen Gesetzgebung zu verstehen.

---

16 Rendtorff, 1992, S. 155.

17 Rendtorff, 1992, S. 151, beschreibt das Verhältnis zwischen dem Zehnwort und dem darauf folgenden Bundesbuch mit folgenden, treffenden Worten: „Beide sind von Gott am Sinai gegeben; aber da das Volk sich vor der Stimme Gottes fürchtet, empfängt nur Mose die übrigen Gesetze, um sie dem Volk zu übermitteln. So bildet der Dekalog die Grundlage, alles Folgende ist Entfaltung – und Mose ist der Mittler."

18 Dies ist aber, wie unsere Darstellung der Komposition der Sinaierzählung zeigt, zentrales Anliegen und Grund für die priesterschriftliche Erweiterung dieses Textbereiches.

19 Rendtorff, 1961, Sp. 942.

20 Vgl. Blum, 1990, S. 322-323.

8.2. Die Stellung von Lev 20 innerhalb der Struktur von Lev 17-22

8.2.1. Lev 17-22 als eigener Kompositionsabschnitt innerhalb von Lev 11-22

Nachdem wir uns einen groben Überblick über die Makrostruktur der priesterschriftlichen Überschreibung der vorpriesterlichen Sinaierzählung verschafft haben, wollen wir nun den Blick auf die Stellung von Lev 20 innerhalb seines näheren Kontextes richten. Dass Lev 16, die Weisung über den großen Versöhnungstag, einen tiefen Einschnitt innerhalb des Buches Levitikus darstellt, ist allgemein anerkannt und führte mit zur „Entdeckung" des sog. Heiligkeitsgesetzes[21]. Auch innerhalb des verbleibenden Teiles im Buche Levitikus sind die einzelnen Abschnitte des Textkomplexes durch die jeweiligen Einleitungsformeln als Zitat von Gottesreden gekennzeichnet[22]. Dabei werden verschiedene Adressatengruppen genannt[23]:

17, 2	Aaron, seine Söhne, alle Israeliten
18,2	Israeliten
19,2	Ganze Gemeinde der Israeliten
20,2	Israeliten
21,1	Priester, die Söhne Aarons
21,16	Aaron
22,2	Aaron und seine Söhne
22,18	keine Adressatenangabe[24]
22,26	Aaron, seine Söhne, alle Israeliten
23,2	Israeliten
23,10	Israeliten
23,24	Israeliten
25,1	Israeliten

Gemäß dieser Aufstellung ergibt sich von den Redeeinleitungen her folgende Struktur: Lev 17-22 stellt sich als enger zusammengehöriger Textbereich dar, da in Lev 17,2; 22,18 jeweils Aaron, dessen Söhne sowie „alle Israeliten" als Adressaten genannt werden[25]. Alle folgenden Redeeinleitungen nennen hingegen pau-

21 Vgl. Forschungsüberblick auf S. 9-15.

22 Eine Ausnahme bildet der „hagaddische" Abschnitt 24,10-23.

23 Die Idee, bei der Analyse der Struktur von Lev 17ff. von den Einleitungsformeln auszugehen, haben wir von Ruwe, 1999, 57-64, übernommen. Einen prinzipiell anderen Lösungsvorschlag bietet Blenkinsopp, 1992, S. 224, indem er von den Schlussparänesen der einzelnen Kapitel ausgeht. Weise ein Kapitel eine solche Paränese auf, so ende damit ein größerer Abschnitt. Dieser Vorschlag erscheint uns jedoch weniger einleuchtend, zumal Otto, 1994, 237-240, gezeigt hat, dass die Paränesen in Lev 18-26 in einem kompositorischen Zusammenhang stehen.

24 Wahrscheinlich ist an dieselben Adressaten wie in 22,18 gedacht.

25 Auch in 21,14 werden die „Israeliten" als Adressaten genannt. Jedoch handelt es sich hierbei nicht um eine Redeeinleitung, sondern um einen Ausführungsbericht.

schal nur die Israeliten. Dieser formalen Beobachtung entspricht, dass in Lev 23-25 kalendarische Vorschriften im Vordergrund stehen[26], während gerade solche Anweisungen in Lev 17-22 nur am Rande auftreten[27]. Von daher erklärt sich auch die Paränese 22,31-33 als Abschluss dieses Textbereiches[28]. Somit erscheinen die Zitate von Gottesreden Lev 17,2-16; 22,18-25.26-33 als eine Art Rahmen um Lev 18,1-22,17. Innerhalb dieses Bereiches finden sich zwei enger zusammengehörige Redegruppen, nämlich die drei an alle Israeliten gerichteten Gottesreden (Lev 18-20) und die ebenfalls drei speziell an die Priester gerichteten Reden 21,1-22,17.

8.2.2. Lev 20 als Teil der Komposition Lev 18-20

Lev 18-20 stellen also eine enger zusammengehörige Gruppe von Gottesreden dar. Dies wurde auf synchroner Ebene bereits häufig angenommen[29]. Trifft dies zu, dann ist Lev 20 als Teil von Lev 18-20 zu interpretieren. Dementsprechend werden wir im Folgendem versuchen, eine, wenn auch nur grobe, Struktur der drei Kapitel als Elemente einer zusammenhängenden Komposition zu entwikkeln. Da das Schwergewicht unserer Untersuchung auf Lev 20 liegt, werden wir dabei nur die wichtigsten, für das Verständnis von Lev 20 unerlässlichen Zusammenhänge darstellen.

---

[26] Festkalender Lev 23; Brachjahr 25,2-7; Jobel-Jahr 25,8-24 sowie Vorschriften über die Behandlung von Sklaven, bei der die Zeit ebenfalls eine wichtige Rolle spielt (25,39-43.44-46.). Auch Wagner, 1974, S. 314f., kommt allein aufgrund der inhaltlichen Beobachtungen dazu, Lev 23ff. als relativ enger zusammengehörig aufzufassen.

[27] Sabbat 19,3.30, Verbot der Nachlese 19,9-10; Vorschriften bezüglich der Erstlingsfrüchte eines Baumes 19,23-25.

[28] Bereits im vorangehenden Abschnitt haben wir u. a. aufgrund der Beobachtung, dass mit Lev 22 die von Lev 11 an zu beobachtende Thematik des Umganges mit der Unreinheit endet, eine größere Zäsur zwischen Lev 22 und Lev 23 angenommen. Diese Annahme wird durch die hier vorgetragenen Beobachtungen erneut bestätigt und ausgebaut.

[29] So behandelt Heinisch, 1935, S. 84, diese Kapitel unter der Gesamtüberschrift „Anleitung zu einem sittlich-religiösen Leben Kap. 18-20." Ebenso sieht Gerstenberger 1993, 224, Lev 18-20, in seiner jetzigen Gestalt als kohärenten Abschnitt und gibt diesem die Überschrift „Lebensregeln (Lev 18-20)". Ausgehend von seiner Theorie des Todesrechts will Schulz, 1969, S. 155ff., diese Kapitel sogar als „Formular eines kultischen Gerichtsverfahrens" interpretieren. Otto, 1994a, S. 242; 1999, S. 151, fasst die drei Kapitel unter dem Begriff „Laienordnung" zusammen.

8.2.2.1. Die Struktur von Lev 18

Die Struktur von Lev 18 wird durch eine spezifische Form zusammengesetzter Nominalsätze bestimmt, die uns zunächst im Mittelabschnitt Lev 18,6-23 begegnen. Als Beispiel kann uns Lev 18,8a dienen:

לא תגלה	ערות אשת־אביו
Rhema	Thema
ẖabar-Prädikat	mubtada-Subjekt
semantisches Prädikat	semantisches Subjekt

Die Scham der Frau deines Vaters: Du sollst sie nicht enthüllen.

Diese grammatikalische Interpretation kann auch bei etwas abweichenden Satzfügungen, so in V.9.10.11, durchgehalten werden[30]:

A ערות בת־אשת אביך מולדת אביך
B אחותך הוא
C לא תגלה ערותה

Richter und sein Schüler Gross interpretieren hingegen das erste Glied dieser Fügung [A] als Pendens und können so die ganze Satzfügung als Pendenskonstruktion verstehen, wobei das zweite Glied [B] eine Parenthese darstelle und das dritte Glied [C] den eigentlichen Satzkern[31]. Jedoch erscheint es uns (abgesehen davon, dass wir die Möglichkeit, bestimmte grammatische Erscheinungen als Pendenskonstruktionen zu beschreiben, prinzipiell ablehnen) angemessen, die stereotypen Wendungen in Lev 18,7-17 grammatisch einheitlich zu erklären, anstatt auf verschiedenartige grammatische Erklärungskonstrukte zurückzugreifen. Gerade der in diesen Satzfügungen zu beobachtende Rückverweis auf das vorangestellte mubtada-Subjekt, welcher Richter und seine Schule zu dieser Interpretation zwang, ist eine häufige Erscheinung im zusammengesetzten Nominalsatz. Auch wir sprechen hier im vorliegenden Beispielssatz allerdings mit Gross (und Richter) im Falle des Gliedes [B] von einer Parenthese. Diese syntaktische Struktur hat eine gewichtige Konsequenz in Bezug auf die Semantik: Durch die Voranstellung wird das mubtada betont: Nicht die durch das ẖabar ausgedrückte Handlung ist generell verboten, sondern diese Handlung ist nur dann verboten, wenn sie sich auf das im mubtada genannte Objekt bezieht[32]. Diese Satzstruktur ist im Bereich von V. 6-23 regelmäßig anzutreffen

30 Als Beispiel dient uns hier die Sequenz V.11.

31 Gross, 1987, S. 28; Richter BH^t Bd. 2, 1991, S. 532.

32 Eine deutliche Bestätigung für diese grammatikalische Beobachtung liefert z. B. Gen 2,16f.: ומעץ הדעת טוב ורע לא תאכל ממנו מכל עץ־הגן אכל תאכל von allen Bäumen darf Adam essen, nur

und hat von daher zunächst für diesen Abschnitt strukturbildende Funktion. Es entsteht ein Katalog von verbotenen Handlungen. An diese zusammengesetzten Nominalsätze sind hier häufig weitere Sätze angeschlossen, die durch anaphorische Elemente auf den jeweilig einleitenden Nominalsatz zurückverweisen. Somit entstehen kleine, in sich geschlossene und aus sich selbst heraus verständliche Einheiten[33]. Auch hier können wir von Sequenzen sprechen. Zum Teil wird das durch den einleitenden, invertierten Prohibitiv ausgedrückte Verbot innerhalb dieser Sequenzen durch eine Art von konstatierenden Wendungen begründet. Dabei sind auf semantischer Ebene zwei Arten zu unterscheiden: So erfolgt die Begründung in vier Fällen einfach dadurch, dass der jeweilige Verwandtschaftsgrad konstatierend genannt wird: So z. B. V.7bα אמך הוא[34] oder z. B. B V.16b ערות אחיך הוא[35] oder z. B. V.12b אהותך היא[36]. Daneben wird an zwei Stellen durch eine deklaratorische Formel die vorangegangene Handlung als Unreinheit qualifiziert[37]. Ein weiterer Satztyp innerhalb dieser Sequenzen ist ein nicht invertierter Prohibitiv, der noch einmal das einleitende Verbot wiederholt und intensiviert, indem er davor warnt, die Scham der betreffenden Frau(en) zu entblößen[38]. Neben diesen Sequenzen finden sich im Abschnitt V.6-23 weitere Satztypen, die nicht ganz diesem Schema entsprechen, sich aber dennoch auf der Wort- und Satzebene in diese Reihe einfügen und letztlich als Modifikation der Sequenzen angesehen werden können. Thematisch geht es in diesen Reihen vor allem um Sexualität, daneben um Molechdienst (V.21). Beides konnte vom biblischen Rezipienten einem Sachbereich, nämlich der Unreinheit, zugeordnet werden. So bilden diese Reihen einen Katalog von verbotenen Handlungen, die ihren Täter unrein machen.

Jedoch ist diese Struktur des zusammengesetzten Nominalsatzes nicht auf diesen Katalog beschränkt. Vielmehr begegnet uns die gleiche syntaktische Struktur in Lev 18,3ab: Als mubtada sind כמעשה ארץ־מצרים (3a) bzw. כמעשה ארץ־כנען (3b) vorangestellt. Beide Sätze werden durch das ẖabar לא תעשו erläutert[39]. Somit besteht eine parallele Struktur beider Sätze zu den einleitenden Nominalsätzen des Kataloges V.6-23. Aufgrund der strukturellen Parallelität ist anzunehmen, dass die nach dem Katalog V.6-23 verunreinigenden Handlungen mit den Bräuchen der Länder Ägypten und Kanaan identisch sein sollen. Diese Bräuche stehen ihrerseits wiederum in betontem Gegensatz zu den Weisungen

von einem ganz bestimmten Baum nicht, nämlich vom Baum der Erkenntnis. D. h. nicht das Essen als solches wird Adam untersagt, sondern nur das Essen ganz bestimmter Früchte.

33 V.7.8.10.12.13.14.15.16.17b.22.23.

34 7bα.11aβ.14bβ.15bα.

35 So auch 8b.10b.16b.

36 12b. 13b. 17bγ.

37 זמה הוא (18bβ) sowie תבל הוא (23b).

38 9b.10aβ.11aβ.15bβ.

39 Die beiden den jeweiligen mubtada angeschlossenen mit אשר eingeleiteten Attributivsätze brauchen wir hier nicht zu berücksichtigen.

JHWHs (V.4.5). Auch der paränetische Abschnitt Lev 18,24-30 ist auf diesen Katalog bezogen. Mit allen diesen Bräuchen sollen sich die Adressaten, d. h. die Israeliten, nicht verunreinigen (V.24a). Die Warnung vor solcher Verunreinigung wie die Darstellung der daraus erwachsenden Konsequenzen ist Gegenstand dieses letzten Abschnittes. Somit ist die Struktur von Lev 18 durch die Warnung vor den Bräuchen der Ägypter und Kanaanäer und deren Opposition, nämlich der Aufforderung zum Halten der Gebote JHWHs, bestimmt.

Dabei bestehen Beziehungen zwischen dem ersten und zweiten paränetischen Abschnitt: Spricht V.3 explizit von Ägypten und Kanaan so ist im zweiten Abschnitt von den Völkern (הגוים V.24bα bzw. הגוי V.28b) die Rede. Dabei wird im ersten Abschnitt die zu beobachtende Warnung vor dem Tun der Bräuche der Länder Ägypten und Kanaan (V.3) mit der Warnung vor Verunreinigung (V.24bα30aβ sowie הַתּועבת in V.26aβ.30aα) interpretiert. In beiden Abschnitten wird dies dem Halten der Gebote JHWHs gegenübergestellt (V.4a.5a.26aα.30aα). Schließlich ist auf das Vorkommen der Wendung (אלהיכם) אני יהוה in V.2b.4b.(5b)[40].30b zu verweisen, welche alle die in diesem Text enthaltenen Forderungen mit dem Hinweis auf den Alleinverehrungsanspruch des Gottes Israels begründet.

8.2.2.2. Struktur von Lev 19

In der zweiten Gottesrede dieser Komposition werden einzelne Gebote oder Gruppen von Ge- und Verboten durch die Ich-JHWH-Formel begründend ausgeleitet[41]. Wenn wir davon die beiden als formelhafte, paränetische Wendungen erkannten Gebote, nämlich die Aufforderung zur Heiligkeit[42] und die zum Halten der Gebote JHWHs[43], abziehen, so ergeben sich zunächst dreizehn derartige kleinerer Abschnitte im Gesamttext[44]. Diese Paragraphen kann man in einen Forderungsteil (=das jeweilige Gebot, Verbot oder eine Gruppe von solchen Geboten) und einen Begründungsteil (=Ich-JHWH-Formel) aufteilen. Diese Struktur lässt sich nun auch auf die formelhafte Aufforderung zur Heiligkeit der Israeliten (V.2) übertragen. Hier stellt die Aufforderung zum Halten der Gebote JHWHs den Forderungsteil dar. Dieser wird damit begründet, dass JHWH selbst heilig ist[45]. Dabei hört der Rezipient die Wortfolge der Ich-JHWH-Formel. Die so gestaltete Formel ist das Erste, was Mose in der Gottesrede den Israeliten mitteilen soll: „Heilig sollt ihr sein; denn heilig bin ich, JHWH, euer

---

40 Nur in V. 5b findet sich die Konstante allein und ohne die Variable אלהיכם.

41 So auch Zimmerli, 1953, S. 13; Jagersma, 1972, S. 42; Kilian, 1963, S. 63f.; Reventlow, 1961, S. 67; Ruwe 1999, S. 71-74.

42 V.2.

43 V.37a.

44 V. 3.4.5-10.11-12.13-14.15-16.17-18.19aβ-25.26-28.29-30.31.33-34.35-36.

45 Zur grammatischen Analyse vgl. wen oder was?

Gott." Unter diesem Motto soll der Rezipient alles nun Folgende verstehen, so dass wir diese formelhafte Aufforderung als Überschrift auffassen können. In dieser Überschrift wird die Begründung noch um die Aussage von JHWHs Heiligkeit ergänzt. Ist diese Eigenschaft JHWHs jedoch erst einmal an so exponierter Stelle wie einer Überschrift genannt, so ist sie dem Rezipienten auch bei Wiederholungen der Formel bewusst, ohne dass diese Eigenschaft noch einmal expressis verbis genannt werden müsste. Somit hört der Rezipient in jeder dieser Begründungen auch die Aussage von der Heiligkeit JHWHs mit. Der Ich-JHWH-Formel kommt, wie gerade gezeigt, in Lev 19 die Funktion eines entscheidenden Gliederungsmerkmales zu: Die einzelnen Paragraphen werden durch diese Formel begründend ausgeleitet[46]. Somit entspricht diese Überschrift ganz der Struktur jedes dieser Paragraphen: Eine oder mehrere Forderungen (=Ge- oder Verbot) werden durch die Ich-JHWH-Formel ausgeleitet. Dies ist das wichtigste Strukturprinzip von Lev 19. Bei dieser Gottesrede handelt es sich also um eine Aneinanderreihung von Paragraphen, die jeweils durch die Verbindung von Forderung und nachfolgender, abschließend begründender Ich-JHWH-Formel charakterisiert sind. Das zweite wichtige Strukturelement ist das zweimalige Vorkommen der formelhaften Aufforderung zum Halten der Gebote JHWHs: „Meine Satzungen sollt ihr halten." (19aα) „Und haltet meine Satzungen und Gebote und tut sie, ich bin JHWH." (37aβ) Beide Male wird durch diese Wendung ein Abschnitt der Paragraphenkette zusammenfassend abgeschlossen: Die jeweils vorangehenden Paragraphen konkretisieren das, was durch die formelhafte Aufforderung zum Halten der Gebote JHWHs noch einmal abstrakt ausgedrückt wird. Somit wird der Gesamttext von Lev 19 in zwei Abschnitte eingeteilt, nämlich V.2aβ-19aα und V.19aβ-37[47]. Die einzelnen, durch die Ich-JHWH-Formel ausgeleiteten Paragraphen weisen aufgrund der Verwendung unterschiedlicher Stilsorten und Behandlung unterschiedlicher Themata differenzierte Grade von Kohärenz auf[48]. So ergeben sich zunächst im ersten Teil von Lev 19 mit Hilfe des Gliederungsmerkmales der Ich-JHWH-Formel sieben Paragraphen[49]. Dabei heben sich V.5-8.9f. aufgrund ihres „kasuistischen" Stils von dem sie umgebenden „apodiktisch" formulierten Kontext deutlich ab. Auch bilden die Abschnitte V.11-18 wiederum eine geschlossene Komposition[50]: Die einzelnen Paragraphen bilden dort Strophen, die jeweils mit der Ich-JHWH-Formel abgeschlossen werden. Dabei ist Crüsemann zu folgen, der richtig erkannt hat, dass es sich bei den meisten Vorschriften um Verbote

[46] Ähnlich sieht auch Wenham, 1979, S. 263, in dieser Formel ein Gliederungsmerkmal.

[47] Auch Elliger, 1966, S. 244, kommt zu derselben Einteilung. Dabei habe der erste Teil vorwiegend ethischen (S. 256), der andere hauptsächlich kultischen Inhalt (S. 259).

[48] Zu den verschiedenen Möglichkeiten der Abstufung von Kohärenzgraden und der daraus möglichen Gliederung von Texten vgl. Berger, 1991, S. 12-27.

[49] V. 3.4.5-10.11f.13f.15f.17f.

[50] Die engere Zusammengehörigkeit dieser Verse haben bereits Elliger, 1966, S. 247, und Cholewinski, 1976, S. 44-47, Crüsemann, 1992, S. 375-377 sowie Mathys, 1983, S. 58, erkannt.

handelt, während lediglich die zweite und dritte Strophe je eine, die vierte Strophe zwei positive Formulierungen haben. In der jetzigen Komposition zielen aber nicht nur, wie Crüsemann annimmt, die Gebote dieser Paragraphen[51], sondern darüber hinaus letztendlich der gesamte erste Abschnitt auf das Gebot der Nächstenliebe.

Der zweite Abschnitt von Lev 19 umfasst abzüglich der Schlussformulierung in V.37 sechs Paragraphen, die jeweils durch die Ich-JHWH-Formel ausgeleitet werden[52]. Diese können ihrerseits wiederum in drei Unterabschnitten zusammengefasst werden: Nach dem Abschnitt V.19-25 folgt ein Abschnitt, der sich mit Kultpraktiken beschäftigt (V.26-31), und ein weiterer, bei dem es um sozialethische Weisungen geht (V.32-36). Der innere Zusammenhang zwischen Gebot und Begründung wird noch einmal im Zusammenhang der sozialethischen Weisungen deutlich: Das dem Verbot, den Fremden zu bedrücken, korrespondierende Gebot, ihn zu lieben, wird damit begründet, dass die Israeliten selbst Fremde in Ägypten gewesen seien. Daraufhin erfolgt die begründende Ausleitung: אני יהוה אלהיכם (V.34). Dieses Motiv wird in V.36 mit der um die Aussage von der Herausführung aus Ägypten erweiterten Ich-JHWH-Formel weitergeführt: אני יהוה אלהיכם אשר הוצאתי אתכם מארץ מצרים. Damit ist ein wichtiger Begründungszusammenhang für die sozialen Gebote gegeben: Die Israeliten dürfen die Fremden als die exemplarischen Schwachen nicht bedrücken, da sie selbst als Fremde in Ägypten bedrängt waren, aber von JHWH befreit wurden[53].
Unsere Sicht der Struktur und der Grundaussage von Lev 19 lässt sich zusammenfassend also folgendermaßen darstellen:
a) Grundelement der Struktur von Lev 19 sind bestimmte, durch die Abfolge von vorauslaufendem Forderungsteil und nachfolgender Ich-JHWH-Formel charakterisierte Paragraphen.

Forderung + Ich-JHWH-Formel

b) Bereits die Überschrift Lev 19,2 lässt dieses Schema anklingen:

Seid heilig;	*denn heilig bin ich,*	*JHWH, euer Gott*
Forderung +	Begründung durch Heiligkeit JHWHs +	appositionelle Erweiterung

Diesem Schema entsprechen auch sämtliche nachfolgenden Paragraphen: Dabei sind die konkreten Forderungen Explikationen der Forderung aus 19,2 „Seid heilig". D. h. z. B. die Forderung „Ihr werdet nicht stehlen ..." (V.11aα) ist Konkretisierung dieser Heiligkeitsforderung.

51 So Crüsemann, 1992, S. 375-377.

52 V.19-25.26-28.29-30.31.32-34.35-36.

53 Crüsemann, 1990, S. 117-129, betont, dass die priesterschriftliche Theologie im Exodus die eigentliche Heiligung Israels durch JHWH gesehen habe.

c) In Lev 19 finden sich dreizehn solcher „konkreten" Paragraphen. Durch die zweimalige Unterschrift in Form der formelhaften Aufforderung zum Halten der Gebote JHWHs (V.19aα.37a) werden diese in Gruppen von einmal sieben und einmal sechs Paragraphen eingeteilt (V.3-18.19aβ-36). So kommt zum Ausdruck, dass jede dieser „konkreten" Forderungen eine Manifestation der gesamten Gebote JHWHs darstellt. Die Forderung „Ihr werdet nicht stehlen" ist also eine Manifestation aller Gebote JHWHs. Somit fällt das Halten der Gebote JHWHs zusammen mit der in Lev 19,2 geforderten Heiligkeit der Israeliten: Jedes Befolgen der Forderungen ist Ausdruck der Heiligkeit der Israeliten.

8.2.2.3. Lev 18-20 als planvolle Komposition

So haben die Gottesreden Lev 18; 19; 20 ihr je eigenes, charakteristisches Profil. Zugleich ergeben sie in ihrem kanonischen Zusammenhang, worauf ja bereits die Strukturierung des Abschnittes Lev 17-22 durch die einzelnen Überschriften hinwies, eine planvoll aufgebaute Komposition. Dabei stellt Lev 18, 2-5 deren programmatische Einleitung dar[54].

2c	Nur ich bin JHWH, euer Gott.
3a	Gleich dem Treiben des Landes Ägypten,
3aR	wo ihr gewohnt habt,
3a	werdet ihr nicht handeln.
3b	Und gleich dem Treiben des Landes Kanaan,
3bR	wohin ich euch führen werde,
3b	werdet ihr nicht handeln.
3c	In ihren Satzungen werdet ihr nicht wandeln.
4a	Meine Rechtssätze werdet ihr befolgen.
4b	Und meine Satzungen werdet ihr beachten,
4bI	um in ihnen zu wandeln.
4c	Nur ich bin JHWH, euer Gott.
5a	Und ihr werdet meine Satzungen und meine Rechtssätze beachten.
5b	Denn wenn sie der Mensch tut,
5c	so wird er leben in ihnen.
5d	Nur ich bin JHWH.

Deutlich ist die Gliederung des Ganzen: Die Formel אני יהוה אלהיכם (2c) hebt sich blockartig aus dem Kontext heraus und stellt eine Art Überschrift dar[55]. Wie wir bereits gezeigt haben, verweist diese Wendung auf die Sonderbeziehung zwischen JHWH und Israel. Diese Thematik wird in den darauf folgenden Sätzen 3a-5c entfaltet. Dabei sind aufgrund ihrer Kohärenz zunächst die Sätze 3a-c

---

54 Wir haben hier Lev 18,2-5 in Einzelsätze gegliedert und übersetzt. Dabei konnten wir trotz gravierend verschiedener grammatischer Grundvoraussetzung der Satzeinteilung Richters, BH^t 2, S. 530-532, folgen.

55 Vgl. zur Überschrift Berger, 1991, S. 24.

als ein Block anzusehen. So handelt es sich bei 3ab um zwei fast parallele Satzfügungen sowohl auf syntaktischer als auch auf lexikalischer Ebene. Nach ihrem Satzbauplan stellen sie zusammengesetzte Nominalsätze in der speziellen Ausprägung der invertierten Prohibitive dar. Zwischen das (syntaktische) mubtada-Subjekt und das ẖabar-Prädikat ist ein Attributsatz geschoben.

3a	ישבתם־בה	מצרים	
לא תעשו +	+	אשר	כמעשה ארץ +
3b	אני מביא אתכם שמה	כנען	
ẖabar -Prädikat =semantisches Subjekt	Attributsatz	mubtada-Subjekt =semantisches Objekt	

Diesem syntaktisch semantischen Aufbau als invertiertem Prohibitivsatz entspricht schließlich auch Satz 3c. Jedoch findet sich hier kein Einschub eines Attributsatzes zwischen mubtada-Subjekt und ẖabar-Prädikat.

לא תגלה	ערות ...
ẖabar-Prädikat semantisches Prädikat	mubtada-Subjekt semantisches Objekt

Die Sätze 3bc sind jeweils durch ו-copulativum miteinander verbunden. Zu diesen Sätzen steht 4a-c in Opposition, so dass 3a-c als zusammengehöriger Block aufzufassen ist. Folgerichtig ist 4a nicht mit ו an den vorhergehenden Satz angeschlossen, wohl aber wiederum 4b an 4a. Ging es in 3c um „ihre" Satzungen, d. h. die Satzungen Ägyptens und Kanaans, so geht es in 4ab um „meine" Rechtssätze, d. h. die Rechtssätze JHWHs. Nach dem Satzbauplan von 4ab handelt es sich bei diesen beiden Sätzen ebenfalls um zusammengesetzte Nominalsätze mit vorausgestelltem semantischem Subjekt, nicht jedoch, wie Satz 3a-c, um deren Spezialfall des invertierten Prohibitivs. Zwar ist die Ich-JHWH-Formel nicht mit ו-copulativum an den vorangehenden Satz angeschlossen, bildet aber dennoch zusammen mit 4ab einen Block und leitet diesen aus. Dieses Verständnis wird dadurch gestützt, dass der letzte Block 5a-d eindeutig ebenfalls von der Ich-JHWH-Formel ausgeleitet wird. Dieser Block III wird mit ו-copulativum an den vorhergehenden Block angeschlossen, was anzeigt, dass dieser Block den Gedanken von Block II (4a-c) fortführt. Die Kohärenz dieses Abschnittes ergibt sich daraus, dass das Objekt von 5a ואתחקתי ואת־משפטי in 5bc pronominal weitergeführt wird und das Subjekt von 5b dasselbe ist wie das in 5c. Auch dieser Block wird mit der Ich-JHWH-Formel begründend ausgeleitet. So ist Lev 18,2-5 in drei Blöcke zu gliedern, welche die Überschrift 2b entfalten: Block I umfasst 3a-c und handelt von der Abgrenzung vom Tun Ägyptens und

Kanaans. Block II umfasst 4a-c und fordert zum Befolgen der Gebote JHWHs an deren Stelle auf. Block III (5a-d) führt den Gedanken von Block II fort und verheißt demjenigen das Leben, der die Gebote JHWHs befolgt.

Hat dieser Abschnitt zunächst die Funktion, Lev 18 einzuleiten und zusammen mit Lev 18,24-30 den Mittelabschnitt dieser Gottesrede zu rahmen, so stellt er zugleich die Einleitung der gesamten Komposition Lev 18-20 dar, indem er die Thematik der einzelnen dort vorkommenden Gottesreden bereits thesenhaft vorwegnimmt[56]. So entspricht die syntaktische Struktur der in Block I enthaltenen Sätze der Struktur der sequenzbildenden Sätze im Mittelabschnitt von Lev 18. In beiden Fällen handelt es sich um invertierte Prohibitive mit vorangestelltem semantischem Objekt. So sind die in diesem Abschnitt vorkommenden Handlungen gleichzusetzen mit dem Tun der Länder Ägypten und Kanaan, welche nach 18,24-30 die Unreinheit ihres Täters verursachen. Block I ist also auf Lev 18 zu beziehen. Block II fordert zum Halten der Gebote JHWHs auf und wird durch die Ich-JHWH-Formel ausgeleitet. Dem entspricht die Struktur von Lev 19, wo das Halten der Gebote JHWHs mit der Verwirklichung der Heiligkeitsforderung gleichgesetzt wird. Folglich ist dieser Block auf Lev 19 zu beziehen. Schließlich verheißt Block III jedem einzelnen, der die Gebote JHWHs beachtet, das Leben. Dem entspricht, wenn auch nur komplementär, Lev 20: Derjenige, der die Gebote der anderen Völker befolgt, fällt der Annihilisation anheim[57]. Wie in Lev 18,5, so ist es auch in Lev 20 jeweils der Einzelne, dem aufgrund seines Nichtbeachtens der Gebote JHWHs die Todessanktion angekündigt wird. Dieser programmatischen Einleitung Lev 18,2-5 folgt ein Katalog invertierter Prohibitivsätze von Handlungen, die Israel nicht tun soll (V.6-23). Auf diese Handlungen wird zu Beginn der zweiten Paränese 18,24-30 zurückverwiesen:

Verunreinigt euch nicht mit alledem;
denn mit alledem haben sich verunreinigt die Völker.

Leitwurzel dieses Abschnittes ist טמא[58]. Dazu kommt als weiterer Unreinheitsausdruck תועבה[59]. Die Warnung vor der Verunreinigung Israels in Form solcher Völker legt sich wie ein Ring um die ganze Paränese (טמא im tD-Stamm 24a.30a β). Diese Verunreinigung durch die Greuel der Völker verunreinigt gleichzeitig

[56] Otto, 1994, 237-239, sieht in Lev 18,2-5 ebenfalls ein über Lev 18 hinausgreifendes Element. Allerdings setzt er lediglich die Paränesen zueinander in Beziehung, ohne den Zusammenhang mit dem übrigen Text anzusprechen.

[57] Ebenso bringen die Völker, die nicht den Geboten JHWHs folgen, sich um ihr Leben (vgl. Lev 18, 24f.). Wenn aber jemand aufgrund seines Handelns nicht zur Gemeinde der JHWH-Verehrer gehört, so gehört er nach archaischem Verständnis zu eben *den* Völkern. Man gehört also entweder zum Volk JHWHs oder zu den anderen Völkern.

[58] טמא D-Stamm/akt. 28aβ; G-Stamm 25aα.27b; tD-Stamm 24a.30aβ; N-Stamm 24bα.

[59] 26aβ.27aα.29aβ.30aα; vgl. auch עון 25aβ.

das Land, was dann zum Ausspeien seiner Bewohner führt (V.25.28). Dabei erscheint das Land (wie übrigens auch Ägypten und Kanaan in V.3) als personale Größe[60]. Israel soll sich an die Gebote JHWHs halten. Diese Aufforderung wird mit der formelhaften Aufforderung zum Halten der Gebote JHWHs ausgedrückt. Von daher erscheint Lev 18,24-30 auch als Fortschreibung von 18,2-5. Die in 18,2-5 gebotene Abgrenzung der Israeliten vom Verhalten der Völker wird als Meidung von Unreinheit interpretiert. Der Verheißung von Leben im Falle des Haltens der Gebote JHWHs wird die כרת-Formel für den Fall der Verunreinigung gegenübergestellt (18,29). Schließlich wird die ganze Gottesrede mit der Ich-JHWH-Formel begründend ausgeleitet, so dass in dieser die Wendung אני יהוה אלהיכם das Erste und Letzte ist, was Mose den Israeliten ausrichten soll.

Ebenso wie in Lev 18 diese Wendung das Erste ist, was Mose den Israeliten sagen soll, so ist der Beginn der Gottesrede Lev 19 ebenfalls durch eine formelhafte Wendung geprägt, nämlich durch die Aufforderung zur Heiligkeit. Von daher wird das Wortfeld „heilig" an exponierter Stelle neu in die Komposition Lev 18-20 eingeführt. Wir haben u. a. in der Strukturanalyse der Gottesrede Lev 19 gezeigt, dass die Heiligung der Israeliten mit der ausschließlichen Beachtung der Gebote JHWHs gleichzusetzen ist. Israel ist also dann ein heiliges Volk, wenn es sich innerhalb desjenigen Handlungsbereiches bewährt, den JHWH ihm durch seine Gebote vorgegeben hat. Von daher geht es hier nicht nur um eine negative Abgrenzung von den Verhaltensnormen der anderen Völker, sondern vielmehr auch um positives Tun wie Ehrfurcht vor den Eltern (Lev 19,3) und Einhaltung des Sabbats (Lev 19,3.30). Beide Teile von Lev 19 schließen mit einer kurzen Gebotsparänese (19,19a.37) ab, welche beide aus der formelhaften Aufforderung zum Halten der Gebote JHWHs bestehen. Zu dieser tritt in Lev 19,37 die Konstante der Ich-JHWH-Formel. Damit steht besonders die zweite Paränese den Formulierungen in den beiden Paränesen von Lev 18 nahe.

Die Gottesrede Lev 20 beginnt nicht wie die beiden vorangegangenen Gottesreden mit einer paränetischen Einleitung, sondern mit einem Sequenzabschnitt, der konkrete Gebote bezüglich der Afterkulte enthält (20,2b-6c). Jedoch weist die erste Sequenz (Satz 2b-5b) deutlich paränetische Züge auf. Dies ist besonders bei dem als Zentrum der Sequenz erkannten Satz 3c der Fall. Bei dieser Sequenz handelt es sich um einen Präzedenzfall, dessen inhaltliche Applikation auf die übrigen Sequenzen dem Rezipienten überlassen bleibt. Dabei deckt 3c die eigentliche Tiefendimension des verunreinigenden Handelns auf: Verunreinigung des Heiligtums JHWHs und Entweihung seines heiligen Namens. Wenn man also vorsätzlich Handlungen tut, die ihren Täter verunreinigen, obgleich man für JHWH rein sein soll, bedeutet dies, dass man zu Tode

60 So bemerkt Elliger, 1966, S. 242, „... ist das Land nicht Wechselbegriff für Volk, sondern in poetisierender Predigtsprache das Wesen, das sich die Verunreinigung nicht gefallen läßt und auf Jahwes Geheiß seine Bewohner ‚ausspeit'".

kommt, denn man hat damit JHWHs Heiligkeit verunreinigt und seinen heiligen Namen profanisiert.

Daher werden die Themen von Lev 18 noch einmal aufgegriffen, hier allerdings immer im Tat-Tatfolgeschema der möglichen Welten, wie sie die für Lev 20 charakteristischen Sequenzen bieten. Tatfolge ist stets die Annihilisation des Täters. Eine Möglichkeit der Restitution seiner Reinheit kommt nicht in den Blick. Wie Otto richtig erkannt hat, werden die Themen der beiden Paränesen aus Lev 18 im paränetischen Schlussabschnitt Lev 20,22-26 wieder aufgenommen[61]. Vor dem Hintergrund unserer literaturwissenschaftlichen Deskription des Textes Lev 20 können wir Ottos Beobachtungen ergänzen und z. T. präzisieren: Die mit dem Motiv des ausspeienden Landes verbundene Warnung vor den Geboten der anderen Völker (18,24-30) wird in Lev 20,22a-24d wieder aufgenommen: Deutlich wird dies vor allem bei Satz 22c, wo die Wurzel קיא aus Lev 18,25.28 vorkommt[62]. Satz 22c wiederholt dabei 18,28 fast wörtlich. Israel soll sich nicht verunreinigen, damit es nicht ausgespieen wird.

Die Sätze 25a-26c sprechen von den Konsequenzen für Israel aus der Zuwendung JHWHs, welche in der von Israel geforderten Bewahrung der Heiligkeit besteht. Dieser Unterabschnitt nimmt das Motiv der Abgrenzung aus 18,2-5 auf. Auch diese Komposition beginnt mit der Wendung אני יהוה אלהיכם. Ging es in Lev 18,2-5 um Abgrenzung von den Völkern durch ausschließliches Befolgen der Gebote JHWHs, so wird hier die Abgrenzung mittels der Heiligkeitsterminologie interpretiert und zu einer neuen Spitzenaussage geführt. JHWH selbst hat Israel von den Völkern unterschieden, und deshalb sind die Israeliten ihm heilig. Somit führt uns der Schluss von Lev 20 einen weiteren Aspekt vor Augen: Israel ist heilig, da JHWH es von den Völkern ausgesondert hat, damit es ihm gehört. Ging es also in Lev 18,2-5 um die von JHWH verlangte Selbstabgrenzung Israels von den Völkern, so geht es in Lev 20,24d-26c um deren inneren Grund, der, wie wir schon sahen, in der bereits geschehenen Aussonderung Israels durch JHWH liegt.

Nach diesen Überlegungen gelangen wir an das Ziel dieses Abschnittes unserer Untersuchung, nämlich zu der Hypothese über den inhaltlichen Zusammenhang der drei Gottesreden: In der vorliegenden, kanonischen Abfolge der drei Gottesreden Lev 18; 19 und 20 erkennen wir einen stufenweisen Aufbau: Jede dieser drei Gottesreden stellt dabei eine Stufe dar:

1.) Allein JHWH ist Gott Israels. Aus dem damit ausgedrückten besonderen Gottesverhältnis erwächst für Israel die Verpflichtung, einzig und allein in dem durch die Gebote JHWHs definierten Handlungsbereich zu wandeln und sich nicht durch die Verhaltensweisen anderer Völker verunreinigen zu lassen (Lev 18).

---

61 Otto, 1994a, S. 238; vgl. auch Elliger, 1966, S. 270.

62 Dieses Verb begegnet uns nur an diesen drei Stellen innerhalb des Pentateuchs.

2.) JHWH, der alleinige Gott Israels, ist heilig. Dem soll Israel entsprechen, indem es selbst heilig ist, d.h. ausschließlich die Gebote JHWHs befolgt (Lev 19).
3.) Wer von den Israeliten und den in der Sphäre Israels lebenden Fremden (Lev 20,2b) die Heiligkeit JHWHs und die Heiligkeit Israels durch Nichtbefolgen der Gebote JHWHs entweiht und sich dementsprechend durch fremde Bräuche verunreinigt und damit nicht mehr dem heiligem Gott entsprechen kann, soll aus seinem Volk ausgerottet werden. Denn JHWH hat Israel geheiligt, indem er Israel von den Völkern ausgesondert hat, damit es ihm gehört (Lev 20).

So kann man im Großen und Ganzen die Beziehung dieser drei Kapitel folgendermaßen erklären: Die Vermeidung von Unreinheit (Lev 18) ist die Grundvoraussetzung für die in Lev 19 geforderte Heiligung und Heiligkeit der Israeliten. Die Konsequenz der Verunreinigung der Heiligkeit JHWHs und Israels, nämlich der (soziale) Tod des Betreffenden auf der einen und die eigentliche Erklärung der Heiligung Israels durch JHWH (nämlich die Aussonderung Israels durch JHWH aus den Völkern) auf der anderen Seite, folgt in Kapitel 20, das diese Komposition innerhalb des Buches Levitikus abschließt[63].

8.2.3. Lev 21-22

8.2.3.1. Die drei allein an die Priester gerichteten Gottesreden Lev 21,1-15.16-23; 22,1-16

Die drei gemäß der Adressatenangaben ihrer Beauftragungsformel allein an die Priester gerichteten Gottesreden Lev 21,1-15.16-23; 22,1-16 schließen direkt an Lev 20 an und bilden innerhalb der Komposition Lev 17-22 eine eigene Gruppe. Thematisierte Lev 18-20 das Verhältnis Israels gegenüber allen übrigen Völkern als das von JHWH als sein Eigentum geheiligte Volk und die damit verbundene Außenabgrenzung Israels, so geht es hier nun um die Bin-

[63] Daneben ist Lev 18-20 auch als Ringkomposition organisiert. Zentrum bildet Lev 19, das durch Lev 18; 20 gerahmt wird. Diese beiden Kapitel sind thematisch stark aufeinander bezogen. Dadurch wird Lev 19 als Zentrum herausgehoben, was durch die singuläre Einleitung „JHWH sprach zu Mose: Sprich zur ganzen Gemeinde der Israeliten und sage ihnen …" noch unterstrichen wird (vgl. Otto, 1999, S. 152). Ebenso sieht Douglas, 1995, S. 239-256; 1999, S. 234-240, diese Form der Komposition. Dabei erscheinen Lev 18; 20 als Kontrastmittel der schlechten Sitten der Völker, vor deren Hintergrund die Binnenethik und -identität der JHWH-Verehrer umso heller strahlt. Im Übrigen glaubt Douglas, Lev 19 als Zentrum des ganzen Buches Levitikus interpretieren zu können, was wiederum voraussetzt, dass Levitikus als *einzelnes* Buch interpretiert werden kann (dazu Rendtorff, 1996, 22-36). Dieser Problematik können wir in dieser Studie nicht nachgehen. Anzumerken ist nur, dass unsere Interpretation von Lev 18-20 als stufenweiser Gedankenfortschritt nicht mit dem Konzept der Ringkomposition im Widerspruch stehen muss. Vielmehr gibt es auch in einem solchen Ring einen Gedankenfortschritt. Die Wiederholung soll ja gerade etwas anders klingen als der Ausgangstext.

nendifferenzierung innerhalb Israels, um die Abgrenzung von Laien auf der einen und von Priestern und dem einen Hohenpriester auf der anderen Seite. Mit der Paränese 20,22a-26c und deren Spitzenaussage, dass JHWH Israel als sein Eigentumsvolk ausgesondert habe, kam die Komposition Lev 18-20 zu ihrem Höhepunkt und Abschluss[64]. Die Beobachtung, dass Lev 20,25 deutlich auf Lev 11,43-45 Bezug nimmt und von daher Lev 11-20 enger miteinander verklammert, zeigt, dass diese Kapitel makrokompositorisch in einem umfassenderen Zusammenhang stehen[65]. Mit den drei nun folgenden an die Priester gerichteten Reden verengt sich der Blick „von ganz Israel zu dem innersten Personenkreis, der Priesterschaft"[66]. Nach den bisherigen Beobachtungen haben die drei Gottesreden gegenüber Lev 11-20 eine Sonderstellung inne, die der gesellschaftlichen Sonderstellung ihrer Adressaten entspricht. Auf der anderen Seite besteht ein enger Zusammenhang zwischen Lev 18-20 und Lev 21-22. So lassen gerade die Gottesreden Lev 21,1-15; 22,1-16 die schon für Lev 18-20 beobachtete Tiefenstruktur, nämlich die Opposition Unrein-Heilig, deutlich erkennen[67]. Mit Beginn von Lev 23 verschwindet das semantische Feld „Unrein" schlagartig, jedoch ist weiterhin die Wurzel קדשׁ belegt[68]. Die in Lev 18-20 entscheidend wichtige Ich-JHWH-Formel ist in Lev 21,1-22,16 insgesamt 13-mal belegt[69], wobei aber hier eine neue Variable, nämlich das Partizip מקדשׁ in Verbindung mit einem enklitischen Personalpronomen gehäuft vorkommt[70]. In 22,9 ist zudem die Aufforderung zum Halten der Gebote belegt.

Diese Beobachtungen sind zu interpretieren: Ging es in Lev 18-22 um die Außenabgrenzung Israels von dem verunreinigenden Verhalten der Völker, die ihrerseits die Voraussetzung für die Ermöglichung der Heiligkeit Israels ist, so

---

64 Den späteren Nachtrag 20,27 berücksichtigen wir hier nicht.

65 Auf einen solchen Zusammenhang hat bereits Blum, 1990, S. 323, hingewiesen. Auch wir zeigten dies in unserer Analyse der formelhaften Aufforderung zur Heiligkeit.

66 Blum, 1990, S. 323.

67 Das Thema „kultische Unreinheit" bestimmte ja, wie wir bereits ausführten, den gesamten Textbereich Lev 11-22. Dieser war dadurch, dass an der kompositorisch exponierten Stelle Lev 11,44.45 die formelhafte Aufforderung zur Heiligkeit bereits auftrat, von vornherein unter das Vorzeichen der Heiligkeit gestellt worden. Die in Lev 11ff. geforderte kultische Reinheit ist somit als Vorbedingung für die Heiligkeit Israels zu verstehen. Die Reinheitsgesetze sind also den „Heiligkeitsgesetzen" kompositorisch bewusst vorangestellt, ist doch kultische Reinheit, wie wir in unserer semantischen Analyse gezeigt hatten, unabdingbare, aber keinesfalls hinreichende Vorbedingung für die aufgrund der Qualität Israels als von JHWH geheiligtes Volk notwendige (Selbst-)Heiligung und Heiligkeit der Israeliten. Standen also bereits die Kapitel Lev 11ff. in nuce unter dem Vorzeichen der Heiligkeit, so wird dies erst in der Komposition Lev 18-20 prägnant ausformuliert.

68 In Lev 23-25 finden sich 14 Belege für diese Wurzel, in Lev 27 noch einmal 19 Belege. Lev 27 betrachten wir jedoch als nachpriesterschriftlichen Nachtrag, und berücksichtigen den Text deshalb nicht.

69 Lev 21,8.12.15.23; 22,2.3.8.9.16.(30.31.32.33).

70 21,8.15.23; 22,9.16.(32).

geht es in den drei an die Priester gerichteten Gottesreden um die Binnenabgrenzung gemäß einer abgestuften Heiligkeit und Reinheit innerhalb Israels[71]. So wird zwischen der Heiligkeit und Reinheit der Laien und der Priester und des Hohenpriesters unterschieden. Auch wenn alle Israeliten ein heiliges Volk sind und entsprechend ihrer von JHWH herkommenden Heiligkeit sich selbst als heilig erweisen müssen, so gibt es dennoch Unterschiede. Dabei setzt die spezielle priesterliche Heiligkeit die Heiligkeit des gesamten Israels voraus und wird von dieser her abgeleitet. Deutlich wird dies besonders bei folgender Paränese bezüglich der Heiligkeitsforderung für die Priester:

„Du sollst ihn heilig halten.
Denn die Speise deines Gottes bringt er dar.
Heilig soll er dir sein.
Denn heilig bin ich, JHWH, der euch heiligt." (Lev 21,8).

Dieser Beobachtung entspricht, dass die Speisegesetze für die Priester stets ein qualitatives „Mehr" gegenüber den allgemeinen, an die Laien gerichteten Vorschriften enthalten[72]. Das Verhältnis zwischen den für die Priester geltenden Spezialgesetze ist nicht so zu verstehen, dass die Spezialvorschriften die allgemeineren, d. h. für alle Israeliten geltenden Normen verdrängen, sondern, dass das inhaltliche Mehr der Spezialnormen zu den Aussagen der für jeden Israeliten geltenden Normen hinzuzufügen ist. Wir können dies im Rahmen unserer Untersuchung nur andeuten: So handelt es sich bei den Vorschriften bezüglich des Totenkultes und der Ehe in Bezug auf einen Priester in Lev 21,1-15 um eine

---

71 An dieser Stelle sei auf die Lagerordnung in Num 1ff. verwiesen: Dort dient das Lager der Israeliten auf ihrer Wüstenwanderung als Bild für die Notwendigkeit einer je nach Abstand zum im Zentrum des Lagers befindlichen Heiligtum gestaffelten Heiligkeit (und damit auch der Reinheit). Je näher jemand diesem Heiligtum steht, desto reiner und heiliger muss er sein: So lagern die zwölf Stämme an ganz bestimmten, äußeren Teilen des Lagers (Num 2,1-34). Enger um das Heiligtum lagern die Leviten mit den zu ihnen gehörenden Priesterfamilien (Num 3-4). Wer gar unrein ist, der ist aus dem Lager auszuweisen (Num 5,1-4). Wir müssen uns an dieser Stelle auf diese wenigen Andeutungen beschränken, die aber doch in nuce zeigen, wie sich die priesterschriftliche Schule auch innerhalb Israels eine abgestufte Heiligkeit vorstellte. Je näher man dem Heiligen ist, umso mehr hat man selbst rein zu sein. Detailliert zeigt diese priesterliche Vorstellung einer abgestuften Heiligkeit die Studie von Jenson, 1992, S. 89-148, sowie Malina, 1993, S. 155-158.

72 Speisegesetze sind nach priesterschriftlicher, aber auch bereits nach deuteronomischer Ansicht (vgl. Dtn 14) sehr wichtig. Neben den allgemein als Speisegesetze wahrgenommenen Vorschriften Dtn 14; Lev 11; 20,25 sind auch diejenigen Opfergesetze als Speisegesetze zu betrachten, bei welchen ein Tier geopfert und, jedenfalls zum Teil, dann in einem Opfermahl verzehrt wird. In diesem Themenzusammenhang kommen dann auch Texte wie Gen 9,3-4; Lev 6,17-23; 7; 17; 19,5-8 in den Blick. Dabei haben alle diese Speisegesetze zugleich und vielleicht vor allem eine soziale Komponente: Denn die Möglichkeit oder Unmöglichkeit der Tischgemeinschaft bestimmt in grundsätzlicher Weise über die Zugehörigkeit oder Nichtzugehörigkeit zu einer Gruppe.

Fortführung des in Lev 18-20 Gesagten: Gehen wir aus von Lev 18,6, dem allgemeinem Verbot der sexuellen Betätigung des Mannes mit blutsverwandten Frauen (Stichwort שאר): Was unter diesem allgemeinen Verbot in concreto zu verstehen ist, wird in den nachfolgenden Sequenzen erläutert. In diesem Kapitel werden die tabuisierten Handlungen durch Prohibitive ausgedrückt. Das Überschreiten dieser Grenzen gesellschaftlichen Verhaltens wird in Lev 20 mit Sanktionen belegt. Blutsverwandtschaft ist also ein Hindernis für sexuelle Betätigung und speziell ein Ehehindernis. Für die Priester gelten diese Vorschriften selbstverständlich auch. Für sie (Lev 21,7), und noch einmal strenger für den Hohenpriester (Lev 21,14f.), gelten über diese Tabus hinaus noch weitere, strengere Regeln. So ist eine Tendenz zu einer in der Vorstellung höherer Reinheit begründeten vermehrten Wertschätzung der Unberührtheit der Frau zu beobachten: So darf der einfache Priester weder eine Prostituierte, noch eine Vergewaltigte, noch eine Geschiedene heiraten (21,7); der Hohepriester darf hingegen nur eine Jungfrau, und nur eine solche aus seinem eigenen Stamm heiraten (21,13f.). Begründet wird dies stets mit der besonderen Heiligkeit des Priesters bzw. des Hohenpriesters und seiner Nachkommen. Das Stichwort שאר (21,2) stellt einen weiteren Bezug her: War Blutsverwandtschaft für jeden Israeliten lediglich ein Hindernis sexueller Betätigung mit einer unter diese Kategorie fallenden Frau, so wird diese engste Verwandtschaftsform speziell für die Priester zu einem Ausnahmetatbestand gegenüber dem für sie geltenden generellen Verbot, eine Leiche zu berühren. Diese Tendenz zur Verschärfung setzt sich beim Hohenpriester fort: Speziell für ihn entfällt dieser begünstigende Ausnahmetatbestand. Selbst an der Leiche seines Vaters oder seiner Mutter darf er sich nicht verunreinigen (21,11). Wir sehen also, dass jede weitere Stufe hin in Richtung zum Heiligtum eine Verschärfung der Forderungen bezüglich der Reinheit enthält. Die schärfsten Vorschriften gelten für den Hohenpriester: Nur er ist es, der einmal im Jahr das Allerheiligste betreten darf und dieses von den Sünden der Israeliten entsühnt (vgl. Lev 16)[73].

---

73 Interessant ist in diesem Zusammenhang auch Lev 21,12. Danach darf der Hohepriester das Heiligtum nicht verlassen, um dieses nicht zu entweihen. Elliger, 1966, S. 290, bezieht aufgrund des Kontextes, der von den dem Hohenpriester verbotenen Trauerbräuchen spricht, diese Vorschrift nur auf den Fall eines Trauerfalles im Hause des Hohenpriesters: „Die Meinung ist doch wohl, daß der Hohepriester sein Haus in der Stadt, das durch das tote Familienmitglied einige Tage unrein geworden ist, nicht betreten, sondern sein Quartier vorübergehend im Tempelbezirk aufschlagen soll. Anders würde er, wenn er zum Dienst geht, die Unreinheit ins Heiligtum einschleppen und es entweihen." In der Tat kommt dieser Interpretation Elligers einige Wahrscheinlichkeit zu. Jedoch darf nicht die Möglichkeit außer Acht gelassen werden, dass es sich hier zumindest um eine, wenn sicher auch nur ideale, Vorstellung handelt, dass der Hohepriester sein Leben ausschließlich im Heiligtum verbringt, um vor jeder Kontamination mit dem Unreinen sicher zu sein. Denn er ist es ja, der als einziger, und auch nur einmal im Jahr, das Allerheiligste betreten darf. Dies könnte ein so hohes Maß an Schutzvorkehrungen gegen jede Art der Verunreinigung erforderlich machen, dass es dem Hohenpriester ganz verwehrt sein soll, in die profane und verunreinigte und deshalb verunreinigende Außenwelt zu treten. Bei einer solchen Interpretation dieser Vorschrift

In der zweiten Gottesrede an die Priester (Lev 21,16-23) geht es um deren körperliche Tauglichkeit zum Priesteramt, d. h. für den Altardienst. Kein Priester, der mit einem körperlichen Gebrechen behaftet ist, darf an den Altar herantreten, um die „Speise seines Gottes" darzubringen (21,17). Jedoch darf er von den heiligen Opfergaben essen (V.22). Das Stichwort „essen" (אכל im G-Stamm) stellt die Verbindung zur dritten Gottesrede an die Priester (22,1-16) her, in der es um die Tauglichkeit zur priesterlichen Tischgemeinschaft geht. Der erste Teil dieser Rede (V.2-9) behandelt den Ausschluss von Priestern, die sich jedenfalls vorübergehend im Zustande der Unreinheit befinden, von der priesterlichen Mahlgemeinschaft. Deutlich wird dabei auf die Kriterien der Reinheitstorot in Lev 11-15 verwiesen[74]: Jeder Priester, der in deren Sinne unrein wurde, ist vom Genuss der Opfergaben und damit von der priesterlichen Mahlgemeinschaft ausgeschlossen. An diesen ersten Teil schließt sich die Abgrenzung von Laien und Priestern wiederum in Bezug auf die Mahlgemeinschaft an (V.10-16). Dabei geht es um diejenigen Grenzfälle, bei denen Kriterien notwendig sind, mit deren Hilfe festzustellen ist, ob die betreffende Person hinreichend in die priesterliche Familie integriert ist. Hier ist an Personen gedacht, die zwar im Hause des Priesters leben, selbst aber nicht priesterlicher Abkunft sind. In solchen Fällen stellt sich die Frage, ob eine solche Person durch die Zugehörigkeit zum Hause des Priesters soweit Anteil an der priesterlichen Heiligkeit hat, dass sie an der priesterlichen Mahlgemeinschaft teilnehmen kann.

Zusammenfassend kann gesagt werden: Die drei ausschließlich an die Priester adressierten Gottesreden befassen sich mit Vorschriften, welche wegen des engen Kontaktes mit dem Heiligen notwendig erhöhten Anforderungen an die Heiligkeit und dementsprechend an die Reinheit des priesterlichen Kultpersonals Rechnung tragen. Dabei ist die priesterliche Heiligkeit eine von der allgemeinen Heiligkeit der Israeliten abgeleitete und setzt diese voraus. Es ist also gerade nicht so, dass die allgemeine Heiligkeit der Israeliten gewissermaßen von der speziellen priesterlichen Heiligkeit „abfärbt". Vielmehr basiert die besondere Heiligkeit der Priester auf der allgemeinen Heiligkeit der Israeliten. Wäre Israel nicht von JHWH geheiligt, so gäbe es auch keine besondere priesterliche Heiligkeit. Von daher bestimmt sich auch das Verhältnis von Lev 18-20 auf der einen zu Lev 21 auf der anderen Seite. Indem eben JHWH Israel von allen anderen Völkern zu seinem Eigentumsvolk ausgesondert und damit geheiligt hat (so Lev 20,26), hat er auch die Basis für die besondere Heiligkeit der priesterlichen Kult-

---

müsste man diese allerdings wohl als Idealvorschrift auffassen, welche faktisch zu keinem Zeitpunkt verwirklicht worden sein dürfte. Welche der beiden Interpretationsmöglichkeiten letztlich zutreffend ist, wagen wir nicht zu entscheiden. In jedem Falle zeigt dieser Satz aber, welch hohes Maß an Reinheit vom Hohenpriester erwartet wurde.

74 Auf die leicht zu erbringenden Einzelnachweise wollen wir hier aus Gründen der Übersichtlichkeit verzichten. Der Kundige wird beim Lesen jenes Textes sofort die bewusste Anknüpfung an die priesterschriftlichen Reinheitstorot Lev 11-15 erkennen.

sphäre gelegt. Daraus ergibt sich wiederum, dass Lev 18-20 und 21f. in einem kompositorisch konsequenten Verhältnis zueinander stehen. Die Komposition Lev 18-20 beschreibt die Bedingungen der allgemeinen Heiligkeit aller Israeliten, die sowohl für die Laien wie für die Priester gelten. Die dann folgenden drei, allein an die Priester adressierten, Gottesreden behandeln die typischen Probleme der speziellen priesterlichen Heiligkeit. Bei dieser handelt sich um eine verschärfende Qualifizierung der allgemeinen Heiligkeit der Laien. Dabei hat sich zugleich gezeigt, dass mit Reinheit und Heiligkeit soziale Grenzen definiert werden[75].

8.2.3.2. Die beiden Schlussreden Lev 22,17-25.26-33 und Lev 17

Die beiden Schlussreden (22,17-25.26-33) enthalten Bestimmungen darüber, unter welchen Voraussetzungen Tiere als Opfermaterial tauglich sein sollen. Dabei besteht wiederum eine Beziehung zu den Bestimmungen in Bezug auf den Ausschluss der Priester vom Altardienst (21,16-23). Sowohl die Priester wie auch die Opfertiere müssen körperliche Vollkommenheit aufweisen[76]. Durch die Adressatenangabe der formelhaften Einleitung der Gottesrede, nach welcher Aaron, seine Söhne und alle Israeliten angesprochen werden sollen, ergibt sich ein Bezug zu Lev 17. Zentrale Vorschrift von Lev 17 war das Verbot jeglicher Profanschlachtung. Jede Schlachtung hat vielmehr als Opfer am Eingang des Offenbarungszeltes zu erfolgen (Lev 17,3-9). Von daher ergibt sich nun auch zwischen Lev 17,3-9 und Lev 22,17-25.26-33 eine engere Beziehung. In beiden Textbereichen geht es um das Zusammenkommen von Priestern und Laien im Zusammenhang des Opferkultes. In Lev 17,3-9 ist die Rede davon, wo der Laie dem Priester das Opfertier zur Schlachtung übergeben muss, und damit zugleich, wo der Priester das Tier zu schlachten hat. In Lev 22,17-25.26-33 wird dem Laien mitgeteilt, wie das Tier beschaffen sein muss, das er dem Priester zur Opferung bringt, und zugleich wird dem Priester gesagt, wie das betreffende Opfertier beschaffen sein muss, das er als ein für JHWH wohlgefälliges Opfer annehmen darf. Wird in Lev 17,3-7 gesagt, dass alle Schlachtung eines nach den Speisegesetzen erlaubten Haustieres als Opfer am Heiligtum zu erfolgen hat, so

---

75 Darauf, dass mit der Vorstellung von Rein und Unrein, Heilig und Profan vor allem auch eine soziale Grenzziehung mit im Blick ist, macht insbesondere auch Malina, 1993, S. 145-177, aufmerksam.

76 In diesem Zusammenhang ist darauf hinzuweisen, dass die körperlichen Defekte, die den Priester zum Altardienst untauglich machen, genau denjenigen körperlichen Defekten entsprechen, welche ein Tier zum wohlgefälligen Opfer untauglich machen. Eine detaillierte Aufstellung dieser Defekte finden sich bei Levine, 1989, S. 141. Auch dies belegt, dass hier wohl beabsichtigte kompositorische Zusammenhänge bestehen.

wird in Lev 22,17-25.26-33 von der Beschaffenheit des jeweiligen Opfertieres gesprochen[77].

---

77 Unter dem Aspekt, dass Lev 17 und 22,17ff. als „Opfertora" kompositorisch aufeinander bezogen sind, können wir Otto, 1994a, S. 242, folgen. Ob man diese „Opfertora" allerdings als „Hauptgesetz" bezeichnen soll, erscheint uns aufgrund unserer Analyse der Makrostruktur des Buches Levitikus eher fraglich.

9. Exegetische Nachbereitung

9.1. Historische Verortung: Religionsgeschichtliche Zeitbezüge von Lev 20

Gemäß unserer in Kapitel 1 vorgetragenen Überlegungen zur Entstehung des Pentateuchs ist die priesterliche Pentateuchweiterschreibung in der nachexilischen Zeit anzusetzen. Es handelt sich um einen Text aus persischer Zeit[1]. Als Ort nehmen wir Jerusalem an[2]. Dies lässt sich gut mit dem Bild in Einklang bringen, das ein neueres, u. a. mit dem Namen von H. Vorländer[3] verbundenes Modell der israelitischen Religionsgeschichte von der exilischen und nachexilischen Situation zeichnet, und fügt sich gut mit den Ergebnissen unserer Untersuchung zusammen. Wir müssen uns hier auf wenige Andeutungen beschränken, die aber den zeitgeschichtlichen Rahmen der Abfassung von Lev 20 etwas hervortreten lassen sollen.

Seit dem Kyros-Edikt (538 v. Chr.)[4] war es den Nachkommen der 597/589 v. Chr. nach Babylonien deportierten judäischen Leitungselite[5] grundsätzlich möglich, in die nun persische Provinz Judäa zurückzukehren. In solchen Kreisen der Gola vermuteten wir sowohl die Verfasser des deuteronomisch-deuteronomistischen Protopentateuchs als auch – nach deren Rückkehr nach Judäa – dessen priesterliche Überarbeiter[6]. Die Nachkommen der alten judäischen

---

1 Zu dieser Datierung gelangen wir bei beiden am Anfang dieser Studie vorgestellten literaturhistorischen Modellen. Auch die von Otto so bezeichnete „Pentateuchredaktion" ist in persischer Zeit anzusetzen.

2 Dies ergibt sich zum einem daraus, dass – folgen wir unserer Pentateuchhypothese – die Priesterschrift auf den Bau des zweiten Tempels Bezug nimmt (vgl. Utzschneider, 1988, S. 296; Otto, 1999c, S. 131) bzw., würde man der These einer gesonderten Pentateuchredaktion folgen, diese ebenfalls in Jerusalem zu lokalisieren wäre (vgl. Otto, 1999, S. 125-137).

3 Vorländer, 1981.

4 Ob das Kyros-Edikt eine Rückkehr der Exilierten erlaubte bzw. eine solche ab diesem Datum möglich war, ist nicht sicher (vgl. z. B. Donner, 2001, S. 444, Gunneweg, 1984, S. 136f. und Soggin, 1991, S. 197). Wenigstens ist jedoch davon auszugehen, dass die Rückwanderung der Heimkehrwilligen, u. U. in mehreren Schüben, bis spätestens unter Dareios I. (522-486 v. Chr.) stattfand. Eine eigene Stellungnahme zu dieser Frage ist jedoch für unsere Untersuchung nicht erforderlich und soll deswegen unterbleiben.

5 Vgl. Donner, 2001, S. 416.

6 Dem entspricht auch unsere Beobachtung, wonach die priesterliche Weiterschreibung mit der formelhaften Aufforderung zum Halten der Gebote JHWHs auch an vorpriesterliche Stellen anknüpft, wo vom Beachten (שמר im G-Stamm) bestimmter, idenditätsbegründender Essentialia Israels die Rede war, nämlich vom Beachten von Sabbat, Passa/Mazzot und Bund. Diese Observanzen gewannen in der babylonischen Diaspora vermehrte Bedeutung

Oberschicht verstanden sich auch nach ihrer Rückkehr als eigene Gruppe, was ihre Selbstbezeichnung קהל הגולה zeigt[7]. Diese Gruppe empfand sich als das „wahre Israel" und grenzte sich dementsprechend gegen die ansässige Bevölkerung, d. h. vor allem gegen die große Mehrheit der Daheimgebliebenen ab. Diese waren an der im Exil stattgefundenen Wendung hin zum jahwistischen Monotheismus nicht beteiligt gewesen und hatten stattdessen ihre alten synkretistischen Praktiken beibehalten. Dabei verstanden sich diese Leute durchaus als JHWH-Verehrer[8]. Von daher ist anzunehmen, dass es sich bei dem „Volk" bzw. den „Völkern", von denen sich Lev 18-20 abgrenzen, nicht um ethnisch fremde Gruppen handelte, sondern um die Mehrheit der Judäer, die nicht von den Deportationen von 597/587 v. Chr. betroffen gewesen waren. Denn eine solche vehemente Abgrenzung ist nur dann sinnvoll, wenn eine so große Nähe zu den Abzugrenzenden bestanden hat, dass die Grenzen nicht selbstverständlich waren. Diese Situation bestand aber gerade zwischen Heimkehrern und Zurückgebliebenen. Ein Schlaglicht auf diese Situation wirft u. E. Esr 4,1-6: So hätten sich die Feinde von Juda und Benjamin am Tempelbau der Heimkehrer (V.1 בני הגולה) beteiligen wollen, was von diesen prompt abgelehnt worden sei.

Diese Stelle zeigt, dass die Heimkehrer anderen JHWH-Verehrern, die bereits im Lande waren, gegenüberstanden. Zwar behauptet der Text, diese Leute seien nicht zu Israel zugehörig, d. h. erst von Asarhaddon hier angesiedelt worden, und würden erst seit dieser Zeit JHWH verehren. Wir betrachten diese Behauptung jedoch lediglich als eine polemische Bemerkung, die der Nichtzugehörigkeit dieser Leute zum „wahren Israel", d. h. zur Gemeinde der Exilanten, Nachdruck verleihen sollte. Tatsächlich handelte es sich jedoch um die Daheimgebliebenen[9]. Dem entspricht die Beobachtung von Diebner und Schult zu Esr 9-10:

---

als Unterscheidungsmerkmal von den Babyloniern (dazu vgl. Donner, 1986, S. 385; Albertz, 1992, 422-427; Fohrer, 1992, 318-319).

7 Diebner/Schult, 1975, S. 2.

8 Spuren der synkretistischen JHWH-Verehrung zeigen z. B. die Elephantine-Papyri. Vorländer, 1981, S. 102, bemerkt in diesem Zusammenhang: „Die auf der Insel lebenden Juden verehrten zwar Jahwe als ihren Hauptgott, doch spielte daneben eine Göttertrias, bestehend aus Ascham-Bethel, Anat-Bethel und Haram-Bethel, eine Rolle. Sie schwörten zwar beim Namen Jahwes, riefen daneben aber auch ägyptische und babylonische Götter zu Zeugen an, wie Bel, Nabu, Schamasch, Nergal und Chnum. Im Mittelpunkt stand ihr Jahwetempel; doch waren die Elephantine-Juden keineswegs Monotheisten. ... Kein Text läßt auf einen exklusiven Charakter der dortigen Jahweverehrung schließen." Vorländer hält diese Verhältnisse in Elephantine als repräsentativ für die jüdische Volksreligion im 7. Jh. v. u. Z. Als weitere Belege können möglicherweise Inschriftenfunde aus Ḫirbet el-Qom und Kuntilet-ʿAǧrud gelten. Dort ist die Rede von „JHWH ... und seiner Aschera". Möglicherweise, wenn auch nicht sicher, bezeichnet „Aschera" eine Göttin und Paredros JHWH (zum Problem und damit zusammenhängend den verschiedenen Deutungsmöglichkeiten von „Aschera" vgl. bes. Keel-Uehlinger, 1993, S. 259-264).

9 Vorländer, 1981, S. 90, versteht diesen Text in gleicher Weise.

„Die Oberen (שרים) berichteten Esra, daß das Volk, die Priester und die Leviten Töchter der עמי הארצות (Völker der Länder) sich und ihren Söhnen zu Frauen genommen haben. Die diesen ‚Treuebruch' begingen, waren nach Es 9,4; 10,6-8.16 Mitglieder der Gola. Nach 9,1 waren die fremden Frauen Töchter von ‚Kanaanitern, Hethitern, Perisitern, Jebusitern ... und Ammonitern'. Unseres Erachtens handelt es sich dabei um abwertende Bezeichnungen für die nicht-exilierte Bevölkerung ... durch die Gola, die sich selbst als Israel versteht und deshalb für die Daheimgebliebenen von ihrer ursprünglichen Bedeutung gelöste sinnentleerte, historische Namen verwendet, um es ihnen zu verwehren, sich mit ‚Israel' zu identifizieren."[10]

Es ging nicht darum, ob JHWH verehrt wurde (denn auch die Daheimgebliebenen verstanden sich als JHWH-Verehrer), sondern allein darum, wie dies geschah. Die Frage nach dem monotheistischen Jahwismus war folglich das entscheidende Kriterium der Abgrenzung[11]. Israel wurde zu einem primär konfessionell bestimmten Verband[12]. Deutlich wird dies zunächst an der Inklusionsformel (Lev 20,2b), in welcher die גרים, hier als Proselyten verstanden, den geborenen Israeliten faktisch gleichgestellt wurden. Es kam also primär nicht mehr auf die ethnische Herkunft an, wiewohl sich die Gemeinde dennoch als Familie im weitesten Sinne verstand[13], sondern vor allem auf das Bekenntnis. Es umfasste sowohl die intellektuelle Anerkennung JHWHs als einzigem Gott wie auch das faktische Halten seiner Gebote. Israel sollte sich nun also als eine Gemeinschaft verstehen, welche sich in dem von JHWH durch seine Gebote abgesteckten Lebensraum bewegt.

In Lev 20 spiegelt sich dies deutlich in den paränetischen Wendungen wider: So weist die Ich-JHWH-Formel auf JHWH, verstanden als der einzige Gott, der Israel im Exodus geheiligt, d. h. von den Völkern ausgesondert hat; dementsprechend sollte Israel sich seinerseits durch das Halten der Gebote von den Völkern unterscheiden und sich so als heilig erweisen. Damit grenzte das „wahre Israel" sich von allen anderen Völkern ab. Das Manko der zunächst fehlenden ethnischen Zugehörigkeit der גרים wurde durch die Beschneidung bei der Aufnahme in die Gemeinde ausgeglichen. Die Beschneidung lässt sich von daher,

---

10 Diebner/Schult, 1975, S. 3.

11 Diese Situation lässt sich mit Weippert, 1990, in einem Gesamtbild der israelitischen Religionsgeschichte verorten: Demnach handelt es sich hier praktisch um die Endstufe einer Entwicklung innerhalb der Religionsgeschichte, die ein Gefälle vom Poly- zum Monotheismus aufweist. War nämlich die „Jahwe-Allein-Theologie" zunächst eine Form der Religiosität innerhalb der israelitischen Religion neben der synkretistischen Gottesverehrung, so wird unter „dem Vorzeichen des Monotheismus die ursprünglich religionsinterne Abgrenzung nun zu einer *Grenzziehung zwischen Religionen – und Nationalitäten*" (Zitat auf S. 165).

12 Vgl. dazu auch Albertz, 1992, S. 478, der auf den Zusammenhang zwischen Israel als konfessionellem Verband und der Frage nach der Zugehörigkeit zur Gemeinde aufmerksam macht: „Während in vorexilischer Zeit die Konflikte bei aller Schärfe immer dadurch begrenzt waren, dass sich die Kontrahenten fraglos ein und demselben Volk bzw. Staat zugehörig wußten, so war es jetzt möglich, daß eine Gruppe der anderen die Zugehörigkeit zur Gemeinschaft generell absprach und für sich selber den Anspruch erhob, das ‚wahre' Israel zu sein".

13 So mit Recht Mathys, 1986, S. 91.

gerade auf dem Hintergrund des kulturanthropologischen Modells vom sozialen Tod, als rituelle Geburt deuten. Deshalb konnte sich Israel trotz der Aufnahme von Proselyten weiterhin als agnatischer Verband verstehen, worauf auch der vor allem priesterschriftliche Ausdruck[14] בני ישראל hinweist. War der גר beschnitten, dann stand er kultisch gleichberechtigt neben dem geborenen Israeliten[15], weil er in die Familie der בני ישראל integriert worden war und so Anteil bekam an deren identitätsbegründender, im Großen und Ganzen in der Pentateucherzählung dargestellten „Story"[16]. Auf der anderen Seite konnte der geborene Israelit dadurch, dass er die von JHWH gezogenen Verhaltensgrenzen überschritt, aus der Gemeinschaft herausfallen, was wir als sozialen Tod deuteten. Die Eigenschaft Israels als konfessioneller Verband musste sich auch auf die innerhalb der einzelnen Familien gepflegte private Religiosität auswirken. So verstand sich die nachexilische Gemeinde nicht nur als agnatischer Verband, d. h. im weitesten Sinne als Familie, vielmehr beanspruchte diese Gemeinde auch, die einzelnen Familien zu schützen oder auch zu kontrollieren.

Das Konzept des jahwistischen Monotheismus verlangte eine Angleichung der privaten an die offizielle Religion[17], zumal die offizielle Religion wegen der fehlenden Staatlichkeit[18] auf ihre Verankerung in der privaten Frömmigkeit in der Familie angewiesen war. War nämlich in vorexilischer Zeit die offizielle JHWH-Religion als Angelegenheit des Königs, ja darüber hinaus als Ausweitung der persönlichen Religion der Daviden hin zum offiziellen Kult zu begreifen[19], so ist die nachexilische, offizielle Religion als Angelegenheit der Gemeinde, ver-

---

[14] Vgl. Smend, 1989, S. 49.

[15] Vgl dazu den priesterschriftlichen Nachtrag Ex 12,43-50. Zu dieser Stelle auch Bultmann, 1992, S. 200-207.

[16] Wir übernehmen hier den „story"-Begriff von Ritschl, 1988. Er definiert diesen Begriff folgendermaßen: „Wenig glücklicher und schwer ersetzbarer Ausdruck für das nie vollständig erzählbare Gesamt aller nacherzählbaren Einzelstories ... eines Menschen oder einer Sozietät. ... Ein Mensch (eine Gruppe) ist das, was seine Story erzählt und was er aus seiner Story macht. Sie ist das Bündel und die Heimat seiner Perspektiven ..." (Zitat S. 22).

[17] So soll JHWH nun immer zugleich offizieller Gott der Gemeinde wie persönlicher Gott jedes einzelnen Israeliten sein. Vgl. dazu Vorländer, 1981, S. 110-111.

[18] Damit soll nicht bestritten werden, dass die nachexilische Bürger-Tempelgemeinde nicht zuletzt auch eine politische Größe darstellte. Jedoch handelte es sich bei dieser in ihrer ganzen Struktur nach um eine unterstaatliche Größe. Denn über der judäischen Selbstverwaltung stand ja die persische Provinzialverwaltung. (Vgl. zum Aufbau des nachexilischen judäischen Gemeinwesens Albertz, 1992, S. 472-475; Weinberg, 1992). M. E. würden wir heute diese Gemeinde am ehesten als Körperschaft öffentlichen Rechts bezeichnen (wie heute etwa Kommunen, Universitäten oder Fernsehanstalten), die gewisse Rechte über ihre Mitglieder ausüben konnte. So konnte sie diese z. B. zu einem bestimmten Termin vorladen und in den Lebensbereich ihrer Mitglieder eingreifen (vgl. Esra 10,8; zur Stelle sehr wichtige Überlegungen von Schäfer-Lichtenberger 1994, S. 272).

[19] Vgl. dazu Vorländer, 1975, S. 231-244. Nach der Ansicht Vorländers war JHWH ursprünglich persönlicher Gott der Daviden. Ebenso sei der Tempel primär Privateigentum der Könige gewesen.

standen als Gesamtheit der Familien (bzw. בית אבות), aufzufassen. Wir können also konstatieren, dass die Trägerschaft der offiziellen Religion, die vorexilisch in den Händen des Königs lag, nun Sache der Gemeinde wurde. Damit aber wurde die offizielle von der privaten Religion der einzelnen Familien, die zusammen die Gemeinde bildeten, abhängig. Jede einzelne Familie wurde zum Garanten der reinen JHWH-Verehrung. So erklärt sich leicht das gesteigerte Interesse der nachexilischen Zeit an der Familie. Ebenso entspricht dem die scharfe Verurteilung der Privatkulte, wie sie in Lev 20 die Sequenzen 2b-5b.6a-c.27a-e widerspiegeln. In diesem Zusammenhang ist die Beobachtung interessant, dass die Sequenzen 6a-c.27a-e vor allem auch an Frauen als mögliche Täterinnen dachten[20]. Tatsächlich, so ist anzunehmen, spielten Frauen eine wichtige Rolle im synkretistischen Hauskult. Darauf weist z. B. Jer 44,15-19 hin, wo von einem Familienkult für die Himmelskönigin unter Leitung der Frauen die Rede ist[21]. Ebenso ist auch eine Ablehnung kultischer Betätigungen von Frauen wahrscheinlich. Zugang zum Heiligen sollte es nur durch die offizielle JHWH-Priesterschaft geben. Zugleich gewann die Familie aber als soziale wie religiöse Größe vermehrt an Bedeutung[22]. Dies zeigt sich auch an der Spitzenstellung des Elterngebotes 20,9a-d, das, wie wir angedeutet haben, von der priesterschriftlichen Redaktion komponiert und bewusst an dieser Stelle eingefügt wurde.

Wenn die nachexilische Gemeinde eine Bekenntnisgemeinde, ein konfessioneller Verband war, bedeutete dies, dass der Einzelne zu ihr Stellung beziehen musste: Er konnte sich zu ihr bekennen oder auch nicht. Dadurch gewann die Familie als Ort der Erziehung eine gesteigerte Bedeutung: Hier war der Ort, an dem durch die religiöse Erziehung der Kinder zunächst einmal der Glaube weitergegeben wurde. Dementsprechend änderte sich die religiöse Funktion der Eltern: Waren diese in vorexilischer Zeit für den jeweiligen lokalen Familienkult als Kultträger wichtig, so müssen sie ihre kultische Funktion nun ganz den Priestern überlassen. Zugleich erhalten sie aber eine entscheidende Rolle in der Weitergabe der religiösen Überlieferung[23]. Von daher erklärt sich die gesteigerte Bedeutung des Elterngebotes, wie sie sich in der Spitzenstellung von Lev 20,9 (und Lev 19,3) widerspiegelt.

---

20 Interessanterweise berichtet 1. Sam 28 davon, dass es ebenfalls eine Frau war, die Saul aufgesucht habe, um sich von ihr einen Totengeist beschwören zu lassen. Lässt man diese Erzählung als Ergänzung zu den beiden Sequenzen aus Lev 20 zu, so lässt sich der Eindruck nicht vermeiden, dass diese Art von magischen Praktiken häufig von Frauen ausgeübt worden zu sein scheint.

21 Vgl. dazu Gerstenberger, 1988, S. 27-37, vor allem S. 32-33. Vgl. auch ders., 1994, S. 358.

22 Vgl. dazu Mathys, 1986, S. 89-91.

23 Die besondere Verantwortung der Eltern für die Weitergabe religiöser Überlieferung an die nachfolgende Generation ist bereits im Deuteronomium zu beobachten (z. B. Dtn 7, 7.20-25).

Dies wirft noch einmal ein Licht auf die neue Rolle der Frau. Zwar hat sie aufgrund der Zurückdrängung unorthodoxer Privatkulte ihre kultische Funktion eingebüßt. Damit stand sie aber nicht allein. Denn auch der männliche israelitische Laie sollte nach Vorstellung der Priesterschrift keinerlei aktive kultische Kompetenz mehr besitzen[24]. Deswegen berichtigte ja diese Schule die zeitgenössischen Interpretationen von Ex 19,5f., der Proklamation Israels als Eigentum JHWHs, als heiliges Volk und Königreich von Priestern, indem sie die Heiligung Israels als Gabe und zugleich Aufgabe JHWHs an sein Volk, letzteres nämlich als ethische Vollkommenheit, uminterpretierte. Mit dieser Auslegung polemisierte sie, wie wir annahmen, gegen ein anderes zeitgenössisches Verständnis dieser Stelle, wonach auch den Laien zumindest teilweise eigene kultische Kompetenz zukäme[25], und stellte zudem ihre Interpretation als abschließende autoritative Setzung jener Interpretation entgegen. Jedoch wurde nun zugleich der Frau eine vielleicht sogar gesteigerte Wertschätzung als Mutter und Erzieherin ihrer Kinder entgegengebracht.

Daraus lässt sich erklären, warum die Mutter im Elterngebot Lev 19,3 an erster Stelle genannt wird. Schließlich steht deswegen auch die Familie im Mittelpunkt des Interesses von Lev 18 und 20, weil sie die kleinste soziale und religiöse Einheit der Gemeinde bildete[26]. Diese sollte aber in ihrer Kultfähigkeit erhalten bleiben. Diese Kultfähigkeit sollte die Gemeinde aber dadurch erhalten, dass sie ihre Familien rein erhielt[27]. Umgekehrt bedeutete die Verunreinigung einer Familie die Verunreinigung des Heiligtums JHWHs selbst (vgl. Lev 20,3c). Reinheit wurde aber als die Voraussetzung dafür verstanden, dass die Gemeinde durch das Halten der Gebote JHWHs sich selbst als heilig erweisen konnte. Im Halten der Gebote aber sollte die Gemeinde ihren Sinn und ihre Identität finden. Dieser kurze Überblick hat gezeigt, dass Lev 20 zeitgeschichtliche Bezüge aufweist, die sich leicht in die Religionsgeschichte der nachexilischen Zeit einordnen lassen. Zu dieser Zeit handelte es sich bei der Gemeinde Israel um einen konfessionellen Verband, der sich aber als eine große Familie verstand.

---

[24] Jedoch bleiben die passiven kultischen Kompetenzen, wie die Teilnahme am Fest und Gottesdienst, und vor allem das Recht (und die Pflicht) Opfer darzubringen, d. h. zum Tempel zu bringen, selbstverständlich auch den Laien erhalten. Von einer solchen Opferfähigkeit waren übrigens auch Frauen (Num 5,6.8) nicht ausgeschlossen (vgl. dazu auch Crüsemann, 1992, S. 292-294). Jedoch sollten die Laien nach Auffassung der priesterlichen Schule keine priesterlichen, kultischen Kompetenzen besitzen.

[25] Vgl. dazu die Darstellung von Albertz, 1992, S. 527-530, der wir im Prinzip folgen.

[26] Zugleich erfahren wir daraus, was als inzestuös angesehen wurde, wo die Grenze zwischen Familie und Gesellschaft gesehen wurde.

[27] Vgl. auch die Bemerkung Elligers, 1955, S. 249, über das letzte Entwicklungsstadium von Lev 18: „Nicht mehr soll die Großfamilie in ihrem Zusammenleben geschützt, sondern jetzt soll die Gemeinde in ihrer Kultfähigkeit erhalten werden."

Dieser Verband setzte sich aus einzelnen Familien zusammen und beanspruchte, für diese verantwortlich zu sein und diese zu kontrollieren[28].

9.2. Theologie. Der Ruf in die Entscheidung

Zusammenfassend kann man sagen, dass sich Lev 20 aus der Konsolidierung der Jerusalemer Gemeinde und Israels als konfessionellem Verband und der damit verbundenen Annäherung, ja „Gleichschaltung" von Hauskult und offizieller Religion erklären lässt. So versteht sich Lev 20 als Lebensäußerung eines vor allem konfessionell definierten Verbandes, der seine Identität durch Abgrenzung, d. h. durch Unterscheidung von allen anderen Außenstehenden, sucht. Dazu bedient er sich der Kategorien rein, unrein und heilig. Einigendes Band der Gemeinde ist das Hören auf das jeden auch vor allem privaten Synkretismus ausschließende אני יהוה, welches im Zusammenhang von Lev 20 am besten mit „Nur ich bin JHWH" wiederzugeben ist. Und wie nur JHWH der Gott Israels ist, ist nur Israel das Volk JHWHs. In diesem Sinne ist Israel JHWHs heiliges Volk: „Und seid mir heilig. Denn heilig bin ich, JHWH. Und ich habe euch von den Völkern unterschieden, damit ihr mir gehört." (Lev 20,26) Die Heiligung Israels durch JHWH, d. h. die Absonderung Israels von den Völkern und die Gemeinschaft mit Gott, hat von daher also einen geschichtlichen Bezug, ist sie doch mit der Befreiung aus Ägypten geschehen. Dadurch konstituiert sich sowohl die Gemeinschaft mit JHWH wie die Gemeinschaft der Israeliten untereinander und verpflichtet diese, wie Lev 19 zeigte, zur Solidarität. Dementsprechend hat die Heiligung Israels in doppelter Weise gemeinschaftsbildende Funktion. Unlösbar verbunden mit dem Bekenntnis zu dem einen Gott ist das Halten seiner Gebote. Sinn des Haltens der Gebote ist die Wahrung der Heiligkeit und damit die Wahrung der Gemeinschaft mit JHWH und der Gemeinschaft der Israeliten untereinander. Dies hat einen individuellen wie einen kollektiven Aspekt: Nur wer sich in dem durch JHWHs Gebote abgesteckten Handlungsbereich bewegt, gehört zu Israel, ist im Bereich der Gemeinschaft und des Lebens. Wer die durch die Gebote gezogenen Grenzen überschreitet, verlässt diese Gemeinschaft und damit den Bereich der Ordnung und des Lebens: „Und haltet meine

---

28 Ein weiterer wichtiger Gesichtspunkt ist die rechtsgeschichtliche Verortung. Dadurch, dass Juda verwaltungsmäßig in das Achämenidenreich eingegliedert war, jedoch möglicherweise eine gewisse Lokalautonomie bestand (vgl. dazu z. B. Weinberg, 1977; Karrer, 2001, S. 26-36), liegt es nahe anzunehmen, dass eine solche Autonomie auch jedenfalls in Teilen des Rechtswesens bestanden hat. Wenn dann in nachexilischen Texten um Abgrenzung von den Außenstehenden gerungen wird, dann dürfte dies auf juristischer Seite den Grund haben, dass festgeschrieben werden musste, wer denn nun eigentlich unter die Jurisdiktion und Satzungsgewalt des Gemeinwesens fällt. Eine genauere Analyse kann hier nicht erfolgen, sondern muss einer weiteren Studie vorbehalten werden.

Satzungen und Gebote: Wer sie tut, wird in ihnen leben" (Lev 18,5). Für das Kollektiv Israels insgesamt bedeuten die Gebote JHWHs, sich nun, der Zuwendung JHWHs entsprechend, als heilig zu erweisen. Dem entspricht, dass die Gebote JHWHs nur für Israel allein und von JHWH her gültig sind. Indem Israel die Gebote hält, soll es von seiner Heiligung durch JHWH und durch seine darin begründete Identität Zeugnis ablegen. Israel sondert sich von den Völkern ab und wahrt seine Identität als das für JHWH heilige Volk, wenn es die Gesetze beachtet. Nur wenn die Israeliten JHWHs Satzungen und Gebote befolgen, ist Israel sein Volk und JHWH ihr Gott. Die Todessanktionen betonen dabei den Ernst der göttlichen Forderung und sollen so jeden einzelnen Hörer zum wahren Leben und zur sinnvollen Existenz rufen. So stellt der Prediger von Lev 18; 20 die Gemeinde und jeden einzelnen Israeliten je und je vor die Entscheidung für oder gegen das Halten der Gebote JHWHs. Damit fällt die Entscheidung, ob Israel in dem Bereich lebt, den JHWH durch seine Gesetze als Handlungsbereich für sein Volk abgegrenzt hat.

Israel steht folglich vor der Entscheidung zwischen sinnvoller oder sinnloser Existenz, zwischen Leben und Tod. Dementsprechend geht es in Lev 20 um den *Ruf in die Entscheidung*.

9.3. Epilog

Eigentlich könnten wir an dieser Stelle enden. Doch erfordern die in der Geschichte immer wieder unheilvoll laut gewordenen Missdeutungen, die von einer erbarmungslosen Gesetzlichkeit des Gottes des „Alten Testaments" wie auch seines Volkes sprechen, zu einer letzten Stellungnahme heraus. Wir haben in dieser Studie dargelegt, dass es sich bei Lev 20 keineswegs um das Zeugnis eines unnachsichtigen und unbarmherzigen Todesrechts handelt, von dem die Gemeinde des wahren Israels ebenso unnachsichtig Gebrauch machen sollte. Vielmehr sollte die Strafe der geheimnisvollen Wirksamkeit Gottes überlassen bleiben. Der Text droht demjenigen den Tod an, der den durch Gottes Gebote umgrenzten Lebensraum verlässt. Denn Leben gibt es nur in Gemeinschaft mit und vor Gott. Der Ruf in die Entscheidung zwischen dem Leben nach Gottes Gebot als dem einzigen wahren Leben und dem Tod, verstanden als das Verlassen dieser Gemeinschaft mit und vor Gott, ist ein – und vielleicht *das* – Grundthema der Tora. Dies zeigt sich auch an deren Komposition: So verklammern nämlich Gen 2-3 und Dtn 28-30 praktisch die gesamte Tora. Gen 2-3 berichtet vom ersten, exemplarischen Bruch des göttlichen Gebotes durch den Menschen. Und hier ist bereits von der Todessanktion die Rede[29]: „Du sollst nicht essen von ihm. Denn am Tag deines Essens wirst du unbedingt sterben (מות תמות)" (Gen

[29] Wir greifen hier Beobachtungen von Diebner, 1988, S. 117-122, auf.

2,17b). Die Entsprechung dazu findet sich fast ganz am Ende der Tora in Dtn 28-30. „Und es wird geschehen, wenn du nicht hörst auf die Stimme JHWHs, deines Gottes, zu tun alle meine Gebote und Anordnungen, die ich dir heute befehle. So kommen auf dich alle Flüche und sie werden dich treffen" (Dtn 28,15.) Die nun folgende Fluchreihe ist wirklich tödlich. Und so stellt JHWH durch seine verkündigte Tora die hörende Gemeinde wie den hörenden Einzelnen vor die Entscheidung zwischen Leben und Tod und zwischen Glück und Unglück. Sie ruft die Hörer in die Entscheidung zwischen den Alternativen. Tertium non datur (Dtn 30,15-20). Indem die Tora den Hörer mit dem Tode konfrontiert, befreit sie ihn erst zum Leben. Aber: Die Todessanktion ist, obschon ausgesprochen und damit wirksam, dennoch nicht irreversibel und nicht das letzte Wort. Deutlich sahen wir dies am Beispiel von Jonathan (1. Sam 14). Jonathan konnte aus der Sphäre des Todes ausgelöst werden. Dasselbe gilt noch viel mehr für die von Gott ausgesprochene Todessanktion, wie sie uns in der kanonischen Gestalt von Lev 20 begegnet. Denn auf den Bruch der Tora folgt jedenfalls nicht nur die Strafe Gottes, sondern auch die Rücknahme der Strafe, Gnade und Erneuerung des Gottesverhältnisses, wenn auch nicht als „billige Gnade"[30], sondern unter neuen Bedingungen der von Seiten des Menschen gestörten Gottesgemeinschaft.

Blicken wir schließlich noch einmal auf Israel: Die Tora, und damit auch Lev 20, war Grundlage des jüdischen Rechts. Das Judentum hat nach allem, was wir wissen, die Todesstrafe jedoch stets zu vermeiden gesucht (N. B.: womit es im diametralen Gegensatz zum Christentum stand und z. T. heute noch steht). So wurde die praktische Anwendbarkeit der Todesstrafe schon bald durch das Verfahrensrecht, wie es bis heute im Talmud erhalten ist, eingeschränkt und faktisch unmöglich gemacht. Wir nennen drei wesentliche Punkte[31]: a) Eine Verurteilung durfte nur nach vorangegangener Verwarnung erfolgen. In den meisten Fällen wird aber eine solche formgültige Verwarnung gefehlt haben, so dass eine Verurteilung schon daran gescheitert ist. b) Ebenfalls ausgeschlossen war eine Verurteilung allein aufgrund eines etwaigen Geständnisses des Angeklagten. Stets war die Zwei-Zeugen-Regel zu beachten. An die Glaubwürdigkeit dieser Aussa-

---

30 Damit verwenden wir diesen von Bonhoeffer geprägten Ausdruck allerdings in anderem Sinnzusammenhang und anderer Bedeutung als sein Urheber. Bonhoeffer, 1987, S. 13ff., gebrauchte diesen Begriff im Gegensatz zur „teuren Gnade" und im Kontext der Nachfolge Jesu Christi. Wir hingegen meinen mit diesem Begriff lediglich, dass vor der erneuerten Gnade JHWHs das Gericht liegt, und dass der Zustand nach dem Gericht in der Regel nicht einfach eine Wiederherstellung des ursprünglichen Zustandes darstellt. Dies ließe sich z. B. anhand von Gen 6-9 oder Ex 32-34 leicht zeigen. Jedoch wollen wir an dieser Stelle nicht noch einmal ausholen und verzichten von daher auf eine Ausführung hierzu. Eine ähnliche Struktur ist, wie Rendtorff, 1992, S. 256-257, aufzeigte, auch bei den späteren Propheten in ihrer kanonisch gewordenen Endgestalt zu erkennen. So prägte die Spannung zwischen Gericht und Heil die Prophetenbücher im Einzelnen und die Sammlung als Ganze.

31 Wir folgen hier Cohn, 1930, Sp. 965-966.

gen wurden aber extrem hohe Anforderungen gestellt[32]. Auch deshalb war eine solche Verurteilung regelmäßig unmöglich. c) Die Todesstrafe konnte allein durch einen aus 23 Richtern bestehenden Gerichtshof ausgesprochen werden. Auch hier wurden verfahrensrechtliche Hindernisse eingebaut, um eine Verurteilung möglichst zu erschweren. So musste auf der einen Seite eine qualifizierte Mehrheit von zwei Stimmen sich für eine Verurteilung aussprechen, auf der anderen Seite durfte das Urteil aber nicht einstimmig gefasst werden, da in diesem Falle angenommen wurde, dass gegen den Angeklagten ein Vorurteil bestanden habe. Es ist also bereits für das (spät-)antike Judentum die Tendenz erkennbar, die Todesstrafe ganz abzulehnen. In diesem Sinne soll beispielsweise Rabbi Eleaser ben Asarja (Tod Anfang des 2. Jh. n. Chr.)[33] über die Todesstrafe geäußert haben: „Ein Sanhedrin, der nur einmal in siebzig Jahren die Todesstrafe verhängt, soll Mörder genannt werden"[34]. Und Elie Wiesel kommentierte diesen Satz: „Ein ernstes, erschreckendes Wort, wert, wiederholt zu werden. Ein Gericht, das einen Menschen töten lässt, auch wenn es nur alle siebzig Jahre vorkommt, macht sich schuldig."[35]

---

[32] Vgl. z. B. bSanhedrin 37b: Hier geht es um die Anforderungen an Zeugenaussagen bei Verbrechen, welche mit dem Tode bestraft werden: „Was heißt aus Vermutung? Man spreche zu ihnen: Vielleicht habt ihr gesehen, wie er hinter seinem Nächsten in eine Ruine lief, seid ihm gefolgt, und habt ihn mit einem bluttriefenden Schwerte in der Hand angetroffen, während der Erschlagene zuckte? Habt ihr das gesehen, so habt ihr nichts gesehen". Ähnlich auch bSanhedrin 40b: „Die Rabbanan lehrten: Kennt ihr ihn? Hat er einen Nichtjuden getötet? – Hat er einen Jisraeliten getötet? – Habt ihr ihn gewarnt? – Hat er die Warnung entgegengenommen? – Hat er sich der Todesstrafe preisgegeben? Beging er den Mord, während man einen Satz sprechen kann? Handelt es sich um Götzendienst, [so fragt man:] Wen verehrte er? Verehrte er den Peʿor? Verehrte er Merkurius? – Wodurch verehrte er ihn? – Durch Opferung, durch Räucherung, durch Libitation, durch Niederwerfen?"

[33] Datierung nach Rosenthal, 1928, Sp. 337.

[34] Zitiert nach Wiesel, 1992, S. 125.

[35] Wiesel, 1992, S. 125.

Verzeichnis der zitierten Literatur

(Abkürzungen nach TRE-Abkürzungsverzeichnis, 2. Aufl. 1994)[1]

Albrecht, C., 1888, Die Wortstellung im hebräischen Nominalsatz II, in: ZAW 8, 1888, S. 249-263.

Albertz, R., 1992, Religionsgeschichte Israels in alttestamentlicher Zeit 2, GAT 8/2, Göttingen 1992.

Ahn, G., 2001, Art. „Israel und Persien", in: RGG IV, 4. Aufl., 2001, Sp. 309-311.

Alt, A., 1934, Die Ursprünge des israelitischen Rechts, in: Kleine Schriften zur Geschichte des Volkes Israel, I, 2. Aufl., München 1959, S. 278-332, zuerst gedruckt: ders., Die Ursprünge des israelischen Rechts. Berichte über die Verhandlungen der Sächsischen Akademie der Wissenschaften in Leipzig. Phil.-Hist. Klasse. 86. Band. 1. Heft 715, Leipzig 1934.

Assmann, A. und J., 1987, Kanon und Zensur, in: Kanon und Zensur. Beiträge zur Archäologie der literarischen Kommunikation II (Hrsg. A. und J. Assmann), München 1987, S. 7-27.

Baentsch, B., 1903, Exodus-Leviticus-Numeri, HAT I/2, Göttingen 1903.

Bartelmus, R., 1994, Einführung in das Biblische Hebräisch, Zürich 1994.

Berger, K., 1991, Exegese des Neuen Testaments, 3. Aufl., Heidelberg, Wiesbaden 1991.

Bertholet, A., 1901, Leviticus, KHC III, Tübingen, Leipzig 1901.

Blenkinsopp, J., 1992, The Pentateuch. An Introduction to the First Five Books of the Bible, London 1992.

Blum, E., 1984, Die Komposition der Vätergeschichte, WMANT 57, Neukirchen-Vluyn 1984.

Ders., 1990, Studien zur Komposition des Pentateuch, BZAW 189, Berlin, New York 1990.

Boecker, H. J., 1970, Redeformen des Rechtslebens im Alten Testament, WMANT 14, 2. Aufl., Neukirchen-Vluyn 1970.

Ders., 1984, Recht und Gesetz im Alten Testament und im Alten Orient, 2. Aufl., Neukirchen-Vluyn 1984.

Ders., 1992, 1. Mose 25,12-37,1, Issak und Jakob ZBK 1,3, Zürich 1992.

---

[1] Erst seit 1995, d. h. nach Erscheinen dieses Abkürzungsverzeichnisses, begann die Zeitschrift für altorientalische und biblische Rechtsgeschichte, in dieser Studie abgekürzt mit ZAR, in Wiesbaden zu erscheinen.

Bonhoeffer, D., 1987, Nachfolge, 16. Aufl., München 1987.

Braulik, 1997, Weitere Beobachtungen zur Beziehung zwischen dem Heiligkeitsgesetz und Deuteronomium 19-25, in: T. Veijola (Hrsg.), Das Deuteronomium und seine Querbeziehungen, SESJ 62, Göttingen, Helsinki 1996, S. 23-55.

Ders., 1997, Studien zum Buch Deuteronomium, SBAB 24, Stuttgart 1997, S. 183-223.

Brockelmann, C., 1956, Hebräische Syntax, Neukirchen-Vluyn 1956.

Bühler, T., 1977, Rechtsquellenlehre. Band 1. Gewohnheitsrecht-Enquete-Kodifikation, Zürich 1977.

Bultmann, Ch., 1992, Der Fremde im antiken Juda. Eine Untersuchung zum sozialen Typenbegriff »ger« und sein Bedeutungswandel in der alttestamentlichen Gesetzgebung, FRLANT 153, Göttingen 1992.

Childs, B. S., 1974, Exodus, sixth impression, London 1987 (= first impression 1974).

Cholewinski, A., 1976, Heiligkeitsgesetz und Deuteronomium, An Bib 66, Rom 1976.

Clamer, A., 1946, Levitique-Nombres-Deuteronome, La Sainte Bible, Tome II, Paris 1946.

Cohn, M., 1930, Art. „Todesstrafe“, in: Jüdisches Lexikon IV, Berlin 1930, II. Sp. 965-968.

Crüsemann, F., 1981, Die Eigenständigkeit der Urgeschichte. Ein Beitrag zur Diskussion um den ‚Jahwisten‘ in: Die Botschaft und die Boten, FS Hans Walter Wolff (Hrsg. J. Jeremias, L. Perlitt), Neukirchen-Vluyn 1981, S. 11-29.

Ders., 1987, Das „portative Vaterland“. Struktur und Genese des alttestamentlichen Kanons, in: Kanon und Zensur. Archäologie der literarischen Kommunikation (Hrsg. A. und J. Assmann), München 1987, S. 63-79.

Ders., 1990, Der Exodus als Heiligung. Zur rechtsgeschichtlichen Bedeutung des Heiligkeitsgesetzes, in: Die Hebräische Bibel und ihre zweifache Nachgeschichte. FS Rolf Rendtorff (Hrsg. E. Blum, C. Macholz, E. Stegemann), Neukirchen-Vluyn 1990, S. 117-129.

Ders., 1992, Die Tora. Theologie und Sozialgeschichte des alttestamentlichen Gesetzes, München 1992.

Daube, D., 1986, The Old Testaments Prohibition of Homosexuality, in: Zeitschrift der Savigny-Stiftung für Rechtsgeschichte. Romanische Abteilung 103, 1986, S. 447f.

Diebner, B. D., 1988, Handeln gegen Gottes Verbot: ein todeswürdiges Vergehen. Eine Anmerkung zum Verständnis von Gen 2,17 מות תמות, in: DBAT 25, 1988, S. 117-122.

Diebner, B. J., Schult, H., 1975, Die Ehen der Erzväter, in: DBAT 8, 1975, S. 2-10.

Donner, H., 2001, Geschichte des Volkes Israel und seiner Nachbarn in Grundzügen. Teil 2. Von der Königszeit bis zu Alexander dem Großen: mit einem Ausblick auf die Geschichte des Judentums bis Bar Kochba, GAT 4/2, 3., durchges. und erg. Aufl., Göttingen 2001.

Douglas, M., 1988, Reinheit und Gefährdung. Eine Studie zu Vorstellungen von Verunreinigung und Tabu (übersetzt von B. Luchesi), Frankfurt 1988.

Dies., 1995, Poetic Structure in Leviticus, in: David P. Wright, David Noel Freedman and Avi Hurvitz (ed.), Pomegranates and Golden Bells. Studies in Biblical, Jewish, and Near Eastern Ritual, Law, and Literature in Honor of Jacob Milgrom, Winona Lake 1995, S. 239-256.

Dies., 1999, Leviticus as Literature, Oxford 1999.

Eerdmans, B. D., 1912, Alttestamentliche Studien IV, Das Buch Leviticus, Gießen 1912.

Ehlich, K., 1979, Verwendung der Deixis beim sprachlichen Handeln, Forum Linguisticum 24, Frankfurt/Main, Bern, Las Vegas 1979.

Eissfeldt, O., 1964, Einleitung in das Alte Testament, 4. Aufl., Tübingen 1976 (=3. Aufl., Tübingen 1964).

Ders., 1983, Hexateuch-Synopse. Die Erzählungen der fünf Bücher Mose und des Buches Josua mit dem Anfange des Richterbuches in ihre vier Quellen zerlegt und in deutscher Übersetzung dargeboten samt einer in Einleitung und Anmerkungen gegebenen Begründung, Darmstadt 1983 (=Leipzig 1922).

Elliger, K., 1954, Ich bin der Herr – Euer Gott, in: ders., Kleine Schriften zum Alten Testament, TB 32, München, 1966, zuerst gedruckt in: Theologie als Glaubenswagnis, FS K. Heim, Tübingen 1954, S. 9-31.

Ders., 1955, Das Gesetz in Leviticus 18, in: Kleine Schriften zum Alten Testament, TB 32, München 1966, S. 232-259, zuerst gedruckt in: ZAW 67, 1955, S. 1-25.

Ders., 1966, Leviticus, HAT 1,4, Tübingen 1966.

Elliot-Binns, L. E., 1955, Some Problems of the Holiness Code, in: ZAW 67, 1955, S. 26-40.

Feucht, C., 1964, Untersuchungen zum Heiligkeitsgesetz, ThA 20, Berlin 1964.

Fishbane, M., 1985, Biblical Interpretation in Ancient Israel, Oxford 1985.

Fohrer, G., 1965, Das sogenannte apodiktisch formulierte Recht und der Dekalog, in: Studien zur alttestamentlichen Theologie und Geschichte (1949-1966) BZAW 115, Berlin 1969, S. 120-148, zuerst gedruckt in: KuD 11, 1965, S. 49-74.

Ders., 1992, Geschichte der israelitischen Religion, Freiburg i. B. 1992, zuerst erschienen Berlin 1968.

Ders., Hoffmann, H. W., Huber, F., Markert, L., Wanke, G., 1993, Exegese des Alten Testaments. Eine Einführung in die Methodik, UTB 267, 6. Aufl., Heidelberg, Wiesbaden 1993.

Frei, P., 1984, Zentralgewalt und Lokalautonomie im Achämenidenreich, in: ders., Koch, K. (Hrsg.), Reichsidee und Reichsorganisation im Perserreich, OBO 55, Fribourg, Göttingen 1984, S. 7-43.

Gerlemann, G., 1965, Wesen und Herkunft des „apodiktischen Rechts", WMANT 20, Neunkirchen-Vluyn 1965.

Ders., 1984, Art. „דָּם. Blut", in: THAT I, 4.Aufl., 1984, Sp. 448-451.

Ders., 1984, Art. „מות. sterben", in: THAT I, 4. Aufl., 1984, Sp. 893-897.

Ders., 1988, Jahwe – ein patriarchalischer Gott? Traditionelles Gottesbild und feministische Theologie, Stuttgart, Berlin, Köln, Mainz 1988.

Ders., 1993, Das dritte Buch Mose. Leviticus, ATD 6, Göttingen 1993.

Gerstenberger, E. S., 1993a, »Apodiktisches« Recht – »Todes« Recht?, in: Gottes Recht als Lebensraum. FS Hans Jochen Boecker (Hrsg. P. Mommer, W. H. Schmidt, H. Strauß u. Mitarbeit von E. Schwab), Neukirchen-Vluyn 1993, S. 7-20.

Ders., S., 1993b, Art. „תעב. pi. Verabscheuen", in: THAT II, 4. Aufl., Zürich 1993.

Ders., 1994, Weibliche Spiritualität in Psalmen und Hauskult, in: Ein Gott allein? JHWH-Verehrung und biblischer Monotheismus im Kontext der israelitischen und altorientalischen Religionsgeschichte, (Hrsg. W. Dietrich, M. A. Klopfenstein), OBO 139, Freiburg/Schweiz, Göttingen 1994, S. 349-363.

Gese, H., 1957, Die hebräischen Bibelhandschriften zum Dodekapropheton nach der Variantensammlung des Kennicott, in: ZAW 69, 1957, S. 55-69.

Ders., 1960, Beobachtungen zum Stil alttestamentlicher Rechtssätze, in: ThLZ 85, 1960, Sp. 147-150.

Gesenius, W. und Buhl, F., 1915, Hebräisches und Aramäisches Handwörterbuch über das Alte Testament, Nachdr. der 1915 erschienenen 17. Aufl., zuletzt: Berlin, Göttingen, Heidelberg 1962.

Ders., Kautzsch, E., 1909, Hebräische Grammatik, Leipzig, 28. Aufl., 1909 (zusammen mit der Hebräischen Grammatik von G. Bergsträsser [Leipzig 1918] nachgedruckt Hildesheim 1985 = Darmstadt 1991).

Girard, R., 1992, Das Heilige und die Gewalt (aus dem Französischen von E. Mainberger-Ruh), Frankfurt/Main 1992.

Golka, F. W., 1983, Die Israelitische Weisheitsschule oder „Des Kaisers Neue Kleider", in: VT 33, 1983, S. 257-270.

Graf, K. H., 1866, Die Geschichtlichen Bücher des Alten Testaments: Zwei Historisch-Kritische Untersuchungen, Leipzig 1866.

Gross, W., 1987, Die Pendenskonstruktion im Biblischen Hebräisch. Studien zum althebräischen Satz I, ATS 27, St. Ottilien 1987.

Ders., 1991, Satzfolge, Satzteilfolge und Satzart, in: Text, Methode und Grammatik. FS Wolfgang Richter, St. Ottilien 1991, S. 97-117.

Grünwaldt, K., 1999, Das Heiligkeitsgesetz Leviticus 17-26. Ursprüngliche Gestalt, Tradition und Theologie, BZAW 271, 1999.

Gunneweg, A. H. J., 1984, Geschichte Israels bis Bar Kochba, ThW 2, 5. Aufl., Stuttgart, Berlin, Köln, Mainz 1984.

Halbe, J., 1980, Die Reihe der Inzestverbote Lev 18,7-18. Entstehung und Gestaltungsstufen, in: ZAW 92 (1980), S. 60-88.

Hasel, G. F., 1984, Art. „פרת“, in: TWAT IV, 1984, Sp. 355-367.

Hasenfratz, H.-P., 1982, Die toten Lebenden. Eine Religionsphänomenologische Studie zum Sozialen Tod in Archaischen Gesellschaften, BZRGG 24, Leiden 1982.

Heinisch, P., 1935, Das Buch Leviticus, HSAT I. 3, Bonn 1935.

Hempel, J., 1930, Chronik, in: ZAW 48, 1930, S. 187-206.

Herrmann, S., 1971, Die konstruktive Restauration. Das Deuteronomium als Mitte biblischer Theologie, in: Probleme biblischer Theologie. FS G. v. Rad (Hrsg. H. W. Wolff), München 1971, S. 155-170, wiederabgedruckt in: ders., Gesammelte Studien zur Geschichte und Theologie des Alten Testaments, ThB 75, AT, München 1986, S. 163-178.

Hoffmann, D., 1905, Das Buch Leviticus, übersetzt und erklärt, Erster Halbband. Lev I-XVII, Berlin 1905.

Ders., 1906, Das Buch Leviticus, Zweiter Halbband. Lev XVIII-Ende, Berlin 1906.

Holm, N. G., 1990, Einführung in die Religionspsychologie [Übers. aus dem Schwedischen v. M. Queschning], München, Basel 1990.

Holzinger, H., 1893, Einleitung in den Hexateuch, Freiburg i. B., Leipzig 1893.

Horn, N., 2001, Einführung in die Rechtswissenschaft und Rechtsphilosophie, 2. Aufl., Heidelberg 2001.

Hulst, A. R., 1993, Art. „גּוֹי/עָם“, in: THAT II, 4. Aufl., 1993, Sp. 290-325.

Irsigler, H., 1978, Einführung in das Biblische Hebräisch, 1. Ausgewählte Abschnitte der althebräischen Grammatik, ATS 9, St. Ottillien 1978.

Jagersma, H., 1972, „leviticus 19“. idenditeit. bevrijding. gemeenschap, SSN 14, Assen 1972.

Jenni, E., 1992, Die hebräischen Präpositionen, Band 1: Die Präposition Beth, Stuttgart, Berlin, Köln 1992.

Jenson, Ph. P., 1992, Graded Holiness. A key to the Priestly Conception of the World, JSOT 106, Sheffield 1992.

Joosten, J., People and Land in the Holiness Code. An Exegetical Study of the Ideational Framework of the Law in Leviticus 17-26, VT., S. 67, Leiden 1996.

Kaiser, O., 1984, Einleitung in das Alte Testament, 5. Aufl., Gütersloh 1984.

Karrer, C., 2001, Ringen um die Verfassung Judas. Eine Studie zu den theologisch-politischen Vorstellungen im Esra-Nehemia-Buch, BZAW 308, Berlin, New York 2001.

Kayser, A., 1874, Das vorexilische Buch der Urgeschichte Israels und seine Erweiterungen. Ein Beitrag zur Pentateuchkritik, Straßburg 1874.

Keel, O., Uehlinger, Ch., 1993, Göttinnen, Götter und Gottessymbole. Neue Erkenntnisse zur Religionsgeschichte Kanaans und Israels aufgrund bislang unerschlossener ikonographischer Quellen, QD 134, 2. Aufl., Freiburg, Basel, Wien 1993.

Keller, C. A., 1993, Art. „קלל. leicht sein“, in: THAT II, 4. Aufl., 1993, Sp. 641-647.

Kellermann, D., 1985, Art. „Heiligkeit II. Altes Testament“, in: TRE XIV, Berlin, New York 1985, S. 697-703.

Kilian, R., 1963, Literarkritische und formgeschichtliche Untersuchung des Heiligkeitsgesetz, BBB 19, Bonn 1963.

Ders., 1963a, „Apodiktisches und kasuistisches Recht im Licht ägyptischer Analogien“, in: BZ 7, 1963, S. 185-202.

Kippenberg, H.G., 1982, Religion und Klassenbildung im antiken Judäa. Eine religionssoziologische Studie zum Verhältnis von Tradition und gesellschaftlicher Erneuerung, 2. Aufl., Göttingen 1982.

Klein, R. W., 1995, Reflection or Historiographie in the Account of Jehoshapat, in: David P. Wright, David Noel Freedman and Avi Hurvitz (ed.), Pomegranates and Golden Bells. Studies in Biblical, Jewesh, and Near Eastern Ritual, Law, and Literature in Honor of Jacob Milgrom, Winona Lake 1995.

Klostermann, A., 1893, Ezechiel und das Heiligkeitsgesetz, in: ders., Der Pentateuch. Beiträge zu seinem Verständnis und seiner Entstehungsgeschichte, Leipzig 1893, S. 368-418, zuerst erschienen in: ZLTh, 1873, S. 401ff. (uns leider nicht zugänglich).

Knauf, E. A., 1994, Die Umwelt des Alten Testaments, Neuer Stuttgarter Kommentar, AT. 29, Stuttgart 1994.

Ders., 1998, Audiatur et altera pars. Zur Logik der Pentateuchredaktion, in: Bibel und Kirche 53, 1998, S. 118-126.

Knierim, R., 1965, Die Hauptbegriffe für Sünde im Alten Testament, Gütersloh 1965.

Knohl, I., 1987, The Priestly torah Versus the Holiness School. Sabbath and the Festivals, in: HUCA 58, 1987, S. 65-117.

Koch, K., 1955, Gibt es ein Vergeltungsdogma im Alten Testament? in: ZThK 52, 1955, S. 1-42.

Ders., 1962, Der Spruch „Sein Blut bleibe auf seinem Haupt“ und die israelitische Auffassung vom vergossenem Blut, in: VT 12, 1962, S. 396-416.

Ders., 1986, Art. „עָוֹן“, in: TWAT V, 1986, Sp. 1160-1177.

Koehler, L., Baumgartner, W., 1953, Lexicon in Veteris Testamenti Libros, Leiden 1953 (=photomechanische Wiedergabe, Leiden 1985).

Kornfeld, W., 1952, Studien zum Heiligkeitsgesetz, Wien o. J. [1952].

Ders., 1983, Das Buch Leviticus, NEB 6, Stuttgart 1983.

Ders., 1989, Art. „קדשׁ“, in: TWAT VI, Stuttgart, Berlin, Köln 1989, Sp. 1179-1188.

Kraus, H. J., 1982, Geschichte der historisch-kritischen Erforschung des Alten Testaments, 3. Aufl., Neukirchen-Vluyn 1982.

Küchler, S., 1929, Das Heiligkeitsgesetz Lev 17-26, Diss., Königsberg i. Pr. 1929.

Kühlewein, J., 1993, Art. „רֵעַ“, in: THAT 2, 1993, Sp. 786-791.

Kuenen, A., 1887, Historisch-kritische Einleitung in die Bücher des Alten Testaments hinsichtlich ihrer Entstehung und Sammlung. Autorisierte deutsche Ausgabe von Th. Weber. I. 1. Die Entstehung des Pentateuch, Leipzig 1887.

Ders., 1890, Historisch-kritische Einleitung in die Bücher des Alten Testaments hinsichtlich ihrer Entstehung und Sammlung. Autorisierte deutsche Ausgabe von Th. Weber. I. 2., Leipzig 1890.

Kutsch, E., 1984, Art. „פרת. Abschneiden“, in: THAT 1, 4. Aufl., 1984, Sp. 857-860.

Le Bonniec, H., 1965, Art. „Geburt“, in: Lexikon der Antiken Welt, 1994 (=unveränderter Nachdruck V. 1965), Sp. 1030-1031.

Leibniz, G. W., 1968, Die Theodizee (übersetzt V. A. Buchenau), 2. Aufl., Hamburg 1968.

Lemaire, A., 1981, Les écoles et la formation de la bible dans l’ancien Israël, OBO 39, Fribourg/Suisse, Göttingen 1981.

Levine, B. A., 1989, Leviticus, The JPS Tora Commentary 3, Philadelphia, New York, Jerusalem 1989.

Liedke, G., 1971, Gestalt und Bezeichnung alttestamentlicher Rechtssätze. Eine formgeschichtlich-terminologische Studie, WMANT 39, Neukirchen-Vluyn 1971.

Lisowsky, G., Rost, L., 1966, Konkordanz zum Hebräischen Alten Testament, 2. Aufl., Stuttgart 1966 (= 1981).

Maag, V., 1966, Unsühnbare Schuld, in: Kairos VIII, 1966, S. 90-106.

Macholz, G. Ch., 1969, Israel und das Land. Vorarbeiten zu einem Vergleich zwischen Priesterschrift und deuteronomistischem Geschichtswerk, Habil. Schrift (masch. schr.), Heidelberg 1969.

Ders., 1972, Zur Geschichte der Justizorganisation in Juda, in: ZAW 84, 1972, S. 314-340.

Ders., 1972a, Die Stellung des Königs in der israelitischen Gerichtsverfassung, in: ZAW 84, 1972, S. 157-182.

Malina, B., 1993, Die Welt des Neuen Testaments. Kulturanthropologische Einsichten [aus dem Amerikanischen übersetzt von G. Guder und W. Stegemann], Stuttgart, Berlin, Köln 1993.

Massmann, L., 1998, Die Macht des Paradigma. Beobachtungen und Erwägungen zur Exegese des Alten Testaments im 19. und 20. Jahrhundert, in: A. Lexutt, V. v. Bülow (Hrsg.), Kaum zu glauben. Von der Häresie und dem Umgang mit ihr. FS Heiner Faulenbach, Arbeiten zur Theologiegeschichte 5, Rheinbach 1998, S. 181-194.

Mathys, H.-P., 1986, Liebe deinen Nächsten wie dich selbst. Untersuchungen zum alttestamentlichen Gebot der Nächstenliebe (Lev 19,18), OBO 71, Freiburg/Schweiz, Göttingen 1986.

Mayer, E., 1881, Kritik der Berichte über die Eroberung Palästinas (Num 20,14 bis Jud 2,5), in: ZAW 1, 1881, S. 117-146.

Meacham, T., 1997, The Missing Daughter in Lev 18 and 20, in: ZAW 109, 1997, S. 254-259.

Michel, D., 1960, Tempora und Satzstellung in den Psalmen, AET 1, Bonn 1960.

Ders., 1972, Nur ich bin Jahwe, in: ThViat XI, 1966/1972, S. 145-154.

Milgrom, J., Wright, D. P., Fabry H.-J., 1986, Art. „נִדָּה“, in: TWAT V, 1986, S. 250-254.

Morgenstern, J., 1931/32, The Book of the Convenant. Part III-The Ḥuqqim, in: HUCA 8, 1931/32, S. 1-150.

Mühlmann, W. E., 1957, Art. „Blutrache“, in: RGG I, 3. Aufl., Tübingen 1957, Sp. 1331-1332.

Niehr, H., 1987, Rechtsprechung in Israel, SBS 130, Stuttgart 1987.

Nöldeke, Th., 1869, Untersuchungen zur Kritik des Alten Testaments, Kiel 1869.

Noth, M., 1943, Überlieferungsgeschichtliche Studien. Die sammelnden und bearbeitenden Geschichtswerke im Alten Testament, 3. Aufl., Tübingen 1967 (=1. Aufl., Königsberg 1943).

Ders., 1948, Überlieferungsgeschichte des Pentateuch, 3. Aufl., Stuttgart 1966 (= Reprint der ersten Aufl., Stuttgart 1948).

Ders., 1962, Das dritte Buch Mose. Leviticus, ATD 6, Göttingen 1985 (=5. unveränd. Aufl., Göttingen 1962).

Otto, E., 1989, Rechtsgeschichte der Redaktionen im Kodex Ešnunna und im «Bundesbuch», OBO 85, Freiburg/Schweiz, Göttingen 1989.

Ders., 1994, Vom Rechtsbruch zur Sünde. Priesterliche Interpretationen des Rechts, in: Sünde und Gericht, JBTh9, Neukirchen-Vluyn 1994.

Ders., 1994a, Theologische Ethik des Alten Testaments, ThW 3,2, Stuttgart, Berlin, Köln 1994.

Ders., 1994b, Del Libro de la Alianca a la Ley de Santidad. Le reformulaçión del derecho Israelita y la formaçión del Pentateucho, Est B 52, 1994, S. 195-217.

Ders., 1995, Gesetzesfortschreibung und Pentateuchredaktion, in: ZAW 107, 1995, S. 373-392.

Ders., 1996, Homosexualität im Alten Orient und im Alten Testament, in: Kontinuum und Proprium. Studien zur Sozial- und Rechtsgeschichte des Alten Orients und des Alten Testaments, Wiesbaden 1996.

Ders. 1996a, Die nachpriesterliche Pentateuchredaktion im Buche Exodus, in: M. Vervenne (Hrsg.), Studies in the Book of Exodus. Redaction-Reception-Interpretation, BethL 126, Leuven 1996, S. 61-111.

Ders. 1997, Forschungen zur Priesterschrift, in: ThR 62, 1997, S. 2-50.

Ders., 1999, Innerbiblische Exegese im Heiligkeitsgesetz Levitikus 17-26, in: H.-J. Fabry, H.-W. Jüngling (Hrsg.), Leviticus als Buch, BBB119, Berlin, Bodenheim bei Mainz 1999, S. 125-196.

Ders., 1999a, Rechtshermeneutik in der Hebräischen Bibel. Die innerbiblischen Ursprünge halachischer Bibelauslegung, in: ZAR 5, 1999, S. 75-98.

Paschen, W., 1970, Rein und Unrein. Untersuchung zur biblischen Wortgeschichte, StANT 24, München 1970.

Plett, H. F., 1975, Einführung in die rhetorische Textanalyse, 3. Aufl., Hamburg 1975.

Preuss, H. D., 1982, Deuteronomium, EF 164, Darmstadt 1982.

Quell, G., 1967 Die Auffassung des Todes in Israel (unveränd. reprograph. Nachdr. der Ausgabe Leipzig und Erlangen 1925), Darmstadt 1967.

Rabast, K., 1948, Das apodiktische Recht im Deuteronomium und im Heiligkeitsgesetz, Berlin 1948.

Rad, G. von, 1951, Die Anrechnung des Glaubens zur Gerechtigkeit, in: ThLZ 76, 1951, Sp. 129-132.

Ders., 1960, Theologie des Alten Testaments, Band II. Die Theologie der prophetischen Überlieferung Israels, 9. Aufl., München 1987.

Reinmuth, T., Reform und Tora bei Nehemia. Neh 10,31-40 und die Autorisation der Tora in der Perserzeit, in: ZAR 7, 2001, 287-317.

Rendtorff, R., 1954, Die Gesetze in der Priesterschrift, FRLANT N. F. 44, Göttingen 1954.

Ders., 1961, Art. „Rein und Unrein II. im AT“, in: RGG V, 3. Aufl., 1961, Sp. 942-944.

Ders., 1977, Das überlieferungsgeschichtliche Problem des Pentateuch, BZAW 147, Berlin, New York 1977.

Ders., 1991, Der Text in seiner Endgestalt. Überlegungen zu Ex 19, in: Ernten, was man sät. FS Klaus Koch (Hrsg. D. R. Daniels, U. Gleßmer, M. Rösel), Neukirchen-Vluyn 1991.

Ders., 1992, Das Alte Testament. Eine Einführung, 4. Aufl., Neukirchen-Vluyn 1992.

Ders., 1995, Die „Bundesformel“. Eine exegetisch-theologische Untersuchung, SBS 160, Stuttgart 1995.

Ders., 1996, Is it possible to read Leviticus as a separate book?, in: J. F. A. Sawyer (ed.), reading Leviticus. A Conversation with Mary Douglas, JSOT 227, Sheffield 1996, S. 22-36.

Reventlow, H. Graf, 1960, „Sein Blut komme über sein Haupt“, in: VT 10, 1960, S. 311-327.

Ders., 1961, Das Heiligkeitsgesetz formgeschichtlich untersucht, WMANT 6, Neukirchen-Vluyn 1961.

Ders., 1963, Kultisches Recht im Alten Testament, in: ZThK 60, 1963, S. 267-304.

Richter, W., 1971, Exegese als Literaturwissenschaft. Entwurf einer alttestamentlichen Literaturtheorie und Methodologie, Göttingen 1971.

Ders., 1978, Grundlagen einer althebräischen Grammatik. 1. Band. A. Grundfragen einer sprachwissenschaftlichen Grammatik. B. Die Beschreibungsebenen: I. Das Wort (Morphologie), St. Ottilien 1978.

Ders., 1980, Grundlagen einer althebräischen Grammatik. 3. Band, B. Die Beschreibungsebene: II. Der Satz (Satztheorie), ATS 13, St. Ottilien 1980.

Ders., 1991, Biblia Hebraica transcripta. Das ist das ganze Alte Testament transkribiert, mit Satzeinteilungen versehen und durch die Version tiberisch-masoretischer Autoritäten bereichert, auf der sie gründet. Exodus. Leviticus, ATS 33.2, St. Ottilien 1991.

Ritschl, D., 1988, Zur Logik der Theologie. Kurze Darstellung der Zusammenhänge theologischer Grundgedanken, 2. Aufl., München 1988.

Rosenthal, L. A., 1928, Art. „Eleaser ben Asarja“, in: Jüdisches Lexikon II, Berlin 1928, Sp. 337-338.

Rücker, H., 1973, Die Begründungen der Weisungen Jahwes im Pentateuch, EthSt 30, Leipzig 1973.

Rüterswörden, U., 1995, Die persische Reichsautorisation der Thora. Fact or fiction? in: ZAR 1, 1995, S. 47-61.

Ruwe, A., 1999, „Heiligkeitsgesetz“ und „Priesterschrift“. Literaturgeschichtliche und rechtssystematische Untersuchungen zu Levitikus 17,1-26,2, FAT 26, Tübingen 1999.

Scharbert, J., 1992, Das Buch Numeri, NEB 27, Würzburg 1992.

Schäfer-Lichtenberger, C., 1994, Bedeutung und Funktion von Ḥerem in biblisch-hebräischen Texten, in: BZ, 1994, S. 270-275.

Dies., 1996, JHWH, Israel und die Völker aus der Perspektive von Dtn 7, in: BZ, 1996, 194-218.

Schmid, H., 1986, Die Gestalt des Mose, EF 237, Darmstadt 1986.

Schmidt, W. H., 1985, Einführung in das Alte Testament, 3. Aufl., Berlin, New York 1985.

Schneider, W., 1989, Grammatik des Biblischen Hebräisch, 7. Aufl., München 1989.

Schottroff, W., 1969, Der altisraelitische Fluchspruch, WMANT 30, Neukirchen-Vluyn 1969.

Schult, H., 1993, Art. „שֵׁם“, in: THAT 2, 4. Aufl., 1993, Sp. 974-982.

Schulz, H., 1969, Das Todesrecht im Alten Testament. Studie zur Rechtsform der Mot-Jumat-Sätze, BZAW 114, Berlin 1969.

Schwarz, E., 1982, Identität durch Abgrenzung, EHS. T. Bd. 162, Frankfurt/Main, Bern 1982.

Schwienhorst-Schönberger, L., 1990, Das Bundesbuch (Ex 20,22-23,33). Studien zu seiner Entstehung und Theologie, BZAW 188, Berlin, New York 1990.

Seidl, T., 1982, Tora für den „Aussatz“-Fall, ATS 18, St. Ottilien 1982.

Singer, K.-H., 1991, Art. „Blutrache“, in: NBL I (Hrsg. M. Görg, B. Lang), Zürich 1991, Sp. 311.

Smend, R., 1963, Die Bundesformel, ThSt (B). 68, Zürich 1963.

Ders., 1989, Die Entstehung des Alten Testaments, ThW 1, 4. Aufl., Stuttgart, Berlin, Köln 1989.

Ders., 1989a, Deutsche Alttestamentler in drei Jahrhunderten, Göttingen 1989.

Soggin, J. A., 1975, „Der Entstehungsort des deuteronomistischen Geschichtswerkes“, in: ThLZ 100 (1975), Sp. 3-8.

Ders., 1991, Einführung in die Geschichte Israels und Judas. Von den Ursprüngen bis zum Aufstand Bar Kochbas, Darmstadt 1991.

Stamm, J. J, 1993, Art. „פדה. auslösen, befreien“, in: THAT 2, 4. Aufl., 1993, Sp. 389-406.

Steck, O. H., 1993, Exegese des Alten Testaments, 13. Aufl., Neukirchen-Vluyn 1993.

Stoebe, H. J., 1984, Art. „חֶסֶד. Güte“, in: THAT 1, 1984, Sp. 600-621.

Stolz, Fritz, 1981, Das erste und zweite Buch Samuel, ZBK. AT 9, Zürich 1981.

Strack, H. L., 1898, Einleitung in das Alte Testament einschließlich Apokryphen und Pseudoepigraphen, 5. Aufl., München 1898.

Ders., Billerbeck, P., Kommentar zum Neuen Testament aus Talmud und Midrasch I. Das Evangelium nach Matthäus, München 1956.

Sumner, W. G., 1906, Folkways: A study of the Sociological Importance of Usages, Manners, Customs, Mores and Morales, New York 1906.

Sun, H. T. C., 1989, An Investigation into the Compositional Integrity of the So-Called Holiness Code, ph. D. Diss., Claremont 1989.

Thiel, W., 1969, Erwägungen zum Alter des Heiligkeitsgesetzes, in: ZAW 81, 1969, S. 40-73.

Tov, E., 1997, Der Text der Hebräischen Bibel. Handbuch der Textkritik, Stuttgart, Berlin, Köln 1997.

Tsevat, M., 1961, Studies in the Book of Samuel, in: HUCA 32, 1961, S. 191-216.

Utzschneider, H., 1988, Das Heiligtum und das Gesetz. Studien zur Bedeutung der sinaitischen Heiligtumstexte (Ex 25-40; Lev 8-9), OBO 77, Freiburg/Schweiz, Göttingen 1988.

Vorländer, H., 1975, Mein Gott. Die Vorstellungen vom Persönlichen Gott im Alten Orient und im Alten Testament, AOAT 113, Kevelaer, Neukirchen-Vluyn 1975.

Ders., 1981, Der Monotheismus Israels als Antwort auf die Krise des Exils, in: B. Lang (Hrsg.) Der einzige Gott: Die Geburt des israelitischen Monotheismus, München 1981, S. 84-113.

Wagner, V., 1968, Umfang und Inhalt der mōt yūmat Reihe, in: OLZ 63, 1968, Sp. 325-328.

Ders., 1972, Rechtssätze in gebundener Sprache und Rechtssatzreihen im israelitischen Recht, BZAW 127, Berlin, New York 1972.

Ders., 1974, Zur Existenz des sogenannten „Heiligkeitsgesetzes", in: ZAW 86, 1974, S. 307-316.

Watts, J. W., Puplic Readings and Pentateuchal Law, in VT 45 (1995), S. 540-557.

Wefing, S., 1979, Untersuchungen zum Entsühnungsritual am großen Versöhnungstag (Lev 16), Diss., Bonn 1979.

Weinberg, J. P., 1977, Zentral- und Partikulargewalt im achämenidischen Reich, in: Klio 59, 1977, S. 25-43.

Ders., 1992, The Postexilic Citizen-Temple Community: Theory and Reality, in: ders., The Citizen-Temple Community. Translated by Smith-Christopher, JSOT. S. 151, Sheffield 1992, S. 123-136.

Weippert, M., 1973, Fragen des israelitischen Geschichtsbewusstseins, in: VT 23, 1973, S. 415-442.

Ders., 1981, Assyrische Prophetien der Zeit Asarhaddons und Assurbanipals, in: F. M. Fales (Hrsg.), Assyrian Royal Inscriptions: New horizons in literary, ideological, and historical analysis, Orientis Antiqui Collectio 17, Rom 1981.
Ders., 1990, Synkretismus und Monotheismus. Religionsinterne Konfliktbewältigung im alten Israel, in: Kultur und Konflikt (Hrsg. J. Assmann und D. Harth), Frankfurt 1990, S. 143-179.
Weiser, A., 1963, Einleitung in das Alte Testament, 5. Aufl., Göttingen 1963.
Wellhausen, J., 1899, Die Composition des Hexateuch und der historischen Bücher des Alten Testaments, 4. Aufl., Berlin 1963 (=3. Aufl., Berlin 1899).
Ders., 1927, Prolegomena zur Geschichte Israels, 6. Aufl., Berlin 1927.
Wenham, G., 1979, The Book of Leviticus, The New International Commentary on the Old Testament, London, Sidney, Auckland, Toronto 1979 (Die 2. Aufl., 1984, war uns leider nicht zugänglich).
Westermann, C., 1984, Art. „*kbd.* schwer sein", in: THAT 1, 4. Aufl., 1984.
Wiesehöfer, J., 1995, „Reichsgesetz" oder „Einzelfallgerechtigkeit"? Bemerkungen zu P. Freis These von der achaimenidischen „Reichsautorisation", in: ZAR 1, 1995, S. 36-46.
Wiesel, E., 1992, Die Weisheit des Talmud. Geschichten und Porträts (aus dem Franz. von H. Bücker), Freiburg, Basel, Wien 1992.
Willi, T., 1972, Die Chronik als Auslegung. Untersuchung zur literarischen Gestaltung der historischen Überlieferung Israels, FRLANT 106, Göttingen 1972.
Willmes, B., 1990, Bibelauslegung – Genau genommen (BN. Beihefte 5), München 1990.
Würthwein, E., 1988, Der Text des Alten Testaments. Eine Einführung in die Biblia Hebraica, 5. Aufl., Stuttgart 1988.
Wynn-Williams, D. J., 1997, The State of the Pentateuch. A Comparison of the approaches of M. Noth and E. Blum, BZAW 249, Berlin, New York 1997.

Yamaga, T., 2001, König Joschafat und seine Außenpolitik in den Chronikbüchern, in: AJBI 27, 2001, S. 59-154.

Zenger, E., Braulik, G., Niehr, H. u. a., 1995, Einleitung in das Alte Testament, Kohlhammer Studienbücher Theologie, 1, 1, Stuttgart, Berlin, Köln 1995.

Zimmerli, W., 1953, Ich bin Jahwe, in: Geschichte und Altes Testament. FS Albrecht Alt, BHTh 16, 1953, S. 179-209, wieder abgedruckt in: ders., Gottes Offenbarung. Gesammelte Aufsätze zum Alten Testament, TB 19, 2. Aufl., 1969, S. 11-40.

Ders., 1954, Die Eigenart der prophetischen Rede des Ezechiel, in: ZAW 66, 1954, S. 1-26.

Ders., 1985, Grundriß der alttestamentlichen Theologie, ThW 3.1, 5. Aufl., Stuttgart, Berlin, Köln, Mainz 1985.

Stellenregister
(in Auswahl)

Apg
3,11-26 39

1. Kor
5,1-13 39

Autorenregister

Beihefte zur Zeitschrift für die alttestamentliche Wissenschaft

de Gruyter *Theologie*

Françoise Laurent

■ Les biens pour rien en Qohéleth 5,9 - 6,6 ou La traversée d'un contraste

2002. XII, 281 pages. Relié.
ISBN 3-11-017498-7
(Band 323)

Johannes Un-Sok Ro

■ Die sogenannte „Armenfrömmigkeit" im nachexilischen Israel

2002. XI, 238 Seiten. Leinen.
ISBN 3-11-017471-5
(Band 322)

■ Ben Sira's God

Proceedings of the International Ben Sira Conference, Durham - Ushaw College 2001

Edited by Renate Egger-Wenzel

2002. VIII, 393 pages. Cloth.
ISBN 3-11-017559-2
(Band 321)

Otto Kaiser

■ Zwischen Athen und Jerusalem

Studien zur griechischen und biblischen Theologie, ihrer Eigenart und ihrem Verhältnis

2003. VIII, 334 Seiten. Leinen.
ISBN 3-11-017577-0
(Band 320)

Erik Aurelius

■ Zukunft jenseits des Gerichts

Eine redaktionsgeschichtliche Studie zum Enneateuch

2003. V, 244 Seiten. Leinen.
ISBN 3-11-017854-0
(Band 319)

Sandra L. Richter

■ The Deuteronomistic History and the Name Theology

l^{e} šakken š^{e}mô šām in the Bible and the Ancient Near East

2002. XII, 246 pages. 13 fig. Cloth.
ISBN 3-11-017376-X
(Band 318)

W DE G de Gruyter
Berlin · New York

www.deGruyter.de